Mayntz · Holm · Hübner
Einführung in die Methoden der empirischen Soziologie

Renate Mayntz
Kurt Holm
Peter Hübner

# Einführung in die Methoden der empirischen Soziologie

Fünfte Auflage

 Westdeutscher Verlag

1. Auflage 1969
2., erweiterte Auflage 1971
3. Auflage 1972
4. Auflage 1974
5. Auflage 1978

© 1969 by Westdeutscher Verlag, Opladen
Umschlag: Klaus Breidenbach, Wermelskirchen
Druck: E. Hunold, Braunschweig
Buchbinder: W. Langelüddecke, Braunschweig
Alle Rechte vorbehalten. Auch die fotomechanische Vervielfältigung des Werkes (Fotokopie, Mikrokopie) oder von Teilen daraus bedarf der vorherigen Zustimmung des Verlages.
Printed in Germany

ISBN 3-531-11154-X

# Vorwort zur zweiten Auflage

Die Nachfrage nach einem Lehrbuch der hier vorgelegten Art hat sich als so stark erwiesen, daß bereits ein Jahr nach seinem Erscheinen eine zweite Auflage nötig wurde. Das gab den Autoren die Gelegenheit, wenigstens einen Teil der Verbesserungsvorschläge zu berücksichtigen, die uns von Rezensenten und interessierten Lesern zugingen und denen an dieser Stelle hierfür gedankt sei. Aus verlagstechnischen Gründen und um eine Verteuerung des Kaufpreises zu vermeiden, wurde auf ausführlichere Darlegungen zu einigen vielleicht allzu knapp abgehandelten Fragen wie auf inhaltliche Erweiterungen weitgehend verzichtet; die einzige erwähnenswerte Ausnahme ist der jetzige Abschnitt 5 in Kapitel 10, der neu eingefügt wurde. Auf vielfachen Wunsch wurde dem Buch sowohl ein Sachregister als auch ein Anhang mit Aufgabenlösungen beigegeben. Allerdings werden Lösungen nur für jene Aufgaben gebracht, für die es tatsächlich *eine* eindeutig richtige, in der Regel rechnerische Lösung gibt. Wo es sich mehr um Denkaufgaben bzw. auf mehrere verschiedene Weisen »richtig« lösbare Untersuchungsaufgaben handelt, würde die Vorgabe und Begründung irgendeiner befriedigenden Lösung nicht nur unangemessen viel Platz fordern, sondern oft auch den Sinn der Aufgabenstellung verfehlen. Wesentliche Hilfe bei der Überarbeitung verdanken die Autoren Frau Gertrud Nunner-Winkler, die auch den neu eingefügten Abschnitt über Kontrastgruppenanalyse verfaßt hat.

*Renate Mayntz*

Berlin, Mai 1970

# Inhalt

*Kapitel 1*

Einige methodologische Voraussetzungen der empirischen Sozialforschung ... 9

  1. Die Begriffe in der Sozialforschung ............................... 9
  2. Definition von Begriffen ........................................ 14
  3. Operationalisierung von Begriffen ............................... 18
  4. Die Probleme von Gültigkeit und Zuverlässigkeit .................. 22
  5. Soziologische Fragestellungen ................................... 23

*Kapitel 2*

Das Messen ............................................................ 33

  I. Die Grundlagen des Messens ...................................... 33
    1. Die formalen Eigenschaften von Daten .......................... 33
    2. Die Prinzipien des Messens .................................... 36
    3. Die verschiedenen Meßniveaus .................................. 38
    4. Indikatoren ................................................... 40
    5. Indizes ....................................................... 44

  II. Skalierungsverfahren ............................................ 47
    1. Die Skala als Meßinstrument ................................... 47
    2. Rangordnung und Paarvergleich ................................. 48
    3. Das Polaritätsprofil .......................................... 50
    4. Thurstones Methode der gleich erscheinenden Intervalle ........ 54
    5. Die Likert-Skala .............................................. 55
    6. Die Guttman-Skala ............................................. 58
    7. Das Messen von Gruppenmerkmalen durch die Likert- und Guttman-Skala 63
    8. Zuverlässigkeit und Gültigkeit von Skalen ..................... 64

*Kapitel 3*

Methoden der Stichprobenkonstruktion .................................. 68

  1. Anwendung von Stichprobenverfahren .............................. 68
  2. Die Zufallsstichprobe ........................................... 69
  3. Die Theorie der Zufallsstichprobe ............................... 72

*Inhalt* 7

    4. Die Stichprobengröße .................................................. 75
    5. Das Problem der Ausfälle bei Zufallsstichproben ................... 76
    6. Sonderformen der Zufallsstichprobe ............................... 78
    7. Das Quotaverfahren .................................................. 82

*Kapitel 4*

Beobachtungsverfahren ................................................... 87

    1. Möglichkeiten und Grenzen der Beobachtung als Datenermittlungsverfahren ............................................................. 87
    2. Probleme der Systematisierung des Beobachtens .................... 91
    3. Die Stellung des Beobachters zum beobachteten Verhalten .......... 98

*Kapitel 5*

Befragung ............................................................... 103

    1. Anwendungsmöglichkeiten der Befragung ......................... 103
    2. Die Formulierung von Fragen ...................................... 106
    3. Aufbau des Fragebogens ........................................... 111
    4. Das Interview als soziale Situation ................................ 114
    5. Zuverlässigkeit und Gültigkeit ..................................... 120

*Kapitel 6*

Soziometrie ............................................................. 122

    1. Anwendungsmöglichkeiten .......................................... 122
    2. Die Erhebungstechnik .............................................. 123
    3. Darstellung und Auswertung der Ergebnisse ...................... 124
    4. Soziometrie und Relationsanalyse ................................. 130

*Kapitel 7*

Die Paneluntersuchung .................................................. 134

    1. Wesen und Anwendungsmöglichkeiten der Paneluntersuchung ....... 134
    2. Tabellarische Darstellung und Auswertung von Panelergebnissen ... 137
    3. Praktische Probleme; Zuverlässigkeit und Gültigkeit ............... 147

*Kapitel 8*

Die Inhaltsanalyse ...................................................... 151

    1. Voraussetzungen und allgemeine Fragestellung der Inhaltsanalyse .. 151
    2. Das Verfahren der Inhaltsanalyse .................................. 154
    3. Einige Verfahren quantitativer Inhaltsanalyse ..................... 161

*Kapitel 9*

Experimentelle Verfahren .............................................. 168
    1. Das Experiment als Methode der Kausalanalyse ..................... 168
    2. Die experimentelle Forschungsanordnung .......................... 169
    3. Andere experimentelle Versuchsanordnungen ....................... 174
    4. Statistische Verfahren zur Auswertung experimenteller Ergebnisse ..... 177
    5. Laboratoriumsexperiment, Feldexperiment und Simulation .......... 184
    6. Ex-post-facto und Quasi-Experiment .............................. 186

*Kapitel 10*

Die Aufbereitung und Analyse der Daten ............................... 190
    1. Die Aufbereitung der Daten ..................................... 190
    2. Tabellenanalyse ................................................ 192
    3. Kontextanalyse ................................................ 211
    4. Die Überprüfung von mehrfaktoriellen Zusammenhängen ........... 214
    5. Die Kontrastgruppenanalyse (tree analysis) ........................ 219
    6. Die Analyse von Koordinatensystemen ............................ 227
    7. Faktorenanalyse ................................................ 228

*Aufgabenlösungen* ..................................................... 231

*Sachregister* .......................................................... 237

*Kapitel 1*
# Einige methodologische Voraussetzungen der empirischen Sozialforschung

*1. Die Begriffe in der Sozialforschung*

a) *Verhältnis von Begriff und Gegenstand.* Der Wissenschaftler hat es nicht mit irgendeiner Wirklichkeit »an sich« zu tun, sondern mit einer mehr oder weniger absichtsvoll durch Begriffe vorstrukturierten Erfahrungswelt. Er erlebt seinen Gegenstand nicht unmittelbar und unreflektiert, sondern nimmt ihn, indem er ihn benennt und damit begrifflich ordnet, bewußt und distanziert wahr. Das löst ihn gleichzeitig aus dem Zwang unmittelbar reflexartigen Reagierens auf Umweltreize und gibt ihm die Freiheit zum Denken. Sofern Menschen über Sprache und damit über Begriffe verfügen, gilt das natürlich nicht nur für den Wissenschaftler; aber für den wissenschaftlichen Erkenntnisprozeß ist diese begriffliche Vermittlung zwischen Subjekt und Objekt der Erfahrung conditio sine qua non.
Ein Begriff ist ein mit einem bestimmten Wort (bzw. einer Wortkombination) bezeichneter Vorstellungsinhalt. Der Begriff ist also – was selbstverständlich klingen mag – niemals identisch mit den Phänomenen, auf die sein Vorstellungsinhalt sich bezieht. Deshalb läßt sich aus einem bloßen Begriff auch keine Aussage über die Wirklichkeit ableiten. Der Versuch, z. B. aus dem Begriff »Gruppe« oder »Gemeinschaft« abzuleiten, was eine Gruppe etc. *ist*, verrät, daß hier stillschweigend Begriff und Realität identifiziert wurden. Die Begriffsanalyse kann höchstens deutlich machen, was für Phänomene oder Sachverhalte wir *meinen*, wenn wir das betreffende Wort benutzen. Begriffe bilden die Phänomene der Wirklichkeit auch nicht etwa in einem quasi fotografisch genauen Sinne ab. Wir ordnen die Erfahrungswelt durch unsere Begriffe, aber diese Ordnung entspricht nicht unbedingt einer objektiven Wirklichkeitsstruktur. Die Unterscheidungen zwischen »Organischem« und »Anorganischem« oder zwischen »Körper« und »Seele« sind Beispiele für begriffliche Ordnungsschemata, deren Unzulänglichkeit zumindest der Wissenschaftler heute kennt. Die Zurückweisung einer simplen Abbild-Beziehung im Verhältnis von Begriff und Gegenstand ergibt sich schon daraus, daß unsere Wahrnehmung von Gegenständen oder Sachverhalten notwendigerweise unvollständig ist. Das liegt nicht nur an den Erfahrungsgrenzen, die dem Menschen gesetzt sind, sondern auch an der selektiven Aufmerksamkeit, die unsere Wahrnehmungen innerhalb des Bereichs des uns Wahrnehmbaren lenkt. Dabei ist die Selektivität der Wahrnehmung und entsprechend der Begriffe im Verhältnis zur Wirklichkeit nicht zufällig und beliebig, sondern in einem sehr weiten Sinne letztlich wohl interessenbedingt. Wir nehmen vorzugsweise das wahr, was uns in irgendeiner Hinsicht wichtig oder bedeutsam erscheint, und das geht dann auch als wesentlich in den Vorstellungs-

inhalt eines Begriffes ein. Da man das – wenn auch unausgesprochene – Urteil über die relative Bedeutsamkeit verschiedener Aspekte der Erfahrungswelt als ein Werturteil ansehen kann, sind Begriffe auf Grund ihrer Selektivität prinzipiell wertgebunden.

Von dieser prinzipiellen Wertgebundenheit kann man die spezifisch wertenden Elemente unterscheiden, die viele Begriffe neben ihren gleichsam beschreibenden Elementen enthalten. Das gilt besonders für Begriffe, die sich auf soziale Phänomene beziehen. Eindeutige Beispiele hierfür wären Begriffe wie »Mord« oder »Held«, aber auch noch »Bildung«, »Gemeinschaft«, »Heimatvertriebener«. (»Sünde«, »böse«, »häßlich« etc. bezeichnen im Unterschied dazu nicht *bewertete Phänomene*, sondern sind Symbole für die Wertmaßstäbe selbst.) Natürlich gibt es auch Begriffe, die eine schwache oder überhaupt keine erkennbare Wertung mehr enthalten (z. B. »Schuleintrittsalter«). Die in einem Begriff enthaltene Wertung ist dabei durchaus kulturgebunden und in Richtung und Intensität historisch variabel; sie kann auch für verschiedene Gruppen in einer Gesellschaft verschieden sein, was sich etwa am Beispiel des Begriffs »Revolution« zeigen ließe [1]. Die wertenden Elemente vieler Begriffe von sozialen Phänomenen können, solange sie unreflektiert bleiben, zum Störungsfaktor im Forschungsprozeß werden. Daraus braucht man jedoch nicht die Forderung nach wertneutralen wissenschaftlichen Begriffen abzuleiten. Wertneutrale Begriffe sind keine notwendige Voraussetzung gültiger Forschungsergebnisse, während andererseits der empfundene Wert oder Unwert sozialer Phänomene für die Formulierung gesellschaftlich relevanter Forschungsfragen wichtig sein kann.

b) *Funktion von Begriffen.* Will man die Bedeutung von Begriffen speziell für die Forschung etwas genauer formulieren, dann kann man zunächst mit der Unterscheidung von vier allgemeinen Funktionen von Begriffen beginnen. Begriffe können die Wahrnehmung ordnen (kognitive oder Ordnungsfunktion), das Wahrgenommene bewerten (evaluative oder Bewertungsfunktion), individuelles Handeln leiten (pragmatische oder Praxisfunktion), und sie ermöglichen die Kommunikation (kommunikative oder Kommmunikationsfunktion). Auf die Praxisfunktion von Begriffen brauchen wir im jetzigen Zusammenhang nicht einzugehen. Die Bewertungsfunktion von Begriffen ist, wie bereits angedeutet, für die Bestimmung des sozialwissenschaftlichen Erkenntnisziels, die Formulierung von Forschungsfragen und die Schlußfolgerung aus Forschungsergebnissen von Bedeutung. Wenden wir uns jetzt den beiden übrigen Funktionen zu. In der empirischen Sozialforschung legen Begriffe fest, was beobachtet bzw. erhoben werden soll (Ordnungsfunktion), z. B. »Betriebsklima«, »autoritärer Führungsstil«, »soziale Mobilität« usw. Später erlauben sie die Mitteilung der Ergebnisse (Kommunikationsfunktion) und gegebenenfalls auch deren Überprüfung durch Wiederholung der Untersuchung. Damit diese Funktionen erfüllt werden, müssen die Begriffe drei Voraussetzungen erfüllen. Erstens muß *Übereinstimmung* und Kontinuität in der Zuordnung bestimmter Vorstellungsinhalte zu bestimmten Worten bestehen, d. h. es darf

---

[1] Das in Kap. 2 beschriebene Polaritätsprofil ist eine Methode, um u. a. die in einem Begriff implizierte Wertung zu ermitteln.

nicht vorkommen, daß einer unter »Gruppen« nur ad hoc gebildete kleine Personenansammlungen in Parks und auf Straßen, der andere nur organisierte Großgebilde wie eine Behörde oder einen Betrieb versteht. Damit in engem Zusammenhang stehend müssen Begriffe zweitens *präzise definiert* sein, d. h. ihr Bedeutungsgehalt muß genau festgelegt sein. Das wird um so schwieriger, je abstrakter Begriffe sind bzw. je weniger sie sich auf einen unmittelbarer Anschauung zugänglichen Gegenstand beziehen. So gibt es z. B. sehr verschiedene Auffassungen darüber, ob ein Wirgefühl oder kooperative Beziehungen mit zum Vorstellungsinhalt von »Gruppe« gehören oder nicht. Schließlich müssen die in der empirischen Forschung verwandten Begriffe einen *empirischen Bezug* haben, d. h. sie müssen sich – und sei es indirekt auf dem Wege über Indikatoren – auf etwas Erfahrbares, Beobachtbares beziehen. Diese drei Voraussetzungen lassen sich in einem Satz zusammenfassend formulieren: Damit in der empirischen Forschung verwandte Begriffe ihre Ordnungs- und Kommunikationsfunktion erfüllen können, müssen sie einen übereinstimmend und präzise definierten empirischen Bezug haben.

c) *Inhalte von Begriffen: Einheiten und Merkmale.* Die eben formulierte Regel gilt für die außerlogischen oder substantiellen Begriffe der Sozialwissenschaft, d. h. für jene Begriffe, die die Phänomene des Gegenstandsbereichs dieser Wissenschaft bezeichnen. (Auf die logischen Begriffe, wie z. B.: und, oder, nicht, die nicht gegenstandsspezifisch sind, soll hier nicht weiter eingegangen werden.) Die substantiellen Begriffe beziehen sich sowohl auf soziale Einheiten wie auf deren Merkmale. Soziale Einheiten, die zum Untersuchungsgegenstand werden können (Untersuchungseinheiten), sind:

1. Als soziale Wesen betrachtete Individuen;

2. bestimmte Produkte menschlichen Handelns, sowohl materieller wie immaterieller Art (z. B. Ideen, Wertvorstellungen, Normen);

3. soziale Kollektive oder Gruppen, und zwar von kleinen und flüchtigen Zusammenschlüssen bis zu großen und organisierten Kollektiven, einschließlich ganzer Gesellschaften.

In der Regel interessieren den Forscher die sozialen Einheiten, die er untersucht, nicht in ihrer ganzen komplexen Beschaffenheit, sondern nur hinsichtlich bestimmter Eigenschaften oder Merkmale. Nicht der vergesellschaftete Mensch als ganzer wird untersucht, sondern z. B. seine religiösen Einstellungen, seine Klassenzugehörigkeit oder seine berufliche Leistung. Nicht soziale Gruppen als ganze werden erforscht, sondern z. B. ihre Kommunikationsstruktur, ihr Wertsystem oder der Grad ihrer Hierarchisierung. Die zweite große Kategorie von Begriffen bezieht sich demnach auf *Eigenschaften* (oder *Merkmale*; diese Bezeichnungen werden synonym benutzt).
Die beiden Begriffsklassen sind eng miteinander verknüpft. Eigenschaftsbegriffe sind nur sinnvoll, wenn sie sich auf bestimmte Einheiten beziehen: wir untersuchen nicht das Merkmal »konform« oder »integriert«, sondern konformes Verhalten von Individuen (Individualmerkmal) oder die Integration von Gesellschaften (Gruppenmerkmal).

Andererseits sondern wir unsere Untersuchungseinheiten aus dem Universum möglicher Beobachtungsgegenstände aus, indem wir sie durch bestimmte Eigenschaften näher umschreiben und so Objektklassen (Frauen, Krankenhäuser, Industriegesellschaften usw.) bilden.
Die große Kategorie der Eigenschaftsbegriffe läßt sich weiter unterteilen. Ohne daß im folgenden eine Klassifikation angeboten werden kann, die vollständig ist und deren Kategorien klar voneinander trennbar wären, kann zumindest auf einige Unterschiede hingewiesen werden. Bleibt man zunächst bei den Individualmerkmalen, dann gibt es einerseits Merkmale, die sich auf das *Sein* (Alter, Geschlecht, Intelligenz, Zufriedenheit) oder *Tun* (z. B. auswandern, arbeiten, verreisen) eines Menschen beziehen [2]. Weiter gibt es die sogenannten *relationalen Merkmale*, die ein Individuum durch die Beziehung kennzeichnen, die es zu bestimmten anderen Individuen hat, wie etwa: Vorgesetzter, Freund oder Ehemann sein; mehr prozessual betrachtet, gehören hierzu auch bestimmte Tätigkeitsbezeichnungen, wie jemandem gehorchen oder jemanden heiraten. Wird ein Individuum schließlich durch seine Zugehörigkeit zu einer bestimmten Gruppe (nicht: abstrakten Merkmalskategorie!) gekennzeichnet, dann spricht man von *Kontextmerkmalen*; Beispiele dafür sind die Charakterisierung eines Menschen als Franzose, Kölner, Gewerkschaftsmitglied oder Student an der Freien Universität Berlin.
Bei den Gruppenmerkmalen lassen sich analoge Unterscheidungen treffen, doch wird darüber hinaus noch ein weiterer Unterschied wichtig. Es gibt nämlich einerseits Gruppenmerkmale, die sich aus Angaben über die einzelnen Mitglieder ableiten lassen, und andererseits solche, bei denen das nicht der Fall ist. Im ersten Fall spricht man von *aggregativen* (oder *analytischen*) Merkmalen, wie z. B. dem Durchschnittsalter einer Schulklasse, dem Anteil von Arbeitern unter den Arbeitnehmern in einem Betrieb oder der mittleren Teilnahmehäufigkeit von Vereinsmitgliedern. Die Herrschaftsstruktur einer Gesellschaft, der Bürokratisierungsgrad einer Organisation oder das Ziel eines Interessenverbandes läßt sich dagegen nicht aus den Eigenschaften der betreffenden Mitglieder entlang jeweils einer Merkmalsdimension ableiten; hier spricht man von *globalen* (auch: *integralen*) Merkmalen.

d) *Merkmalsdimension und Merkmalsausprägung.* Das eben benutzte Wort »Merkmalsdimension« (auch: Eigenschaftsdimension) verweist darauf, daß Eigenschaftsbegriffe nicht sozusagen punktuell zu verstehen sind, sondern *Dimensionen* bezeichnen. Hinsichtlich einer solchen *Merkmalsdimension* besitzt der einzelne Untersuchungsgegenstand dann jeweils nur eine bestimmte *Merkmalsausprägung*, d. h. man kann ihn sich auf einer bestimmten Stelle dieser Dimension lokalisiert vorstellen. So ist »jung« oder auch »28 Jahre« eine Merkmalsausprägung auf der Dimension Alter, »konformistisch« eine Merkmalsausprägung auf der Dimension »Verhalten in bezug auf Normen«. Ent-

---

[2] Hierzu würden auch die sogenannten Dispositionsmerkmale gehören, wobei eine Disposition die Eigenschaft ist, sich unter *bestimmten Bedingungen* auf eine ganz bestimmte Art zu verhalten, zu verändern oder ganz allgemein: zu reagieren. Es ist jedoch zweifelhaft, ob dies wirklich eine eigene Art von Merkmalen ist oder ob es sich dabei nicht vielmehr um jene Eigenschaften handelt, die wir nicht unmittelbar wahrnehmen können, sondern aus bestimmten beobachtbaren Manifestationen *schließen* müssen.

sprechend sind »positives Betriebsklima« und »niedriger Konfliktgrad« Ausprägungen auf Dimensionen, die sich auf Gruppenmerkmale beziehen.
Nun beschränkt man sich in der Sozialforschung jedoch öfters darauf, die Untersuchungseinheiten lediglich nach dem Vorhandensein oder Nichtvorhandensein eines bestimmten Merkmals zu klassifizieren, z. B. Autobesitz ja oder nein, Wahlteilnahme ja oder nein usw. Es fragt sich, ob man hier sinnvollerweise von Merkmals*dimensionen* sprechen kann. Näher betrachtet stellt jedoch das jeweils angesprochene, entweder vorhandene oder abwesende Merkmal selber durchaus eine Dimension dar (z. B. Besitz *welcher* Automarke, Wahl *welcher* Partei), deren Ausprägungen lediglich vernachlässigt werden. Darüber hinaus läßt sich durch eine Definition des Merkmals auf einer höheren Abstraktionsebene auch der negative Fall oft als eine inhaltlich bestimmte Merkmalsausprägung begreifen; für das Beispiel mit der Wahlbeteiligung könnte man dieses Merkmal »Wahlverhalten« nennen, denn auch Nichtwählen ist als ein in der Wahlsituation mögliches Verhalten aufzufassen. Merkmalsdimensionen, die mindestens zwei Ausprägungen besitzen, bezeichnet man auch als *Variable*.

e) *Quantitative und qualitative Begriffe*. Als letztes ist auf den Unterschied zwischen quantitativen und qualitativen Merkmalen hinzuweisen. Im ersten Fall ist die einzelne Merkmalsausprägung ein *Maß, Grad* oder eine *Quantität* (*25* Jahre alt, *hohe* Leistungsmotivation, *starker* Integrationsgrad), im zweiten Fall eine *Art: demokratischer* Führungsstil, *manuell-abhängiger* Beruf, *weibliches* Geschlecht usw. Wie später (Kap. 2) ausführlicher gezeigt wird, lassen sich qualitative Merkmale jedoch quantifizieren. Ein qualitatives Merkmal wie eine Einstellung läßt sich z. B. auf den implizierten Grad von Positivität oder Negativität dem Gegenstand gegenüber reduzieren, oder Berufe lassen sich nach ihrem Prestige in eine quantitative Ordnung bringen. Oft genug läßt sich auch durch analytische Zerlegung in einzelne Teildimensionen das qualitative Merkmal als ein mehrdimensional quantitatives darstellen. Das scheinbar rein qualitative Merkmal Beruf ließe sich z. B. in die quantitativen Dimensionen: Grad der Abhängigkeit oder Selbständigkeit, Grad der erforderlichen Ausbildung, Anteil manueller im Gegensatz zu geistigen Tätigkeiten usw. zerlegen. Die Unterscheidung zwischen quantitativen und qualitativen Merkmalen ist also vorläufig und ungenau.

f) *Individual- und Allgemeinbegriffe; historische Begriffe und soziale Universalien.* Wie jede Wissenschaft, die verallgemeinern will, benutzt auch die Sozialwissenschaft Begriffe, denen jeweils mehr als ein einziger konkreter Fall zuzuordnen ist. Diese *Allgemeinbegriffe* können sich sowohl auf soziale Einheiten (Objektklassen) wie auf Eigenschaften beziehen. Sie lassen sich weiter nach dem Grad ihrer Allgemeinheit unterscheiden. So ist z. B. der Allgemeinheitsgrad der Begriffe »Arbeiter« oder »Gemeinde« größer als derjenige der Begriffe »Facharbeiter« oder »Dorf«, bei denen es sich nur um Teilklassen der erstgenannten Begriffe handelt.
Begriffe, die sich im Gegensatz dazu auf Einzelfälle beziehen, die in ihrer Existenz räumlich und zeitlich genau festgelegt sind, nennt man *Individualbegriffe*. Die Stadt Hamburg, Cäsar oder die NSDAP sind solche Einzelfälle oder historische Individuen, ihre Bezeichnungen – häufig Eigennamen – sind Individualbegriffe.
Allgemeinbegriffe beziehen sich zumindest potentiell immer auf eine Mehrzahl von

Fällen. Deshalb brauchen sie jedoch zeitlich und räumlich nicht völlig unbestimmbar zu sein. Der Allgemeinbegriff »römischer Kaiser« ist z. B. durchaus zeitlich und räumlich lokalisierbar, d. h. es gab und gibt Zeiten und Orte, wo ein römischer Kaiser nicht existierte. Zur Zukunft hin ist jedoch die Zahl der unter einen Allgemeinbegriff fallenden Einzelfälle offen.

Nach dem eben Gesagten scheint es so, als seien Individualbegriffe historische Begriffe, während mit zunehmender Allgemeinheit die Begriffe immer ahistorischer würden. Das stimmt jedoch nur mit gewissen Einschränkungen. Erstens werden nicht *alle* Begriffe mit zunehmender Allgemeinheit (zunehmendem Bedeutungsumfang) zugleich zunehmend ahistorisch. Die sich durch ihren Allgemeinheitsgrad unterscheidenden Begriffe Gold – Edelmetall – Metall sind z. B. alle gleich ahistorisch. Nimmt man dagegen die Reihe: Gewerkschaftsführer – Organisationsführer – Führer, dann sieht man, daß diese Begriffe mit zunehmender Allgemeinheit historisch weniger gebunden sind. Mit zunehmender Allgemeinheit fallen bestimmte historische Randbedingungen fort: »Führer« gibt es auch in Gesellschaften, die keine Organisationen kennen, und Organisationen auch in solchen, wo es den besonderen Organisationstyp »Gewerkschaften« nicht gibt. Ob zunehmende Allgemeinheit auch zunehmende Ahistorizität bedeutet, hängt also von der *Eigenart des Gegenstandes* ab. Auf jeden Fall aber gibt es keine einfache Dichotomie zwischen historischen und ahistorischen Begriffen, sondern eine in sich differenzierte Stufenfolge.

Völlig ahistorische soziologische Allgemeinbegriffe – auch historische Invarianzen oder Universalien genannt – sind wesentlich seltener, als man zunächst vielleicht meinen mag. Die Begriffe Partei, Organisation, Kirche, ja wahrscheinlich auch Klasse, Familie, Gemeinde und soziale Rolle sind jedenfalls keine historischen Invarianzen. Ob »Herrschaft« eine solche ist, ist umstritten. Unzweifelhaft ahistorische soziologische Begriffe beziehen sich auf soziale Phänomene so grundlegender Art, daß ohne sie der Gegenstand der Soziologie, Gesellschaft und soziales Handeln, nicht mehr denkbar wäre. Beispiele hierfür könnten sein die Begriffe Interaktion, Handeln, Sanktion, vermutlich auch Gruppe, Norm und Konflikt.

## 2. Definition von Begriffen

a) *Arten des Definierens.* Eine Definition ist die Angabe des in einem Begriff gedachten Inhalts, also die beschreibende Aufzählung des durch ein bestimmtes Wort gekennzeichneten Vorstellungsinhalts. Das Wort mit seinem zunächst nur unscharf gedachten Vorstellungsinhalt ist dabei das *Definiendum*, die beschreibende Aufzählung der Elemente dieses Vorstellungsinhalts das *Definiens*. Die im Definiens benutzten Begriffe bedürfen u. U. ihrerseits der Definition, so daß »Definitionsketten« entstehen.

In der Umgangssprache gibt es zahlreiche Worte, die uns zwar »ein Begriff« sind, die wir verstehen und ohne größere Mißverständnisse hervorzurufen anwenden können, für die wir aber nur mit Mühe eine präzise Definition geben könnten. Das liegt u. a. an der Art, wie umgangssprachliche Begriffe gelernt werden, nämlich selten durch explizite Definition und oft durch Schließen aus dem Zusammenhang bzw. durch Bildung von Assoziationen zwischen einem Wort und einem von anderen Personen damit bezeichneten Gegenstand. Nun ist jedoch gerade die mit undefinierten Begriffen arbeitende Umgangssprache die hauptsächliche Quelle sozialwissenschaftlicher Begriffe. Damit diese Begriffe die Forschung leiten, Thesen überprüfbar und Ergebnisse mitteilbar machen können, ist es oft notwendig, sie in ihrem Inhalt durch eine explizite Definition präzise zu umreißen. Daß dieser Forderung selten Genüge getan wird, ändert nichts an ihrer Bedeutung. Nur bei hinreichend übereinstimmend benutzten umgangssprachlichen Begriffen mag sich eine explizite Definition erübrigen. Definitionen sind darüber hinaus erforderlich, wenn Neologismen – bewußte Neubildungen von Begriffen – eingeführt oder Begriffe aus Fremdsprachen oder anderen Fachsprachen übernommen werden.

Sollen in der Umgangssprache, einer Fach- oder Fremdsprache bereits benutzte Begriffe zum Zwecke wissenschaftlicher Verwendung definiert werden, kann man das Verfahren der *Bedeutungsanalyse* benutzen. Dabei wird der geläufige Vorstellungsinhalt explizit formuliert und präzise festgelegt, wobei auch bisher mitgemeinte Bedeutungselemente ausgeschlossen und neue hinzugefügt werden können. Zum Beispiel kann man bei einer soziologischen Definition von »Gemeinde« unberücksichtigt lassen, daß damit umgangssprachlich u. a. eine Verwaltungseinheit gemeint ist. Andererseits kann man ein gewisses Maß sozialer Integration der in räumlicher Gemeinsamkeit lebenden Bevölkerungsgruppen als neues, im umgangssprachlichen Begriff nicht unbedingt enthaltenes Definitionselement hinzufügen.

Geht man nicht von einem bereits vorhandenen Begriff aus, dessen Bedeutung durch die Definition lediglich präzisiert wird, sondern sucht eine Bezeichnung für einen Vorstellungsinhalt, der bisher sprachlich nicht benannt wurde, dann ist das Definitionsverfahren umgekehrt wie bei der Bedeutungsanalyse: zunächst wird das Definiens präzise formuliert und dann ein Terminus für dessen Bezeichnung gesucht. Das Definiendum mag dabei ein neues Wort sein, doch kommen echte Neologismen in der Sozialwissenschaft relativ selten vor. Häufiger werden neue Vorstellungsinhalte mit bereits aus anderen Zusammenhängen bekannten Worten (oder einer neuen Kombination solcher Worte) belegt, wie z. B. bei den Begriffen Sozialpersönlichkeit, Status, Primärgruppe oder Rollensektor. Existiert bereits ein Allgemeinbegriff, dem sich der neue Begriff als Unterklasse zuordnen läßt, dann wird nach dem klassischen Definitionsverfahren durch Angabe von genus proximum und differentia specifica vorgegangen. So kamen etwa die Begriffe Primär- und Sekundärgruppe zustande.

b) *Nominal- und Realdefinitionen.* Unabhängig von ihrem Zustandekommen kann man zwischen zwei Arten von Definitionen unterscheiden: Realdefinitionen und Nominaldefinitionen.

Eine *Realdefinition* ist eine Aussage über die für wesentlich gehaltenen Eigenschaften des Gegenstandes, auf den das Definiendum sich bezieht. Realdefinitionen sind also eigentlich Behauptungen über die Beschaffenheit eines Phänomens. Als solche beanspruchen sie empirische Gültigkeit und können – sofern unsere Vorstellungen über den Gegenstand sich als irrig erweisen – falsch sein. Bei solchen Definitionen wird immer vorausgesetzt, daß es den zu definierenden Begriff mit seinem gegenstandsbezogenen Vorstellungsinhalt bereits gibt, d. h. das Definiendum hat eine eigene, vom Definiens unabhängige Bedeutung. Eine typische Realdefinition wäre z. B.: Eine politische Partei (lies: jener uns bekannte Gegenstand, den wir als »politische Partei« bezeichnen) ist eine Organisation mit demokratischer Binnenstruktur, die sich im Wahlkampf um Regierungsbeteiligung bewirbt. Sobald wir finden, daß einige der von uns als politische Partei bezeichneten Organisationen z. B. *keine* demokratische Binnenstruktur aufweisen, dann ist diese Definition als Realdefinition falsch gewesen, und wir müssen versuchen, Merkmale für die Definition zu finden, die tatsächlich *alle* als politische Parteien bezeichneten Organisationen besitzen.

Nun ist jedoch der zu einem geläufigen, aber undefinierten Begriff gehörende Vorstellungsinhalt meistens überaus komplex und oft nicht einmal fest umrissen. Von diesem Vorstellungsinhalt geht am Ende nur ein Teil in die explizite Realdefinition ein (wie man am soeben benutzten Beispiel des Begriffs »politische Partei« leicht sehen kann). Der Begriff *meint* also mehr, als seine Definition ausdrücklich nennt, die Definition ist mithin unvollständig oder partiell. Sie ließe sich entsprechend durch Hinzufügung weiterer Merkmale erweitern, und wenn neue Erfahrungen über den Gegenstand gemacht werden, kann sie ergänzt werden.

Da nun das, was man von einem komplexen Vorstellungsinhalt in die explizite Realdefinition eines Begriffs aufnimmt, u. a. von dem Zusammenhang abhängt, in dem der Begriff benutzt werden soll, ist es auch durchaus möglich, den gleichen Begriff verschieden zu definieren – solange nur die Elemente der verschiedenen Definitionen gleichermaßen zu dem unverkürzten, komplexen Vorstellungsinhalt des Begriffs gehören. Das kann man sich leicht verdeutlichen, wenn man einmal vergleicht, wie sich der Begriff »politische Partei« im Zusammenhang einer juristischen, politologischen, historischen und soziologischen Erörterung sinnvoll definieren ließe.

Im Gegensatz zur Realdefinition legt die *Nominaldefinition* lediglich die Bedeutung fest, die einem bestimmten Terminus – dem Definiendum – von jetzt an zukommen soll, d. h. sie sagt aus, mit welchem Wort wir einen Gegenstand bezeichnen wollen, der die im Definiens genannten Eigenschaften hat. Die Nominaldefinition von »politischer Partei« könnte dann z. B. lauten: Politische Partei *soll heißen* jede demokratisch strukturierte Organisation, die sich im Wahlkampf um Regierungsbeteiligung bewirbt. Hier wird eine sprachliche Konvention festgesetzt und keine inhaltliche Aussage gemacht. Die Nominaldefinition kann deshalb auch nicht falsch (sondern höchstens unbrauchbar) sein. Findet man z. B., daß ein bestimmter Gegenstand, den wir eigentlich als Partei bezeichnen würden, keine demokratische Binnenstruktur besitzt, dann folgt daraus nicht, daß die Definition falsch war, sondern nur, daß wir den Begriff »politische Partei« auf diesen Gegenstand nicht anwenden dürfen. Da das Definiendum einer Nominaldefinition keinerlei vom Definiens unabhängige Bedeutung hat, d. h. sich in seiner Bedeutung ganz darin erschöpft, kann eine Nominaldefinition aus logischen Gründen auch nicht unvollständig sein.

Die Eigenart der beiden Arten von Definitionen bringt, je nach dem Erkenntnisziel, gewisse Vor- und Nachteile mit sich. Ganz allgemein könnte man sagen, daß Nominaldefinitionen vor allem dann angebracht sind, wenn man bewußt ahistorisch gültige, allgemeine Aussagen machen will, daß man dagegen um so eher Realdefinitionen benutzen wird, je stärker man historisch deskriptiv vorgehen will.

Besonders für die empirische Forschung haben Nominaldefinitionen den Vorteil größerer Präzision bei der Festlegung von Untersuchungsgegenständen. Ist z. B. die Entscheidung, als »soziale Führer« Personen mit hohem soziometrischen Status zu bezeichnen, einmal getroffen, dann steht eindeutig fest, was in die zu untersuchende Kategorie fällt. Bei einer Realdefinition ließe sich dagegen leicht darüber streiten, ob diese Definition von »sozialem Führer« wirklich richtig ist, d. h. ob tatsächlich alle Personen mit hohem soziometrischen Status soziale Führer »sind« bzw. ob der Begriff nicht auch auf bestimmte Personen ohne solchen Status angewandt werden sollte. Mit dem Vorteil der Präzision ist jedoch auch ein Nachteil verbunden. Gerade daß die Nominaldefinition im Prinzip überhaupt kein Wahrheitskriterium zu erfüllen braucht, ermöglicht eine Freiheit des Definierens, die leicht als Willkür oder Beliebigkeit wirkt, sofern wir mit einem Begriff tatsächlich eine von der expliziten Definition unabhängige Bedeutung verbinden. Auf Grund unseres Vorverständnisses von dem, was soziale Führer »in Wirklichkeit« sind, verlangen wir nach einer Definition, die dieses Phänomen zu erfassen vermag. So ist es letztlich die Annahme, daß die soziale Wirklichkeit erkennbare Strukturen aufweist, die uns manche Nominaldefinition als der Sache unangemessen, d. h. willkürlich erscheinen läßt.

Jede Definition stabilisiert einen Begriff gegen unbeabsichtigte Bedeutungsveränderungen, wie sie in der Umgangssprache leicht vorkommen. Das kann jedoch auch ein Nachteil sein, sofern sich in solchem Bedeutungswandel tatsächliche Veränderungen des bezeichneten Gegenstandes bzw. unserer Kenntnisse über ihn niederschlagen. Wird, wie bei Realdefinitionen, beständig gefragt, ob sie einen Gegenstand auch zutreffend beschreiben, dann mögen einem solche Veränderungen weniger leicht entgehen als bei Nominaldefinitionen, die von vornherein gar nicht »falsch« sein können.

Bisher wurde versucht, den Unterschied zwischen Real- und Nominaldefinitionen herauszuarbeiten. Tatsächlich lassen sie sich jedoch oft gar nicht klar voneinander unterscheiden. Bei Nominaldefinitionen wird häufig versucht, das Definiens so zu formulieren, daß es auch als Realdefinition genommen nicht falsch wäre, und man hat – auch wenn man sich um der Präzision willen zu einer Nominaldefinition entschließt – häufig doch ein gewisses Vorverständnis des Phänomens, auf das das Definiendum sich bezieht. Ob man dann sagen will, daß der betreffenden Nominaldefinition eine implizite Realdefinition zugrunde liegt oder ob man es vorzieht zu sagen, eine Realdefinition würde nominalisiert, ist unwesentlich. Wichtig ist die Feststellung, daß es in der Sozialwissenschaft *strikt* nominal definierte Begriffe, die als Definiendum tatsächlich keine eigene, vom Definiens unabhängige Bedeutung haben, nur verhältnismäßig selten gibt. Am ehesten sind sie noch unter neu gebildeten Fachtermini zu finden. Bezeichnet der neue Begriff allerdings ein relativ direkt beobachtbares Phänomen, dann gewinnt er oft im Laufe der Zeit doch eine von seinem zunächst nominal festgelegten Definiens unabhängige Bedeutung (z. B. Status, Innovation, Sozialisation); sehr abstrakte neue Begriffe bleiben dagegen leichter über längere Zeit als nominaldefinierte bestehen (z. B. Parsons »pattern variables«).

Was bisher in diesem Kapitel erörtert wurde, läßt sich leider nicht in einigen einfachen Regeln über Begriffsbildung und Definieren zusammenfassen. Auf jeden Fall sollte man sich bei den im Rahmen eines Forschungsprojektes zentralen Begriffen zunächst einmal überlegen, ob sie so übereinstimmend gebraucht werden, daß eine explizite Definition sich erübrigt oder nicht. Gibt man Definitionen für die gebrauchten Begriffe an, dann sollte man sich über den intendierten historischen Geltungsbereich klar werden, auch wenn diese historischen Koordinaten in der Definition selbst nicht erwähnt werden. Sodann wäre zu entscheiden, ob man den Begriff im Sinne einer sprachlichen Konvention einführen oder mit der Definition Aussagen über den gemeinten Gegenstand machen will, bzw. in welchem Verhältnis diese beiden Intentionen zueinander stehen. Falls man keine strikte Nominaldefinition wählt, ist schließlich zu bedenken, wie die einzelnen Bestandteile des Definiens sich zu dem unverkürzten Bedeutungsinhalt des Definiendum verhalten und ob sie für den Zusammenhang, in dem der Begriff verwendet werden soll, zweckmäßig ausgewählt sind.

Bei der Definition selbst sind dann noch einige einfache Regeln zu berücksichtigen:
1. Die Definition darf nicht zirkulär sein, d. h. es muß möglich sein, das Definiens seinerseits ohne Rückgriff auf das Definiendum zu definieren (z. B. nicht: Verstand = das Vermögen, zu denken; Denken = Betätigung des Verstandes).
2. Die Definition soll möglichst nicht negativ formuliert sein.
3. Die im Definiens gebrauchten Begriffe sollen eine möglichst präzise und einheitlich gebrauchte Bedeutung haben.

### 3. Operationalisierung von Begriffen

a) *Die operationelle Definition.* Für die empirische Forschung genügt es nicht, daß die jeweils zentralen Begriffe explizit definiert sind, sondern es müssen darüber hinaus präzise Anweisungen für Forschungsoperationen gegeben werden, mit deren Hilfe entscheidbar ist, ob ein mit dem betreffenden Begriff bezeichnetes Phänomen vorliegt oder nicht (bzw. welche Merkmalsausprägung auf der konzipierten Merkmalsdimension im Einzelfall vorliegt). Nehmen wir an, es soll eine Untersuchung über Arbeitszufriedenheit gemacht werden, die man definiert als »die relative Zufriedenheit eines Arbeitnehmers mit seiner beruflichen Tätigkeit und mit den Bedingungen, unter denen er sie ausübt«. Das sagt dem Forscher noch nicht, genau wann er bei einem Arbeitnehmer z. B. »hohe Arbeitszufriedenheit« konstatieren kann. Um das zu ermöglichen, könnte man festlegen, daß man »hohe Arbeitszufriedenheit« als gegeben ansieht, wenn ein Arbeitnehmer auf die Frage »Sind Sie mit Ihrer Arbeit hier im Betrieb sehr zufrieden, einigermaßen zufrieden oder unzufrieden?« mit »sehr zufrieden« antwortet, und/oder wenn er angibt, daß er keine andere berufliche Tätigkeit lieber ausführen würde als seine jetzige, und/oder wenn er seine Arbeitsbedingungen auf eine diesbezügliche Frage hin als »sehr gut« bezeichnet. Diese Festlegung von Forschungsoperationen, die das Vorliegen eines begrifflich bezeichneten Phänomens entscheidbar machen sollen, nennt man die *operationelle Definition* (gelegentlich auch instrumentelle Definition). Die operationelle Definition ist demnach nicht eine weitere Definitionsmöglichkeit neben der nominalen und realen Definition, sondern ein in der Forschung für jeden Begriff – gleichgültig, ob real oder nominal definiert – notwendiger Übersetzungsvorgang in Techniken bzw. Forschungsoperationen.

Die Forderung nach operationeller Definition von Begriffen, die in der Forschung verwendet werden, ist nicht identisch mit der weiter oben (S. 11) erwähnten Forderung, daß in der Sozialforschung benutzte Begriffe einen empirischen Bezug haben müssen. Allerdings setzt die operationelle Definierbarkeit von Begriffen einen empirischen Bezug prinzipiell voraus. Nun ist jedoch, wie ebenfalls schon erwähnt wurde, der empirische Bezug von Begriffen sehr unterschiedlicher Art, nämlich entweder verhältnismäßig direkt oder aber indirekt. Das soll jetzt im Zusammenhang mit der operationellen Definition verdeutlicht werden.

Der empirische Bezug eines Begriffes ist direkt, wenn das von ihm bezeichnete Phänomen unmittelbar beobachtet werden kann. Soziale Einheiten wie eine Person, eine Familie oder eine Schulklasse, Vorgänge wie ein Umzug, ein Totschlag oder ein Autounfall und Eigenschaften wie das Geschlecht eines Menschen, die Größe einer Gruppe sowie viele Formen overten (verbalen wie nicht-verbalen) Verhaltens lassen sich unmittelbar wahrnehmen. Das heißt nicht, daß hier eine operationelle Definition überflüssig wäre. Zwar ist bei solchen Phänomenen die explizite Definition manchmal schon quasi-operationell, indem bereits aus ihr hervorgeht, wie man bei der Feststellung vorgehen könnte oder müßte. Prinzipiell macht jedoch erst die operationelle Definition den Beobachtungsvorgang explizit. So mag man z. B. Gruppengröße als die Zahl der Mitglieder einer Gruppe definieren. Das verweist bereits ziemlich eindeutig auf den Vorgang des Zählens, doch ist dieser Hinweis in der Definition nur impliziert. Die operationelle Definition müßte genau angeben, daß, wann und wie gezählt werden soll: der Forscher kann die Mitglieder der Gruppe zählen, wenn sie vollständig versammelt sind, er kann sich auf die Auskunft eines Gruppenmitgliedes verlassen oder selber die in einem Mitgliederverzeichnis aufgeführten Namen zählen usw.

Nun kann es geschehen, daß die Gruppenmitglieder, während der Forscher sie zählt, ohne sein Wissen nicht vollständig anwesend sind, oder daß das Mitgliederverzeichnis noch ein paar bereits ausgeschiedene Mitglieder enthält. Auch bei Phänomenen, die im Prinzip direkt wahrnehmbar sind, garantiert also die Befolgung der Beobachtungsvorschriften der operationellen Definition nicht unbedingt, daß genau das festgestellt wird, was mit dem Begriff *gemeint* ist. In seiner vollen Schärfe tritt dieses Problem allerdings erst bei nur indirekt erfaßbaren Phänomenen auf.

Tatsächlich hat man es in der Sozialforschung weitgehend mit Begriffen zu tun, deren empirischer Bezug nur indirekt ist. Viele soziale Einheiten wie z. B. ein Interessenverband oder eine soziale Klasse können nicht unmittelbar wahrgenommen werden. Dasselbe gilt für zahlreiche Persönlichkeitsmerkmale, besonders für Verhaltensdispositionen und Einstellungen. Auch Normen, Werte, Glaubensvorstellungen oder eine Ideologie sind nicht unmittelbar wahrzunehmen, und dasselbe gilt für ein Gruppenmerkmal wie Integration oder Kohäsion oder auch für die Herrschaftsstruktur eines sozialen Gebildes. Vergegenwärtigt man sich geläufige Definitionen dieser Begriffe, dann merkt man schnell, daß aus ihnen in der Regel nicht hervorgeht, *wie* man das Vorliegen der betreffenden Phänomene empirisch nachweisen kann. Dennoch müssen diese Begriffe, wenn sie unmittelbar in die Formulierung von empirischen Forschungsfragen eingehen, irgendwie »greifbar« gemacht werden.

Wir wollen die hierbei auftauchenden Probleme an Hand von Beispielen deutlich machen. Zunächst muß man sich bei nicht direkt wahrnehmbaren Phänomenen überlegen, auf dem Wege über welche anderen, wahrnehmbaren Phänomene man auf ihr Vorliegen schließen könnte. Nehmen wir den Begriff der Integration (z. B. einer Gruppe). Man könnte ihn definieren als einen Zustand des bewußten, harmonischen und kooperativen Zusammenhalts. An welchen wahrnehmbaren Tatbeständen ließe sich das Vorliegen eines solchen Zustandes erkennen? Man könnte etwa ermitteln, wieweit die Gruppenmitglieder durch arbeitsteilige Kooperation auf gemeinsame Ziele hinarbeiten, wie oft innerhalb einer gewissen Zeitspanne Feindseligkeit in den Interaktionen zwischen Gruppenmitgliedern manifestiert wird und wie hoch der Anteil der Mitglieder ist, die ihre Mitgliedschaft in der Gruppe bejahen und ungern aufgeben würden. Diese Tatbestände können uns das Vorhandensein (und den Grad) von Integration *anzeigen*. Es sind *Indikatoren* für das gemeinte, unmittelbar nicht wahrnehmbare Phänomen.

Mit der bloßen Benennung prinzipiell wahrnehmbarer Merkmale, die als Indikatoren für ein nur indirekt feststellbares Phänomen gelten sollen, haben wir allerdings noch keine operationelle Definition erreicht. Dazu ist es nötig, die einzelnen Merkmale zu operationalisieren, also u. a. anzugeben, wann man von »Feindseligkeit« in der Interaktion sprechen will, wie – z. B. mittels welcher Frage – man feststellen will, ob ein Mitglied seine Gruppenzugehörigkeit »bejaht« und ob es die Mitgliedschaft gern oder ungern aufgeben würde usw. Die operationelle Definition besteht demnach in diesem und allen ähnlichen Fällen in der Angabe von Forschungsoperationen, mit deren Hilfe man entscheiden kann, ob und wieweit jene Sachverhalte vorliegen, die einen Rückschluß auf das Vorhandensein des begrifflich bezeichneten Phänomens erlauben. Ähnlich lassen sich auch für andere Begriffe mit indirektem empirischen Bezug wahrnehmbare Indikatoren suchen und diese dann in Test- oder Forschungsoperationen übersetzen. Das Vorliegen einer Herrschaftsbeziehung läßt sich etwa durch die Beobachtung erfassen, daß bestimmte Personen in bestimmten Situationen regelmäßig den Befehlen einer bestimmten anderen Person gehorchen, oder das Persönlichkeitsmerkmal Intelligenz durch die Reaktionen in einem Intelligenztest. Dabei ist das mit dem jeweiligen theoretischen Begriff *gemeinte* Phänomen niemals mit dem identisch, was wir schließlich als Indikator dafür gelten lassen. Die Reaktion auf einen Intelligenztest ist z. B. lediglich eine Manifestation von Intelligenz, nicht jedoch diese selbst.

Ob ein bestimmter beobachtbarer Sachverhalt überhaupt als Indikator für ein nicht unmittelbar wahrnehmbares Phänomen benutzt werden kann – ob er tatsächlich sein Vorliegen anzeigt, d. h. *gültig* ist –, wird durch theoretische Annahmen bestimmt, deren Richtigkeit schwierig zu überprüfen ist. Diese Annahmen können auch falsch, die Indikatoren mithin ungültig sein, d. h. etwas anderes als das gemeinte Phänomen anzeigen. Zum Beispiel nimmt man an, daß sich eine Einstellung in verbalen Äußerungen manifestiert, doch kann es sein, daß die betreffenden Äußerungen aus Angst oder Konformismus erfolgen, ohne daß ihnen eine entsprechende Einstellung zugrunde liegt. Ähnlich kann es sein, daß die Reaktion eines Menschen auf einen bestimmten Intelligenztest eher seine Testgeübtheit oder seine sprachliche Ausdrucksfähigkeit als seine Intelligenz mißt, oder daß die Seltenheit, mit der Mitglieder einer Gruppe Feindseligkeit gegeneinander zeigen, nicht auf gute Integration hinweist, sondern auf die dem Forscher unbekannte Tatsache zurückzuführen ist, daß in der betreffenden Gruppe manifeste Feindseligkeit unter Strafe steht. Auf diese Probleme wird im nächsten Kapitel näher eingegangen. Schon die schwer entscheidbare Gültigkeit der feststellbaren Sachverhalte als Indikatoren des gemeinten Phänomens erlaubt also keine sicheren, sondern nur mehr oder weniger wahrscheinliche Rückschlüsse auf sein Vorliegen. Es kommt hinzu, daß die jeweils gewählten Indikatoren selektiv und unvollständig sind. Die Reihe der erwähnten Indikatoren für den Begriff »Integration« könnte z. B. verlängert werden, und man kann nicht einmal angeben, an welchem Punkt sie – bezogen auf die theoretische Definition – »vollständig« wäre.

b) *Verhältnis zwischen Begriff und operationeller Definition.* Für das Verhältnis zwischen einem Begriff und seiner operationellen Definition ergibt sich daraus, daß sie sich in ihrem Bedeutungsgehalt oder Umfang unterscheiden können. Der Umfang der operationellen Definition, d. h. alles, was sich bei Anwendung der entsprechenden Operationsvorschrift ermitteln läßt, kann *enger* sein als der Umfang des Begriffs. Bei Begriffen mit indirektem empirischen Bezug geht diese Verengung in zwei Stufen vor sich: einmal durch die selektive Wahl von Indikatoren, und zweitens durch die Operationalisierung der Indikatoren. Wählt man z. B. als einzigen Indikator für »Gruppenintegration« das Fehlen manifester Feindseligkeit in den Interaktionen der Mitglieder, dann liegt bereits eine erste Verengung des Bedeutungsumfangs vor. Operationalisiert man daraufhin diesen Indikator so, daß lediglich das Austeilen von Ohrfeigen als manifeste Feindseligkeit gewertet wird, nicht jedoch beleidigende Äußerungen oder das Verweigern erbetener Hilfeleistung, dann ist der Bedeutungsumfang noch weiter verengt worden. Bei Begriffen mit direktem empirischen Bezug ist die Verengung durch die operationelle Definition gewöhnlich wesentlich geringer, doch auch hier taucht dieses Problem auf. Autounfälle oder Geburten sind z. B. prinzipiell direkt wahrnehmbar; ob aber durch die in der operationellen Definition festgelegte Art, wie diese Vorfälle zu registrieren sind, alle innerhalb einer gewissen Zeit und einem bestimmten Gebiet vorkommenden Fälle tatsächlich erfaßt werden, ist eine zweite Frage.

Am schwierigsten und vielleicht auch am häufigsten sind jene Fälle, in denen Begriff und operationelle Definition sich in ihrem Bedeutungsumfang *überschneiden*, d. h. die operationelle Definition deckt den Begriff nur teilweise, geht aber zugleich an anderen Stellen über ihn hinaus. Die Frage »Würden Sie gern Ihre Stellung wechseln?« als Operationalisierung von Arbeitszufriedenheit mag hier ebensogut als Beispiel dienen wie die operationelle Definition von Oberschicht als »alle Personen, die laut Angaben der Steuerbehörde ein Monatseinkommen von über 5000 DM haben«.

Die Forderung der Operationalisierung gilt im übrigen in gleicher Weise für nominal wie für real definierte Begriffe. Allerdings ist die Operationalisierung von Nominaldefinitionen, zumal wenn sie bereits im Hinblick auf Forschung aufgestellt wurden, wegen ihres präzise umrissenen Bedeutungsumfangs häufig leichter als die von Realdefinitionen. Es ist auch möglich, daß man eine Nominaldefinition von vornherein operationell formuliert. Hier meint das Definiendum dann in der Tat nicht mehr als das Resultat der genannten Forschungsoperationen: Begriff und Operationalisierung decken sich vollständig. Ein Beispiel wäre die Nominaldefinition von »Kontaktfähigkeit« als »die Zahl der von einem Individuum in einem soziometrischen Test gemachten Wahlen«.

Die vollständige Deckung von Begriff und operationeller Definition ist also ein Sonderfall, der außerdem nur bei nominal definierten Begriffen auftreten kann. Allerdings wurde gerade dieser Sonderfall von dem heute – zumal für die Sozialwissenschaften – kaum noch vertretenen *Operationalismus* zur Maxime des Definierens überhaupt erhoben. Dieser auf den Physiker Bridgman zurückgehenden Auffassung zufolge meint ein Begriff nicht mehr als eine Reihe von Operationen, er ist bedeutungsgleich mit den ihm korrespondierenden Operationen. Auch Sozialwissenschaftler, die den Operationalismus als Lehre von der Begriffsbildung ablehnen, können ihm allerdings manchmal unbeabsichtigt erliegen. Gerade bei Begriffen, die sich auf nicht direkt wahrnehmbare, sehr abstrakte oder sehr komplexe Sachverhalte beziehen, kann die operationelle Definition zu einer stillschweigenden Gleichsetzung von gemeintem Phänomen und faktisch Gemessenem verführen. So hat wohl schon manch ein Sozialforscher, der mittels einer mehrdimensionalen Statusskala sozialen Status von Individuen gemessen und diese anschließend nach der Höhe ihres gemessenen Status in Schichten eingruppiert hat, am Ende sozialen Status und soziale Schichten für soziale Phänomene gehalten, die so, wie er es gemessen hat, auch existieren. Die Gefahr liegt dabei darin, daß der Forscher, wenn er seine Ergebnisse interpretiert und seine Schlüsse zieht, am Ende doch wieder auf der Ebene der Begriffe selber und nicht ihrer Operationalisierungen argumentiert. Die Interpretationen und Schlußfolgerungen bleiben jedoch genauso fragwürdig, wie es die Beziehung zwischen der Operationalisierung (und damit dem tatsächlich Gemessenen) und dem mit dem Begriff eigentlich gemeinten Phänomen ist.

## 4. Die Probleme von Gültigkeit und Zuverlässigkeit

Von Gültigkeit wurde bereits im vorigen Abschnitt im Zusammenhang mit der Operationalisierung gesprochen. Eine operationelle Definition ist *gültig*, wenn man durch Vollzug der in der operationellen Definition angegebenen Meßoperationen genau das erfaßt, worauf der Begriff mit seinem Bedeutungsinhalt verweist. Bezieht der Begriff sich auf einen nicht direkt erfaßbaren Sachverhalt, dann ist das Problem der Gültigkeit zweistufig: zunächst fragt sich, ob die in der expliziten Definition des Begriffs als Indikatoren des gemeinten Phänomens benutzten, beobachtbaren Sachverhalte sein Vorliegen auch tatsächlich anzeigen, d. h. als Indikatoren gültig sind, und zweitens stellt sich die Frage nach der Gültigkeit ihrer Operationalisierung im oben beschriebenen Sinne.

Wovon die Gültigkeit von Indikatoren und von operationellen Definitionen abhängt, wurde im vorigen Abschnitt bereits in allgemeinen Zügen erörtert. Die Frage der Gültigkeit stellt sich auf spezifische Weise neu für jedes Forschungsinstrument, für jede Methode der Datenermittlung und wird in den folgenden Kapiteln jeweils wieder aufgegriffen; dort werden dann auch mögliche Techniken der Gültigkeitsprüfung beschrieben. Von der Gültigkeit eines Forschungsinstruments, die von adäquater Definition und Operationalisierung der begrifflich bezeichneten Untersuchungsgegenstände abhängt, ist seine *Zuverlässigkeit* zu unterscheiden. Ein Instrument ist zuverlässig in dem Maße, in dem seine wiederholte Anwendung – auch von verschiedenen Forschern – unter den gleichen Bedingungen die gleichen Ergebnisse bringt. Entsprechend sind mit Hilfe eines bestimmten Forschungsinstruments erzielte Ergebnisse zuverlässig, wenn sie von der Person des Forschers, der sie erhoben hat, und von anderen Zufälligkeiten der Erhebungssituation unabhängig sind.

Die Zuverlässigkeit eines Instruments hängt erstens von seiner Genauigkeit oder Präzision ab. Werden Fragen z. B. so vage formuliert, daß der Befragte bei mehrfachem Hören verschieden darauf reagiert und entsprechend unterschiedlich antwortet, dann mangelt diesen Fragen die Präzision, und die Wiederholbarkeit des gleichen Ergebnisses unter sonst gleichen Bedingungen ist fragwürdig.

Zweitens hängt die Zuverlässigkeit eines Instruments von seiner Objektivität ab, womit gemeint ist, daß die durch seine Anwendung erzielten Ergebnisse prinzipiell von dem das Instrument benutzenden Forscher unabhängig sind. Wird z. B. die genaue Formulierung einer Interviewfrage dem Interviewer überlassen, so daß jeder sie anders nuancieren kann und dadurch unterschiedliche Antworten provoziert, dann ist das in dem hier gemeinten Sinne kein zuverlässiges Instrument. Ähnlich ist die Zuverlässigkeit fragwürdig, wenn etwa bei einer Inhaltsanalyse die Einordnung eines bestimmten Textes in vorgegebene Kategorien von der individuellen Interpretation des Analysierenden abhängt oder wenn bei einem Beobachtungsverfahren das, was beobachtet wird, von der individuellen Interessenrichtung (oder Voreingenommenheit) des Beobachters abhängt. Diese Gefahren für die Zuverlässigkeit versucht man im allgemeinen durch eine möglichst genaue Standardisierung der Forschungsinstrumente auszuschalten.

Bei der Prüfung der Zuverlässigkeit eines Instruments, die im Zusammenhang mit den einzelnen Forschungstechniken später genauer erörtert wird, stellt sich ein allgemeines Problem, das hier bereits erwähnt werden kann. Die Reproduzierbarkeit (Wiederholbarkeit) von Ergebnissen bestätigt nämlich nur dann die Zuverlässigkeit eines Instruments, wenn der untersuchte Tatbestand sich selber zwischen der ersten und zweiten Anwendung des Instruments nicht verändert. Das ist jedoch manchmal schwer festzustellen.

Ist ein Forschungsinstrument nicht zuverlässig, dann ist von vornherein auch seine Gültigkeit fragwürdig. Gültigkeit setzt also immer Zuverlässigkeit voraus, jedoch genügt die Zuverlässigkeit eines Instruments nicht, um seine Gültigkeit zu gewährleisten. Wurden z. B. falsche Indikatoren gewählt, dann kann auch maximale Zuverlässigkeit bei ihrer Messung nichts daran ändern, daß die Ergebnisse keine Gültigkeit haben.

## 5. Soziologische Fragestellungen

a) *Zum Verhältnis von Sozialforschung und Theoriebildung.* Empirische Sozialforschung und sozialwissenschaftliche Theoriebildung sind eng miteinander verwobene und voneinander abhängige Phasen eines einheitlichen Erkenntnisprozesses. Daß eine theoretisch voraussetzungsfreie Forschung nicht nur unfruchtbar, sondern schlechthin unmöglich ist, wird heute wohl von niemandem mehr bestritten. Wenn radikale Empiristen die Theorieabhängigkeit der Forschung je bestritten haben, dann geschah das, weil sie einen zu engen Theoriebegriff hatten und nicht erkannten, daß bereits die Definition des sozialwissenschaftlichen Gegenstandsbereichs und die Benennung sozialer Phänomene theoretische Entscheidungen sind. Außerdem setzt empirische Forschung nicht nur eine begriffliche Vorstrukturierung des Gegenstandes voraus, sondern sie bedarf auch der Fragen. Jede Frage aber enthält, ob das dem Fragenden bewußt ist oder nicht, ein theoretisches Element, nämlich ausdrückliche oder stillschweigende Vermutungen über bestehende Zusammenhänge oder Erwartungen über die Beschaffenheit eines Gegenstandes.

Der genaue Stellenwert der empirischen Forschung im soziologischen Erkenntnisprozeß hängt allerdings von wissenschaftstheoretischen Grundannahmen über die Natur unseres Gegenstandes und unser Verhältnis zu ihm ab. Das leuchtet unmittelbar ein, wenn man sich vergegenwärtigt, daß z. B. die Prüfung allgemeiner Kausalhypothesen mittels experimenteller Verfahren nur sinnvoll ist, wenn sowohl die Existenz wie die prinzipielle Erkennbarkeit gesetzmäßiger Zusammenhänge im Bereich der sozialen Wirklichkeit unterstellt wird. Unterschiede in den wissenschaftstheoretischen Grundannahmen bestehen heute vor allem zwischen den Vertretern eines neopositivistisch-erfahrungswissenschaftlichen (analytischen) und denen eines dialektisch-kritischen Ansatzes. Aus diesen unterschiedlichen Grundannahmen, auf die hier nicht näher eingegangen werden kann [3], ergeben sich unterschiedliche Definitionen des Zieles sozialwissenschaftlichen Arbeitens wie auch unterschiedliche Auffassungen dessen, was soziologische Theorie ist bzw. sein sollte.

Für den strikt erfahrungswissenschaftlichen Soziologen ist Beschreibung und Erklärung sozialer Phänomene das Ziel. Die angestrebte Theorie ist ein (deduktiv oder gar axiomatisch strukturiertes) System von empirisch prüfbaren Aussagen. Das heißt nicht, daß sie lediglich die bislang gewonnenen empirischen Verallgemeinerungen enthält. Auch eine erfahrungswissenschaftliche Theorie geht über das empirisch bislang Nachgewiesene hinaus, indem sie 1. Axiome, d. h. im Rahmen dieser Theorie nicht ableitbare Sätze enthalten kann, 2. indem für ihre Sätze ein über die bisherige Erfahrung hinausgehender Geltungsbereich beansprucht wird und 3. indem sie auch solche Sätze enthalten kann, für die noch keine empirische Bestätigung vorliegt bzw. die auch zukünftig nicht direkt, sondern nur indirekt über aus ihnen ableitbare Hypothesen zu prüfen sind. Die Sätze der Theorie sollen jedoch prinzipiell – direkt oder indirekt – empirisch prüfbar sein, d. h. sie müssen sich am Kriterium »wahr oder falsch« empirisch beweisen. Aus der erfahrungswissenschaftlichen Zieldefinition und dem entsprechenden Theorie-

---

[3] Zu diesen unterschiedlichen Grundannahmen siehe die Kontroverse in der Kölner Zeitschrift für Soziologie und Sozialpsychologie, Bd. 14 (2), 1962 (Aufsätze von *K. R. Popper:* Die Logik der Sozialwissenschaften, und *T. W. Adorno:* Zur Logik der Sozialwissenschaften), Bd. 16 (2), 1964 (*H. Albert:* Der Mythos der totalen Vernunft) und Bd. 16 (4), 1964 (*J. Habermas:* Gegen einen positivistisch halbierten Rationalismus). Vgl. außerdem *J. Habermas:* Analytische Wissenschaftstheorie und Dialektik, in: Zeugnisse. Festschrift für Theodor W. Adorno, Hrsg. *M. Horkheimer,* Frankfurt 1963, sowie die im Literaturverzeichnis am Ende des Kapitels angegebenen Schriften von *K. R. Popper.*

verständnis leitet sich folgerichtig eine zentrale Stellung der empirischen Forschung im Erkenntnisprozeß ab. Ihre primäre Funktion ist die Hypothesenprüfung, doch sind ihre Leistungen nicht darauf beschränkt. Durch explorative (beschreibende und versuchsweise diagnostizierende) Studien regt sie die Konstruktion von Hypothesen an, die später unter kontrollierten Bedingungen zu prüfen sind. Unerwartete und im Rahmen der bisherigen Theorie unerklärbare Ergebnisse regen zur Erweiterung, Differenzierung und Modifikation des theoretischen Aussagensystems bzw. von Begriffen an. Die empirische Forschung, speziell die entwickelten Forschungstechniken, können auch die Schwerpunkte der Weiterentwicklung soziologischer Theorie beeinflussen, während die Unzugänglichkeit bestimmter Tatsachenkomplexe für die empirische Forschung umgekehrt auch ihre theoretische Bewältigung hindert.

Aus den wissenschaftstheoretischen Grundannahmen des dialektisch-kritischen Ansatzes ergibt sich eine andere Zieldefinition: nicht nur Beschreibung und Erklärung, sondern auch kritische Beurteilung sozialer Phänomene. Kritik an der Wirklichkeit als wissenschaftliches Ziel ergibt sich dabei aus der Tatsache, daß der Mensch als wollendes Subjekt den soziologischen Gegenstand, die soziale Wirklichkeit, selber produziert hat, und zwar geleitet von Werten und Bedürfnissen. Aus der Natur des Menschen, den historischen Entwicklungsmöglichkeiten (oder -notwendigkeiten) der Gattung und aus den daran orientierten Intentionen des Menschen lassen sich entsprechend Maßstäbe für eine verbindliche, d. h. nicht rein subjektiv-dezisionistische Kritik ableiten. Kritische Theorie enthält dann nicht nur konstatierende und erklärende Aussagen, sondern auch kritische Urteile. Sie transzendieren die Erfahrung [4], indem sie sich nicht nur auf das beziehen, was ist, sondern gleichzeitig auf das, was nicht ist, aber sein sollte. Auf derartige Aussagen ist das Kriterium empirischer Prüfbarkeit nicht anzuwenden. Entsprechend ist die Funktion empirischer Forschung für den so konzipierten Erkenntnisprozeß weniger zentral als beim strikt erfahrungswissenschaftlichen Ansatz. »Weniger zentral« heißt aber nicht irrelevant oder bedeutungslos, denn die kritischen Urteile beziehen sich auf soziale Sachverhalte, die als solche zunächst empirisch festzustellen und zu erklären sind.

b) *Die Stufen des Forschungsprozesses.* Verdeutlicht man sich den Ablauf eines Forschungsprozesses, dann kann man etwa die folgenden wesentlichen Stufen unterscheiden:

1. Theoretische Vorbereitung: begriffliche Vorstrukturierung des Gegenstandsbereichs und Formulierung der Forschungsfragen;
2. Entwurf des Forschungsplans und der Instrumente: Wahl der Untersuchungsanordnung, der Instrumente und Auswertungstechniken, einschließlich Operationalisierung zentraler Begriffe, Bestimmung der Stichprobe, Konstruktion von Instrumenten (z. B. Skalen, Indizes, Fragebögen);
3. Durchführung: Sammlung des Materials;

---

[4] So stellt es sich wenigstens von einer erfahrungswissenschaftlichen Position aus dar; dem besonderen Erfahrungsbegriff dialektisch-kritischer Theorie zufolge könnte hier von transzendieren nicht so direkt gesprochen werden.

4. Auswertung: Aufbereitung und Analyse der Daten, Versuch des Beantwortens der Forschungsfrage;

5. Theoretische Schlußfolgerung: Abstecken des Geltungsbereichs der gewonnenen Aussagen, gegebenenfalls Verallgemeinerung, Herstellung des Zusammenhangs mit bestehender Theorie.

Natürlich kommt es bei der tatsächlichen Forschungsarbeit vor, daß man in einer der späteren Stufen noch einmal auf eine der früheren zurückschaltet und dort etwas ergänzt oder modifiziert, aber das soll hier unberücksichtigt bleiben. Was im Augenblick hervorgehoben werden soll, ist die Tatsache, daß *am Anfang* jeder Forschung die begriffliche Vorstrukturierung des Gegenstandsbereichs und die Formulierung der Forschungsfragen stehen muß. Zweifellos *genügt* eine gute theoretische Vorbereitung nicht, um relevante Ergebnisse zu erzielen. Das Erkenntnispotential einer bedeutsamen Forschungsfrage kann durch Mängel auf einer der folgenden Stufen des Forschungsprozesses vertan werden. Aber die theoretische Vorbereitung ist eine conditio sine qua non: sie steckt den *maximalen* Bereich des möglichen Erkenntnisgewinns ab. Damit soll nicht die Möglichkeit von Serendipität, des plötzlichen Auftretens von Einsichten, nach denen gar nicht gesucht wurde, geleugnet werden. Der gute Forscher wird sich hierfür ständig offen halten, aber er wird sich nicht darauf verlassen, daß ihm die beste Frucht seiner Arbeit als unvorhergesehenes Nebenprodukt in den Schoß fällt.

c) *Die Genese von Forschungsfragen.* Wenn hier von Forschungsfragen gesprochen wird, dann ist das nicht allzu wörtlich zu verstehen, als ob es sich dabei tatsächlich nur um einzelne Fragen oder Hypothesen handelt; es kann sich auch um komplexe Modelle ineinander verschachtelter Zusammenhänge handeln, die zu überprüfen sind.

Gibt es nun irgendwelche Regeln darüber, wie man bedeutsame Forschungsfragen gewinnt? Die Antwort hierauf hängt von der gewählten methodologischen Ausgangsposition ab. Nach Auffassung der analytischen Wissenschaftstheorie ist die Fragestellung prinzipiell beliebig, d. h. sie wird dem Forscher nicht von seinem Gegenstand gleichsam vorgeschrieben, sondern wird von ihm frei gewählt und von außen an den Gegenstand herangebracht. Bei dieser prinzipiellen Beliebigkeit der Fragestellung wird sie dann praktisch durch das Interesse des Forschers bzw. seines Auftraggebers bestimmt. Dieses Interesse kann durch Lücken oder Fragwürdigkeiten der bestehenden Theorie oder durch wahrgenommene soziale Probleme geweckt werden. Im ersten Falle könnte sich ein Forscher z. B. veranlaßt sehen, die Haltbarkeit von Georg Simmels Aussagen über die 3-Personen-Gruppe zu prüfen oder die Bedingungen zu erforschen, unter denen eine von den Herrschenden beanspruchte legale Legitimität im Sinne Max Webers von den Beherrschten tatsächlich akzeptiert und zur Grundlage ihrer Fügsamkeit wird.

Beispiele für Forschungsthemen, die durch die Wahrnehmung sozialer Probleme bestimmt werden, sind überaus zahlreich: die Ungleichheit der Bildungschancen, rassische Diskriminierung, Rollenkonflikte von Sozialfürsorgern, oligarchische Tendenzen in freiwilligen Vereinigungen, schlechtes Betriebsklima, Auftreten rechtsradikaler Bewegungen, mangelnde Effizienz von bürokratischen Organisationsformen für bestimmte

Zwecke, Jugendkriminalität – in allen diesen Fällen ist es offensichtlich, daß hier ein »Problem« im engeren Sinne eines Mißstandes vorliegt. Ganz deutlich ist es jeweils eine bestimmte Werthaltung, aus der heraus eines dieser gesellschaftlichen Phänomene als »Problem« empfunden wird. Je nachdem, ob man sich forschend mehr auf die Beschaffenheit und Verursachung oder mehr auf die Feststellung von Lösungsmöglichkeiten eines Problems konzentriert, ist der Praxisbezug solcher Forschung mehr oder weniger deutlich ausgeprägt.

Der Problemcharakter eines zum Forschungsgegenstand gemachten sozialen Phänomens braucht allerdings nicht immer derart sinnfällig zu sein. Die Existenz schichtenspezifischer Sozialpersönlichkeiten, Prozesse des Elitenwandels, spontane Rollendifferenzierung in problemlösenden Kleingruppen, die Entstehung von Gruppennormen oder den Funktionswandel der Familie mag man als Forschungsfragen bezeichnen, denen ein eher praxisfernes Erkenntnisinteresse zugrunde liegt. Jedenfalls handelt es sich nicht um »soziale Probleme« im Sinne von Mißständen, die aus einer bestimmten Werthaltung heraus von größeren oder kleineren Gruppen in der Gesellschaft als solche empfunden werden. Hierzu sind drei Bemerkungen zu machen.

*Erstens* spielt bei Forschungsfragen dieser Art die Bezugnahme auf bereits bestehende Theorie gewöhnlich eine größere Rolle als bei solchen Forschungsfragen, die sich aus der direkten Wahrnehmung sozialer Probleme im engeren Sinne ergeben. *Zweitens* wird man die Existenz einer quasi abstrakten Neugier nicht leugnen wollen, deren Ziel es ist, »zu erkennen, was die Welt im Innersten zusammenhält«, also in unserem Fall: Wesen und Beschaffenheit des sozialen Prozesses, gesellschaftlichen Seins und gesellschaftlicher Entwicklung. *Drittens* jedoch ist auch dieses in einem weiteren Sinne durchaus ein »soziales Problem«, bestimmt durch ein letztliches Interesse an der Bewältigung der sozialen Wirklichkeit – zunächst erkennend, aber eben dadurch die Voraussetzungen für zielgerichtetes Handeln schaffend. Der Praxisbezug mag indirekt sein, aber er läßt sich über einige Zwischenstufen der theoretischen Argumentation herstellen. Gelingt das nicht, dann kann das ein Zeichen dafür sein, daß die allgemeine eine triviale Frage, daß das abstrakte ein Scheinproblem gewesen ist: eine Gefahr, die bei Forschungsfragen dieser Art tatsächlich besteht. Wie mit dem Praxisbezug, so ist es schließlich auch mit der Werthaltung bei diesen Fragen: die interessenbestimmende Werthaltung mag weniger deutlich sein als bei der Definition von sozialen Problemen im engeren Sinne, und entzieht sich deshalb leichter der kritischen Reflexion, aber sie ist vorhanden – und sei es auch nur gleichsam passiv und ungewollt, weil Fragen ohne jeden Wertbezug sich gar nicht stellen lassen.

Der ausschlaggebende Punkt der eben skizzierten Position ist, daß das Finden *relevanter, bedeutsamer* Forschungsfragen eine vom Forscher (oder seinem Auftraggeber) zu erbringende, besondere Leistung ist. Die Relevanz kann deshalb auch leicht verfehlt werden, zumal der Maßstab, nach dem sie sich bestimmt, nicht mit dem Gegenstand selbst bereits gegeben ist. Im Unterschied dazu behauptet die dialektisch-kritische Wissenschaftsauffassung, daß die relevanten Fragestellungen durch den Gegenstand selbst bestimmt und somit nicht prinzipiell beliebig sind. Das ergibt sich einmal aus dem angenommenen Ziel des wissenschaftlichen Erkenntnisprozesses, nämlich Kritik an der Gesellschaft, und zum anderen aus der Auffassung, daß der Maßstab solcher Kritik –

die Vorstellung von dem, was sein soll – in der sozialen Wirklichkeit objektiv vorgegeben ist. Wie immer man diesen Maßstab auch inhaltlich fassen mag, ob als Ziel eines gesetzmäßig ablaufenden historischen Prozesses, als Verwirklichung der wahren Natur des Menschen oder als das, was ein soziales Phänomen (z. B. eine demokratische Partei) selber zu sein beansprucht – er ist auf jeden Fall der subjektiven Entscheidung des Forschers entzogen. Damit hat dieser für seine Arbeit einen festen, wenn auch zugegebenermaßen oft schwer genug zu konkretisierenden Bezugspunkt und zugleich eine allgemeine methodische Regel für das Finden relevanter Forschungsfragen: zu fragen ist nach dem Unterschied zwischen gesellschaftlichem Sein und Sollen, der ursächlichen (historischen) Bedingtheit der Diskrepanz und den Möglichkeiten, das Seiende in Richtung auf das, was sein soll, zu verändern. Im übrigen kommt man bei Anwendung dieser methodischen Regel in vielen Fällen auf die gleichen Detailfragen für die empirische Forschung, wie sie auch von Anhängern der analytischen Wissenschaftstheorie formuliert werden könnten; der Unterschied liegt dann hauptsächlich in der Begründung der Relevanz der Frage sowie in ihrer theoretischen Einbettung und ihrem Stellenwert im wissenschaftlichen Erkenntnisprozeß insgesamt.

d) *Deskriptive und verifizierende Forschung.* Bisher wurde die Herleitung und Relevanz von Forschungsfragen betrachtet. Wenden wir uns jetzt ihrer Form zu. Beginnen wir mit der einfachen Unterscheidung von zwei Arten von Forschungsfragen: jenen, die nach der Beschaffenheit eines sozialen Phänomens und jenen, die nach Zusammenhängen zwischen verschiedenen sozialen Phänomenen fragen. Forschung, die von Fragen der ersten Art geleitet wird, nennt man *deskriptiv*, die von Fragen der zweiten Art geleitete Forschung dagegen *verifizierend*. Das Forschungsergebnis selber braucht im übrigen nicht das letzte Erkenntnisziel einer Untersuchung zu sein. Das ist vor allem im Hinblick darauf festzuhalten, daß die von einer dialektisch-kritischen Soziologie angestrebten kritischen Aussagen sich in einer einfachen Klassifikation deskriptiv-verifizierend nicht unterbringen lassen. Die derartigen kritischen Aussagen oft notwendigerweise vorausgehende Forschungsarbeit läßt sich dagegen entsprechend einordnen.
Das Ergebnis deskriptiver Forschung ist die Beschreibung und Klassifikation sozialer Phänomene (einschließlich der Feststellung von Häufigkeitsverteilungen). Beispiele für diese Art von Fragen sind etwa: Welche Familienformen gibt es heute in der Bundesrepublik und wie häufig kommen die einzelnen vor? Wie groß ist die Arbeitszufriedenheit von Arbeitern am Fließband? Welche Werte und Normen kennzeichnen die Subkultur von Gefängnisinsassen?
Im Gegensatz dazu beziehen sich die Fragen verifizierender Forschung auf Zusammenhänge, also zum Beispiel: wie beeinflußt die Lohnhöhe die Arbeitszufriedenheit? Verringert oder steigert die Dezentralisierung von Entscheidungsbefugnissen die Leistungswirksamkeit eines Betriebes? Ist die Chance für eine stabile demokratische Verfassung in einer Gesellschaft größer, wenn sie eine breite Mittelklasse besitzt? Natürlich kann der Zusammenhang auch mehrgliedrig sein; z. B. kann die letztgenannte Frage auch noch die Wirkung eines wachsenden durchschnittlichen Bildungsgrades und eines steigenden Lebensstandards auf die Stabilität von Demokratie umfassen; darüber hinaus könnte nach der relativen Bedeutsamkeit der verschiedenen Faktoren gefragt werden.

Die eben angeführten Fragen lassen sich auch anders formulieren, nämlich statt als Frage als Behauptung über die (vermutliche, erwartete) Beschaffenheit des angesprochenen Zusammenhanges. Aus den Fragen werden damit *Hypothesen.* »Je höher der Lohn, desto größer die Arbeitszufriedenheit« wäre z. B. eine einfache Hypothese über den in der ersten Frage angesprochenen Zusammenhang. Das Forschungsergebnis ist dann entweder die Bestätigung (Verifikation) [5] oder Verwerfung (Falsifikation) der Hypothese (unter Umständen eine Mischung von beidem, z. B. wenn der erwartete Zusammenhang zwar besteht, aber nur unter bestimmten zusätzlichen Bedingungen). Die festgestellten Zusammenhänge erlauben es dann, Einzelfälle wie z. B. die relative Arbeitszufriedenheit einer bestimmten Arbeitnehmergruppe oder die Labilität der demokratischen Verfassung in einer bestimmten Gesellschaft zu erklären bzw. vorherzusagen – zumindest, soweit die in der Hypothese genannten Faktoren dabei eine Rolle spielen.

Bei der Gegenüberstellung von deskriptiver und verifizierender Forschung wird der letzteren gewöhnlich der größere Wert zugemessen. Tatsächlich genügt bloße Deskription weder dem Anspruch einer auf Erklärung abzielenden Wissenschaft noch dem Anspruch kritischer Theorie. Jedoch ist die Deskription ein oft, wenn nicht immer unerläßlicher Bestandteil von Forschungsprozessen, die erklärende und darüber hinaus möglicherweise kritische Aussagen zum Ziel haben. Die einfache Gegenüberstellung von deskriptiver und verifizierender Forschung ist überdies eine ziemlich grobe Vereinfachung. Zunächst einmal darf man diese Unterscheidung nicht als ein Entweder-Oder auffassen. Ein Forschungsvorhaben wird selten nur Fragen der einen oder der anderen Art zur Grundlage haben. Zweitens gibt es Zwischen- und Nebenformen der Forschung außer den beiden Extremtypen. So gibt es etwa explorative Studien, die der Formulierung von Hypothesen dienen, diagnostische Studien, die Einzelfälle auf der Grundlage bereits bestätigter Hypothesen erklären wollen, und schließlich auch Forschungsprojekte, die lediglich die Entwicklung und Validierung von Forschungsinstrumenten zum Ziel haben. Bei einem umfassenden Forschungsvorhaben können alle diese Ziele nach- und nebeneinander verfolgt werden.

Wenn sich deskriptive und verifizierende Forschung durch die Art der Fragestellung und das angestrebte Forschungsergebnis unterscheiden, dann ergeben sich daraus auch Unterschiede für die relevanten Forschungs- oder Untersuchungsanordnungen. Alle experimentellen Verfahren und quasi-experimentellen Forschungsanordnungen dienen der verifizierenden Forschung. Dasselbe gilt für die Auswertung: verifizierende Forschung wird immer mit mehrdimensionalen Tabellen arbeiten (sofern die Datenauswertung sich überhaupt Tabellen bedient). Die Techniken der Datensammlung sind dagegen für beide Forschungsrichtungen gleichermaßen relevant, wie auch für beide die Forderungen nach Gültigkeit und Zuverlässigkeit der benutzten Instrumente gilt.

---

[5] Eine endgültige Verifikation von Hypothesen ist nach Auffassung der modernen analytischen Wissenschaftstheorie im strengen Sinne nicht möglich, sondern nur ihre vorläufige Bestätigung; das Wort wird hier mit dieser mitgedachten Einschränkung benutzt. Siehe hierzu K. R. *Popper:* Die Logik der Forschung, Tübingen 1966.

e) *Forschungsleitende Hypothesen.* Es ist zweckmäßig, die Bezeichnung *Hypothese* in einem relativ engen und spezifischen Sinne zu benutzen. Im vorigen Abschnitt wurde bereits gesagt, daß es sich bei einer Hypothese um die Behauptung eines vermuteten Zusammenhangs zwischen mehreren Phänomenen handelt. Danach wäre die Behauptung, daß 48 % der Arbeiter in der Bundesrepublik eine geringe Arbeitszufriedenheit besitzen, keine Hypothese, weil hier lediglich gesagt wird, daß eine bestimmte Gegenstandsklasse (Arbeiter in der Bundesrepublik) durch ein bestimmtes Merkmal gekennzeichnet ist. Die Behauptung, daß bei den Arbeitern in der Bundesrepublik die Arbeitszufriedenheit mit steigender Lohnhöhe wächst, konstatiert dagegen einen *Zusammenhang zwischen zwei Variablen* und ist folglich eine Hypothese. Selbstverständlich kann eine Hypothese auch einen Zusammenhang zwischen mehr als zwei Variablen behaupten, z. B. zwischen Lohnhöhe, Arbeitszeit und Arbeitszufriedenheit. Dabei bezeichnet man eine Variable, die in einem gegebenen Zusammenhang als vermutlicher Bedingungs- oder Kausalfaktor fungiert, als *unabhängige Variable,* während die in Abhängigkeit von ihr sich verändernde Variable *abhängige Variable* genannt wird.

Speziell für den Zweck der Forschung formulierte Hypothesen müssen noch weitere Kriterien erfüllen. Vor allem muß eine forschungsleitende Hypothese *empirisch überprüfbar* sein, d. h. die darin erwähnten Variablen müssen durch entsprechende Operationalisierung empirisch faßbar, meßbar sein. Weiterhin soll es sich bei dem behaupteten Zusammenhang um keinen einmaligen und zufälligen, sondern um einen *regelmäßig* auftretenden Zusammenhang handeln. Dabei heißt »regelmäßig« nicht »unter allen Umständen«. Es kann durchaus sein, daß der angenommene Zusammenhang nur unter ganz bestimmten Umständen, dann jedoch regelmäßig, auftritt. Diese *Randbedingungen* kann man in der Hypothese mit zum Ausdruck bringen; ihren Einfluß auf den behaupteten Zusammenhang zu prüfen, kann mit zum Ziel der Forschung gehören. Ist zu vermuten, daß ein bestimmter Zusammenhang zwar nur unter bestimmten, jedoch unbekannten und daher nicht spezifizierbaren Bedingungen auftritt, dann enthält die Hypothese – ausgesprochen oder unausgesprochen – eine *ceteris-paribus-Klausel,* d. h. der Zusammenhang gilt »unter im übrigen gleichen Bedingungen«. Die Randbedingungen, unter denen ein Zusammenhang gilt, und die Gegenstandsklasse, für die er gilt, legen gemeinsam den Geltungsbereich einer Hypothese fest.

Neben dem Kriterium der Überprüfbarkeit und der Bezugnahme auf eine regelmäßige Beziehung zwischen Phänomenen verlangt man von einer Hypothese auch, daß sie einen *Erklärungswert* habe, d. h. sie soll der Erklärung beobachteter Einzelphänomene dienen. Mit Hilfe einer Hypothese, der zufolge die Arbeitszufriedenheit bei steigender Lohnhöhe und sinkender Arbeitszeit wächst, könnte man z. B. die besonders niedrige Arbeitszufriedenheit einer bestimmten Arbeitnehmergruppe, die bei hoher Arbeitszeit nur einen geringen Lohn erhält, erklären. Ohne eine Hypothese, die einen regelmäßigen oder allgemeinen (wenn auch u. U. nur unter zusätzlichen Bedingungen, z. B. bei niedriger Arbeitslosigkeit, geltenden) Zusammenhang zwischen diesen drei Variablen behauptet, könnte man jene Beobachtung auch für ein zufälliges Zusammentreffen von geringer Arbeitszufriedenheit, hoher Arbeitszeit und niedrigem Lohn halten. Erklärungswert besitzt eine Hypothese also zumal dann, wenn es sich bei der von ihr behaupteten Beziehung um eine Kausalbeziehung handelt.

Der Erklärungswert einer Hypothese wird als noch höher angesehen, wenn der behauptete Zusammenhang sich seinerseits im Rahmen einer Theorie als ein notwendig auftretender ableiten läßt. Man müßte also, um bei unserem Beispiel zu bleiben, eine möglichst in ihren einzelnen Sätzen empirisch bereits bestätigte Theorie haben, die erklärt, *warum* eigentlich verringerte Arbeitszeit und höherer Lohn die Arbeitszufriedenheit steigert (unter jenen Bedingungen, wo dies tatsächlich der Fall ist). Wenn uns viele Hypothesen auch ohne eine solche theoretische Ableitung plausibel erscheinen, dann in der Regel, weil wir tatsächlich unausgesprochen eine den betreffenden Zusammenhang erklärende Theorie haben.
Beim Versuch der theoretischen Begründung einer Hypothese muß man aufpassen, daß man ihre *Ableitung* nicht mit der *Spezifizierung von Randbedingungen* verwechselt. Um weiterhin bei dem Beispiel mit der Arbeitszufriedenheit zu bleiben, so wird diese zunächst einschränkungslos formulierte Hypothese viel plausibler, wenn wir hinzufügen, daß der angenommene Zusammenhang dann auftritt, wenn ein persönliches Interesse an der Arbeit selbst fehlt. Dies ist jedoch keine Erklärung, sondern eine den Geltungsbereich der Hypothese einschränkende Bedingung. Um sie dagegen zu *erklären*, könnten wir etwa auf die theoretische Annahme verweisen, daß Menschen im allgemeinen nach einer positiven Bilanz in ihrer persönlichen Kosten/Gewinnrechnung streben; des weiteren auf die Annahme, daß ihre Einschätzung dieser Bilanz auf dem Sektor ihrer Berufstätigkeit sich in ihrer Arbeitszufriedenheit ausdrückt: je positiver die Bilanz, um so höher die Arbeitszufriedenheit. Fehlt nun persönliches Interesse an der Arbeit, dann ist, so nehmen wir weiter an, die Arbeitsleistung in der persönlichen Bilanz des Betreffenden ein Kostenfaktor, Lohn dagegen eine Gewinnfaktor. Diese Annahmen, zusammengenommen, können uns dann den in der Hypothese formulierten Zusammenhang erklären: in der steigenden Arbeitszufriedenheit drückt sich die persönliche Bilanz aus, die bei fehlendem Interesse an der Arbeit selbst um so positiver ist, je größer der materielle Gewinn und je kleiner der geforderte Einsatz an Arbeitszeit ist.
Wenn der in einer Hypothese formulierte Zusammenhang sich weder als Kausalzusammenhang empirisch (z. B. experimentell) nachweisen noch aus anderen, empirisch bestätigten Sätzen theoretisch ableiten läßt, dann stellt er lediglich eine *empirische Regelmäßigkeit* fest, d. h. eine faktische, raum-zeitlich lokalisierte Merkmalskoinzidenz. Immer wieder beliebt ist hier das Beispiel von der Korrelation zwischen der Höhe der Geburtenziffer und der Zahl der in einem Gebiet lebenden Störche, zwei Merkmale, zwischen denen höchstens sexuell Unaufgeklärte eine Kausalbeziehung vermuten würden. Es sei jedoch betont, daß eine Hypothese nicht unbedingt eine *Kausal*hypothese zu sein braucht; die letztere ist allerdings für das Erkenntnisziel der Erklärung von entscheidender Bedeutung.

*Ausgewählte Literatur*

*Albert, H.*, Hrsg.: Theorie und Realität – Ausgewählte Aufsätze zur Wissenschaftslehre der Sozialwissenschaften, Tübingen 1964.
*Gross, L.*, Hrsg.: Symposium on Sociological Theory, Evanston–White Plains 1959 (vor allem Kap. 3, R. Bendix und B. Berger, Images of Society and Problems of Concept Formation in Sociology; Kap. 4, R. Bierstedt, Nominal and Real Definitions in Sociological Theory; und Kap. 13, H. Hochberg, Axiomatic Systems, Formalization and Scientific Theories).
*Habermas, J.:* Theorie und Praxis, Neuwied 1963.
*Hayek, F. A.:* Mißbrauch und Verfall der Vernunft, Frankfurt 1959.
*Marcuse, H.:* Der eindimensionale Mensch, Neuwied–Berlin 1965, Teil II: Eindimensionales Denken.
*Nagel, E.:* The Structure of Science, New York 1961.
*Popper, K. R.:* Logik der Forschung, Tübingen 1966 (insbesondere Kap. 1, 3, 4 und 5).
*Popper, K. R.:* Conjectures and Refutations, New York–London 1963 (insbesondere Kap. 1, 15 und 16).
*Topitsch, E.*, Hrsg.: Logik der Sozialwissenschaften, Köln–Berlin 1965.

*Kapitel 2*
# Das Messen

## I. Die Grundlagen des Messens

### 1. *Die formalen Eigenschaften von Daten*

Wie jede andere Wissenschaft auch, ist Soziologie darauf angewiesen, systematisch kontrollierbare Erfahrungen über den ihr eigentümlichen Erkenntnisgegenstand zu sammeln. Eine der Grundlagen, auf denen soziologische Erfahrung und soziologisches Wissen beruhen, bilden *Daten* über Eigenschaftsdimensionen gesellschaftlicher Wirklichkeit, die mit einer Vielzahl von Methoden gewonnen und analysiert werden. Diese Daten sind das Ergebnis von begrifflich strukturierten und durch theoretische Annahmen gelenkten, systematischen und kontrollierten Beobachtungen des Verhaltens bzw. der Eigenschaften sozialer Phänomene. Weder die Beobachtungen noch die beobachteten Eigenschaften sind also selbst schon Daten. Nicht die Antwort eines Befragten auf die in einem Interview gestellte Frage »Interessieren Sie sich für Politik?«, auch nicht deren bloß akustische Wahrnehmung durch den Interviewer sind das Datum. Datum ist das Kreuz, das jener in eine ihm vorgegebene Antwortalternative des Fragebogens einträgt, wo es nichts anderes darstellt, als die symbolische Repräsentation des manifesten Gehaltes der Beobachtung. Nicht die körperliche Züchtigung, die eine Mutter in einer bestimmten Situation an ihrem Kind vollzieht, weil es etwa den Gehorsam verweigert hat, auch nicht die bloß visuelle Wahrnehmung und Benennung dieses Verhaltens durch den teilnehmenden Beobachter sind das Datum. Datum ist auch hier wieder nur die Eintragung in eine bestimmte Verhaltenskategorie des etwa zu Zwecken der Ermittlung elterlichen Erziehungsverhaltens angelegten Beobachtungsbogens. Zu Daten werden Beobachtungen von manifesten Eigenschaften oder Verhaltensweisen gesellschaftlicher Phänomene also erst, wenn sie begrifflich so strukturiert sind, daß sie als registrierte Beobachtungen eine Identifizierung und Klassifizierung der Untersuchungsobjekte nach ihren für die Beantwortung der Forschungsfrage relevanten Eigenschaftsdimensionen ermöglichen.

Abb. 1 veranschaulicht die Stellung der Daten im Forschungsprozeß. Aus dem Universum möglicher Beobachtungen von Eigenschaftsdimensionen der Untersuchungsobjekte werden in der Regel immer nur einige wenige für die Beantwortung der Forschungsfrage relevante Eigenschaftsdimensionen ausgewählt und begrifflich strukturiert (1. Stufe). Sollen z. B. bei der Ermittlung des Erziehungsverhaltens von Eltern lediglich die Häufigkeiten des Auftretens körperlicher bzw. nichtkörperlicher Strafen festgestellt

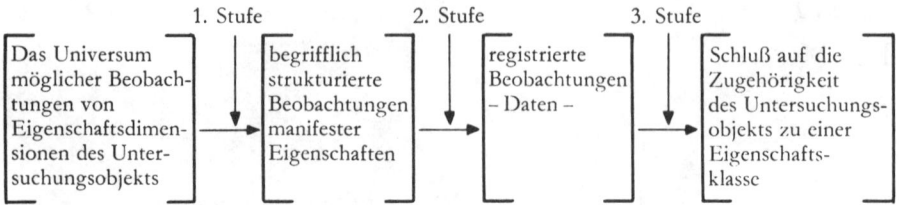

Abb. 1  Stellung der Daten im Forschungsprozeß

werden, dann ist es überflüssig zu beobachten, mit welchen Mitteln körperliche Strafen vollzogen werden.

Es ist unmittelbar einleuchtend, daß schon auf der ersten Stufe des skizzierten Prozesses der Datengewinnung theoretische Annahmen gemacht werden, die durch die Beobachtung selbst nicht mehr geprüft werden. Bevor sich überhaupt sagen läßt, wann ein bestimmtes Verhalten der Eltern eine körperliche bzw. nichtkörperliche Strafe darstellt, muß angebbar sein, durch welche unmittelbar beobachtbaren (manifesten) Eigenschaften sich das als »Strafe« bezeichnete Verhalten von Eltern gegenüber ihren Kindern von anderen Arten elterlichen Verhaltens unterscheiden läßt.

Die auf der Grundlage dieser begrifflichen Strukturierung gemachten Beobachtungen von manifesten Eigenschaften werden zu Daten über ein Untersuchungsobjekt dadurch, daß sie in standardisierter Form registriert werden (2. Stufe). Ebenso wie beim ersten Schritt müssen auch hier wieder theoretisch begründbare Entscheidungen gefällt werden, die die Auswahl unter alternativen Formen der Standardisierung (Forschungsinstrumente) betreffen.

Auf der Grundlage der auf diese Weise gewonnenen Daten lassen sich Schlüsse auf die zuvor begrifflich bezeichneten (latenten) Eigenschaften der Untersuchungsobjekte ziehen (3. Stufe). Auch dieser Schritt kann nur im Zusammenhang mit der zur Analyse verwendeten Theorie vollzogen werden. Erst jetzt können auch die Beziehungen zwischen Daten untersucht werden.

Der entscheidende Punkt ist, daß Datengewinnung und Datenanalyse auf allen Stufen, die sie durchlaufen, von der Theorie über den Gegenstand, also von der Theorie über gesellschaftliche Wirklichkeit abhängen, und daß vor allem die Daten selbst nur durch theoretisch begründete Schlußfolgerungen zustande kommen [1].

Obwohl es den verschiedenen soziologisch relevanten Merkmalsdimensionen entsprechend verschiedene Arten von Daten gibt, besitzen sie doch eine identische formale Struktur, deren Berücksichtigung für die Datengewinnung, mehr noch für die Datenanalyse, außerordentlich wichtig ist: 1. Die Daten jeder empirischen Untersuchung beziehen sich auf *Untersuchungseinheiten* (siehe S. 11). 2. Die Daten beziehen sich in der Regel nicht auf die Untersuchungseinheiten in ihrer ganzen Komplexität oder Vieldimensionalität, sondern auf einige wenige *Merkmalsdimensionen* (Eigenschaftsdimensionen) (siehe S. 12). Diese Dimensionen werden als Variablen dargestellt. Variablen sind nichts anderes als die symbolische Repräsentation von Merkmalsdimensionen.

[1] Vgl. *N. R. Hanson:* Patterns of Discovery, Cambridge 1958, Kap. 1.

*Das Messen*

3. Beobachtet werden *Merkmalsausprägungen* der Untersuchungseinheiten auf den untersuchten Merkmalsdimensionen. Jede Variable kann auf diese Weise eine Vielzahl von Werten annehmen. Von Variablen spricht man sinnfällig aber nur dann, wenn sie wenigstens zwei Werte annehmen kann. Die Anzahl der möglichen Werte, die eine Variable annehmen kann, hängt von der Methode der Datengewinnung wie von der Differenziertheit der begrifflichen Strukturierung ab.

Als *Daten* lassen sich nun *beobachtete Merkmalsausprägungen auf Merkmalsdimensionen von Untersuchungseinheiten* bezeichnen; sie stellen nichts anderes dar, als einen jeweils bestimmten Wert auf einer Variablen.

Untersuchungseinheiten empirischer Forschung können auf diese Weise durch die einzelnen beobachteten Merkmalsausprägungen auf jenen Merkmalsdimensionen beschrieben oder gekennzeichnet werden, die Gegenstand der Forschung sind. Werden z. B. n Individuen einer bestimmten sozialen Gruppe nach den Merkmalsdimensionen Schichtzugehörigkeit, Alter, Geschlecht, politisches Interesse und politische Tendenz untersucht, so ergibt sich für sie die in Abb. 2 dargestellte Datenmatrix.

| MD<br>UE | Schicht | Alter | Geschlecht | Politisches Interesse | Politische Tendenz |
|---|---|---|---|---|---|
| $UE_1$ | $MA_{11}$ | $MA_{12}$ | $MA_{13}$ | $MA_{14}$ | $MA_{15}$ |
| $UE_2$ | $MA_{21}$ | $MA_{22}$ | $MA_{23}$ | $MA_{24}$ | $MA_{25}$ |
| . | . | . | . | . | . |
| . | . | . | . | . | . |
| $UE_j$ | $MA_{j1}$ | $MA_{j2}$ | $MA_{j3}$ | $MA_{j4}$ | $MA_{j5}$ |
| . | . | . | . | . | . |
| . | . | . | . | . | . |
| $UE_n$ | $MA_{n1}$ | $MA_{n2}$ | $MA_{n3}$ | $MA_{n4}$ | $MA_{n5}$ |

MD = Merkmalsdimension
MA = Merkmalsausprägung
UE = Untersuchungseinheit

Abb. 2 Datenmatrix

$MA_{n2}$ ist dann nichts anderes als die bestimmte Merkmalsausprägung der Untersuchungseinheit auf der zweiten Merkmalsdimension (Alter). Aus der Datenmatrix, aus der noch einmal die Stellung der drei Elemente, Untersuchungseinheit, Merkmalsdimension und Merkmalsausprägung von Daten zueinander deutlich wird, ergeben sich zugleich auch die drei wichtigen Prinzipien der Datensammlung: 1. das Prinzip der Vergleichbarkeit; 2. das Prinzip der Klassifizierbarkeit und 3. das Prinzip der Vollständigkeit.

1. Das Prinzip der Vergleichbarkeit besagt: a) daß die Merkmalsdimensionen in der Datenmatrix tatsächlich Merkmalsdimensionen der Untersuchungseinheiten sein müssen. Andernfalls könnten Sätze, die aus der Datenmatrix ableitbar sind, überhaupt

keinen Sinn haben, also empirisch entweder wahr oder falsch sein. Wenn z. B. soziale Gruppen die Untersuchungseinheiten sind, dann kann Geschlecht keine Merkmalsdimension dieser Untersuchungseinheiten sein; der Satz »die Gruppe ist männlichen Geschlechts« ist nicht wahr oder falsch, sondern nur sinnlos; b) daß Untersuchungseinheiten immer nur sinnvoll in bezug auf Merkmalsausprägungen auf jeweils einer Merkmalsdimension verglichen werden können. Sätze wie »die $UE_1$ ist männlichen Geschlechts, während die $UE_2$ politisch sehr interessiert ist«, enthalten keinen angebbaren Sinn.

2. Das Prinzip der Klassifizierbarkeit besagt, daß für jede Merkmalsdimension die Klassen aller möglichen Merkmalsausprägungen eine vollständige und konsistente Reihe bilden müssen, so daß jede Untersuchungseinheit auf jeder Merkmalsdimension nur einer Merkmalsausprägung zuzuordnen ist.

3. Das Prinzip der Vollständigkeit besagt, daß die Merkmalsausprägungen für *alle* Untersuchungseinheiten auf *allen* für die Forschungsfrage relevanten Merkmalsdimensionen empirisch gefunden werden sollen.

*2. Die Prinzipien des Messens*

Wenn Daten über gesellschaftliche Phänomene das Ergebnis begrifflich strukturierter, systematischer und kontrollierter Beobachtungen der Merkmalsausprägungen von Untersuchungseinheiten auf den Merkmalsdimensionen darstellen, dann ist Messen in einem sehr allgemeinen Sinn zunächst nichts anderes als der Prozeß dieses Beobachtens selbst; also die Datenerhebung. Die gemessenen Merkmalsausprägungen der Untersuchungsobjekte können sein: 1. Eine bestimmte Merkmalsausprägung auf einer Merkmalsdimension an einem Untersuchungsobjekt zu einem bestimmten genau festgelegten Zeitpunkt, oder 2. der Wandel von einer Merkmalsausprägung zu einer anderen auf derselben Merkmalsdimension unter sonst gleichen Bedingungen, oder 3. der Wandel von einer Merkmalsausprägung zu einer anderen auf derselben Merkmalsdimension unter kontrollierter Veränderung der Bedingungen. Für alle drei Möglichkeiten gelten zunächst folgende Bedingungen, ohne die der Meßvorgang nicht den erforderlichen Prinzipien der begrifflichen Strukturierung und der Kontrollierbarkeit entsprechen würde.

1. Die Klasse der Untersuchungsobjekte muß so festgelegt sein, daß damit möglichst eindeutig entscheidbar ist, ob ein bestimmtes Objekt zu ihr gehört oder nicht. Sollen z. B. die demokratischen bzw. autoritären Einstellungen von Volksschullehrern, die aus der Mittelschicht stammen, untersucht werden, dann muß genau angebbar sein, auf welche Weise sich Volksschullehrer aus der Mittelschicht von allen übrigen Volksschullehrern oder im weiteren Sinne Lehrern überhaupt unterscheiden lassen. Diese Bedingung scheint plausibel und wenig problematisch. Es lassen sich aber Fälle denken, in denen die Zurechnung von Objekten zur Klasse der Untersuchungseinheiten nicht so

unproblematisch ist. Soll z. B. das Konsumverhalten von Jugendlichen in der modernen Industriegesellschaft untersucht werden, dann ist nicht so leicht zu entscheiden, welcher Personenkreis der Klasse der Untersuchungsobjekte zugehört.

2. Die situativen Bedingungen, unter denen der Meßvorgang abläuft, müssen dort, wo sie nicht Gegenstand der experimentellen Manipulation sein können, doch so weit bekannt sein, daß deren möglicher Einfluß auf den Meßvorgang selbst kontrollierbar ist. Wie später genauer ausgeführt wird (siehe vor allem S. 114 ff. und S. 98 ff.), beeinflußt die Untersuchungssituation die beobachtbaren manifesten Merkmale, z. B. die Antworten auf eine Frage im Interview oder auch das overte Verhalten in der Beobachtungssituation. Die unkontrollierte Variation der Bedingungen, unter denen ein Meßvorgang abläuft, gefährdet die Vergleichbarkeit der Daten und beeinträchtigt ihre Zuverlässigkeit. Lassen sich diese Bedingungen nicht wie im Experiment standardisieren, dann sollten sie explizit in die Untersuchung einbezogen werden.

3. Es muß genau festgelegt werden, welche Meßverfahren und Datenerhebungsmethoden verwendet werden sollen. Gerade wenn es um die Erhebung von solchen Daten geht, die Schlüsse auf nicht unmittelbar beobachtbare Eigenschaften ermöglichen sollen, besteht fast immer die Möglichkeit der Anwendung alternativer Meßverfahren. Für die Instrumente, mit denen die Meßvorgänge durchgeführt werden sollen, müssen weiterhin formalisierte und explizite Anwendungsregeln festgelegt werden, und es müssen die metrischen Standards bestimmt werden, die die Meßinstrumente besitzen sollen. Die Festlegung des metrischen Standards ist nichts anderes als die Bestimmung darüber, wie genau die Daten die Lage eines Untersuchungsobjekts auf einer Merkmalsdimension angeben sollen.
Für eine Forschungsfrage kann es z. B. durchaus ausreichen zu wissen, ob das Einkommen hoch oder niedrig ist, während es für die Beantwortung einer anderen wichtig sein könnte zu wissen, ob das Einkommen genau 300 oder 350, 1000 oder 1100 DM beträgt.

4. Es muß die Merkmalsdimension definiert sein, über die man Daten erheben will. D. h. die Klasse der Beobachtungen, die mit Hilfe des verwendeten Instruments durchgeführt werden sollen, muß genau angebbar sein.
Für den Fall, daß Daten über die Merkmalsausprägungen auf einer Dimension *zu verschiedenen Zeitpunkten* gesucht werden (z. B. Panelstudie), tritt die Bedingung der Spezifikation des Zeitintervalls hinzu, das zwischen der ersten und der zweiten Messung liegen soll. Für den Fall, daß Daten über die Veränderung von Merkmalsausprägungen unter kontrollierter Veränderung der Bedingungen gewonnen werden sollen (z. B. Experiment), müssen zugleich auch die Veränderungen dieser Bedingungen gemessen bzw. kontrolliert werden.

Meßinstrumente, die diesen Anforderungen nicht gerecht werden, können immer nur Daten liefern, deren objektiver Status höchst zweifelhaft erscheinen muß. Denn nur dann, wenn alle Bedingungen, unter denen die Messung von Merkmalsausprägungen auf einer bestimmten Merkmalsdimension vorgenommen wurde, auch bekannt sind, läßt sich überhaupt prüfen, ob die Daten zuverlässig und intersubjektiv, also wissenschaftlich objektiv sind.

## 3. Die verschiedenen Meßniveaus

Der Informationsgehalt von Daten wird u. a. durch das Meßniveau festgelegt, mit dem die Merkmalsausprägungen der Untersuchungsobjekte gemessen werden. Die verschiedenen Meßniveaus sind durch eine Reihe von formalen Eigenschaften charakterisiert, die zugleich die bei der Datenanalyse verwendeten Methoden bestimmen.

*Messen* im engeren Sinne heißt die nach bestimmten Regeln vollzogene Zuordnung von Symbolen zu beobachteten Merkmalsausprägungen auf den zu untersuchenden Merkmalsdimensionen. Nach diesen Zuordnungsregeln lassen sich vier Skalen verschiedenen Meßniveaus unterscheiden, als die die zu untersuchenden Merkmalsdimensionen dargestellt werden können: 1. Nominalskala, 2. Ordinalskala, 3. Intervallskala, 4. Ratioskala.

Die *Nominalskala.* Das Messen von Merkmalsausprägungen auf nominalem Niveau stellt zugleich die »primitivste« Form des Messens dar. Es basiert auf Regeln der klassifikatorischen einstelligen Prädikatenlogik und bedeutet nichts anderes als das Klassifizieren von Untersuchungsobjekten hinsichtlich ihres Besitzes oder Nichtbesitzes einer bestimmten (qualitativen) Merkmalsausprägung. So lassen sich etwa Menschen danach unterscheiden, ob sie männlichen oder weiblichen Geschlechts sind, ob sie protestantischen, katholischen, jüdischen Glaubens sind; Gesellschaften lassen sich danach unterscheiden, ob sie eine autoritäre oder eine demokratische politische Verfassung besitzen.

Nominales Messen muß folgenden Bedingungen genügen: 1. Für zwei Untersuchungsobjekte muß entscheidbar sein, ob sie in bezug auf die zu untersuchende Merkmalsdimension dieselbe oder verschiedene Merkmalsausprägungen besitzen; ob sie also Elemente derselben Merkmalsklasse sind oder nicht: $A = B$ oder $A \neq B$, aber nicht beides. 2. Die Identitätsbeziehung zwischen zwei Untersuchungsobjekten muß symmetrisch sein, d. h. wenn ein Untersuchungsobjekt A dieselbe Merkmalsausprägung wie ein Untersuchungsobjekt B besitzt, dann besitzt das Untersuchungsobjekt B dieselbe Merkmalsausprägung wie das Untersuchungsobjekt A: wenn $A = B$, dann $B = A$. 3. Wenn das Untersuchungsobjekt A dieselbe Merkmalsausprägung wie das Untersuchungsobjekt B besitzt, und Untersuchungsobjekt B dieselbe Merkmalsausprägung wie Untersuchungsobjekt C, dann besitzt Untersuchungsobjekt A dieselbe Merkmalsausprägung wie Untersuchungsobjekt C: wenn $A = B$ und $B = C$, dann auch $A = C$.

Für die auf einer Nominalskala abgebildete Merkmalsdimension ist charakteristisch, daß die Summe aller Merkmalsklassen *ungeordnet* ist. Es lassen sich also zwischen den einzelnen Merkmalsklassen keine metrischen Beziehungen herstellen. Bei der Analyse von Daten dieses Meßniveaus sind daher auch nur folgende mathematische Operationen anwendbar: 1. Für die einzelnen Merkmalsklassen lassen sich absolute wie relative Häufigkeiten errechnen, mit denen sie besetzt sind. 2. Zur Untersuchung des Zusammenhangs zwischen zwei Merkmalsdimensionen, die auf nominalen Skalen abgebildet sind, kann nur der Kontingenzkoeffizient benutzt werden.

Die *Ordinalskala.* Sie stellt das nächsthöhere Meßniveau dar. Die Untersuchungsobjekte können hierbei hinsichtlich ihrer Merkmalsausprägungen auf einer Merkmalsdimension geordnet werden, weil diese Merkmalsdimension quantitative Eigenschaften besitzt. Gemessen wird auf diesem Niveau die Intensität, Stärke oder Größe, mit der eine bestimmte Eigenschaft bei den einzelnen Untersuchungsobjekten auftritt. So können z. B. Menschen durch den Paarvergleich hinsichtlich ihres stärkeren bzw. schwächeren politischen Interesses miteinander verglichen werden, d. h. sie können in eine *Rangordnung* gebracht werden. Die Aufstellung einer Rangfolge unter den Untersuchungsobjekten kann auch als Klassifizierung in quantitativen Merkmalsklassen bezeichnet werden, zumal dann, wenn nicht die Untersuchungsobjekte selbst, sondern die vorher bereits definierten Merkmalsklassen in eine Rangfolge gebracht worden sind. Um eine Merkmalsdimension als Ordinalskala darstellen zu können, müssen die Daten über die Merkmalsausprägungen von Untersuchungsobjekten so gewonnen sein, daß sie folgenden Bedingungen entsprechen: 1. Wenn Untersuchungsobjekt A hinsichtlich einer Merkmalsdimension größer ist als Untersuchungsobjekt B, dann ist Untersuchungsobjekt B hinsichtlich derselben Merkmalsdimension nicht größer als A: wenn $A > B$, dann $B \not> A$. 2. Wenn Untersuchungsobjekt A größer ist als Untersuchungsobjekt B und Untersuchungsobjekt B größer als Untersuchungsobjekt C, dann ist Untersuchungsobjekt A auch größer als Untersuchungsobjekt C: $A > B$ und $B > C$, dann auch $A > C$.

Die die Rangplätze bezeichnenden Ziffern sind *Rangwerte* oder *ordinale* Zahlen. Sie bezeichnen so nur den jeweiligen Rangplatz des einzelnen Untersuchungsobjekts, nicht aber die absolute Quantität einer bei diesem Untersuchungsobjekt auftretenden Eigenschaft. Es läßt sich also nur etwa angeben, daß das Untersuchungsobjekt A größer als B ist, aber man kann nicht sagen, um wie vieles größer es ist. Gleichzeitig läßt sich über die Abstände zwischen den Rangplätzen keine Aussage machen. Da die Abstände zwischen den einzelnen Rangplätzen unbekannt sind, können die ordinalen Zahlen auch nicht den mathematischen Operationen des Addierens, Subtrahierens, Multiplizierens und Dividierens unterzogen werden.

*Intervall- und Ratio-Skala.* Der charakteristische Unterschied zwischen der Intervall- und der Ordinalskala besteht darin, daß auf der Intervallskala die Abstände zwischen zwei Punkten genau angebbar sind. Voraussetzung dafür ist die Existenz einer Maßeinheit, die als Standardentfernung gelten kann, und die ohne weiteres replizierbar sein muß. So wird Länge etwa in Zentimetern und Metern, Zeit in Minuten und Stunden gemessen. Die Entwicklung einer solchen Maßeinheit im Bereich der Sozialwissenschaften ist allerdings sehr schwer. Für die Messung von Einkommen, die Dauer oder die reine Häufigkeit eines Verhaltens gibt es solche Maßeinheiten, für die Stärke einer autoritären Einstellung oder der Gruppenintegration sind sie jedoch nicht unmittelbar gegeben. Existiert jedoch eine solche Maßeinheit, dann ist es auch möglich, die Abstände zwischen zwei Punkten auf der Skala genau anzugeben. Das bedeutet, daß man auf dem Intervallniveau auch die mathematischen Operationen des Addierens und Subtrahierens durchführen kann.

Wenn zusätzlich noch ein natürlicher Nullpunkt für die Skala existiert, dann handelt es sich um eine Ratioskala. Mit den Werten einer Ratioskala können sämtliche mathematischen Operationen durchgeführt werden, also auch Division und Multiplikation. Sollen Zusammenhänge zwischen zwei Eigenschaften, die auf Intervall- oder Rationiveau gemessen worden sind, ermittelt werden, dann eignet sich hierfür die Produkt-Moment-Korrelation.

## 4. Indikatoren

Ob Daten, die mit Hilfe bestimmter Meßinstrumente gewonnen worden sind, tatsächlich über die zu untersuchenden Merkmalsdimensionen Auskunft geben, läßt sich an ihnen selbst nicht ablesen. Die damit angeschnittene Frage nach der Gültigkeit entsteht immer dann, wenn auf Grund von Daten über einzelne beobachtbare Eigenschaften oder Verhaltensweisen des Untersuchungsobjekts auf deren Merkmalsausprägung auf einer entweder nicht direkt oder nicht vollständig beobachtbaren Merkmalsdimension geschlossen werden soll. Sie berührt in einem allgemeinen Sinn das oben (S. 20 ff.) bereits kurz erörterte Verhältnis der theoretisch definierten Merkmalsdimension zu ihren jeweiligen empirischen Äquivalenten oder *Indikatoren*. Das grundlegende Problem empirischer Forschung besteht entsprechend darin, für die zunächst nur theoretisch definierten Merkmalsdimensionen, die Gegenstand der Untersuchung sein sollen, solche Indikatoren oder empirischen Äquivalente zu finden, mit denen solche Schlußfolgerungen nicht nur möglich, sondern eben auch gültig sind.

Zur Ermittlung von positiven oder negativen Einstellungen, die Arbeiter gegenüber ihrem Betrieb hegen, können z. B. die verbalen Reaktionen auf bestimmte in einem Interview gestellte Fragen als Indikator dienen. Zur Ermittlung des historischen Wissens bei Schülern können die richtigen oder falschen Antworten auf eine Anzahl von Wissensfragen der Art wie: »Wann wurde die erste Dampfmaschine gebaut?«, »Wer war der erste Reichspräsident in der Weimarer Republik?«, als Indikator dienen. Zur Ermittlung der Schichtzugehörigkeit von einzelnen oder ganzen Familien kann die durch einen teilnehmenden Beobachter festgestellte Qualität der Wohnzimmerausstattung als Indikator gelten. Für die Ermittlung der relativen Offenheit des Zugangs zu Positionen der politischen Herrschaft in einer Gesellschaft könnte das Maß der Repräsentativität, mit dem die einzelnen sozialen Schichten in den Herrschaftspositionen vertreten sind, ein Indikator sein. Die Fluktuation unter den Mitgliedern einer sozialen Gruppe kann einen Indikator für ihre Integriertheit darstellen.

Die Indikatoren lassen sich nach ihrer Beziehung zu der theoretisch definierten (d. h. noch nicht operationalisierten) Merkmalsdimension, die sie indizieren sollen, unterscheiden [2]:

1. Definitorische Indikatoren; als solche gelten Indikatoren, durch die die zu untersuchende Merkmalsdimension selbst definiert wird.

2. Korrelative Indikatoren
a) interne korrelative Indikatoren; sie korrelieren als Teil des Definiens der theoretisch definierten Merkmalsdimension mit den übrigen Komponenten dieser Dimension;
b) externe korrelative Indikatoren; sie sind nicht Teil des Definiens der theoretisch definierten Merkmalsdimension, korrelieren jedoch empirisch mit ihr.

3. Schlußfolgernde Indikatoren; als solche gelten Indikatoren, mit denen auf Merkmalsausprägungen direkter Beobachtung nicht zugänglicher Merkmalsdimensionen gefolgert werden kann.

[2] Siehe hierzu *St. Nowak:* Correlational, Definitional, and Inferential Indicators, in: Polish Sociological Bulletin 1963, 2 (8), S. 31 ff.

Definitorische Indikatoren, deren Ausdrücke den Begriff für die zu untersuchende Merkmalsdimension definieren, sind Indikatoren nur für relativ einfache, »empirisch nahe« Begriffe. Fast alle soziometrischen Begriffe wie »soziometrischer Status« und »Gruppenkohäsion« werden durch solche Indikatoren zugleich auch definiert. So ist z. B. der »soziometrische Status« definiert als die Anzahl der Wahlen, die ein Individuum in einer Gruppe erhält. »Kohäsion« wird u. a. definiert als der Anteil gegenseitiger soziometrischer Wahlen in einer Gruppe. Die die Begriffe »Kohäsion« bzw. »Status« definierenden Ausdrücke sind zugleich Ausdrücke für die Indikatoren. Das Verhältnis des Bedeutungsgehalts der Indikatoren ist zu dem des Begriffs, den sie definieren, als umfangsgleich zu bestimmen.

Sehr viele Begriffe, die in der Soziologie Verwendung finden, sind jedoch keine einfachen, eindimensionalen Begriffe. Die Merkmalsdimension, die sie bezeichnen sollen, setzt sich in der Regel aus mehreren Teildimensionen zusammen, so daß die gesuchte Merkmalsausprägung auf der komplexeren Merkmalsdimension als das zusammengesetzte Ergebnis der Merkmalsausprägungen auf diesen Teildimensionen zu betrachten ist (so z. B. bei Arbeitszufriedenheit, Gruppenintegration). Für diese Teildimensionen gibt es verschiedene Indikatoren. Um die Lage der Untersuchungsobjekte auf solchen komplexen Merkmalsdimensionen empirisch zu bestimmen, kann man einen Indikator für eine der Teildimensionen wählen, sofern dieser mit allen anderen möglichen Indikatoren intern hoch korreliert.

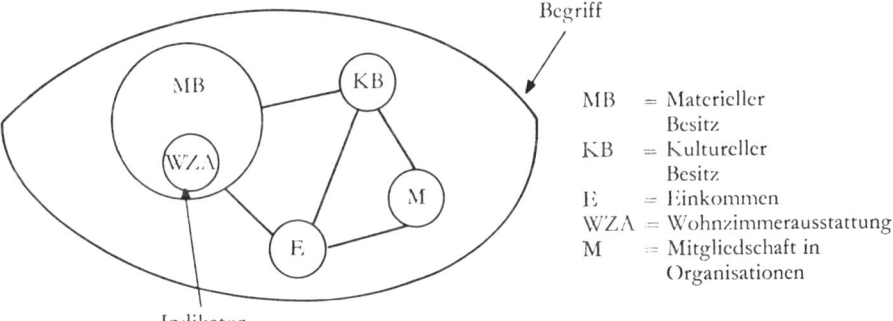

Abb. 3  Begriffsumfang und Indikatoren von sozialem Status

Wenn Stuart Chapin [3] z. B. sozialen Status als die Position definiert, die ein Individuum oder eine Familie bezogen auf die herrschenden Gruppennormen innehat, am Ende aber nur die Qualität der Wohnzimmerausstattung als Indikator benutzt, dann muß er entweder voraussetzen oder empirisch belegen, daß dieser Indikator mit allen übrigen hoch korreliert. Das Verhältnis des (internen korrelativen) Indikators zum Bedeutungsumfang des Begriffs ist in Abb. 3 veranschaulicht. Bei vollkommener Korrelation aller Indikatoren, die sich ihrerseits auf Teildimensionen des komplexen Merkmals sozialer Status beziehen, genügt die Wahl irgendeines dieser Indikatoren, um den Ort

---

[3] *St. Chapin:* The Measurement of Social Status, Chicago 1951.

eines Untersuchungsobjekts auf der komplexen Merkmalsdimension zu ermitteln. Korreliert der gewählte Indikator jedoch nicht auf diese Weise mit den übrigen Elementen, die den Bedeutungsumfang von »sozialem Status« festlegen, dann ist er entweder als Indikator nicht verwendbar, oder er muß mit anderen Indikatoren zu einem Index zusammengefaßt werden. Man könnte allerdings auch den Begriff auf den empirischen Bedeutungsumfang des einen Indikators reduzieren. Auf jeden Fall hängt die Wahl des Indikators jedoch von der zugrunde gelegten Schichtungstheorie und den beabsichtigten Aussagen ab. Die Wahl der Wohnzimmerausstattung als Indikator für sozialen Status ließe sich theoretisch rechtfertigen, wenn materieller Wohlstand primäres Schichtungskriterium ist, wenn Unterschiede im Wohlstand sich verhältnismäßig genau in der Wohnzimmerausstattung ausdrücken, und wenn der so gemessene soziale Status mit anderen wichtigen Merkmalsdimensionen wie z. B. politischem Verhalten, gesellschaftlicher Orientierung usw. in einem empirisch nachweisbaren Zusammenhang steht.

Indikatoren, die definitorisch als eine Komponente komplexerer Merkmalsdimensionen aufgefaßt werden, sind von solchen Indikatoren zu unterscheiden, die definitorisch *nicht* Element der komplexeren Merkmalsdimension sind (2 b). So könnte z. B. der sozio-ökonomische Status als Indikator für Merkmalsausprägungen auf der Dimension »politische Tendenz« verwendet werden, wenn empirisch gesichert ist, daß beide Merkmalsdimensionen miteinander hinreichend korrelieren, d. h. wenn sich für jede Merkmalsausprägung auf der Dimension sozio-ökonomischer Status eine bestimmte Merkmalsausprägung auf der Dimension politische Tendenz nachweisen ließe. Graphisch läßt sich das Verhältnis zwischen der indizierenden Merkmalsdimension sozioökonomischer Status und der indizierten Merkmalsdimension politische Tendenz folgendermaßen darstellen:

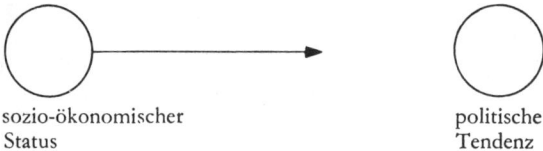

sozio-ökonomischer          politische
Status                      Tendenz

Die externen korrelativen Indikatoren lassen sich nun noch danach unterscheiden, ob sie theoretisch als 1. Resultat (Wirkung) des zu indizierenden Merkmals oder als 2. seine Bedingung (Ursache) gelten, oder aber 3. ob es sich lediglich um einen statistisch gesicherten, theoretisch aber unerklärten Zusammenhang handelt. Wird z. B. der sozioökonomische Status als Indikator für die politische Tendenz verwendet, dann läßt sich auf Grund theoretischer Überlegungen davon sprechen, daß es sich dabei um einen bedingenden Indikator handelt. Soll aber etwa die Qualität der Wohnzimmereinrichtung als Indikator für die Höhe des Einkommens gelten, dann handelt es sich um einen bedingten Indikator, d. h. das als Indikator fungierende Merkmal ist durch das indizierte Merkmal empirisch bedingt [4]. Läßt sich die Korrelation zwischen Indikator und indi-

---

[4] In abgewandelter Form gilt diese Unterscheidung auch bei internen korrelativen Indikatoren, wo es um Zusammenhänge unter den verschiedenen Elementen *eines* komplexen Merkmals geht.

ziertem Merkmal theoretisch nicht als ein konstanter Zusammenhang begründen, dann ist die Gültigkeit des Indikators fragwürdig, d. h. es bleibt unbekannt, ob die einmal empirisch festgestellte Korrelation unter veränderten Bedingungen überhaupt noch auftritt.
Externe korrelative Indikatoren verwendet man, wenn das indizierte Merkmal zwar prinzipiell empirisch erfaßbar ist, jedoch weniger leicht als der Indikator. Das ist zu unterscheiden von Fällen, in denen es um Merkmale geht, die der direkten Beobachtung nicht einmal teilweise zugänglich sind. Hierher gehören alle dispositiven Eigenschaften von Untersuchungsobjekten, aus deren Existenz ihr manifestes Verhalten in konkreten Situationen theoretisch ableitbar sein soll, also z. B. Einstellungen oder bestimmte psychische Merkmale und Verhaltensdispositionen. Für die Ermittlung solcher Dispositionen, die begrifflich als »theoretische Konstrukte« bezeichnet werden, müssen Indikatoren auf der Ebene manifester Eigenschaften oder Verhaltensweisen gesucht werden, von denen auf ihre Existenz *geschlossen* werden kann (schlußfolgernde Indikatoren). So wird für die Ermittlung von Einstellungen eine Reihe von Einstellungsfragen verwendet. Die verbalen Reaktionen auf solche Fragen werden als Indikator für das Vorliegen einer bestimmten Einstellung gewertet, diese selbst wieder wird als Ursache für ein bestimmtes Verhalten in konkreten Situationen interpretiert:

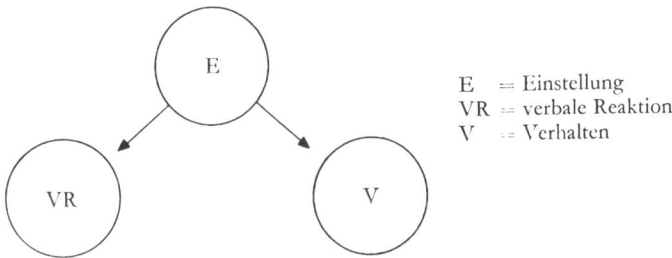

E = Einstellung
VR = verbale Reaktion
V = Verhalten

Diese theoretischen Konstrukte sind nur dann auch theoretisch sinnvoll, wenn sich möglichst viele Klassen von beobachtbaren Eigenschaften und Verhaltensweisen aus ihnen ableiten lassen. Die Gültigkeit des Schlusses von dem als Indikator verwendeten Merkmal auf die durch den Begriff bezeichnete Disposition läßt sich allerdings nur indirekt prüfen, indem man das Ausmaß der Kovariation zwischen dem Indikator und möglichst vielen anderen beobachtbaren Merkmalen, die theoretisch als durch die Disposition bedingt angesehen werden, ermittelt. Untersucht man z. B. die Einstellungen, die Arbeiter gegenüber ihren unmittelbaren Vorgesetzten hegen, dann ließe sich die Gültigkeit der verbalen Reaktionen auf die entsprechenden Einstellungsfragen etwa durch die Beobachtung prüfen, wie oft sie mit ihren Vorgesetzten tatsächlich in Streit geraten.
Wenn sich jedoch zeigt, daß zwischen dem Indikator und einzelnen Klassen von manifesten Eigenschaften oder Verhaltensweisen, die als durch die zu indizierende latente Eigenschaft bedingt angesehen werden, keine Kovariation besteht, dann ist der Schluß von der Merkmalsausprägung auf der Indikatorebene auf die Merkmalsausprägung auf der Dispositionsebene nicht gültig. Tritt eine derartige Situation im Forschungsprozeß auf, dann gibt es immer zwei Möglichkeiten: 1. Entweder wird der Indikator

fallengelassen, und es muß ein neuer gesucht werden, oder aber 2. der Bedeutungsumfang des dispositiven Begriffs wird durch Umdefinition so verändert, daß die mit dem Indikator nicht wie erwartet korrelierenden manifesten Eigenschaften oder Verhaltensweisen nicht länger als Manifestationen der betreffenden Disposition gelten. Welche dieser beiden Möglichkeiten schließlich verwirklicht wird, läßt sich nie ad hoc entscheiden, sondern hängt von der Analyse des theoretischen Zusammenhangs ab, in dem diese Disposition steht. Wenn sich aus einer Disposition in ihrem ursprünglich definitorisch festgelegten Bedeutungsumfang eine große Anzahl empirisch bereits bestätigter Zusammenhänge ableiten läßt, wird man eher den Indikator fallenlassen.

## 5. Indizes

Viele soziologische Begriffe bezeichnen latente Eigenschaften am Untersuchungsobjekt, die nicht ein-, sondern mehrdimensional sind. Anomie, soziale Isolation, sozio-ökonomischer Status und Gruppenkohäsion sind einige Beispiele dafür. Hinsichtlich einer mehrdimensionalen Eigenschaft ist ein Untersuchungsobjekt empirisch aber erst dann vollständig gekennzeichnet, wenn die Merkmalsausprägungen auf allen diesen die Eigenschaft konstituierenden Teildimensionen ermittelt worden sind. Ist z. B. der Begriff sozio-ökonomischer Status durch die drei Teildimensionen Schulbildung, Beruf und Einkommen festgelegt, ohne daß diese als vollkommen korrelierende Indikatoren des gleichen Phänomens gelten könnten, dann ist der sozio-ökonomische Status eines Untersuchungsobjekts erst dann vollständig gekennzeichnet, wenn die Merkmalsausprägung auf allen drei Teildimensionen bekannt sind und sich als ein Merkmalstripel darstellen: Untersuchungsobjekt A hat die Volksschule absolviert, ist ungelernter Arbeiter und verdient 650 DM im Monat.

Graphisch läßt sich eine jede komplexe Eigenschaft als n-dimensionaler Eigenschaftsraum darstellen. Der Begriff sozio-ökonomischer Status wäre dann durch einen dreidimensionalen Eigenschaftsraum repräsentiert:

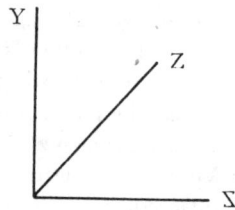

Die Untersuchungsobjekte werden hinsichtlich ihres sozio-ökonomischen Status durch ihre Lage in diesem Eigenschaftsraum gekennzeichnet: A (x; y; z). Sofern die Merkmalsausprägungen auf diesen Dimensionen bis zu einem gewissen Grad unabhängig voneinander variieren, werden verschiedene Kombinationen von Merkmalsausprägungen auftreten, z. B. Volksschulbildung zusammen mit verschiedenen Berufen, ein Beruf zusammen mit verschiedenen Einkommenshöhen usw. Ob und wieweit das jeweils der Fall ist, ist natürlich eine empirische Frage. In dieser Situation vermag nun ein einzel-

*Das Messen*

ner Indikator die Lage der Untersuchungsobjekte im Eigenschaftsraum nicht so genau wiederzugeben, daß jene sich möglichst eindeutig in relativ homogene Klassen hinsichtlich der mehrdimensionalen Eigenschaft ordnen lassen. In der Regel wird man daher versuchen, für jede Teildimension mindestens einen Indikator zu finden. Will man z. B. die »Betriebszufriedenheit« unter Arbeitern eines bestimmten Industriebetriebs ermitteln und faßt man sie als eine zweidimensionale Eigenschaft auf, die sich aus »Arbeitsplatzzufriedenheit« und »Lohnzufriedenheit« zusammensetzt, dann muß für jede Teildimension mindestens ein Indikator gefunden werden. Die Betriebszufriedenheit ließe sich dann für die einzelnen Untersuchungsobjekte durch die Lage in einem zweidimensionalen Eigenschaftsraum darstellen, dessen beide Teildimensionen z. B. ordinal/trichotomisch gemessen werden könnten (Abb. 4).

| Arbeitsplatz-<br>zufriedenheit | | Lohnzufriedenheit | | |
|---|---|---|---|---|
| 2 | hoch | d | g | i |
| 1 | mittel | b | e | h |
| 0 | niedrig | a | c | f |
| | | 0 niedrig | 1 mittel | 2 hoch |

Abb. 4   Zweidimensionaler Eigenschaftsraum

Hieraus ergeben sich neun Klassen unterschiedlicher Betriebszufriedenheit, die sich hinsichtlich mindestens einer Teildimension voneinander unterscheiden, die aber nicht ohne weiteres in eine lineare Ordnung gebracht werden können. Es läßt sich z. B. nicht sagen, daß Einheiten der Klasse b eine höhere Betriebszufriedenheit besitzen als Einheiten der Klasse c. Lediglich für jede Teildimension allein lassen sich Rangordnungen aufstellen, die aber die einzelnen Klassen in ganz verschiedener Weise ordnen:

| | Arbeitsplatzzufriedenheit | Lohnzufriedenheit |
|---|---|---|
| niedrig | a  c  f | a  b  d |
| mittel | b  e  h | c  e  g |
| hoch | d  g  i | f  h  i |

Für die Analyse kann es nun nützlich sein, die Ebene der Teildimensionen zu verlassen und die mehrdimensionale Eigenschaft selbst als eine Variable aufzufassen, deren Werte mindestens ordinalen Charakter besitzen. So mag man z. B. daran interessiert sein, die »Betriebszufriedenheit« als eine quantitative Variable darzustellen, mit der sich die Untersuchungsobjekte hinsichtlich ihrer *niedrigen, mittleren* oder *hohen* Betriebszufriedenheit voneinander unterscheiden lassen. Dazu ist es erforderlich, *den mehrdimensionalen Eigenschaftsraum auf eine eindimensionale Skala zu reduzieren*. Dabei müssen die Teildimensionen so aufeinander bezogen werden, daß die Klassen verschiedener Merkmalskombinationen in eine lineare Ordnung gebracht werden, indem jeder Klasse ein bestimmter Variablenwert zugeordnet wird. Dieses Vorgehen

heißt Indexbildung. Unter einem *Index* versteht man dann *eine eindimensionale Variable mit r Werten, auf die die v Klassen möglicher Merkmalskombinationen aus dem mehrdimensionalen Eigenschaftsraum abgebildet werden* [5].
Praktisch geht man dabei so vor, daß man den Merkmalsausprägungen auf den Teildimensionen Zahlenwerte zuordnet (siehe Abb. 4), die sodann für die verschiedenen Merkmalskombinationen addiert werden. So ergäbe sich in unserem Beispiel aus den neun verschiedenen Klassen von Betriebszufriedenheit die folgende Rangordnung, in der die unterschiedliche Stärke der Zufriedenheit zum Ausdruck kommen soll:

| Indexwert | Klasse |
|---|---|
| 4 | i |
| 3 | g, h |
| 2 | d, e, f |
| 1 | b, c |
| 0 | a |

Die Zuordnung der Zahlenwerte und die eventuelle Gewichtung der einzelnen Teildimensionen sollen möglichst theoretisch begründet sein. Werden die Teildimensionen auf dem ordinalen Niveau gemessen, dann ist eine andere als die Zuordnung fortlaufender Zahlen kaum begründbar. Erst wo die Abstände zwischen verschiedenen Merkmalsklassen angebbar sind, also bei Intervallskalen, kann man diesen Abständen entsprechende Stufungen der Zahlenwerte vornehmen. Bei der *Gewichtung* werden die Zahlenwerte für eine Teildimension mit einem bestimmten Wert multipliziert, um damit auszudrücken, daß die mehrdimensionale Eigenschaft von dieser Teildimension stärker bestimmt wird als von einer anderen. Ließe sich z. B. begründen, daß die Lohnzufriedenheit die Betriebszufriedenheit stärker bestimmt als die Arbeitsplatzzufriedenheit, dann könnte man die drei Zahlenwerte für Lohnzufriedenheit mit 2 multiplizieren, so daß die Werte nunmehr 0, 2 und 4 (statt 0, 1 und 2) sind.

Bei der Indexbildung sind demnach zwei Aufgaben zu lösen. Erstens muß entschieden werden, Daten über welche Teildimensionen in den Index eingehen sollen. Dabei gilt, daß ein Index sich explizit auf *alle* Teildimensionen des Eigenschaftsraumes des betreffenden Phänomens, aber *nur* auf diese beziehen soll. Zweitens muß angegeben werden, auf welche Weise diese Daten miteinander zu verknüpfen sind (Zuordnung von Zahlenwerten, Gewichtung, Kombination).

Ein prinzipielles Problem bei der Indexbildung besteht darin, daß häufig nur *ordinal* interpretierbare Zahlenwerte für die Merkmalsausprägungen auf verschiedenen Teildimensionen anschließend addiert, d. h. so behandelt werden, als handele es sich um *kardinale* Zahlen, die außerdem durch Anlegen eines *einheitlichen* Maßstabes an alle

[5] Es sei darauf hingewiesen, daß der in der Sozialforschung geläufige und auch hier benutzte Begriff des Index nicht identisch ist mit der gleichen, auf bestimmte komplexe statistische Maßzahlen angewandten Bezeichnung. Einige in den späteren Kapiteln dieses Buches dargestellte Indizes wie der Wechselindex t bei der Panelanalyse, der Assoziationsindex sowie einige soziometrische Indizes entsprechen eher der zweiten Bedeutung des Begriffes, d. h. es handelt sich um Vergleichsmaße für die *Häufigkeit* bestimmter Merkmale oder Merkmalszusammenhänge in verschiedenen Gruppen. Eine beides umfassende Indextheorie liegt bis heute nicht vor.

Teildimensionen zustande gekommen sind. Wo diese beiden Voraussetzungen *nicht* erfüllt sind – und sie sind es in der Soziologie fast nie –, wird bei der Indexbildung strenggenommen nicht Vergleichbares verglichen und Ungleiches gleichgesetzt. Eine Folge ist, daß es fraglich bleiben muß, in welchem Sinne verschiedene Merkmalskombinationen mit gleichem Indexwert eigentlich als äquivalent angesehen werden können. Dieser Einwand gegen die Indexbildung verweist auf das Zentralproblem des Messens in der Sozialforschung, nämlich das weitgehende Fehlen standardisierter und doch theoretisch sinnvoler Maßeinheiten. Die Indexkonstruktion bleibt unter diesen Umständen ein recht grobes und oft in seiner Bedeutung fragwürdiges Hilfsmittel, ist aber als solches dennoch oft nützlich. Es ist ja geradezu der Zweck eines Index, eigentlich nicht Vergleichbares vergleichbar zu machen. Die Behandlung verschiedener Merkmalskombinationen als in einem gewissen Sinne äquivalent läßt sich in gewissen Grenzen auch empirisch rechtfertigen (bedarf allerdings einer solchen Rechtfertigung auch). Daß etwa die Einheiten der Klassen b und c in unserem Beispiel hinsichtlich der Stärke der Betriebszufriedenheit als äquivalent betrachtet werden, ließe sich rechtfertigen, wenn man zeigen kann, daß sie sich hinsichtlich anderer Variablen, die von der Betriebszufriedenheit bestimmt sein dürften (z. B. Häufigkeit des Betriebswechsels oder des Fehlens ohne Krankheitsgrund), gleich oder ähnlich verhalten. Insofern muß also auch die Gültigkeit eines Index möglichst empirisch geprüft werden.

## II. Skalierungsverfahren

### 1. Die Skala als Meßinstrument

Wie bereits oben erläutert, heißt Messen, einer Dimension eines Objekts (oder einer Objektklasse) nach einem bestimmten Verfahren Zahlen zuordnen. Skalen sind Meßinstrumente in diesem Sinne, Skalierungsverfahren die Anleitung zu ihrer Herstellung. Diese Anleitung schreibt gewöhnlich einen bestimmten mathematisch-statistischen Kalkül vor, dem die Daten (z. B. Antworten auf eine Reihe von Fragen) zu unterwerfen sind. Damit soll zunächst festgestellt werden, welche der Fragen auf einer gemeinsamen Dimension liegen und bei bestimmten Verfahren (z. B. der Guttman-Skala), wo sie auf der Dimension liegen. Mit der fertigen Skala kann dann die Lage eines Untersuchungsobjekts auf dieser Dimension ermittelt werden.
Auch ein Index mißt, d. h. er weist Untersuchungsobjekten eine bestimmte Stellung auf einer Dimension zu. Der Unterschied zwischen Index und Skala besteht nicht, wie häufig angenommen, im Meßniveau. Wie der Index messen auch die meisten Skalen auf dem Niveau ordinaler Zahlen. Der Unterschied besteht darin, daß bei der Skala durch einen bestimmten Kalkül überprüft wurde, ob die »items«, die in sie aufgenommen wurden, zu einer gemeinsamen Dimension gehören oder nicht. Beim Index erfolgt diese Überprüfung auf die Dimensionszugehörigkeit der Fragen nach Gutdünken oder intuitiv, d. h. es fehlt ein formaler Überprüfungskalkül.
Ein eindeutiges Kriterium zur Klassifizierung von Skalen existiert nicht. Auf eine wich-

tige Unterscheidung weisen Coombs und Torgerson hin [6]. Danach gibt es einerseits Skalen, mit deren Hilfe Dimensionen von Umweltobjekten gemessen werden. Z. B. können Befragte aufgefordert werden, mehrere Güter nach ihrem Nutzen oder mehrere Politiker nach dem Grad ihrer konservativen Einstellung zu ordnen bzw. das Maß des rational-realistischen Gehalts in verschiedenen religiösen Systemen zu bewerten. Die Dimension, auf der gemessen wird, bezieht sich nicht auf die Befragten, sondern auf Objekte ihrer Umwelt. Andererseits können Dimensionen der Untersuchungsobjekte selbst gemessen werden, z. B. die patriarchalische Einstellung bei befragten Ehemännern, der Grad der Teilnahme am politischen Leben bei befragten Studenten, der Autoritarismus bei befragten Lehrern usw. Skalen der ersten Art liefern ein Zahlenkontinuum, auf dem Umweltobjekte eingetragen sind, Skalen der zweiten Art ein Zahlenkontinuum, auf dem die befragten Personen selber eingetragen sind.

## 2. Rangordnung und Paarvergleich

Eine Ordinalskala bezeichnet, wie oben (S. 38) bereits erläutert, die Stellung eines Objekts relativ zu anderen Objekten in bezug auf ein bestimmtes Merkmal. Dem Vergleich, der zu einer Rangordnung führt, liegt gewöhnlich kein objektives Kriterium im Sinne einer standardisierten Maßeinheit zugrunde, sondern eine subjektive Bewertung der Objekte hinsichtlich eines zwar theoretisch definierbaren, aber nicht in einen objektiven Maßstab umsetzbaren Kriteriums.
Im einfachsten Fall wird eine Person (oder eine Gruppe von Personen) gebeten, eine Mehrzahl von Objekten hinsichtlich eines bestimmten Merkmals in eine fortlaufende Ordnung zu bringen, z. B. verschiedene Berufe nach ihrem Prestige zu ordnen. Die implizit bleibenden Vergleichskriterien erschweren diesen Vorgang um so mehr, je größer die Zahl der zu vergleichenden Objekte ist. Deshalb wählt man oft besser den präziseren und von Befragten leichter durchzuführenden Paarvergleich. Diese Methode soll an einem Beispiel erläutert werden.
Ein Befragter soll den Nutzen von vier Gütern beurteilen. Ziel des Messens ist es, die vier Güter A, B, C und D auf einem ordinalen Zahlenkontinuum abzubilden. Die Güter werden dem Befragten paarweise »vorgelegt« (jedes Gut ist mit jedem anderen Gut zu »vergleichen«). Diese »Vorlage« geschieht in der Regel dadurch, daß gefragt wird, »welches der beiden Güter, A oder C, möchten Sie lieber haben?« usw. Oder dadurch, daß eine Liste vorgelegt wird, auf der die Güterpaare A–B, A–C ... usw. vermerkt sind. Der Befragte muß dann jeweils das Gut unterstreichen, das er vorzieht. In allen Fällen gilt, daß der Befragte eine Präferenz äußern sollte. Die Antwort »unentschieden« wird in der Regel nicht zugelassen [7]. Die Zahl der möglichen Paare ist

---

[6] Siehe *W. S. Torgerson:* Theory and Method of Scaling, New York 1958, Kap. 3; *C. H. Coombs:* Theory and Methods of Social Measurement, in: *L. Festinger, D. Katz* (Hrsg.): Research Methods in the Behavioral Sciences, New York 1953, Kap. 11; ebenfalls *C. H. Coombs:* A Theory of Data, New York 1964.

[7] Wird »unentschieden« zugelassen, dann ist die Auswertung komplizierter – aber nicht unmöglich.

abhängig von der Zahl der zu vergleichenden Objekte. Bei vier Gütern sind sechs Paarungen möglich. Allgemein: Bei n Objekten sind $\frac{n(n-1)}{2}$ Paarungen möglich.
Angenommen, die Befragungsergebnisse sind folgende:
A > B
A > C
A > D
B > C
B > D
C > D
wobei A > B heißt, A wird B vorgezogen. Aus diesem Datenmaterial folgt dann – wie unmittelbar einsichtig ist – die Rangreihe A > B > C > D. Dieser Rangreihe der vier Güter können ordinale Zahlen (d. h. Rangziffern) zugewiesen werden, etwa: A = 4, B = 3, C = 2, D = 1. Damit ist der Meßvorgang beendet. Es wurde eine »Skala des Nutzens von vier Gütern in der Beurteilung des Befragten Nr. 1« gewonnen.
Derart konsistent wie hier angenommen wird ein Befragter in der Realität allerdings kaum antworten. Es könnte z. B. sein, daß der Befragte beim letzten Paar die Präferenz umdreht und »D > C« äußert. Inkonsistenzen werden wahrscheinlicher, wenn die Zahl der Stimuli, die dem Befragten präsentiert werden, größer wird und wenn der Abstand der (unbekannten) wahren Werte der Stimuli auf dem Zahlenkontinuum »enger« wird.
Auch wenn die Antworten des Befragten inkonsistent sind, gibt es Auswertungsmethoden für die Feststellung der Rangfolge der Stimuli. Nehmen wir an, der Befragte beantwortet den Paarvergleich für fünf Güter wie folgt: *B > A, B > C, B > E, A > C, A > D, C > D, C > E, D > B, D > E, E > A*. Es kann nun einfach gezählt werden, wie häufig jedes Gut in den verschiedenen Paaren vorgezogen wurde (das ist bei obigen Paaren das jeweils vorne stehende Gut). So ist beispielsweise das Gut B dreimal vorgezogen worden. Die Zahl »3« ist dann die ordinale Nutzenzahl für das Gut B. Nach dieser Methode ergibt sich für obiges Beispiel folgende Rangreihe der Güter: B = 3, A = 2, C = 2, D = 2, E = 1.
Wie man sieht, erhalten mehrere Güter die gleiche Rangziffer. Eine zweite, wesentlich kompliziertere Auswertungsmethode, die bei einer größeren Zahl von Vergleichsobjekten praktisch nur mit Hilfe eines Computers durchgeführt werden kann, soll hier nur kurz ausgeführt werden. Es werden sehr viele unterschiedliche »wahre« Rangordnungen hypothetisch angenommen. Danach wird ausgezählt, wieviel Inkonsistenzen das vorhandene Datenmaterial bei den verschiedenen hypothetischen Rangordnungen erzeugt. Die Rangordnung, die ein Minimum von Inkonsistenzen aufweist, wird als die richtige erachtet.
Je inkonsistenter die Ergebnisse eines Paarvergleiches sind, um so mehr muß man zweifeln, daß der Vergleich tatsächlich in *einer* Dimension vorgenommen wurde.
Der Paarvergleich wurde bisher am Beispiel eines einzelnen Befragten dargestellt. In der Sozialforschung kommt es jedoch häufiger darauf an, die Rangordnungsvorstellungen größerer sozialer Gruppen zu ermitteln. Die Ergebnisse einer Befragung mit der

Methode des Paarvergleichs müssen also aggregiert werden. Das kann in zweierlei Weise geschehen: 1. Für jeden Einzelnen wird eine individuelle Präferenzreihe ermittelt. Danach werden Personen mit gleicher Präferenzreihe zusammengefaßt. Die untersuchte Gesamtheit wird so in verschiedene Gruppen aufgeteilt, denen jeweils eine bestimmte Präferenzordnung gemeinsam ist. 2. Wenn es darum geht, eine »durchschnittliche« Präferenzreihe für eine ganze Gesamtheit zu finden, dann zählt man, wie oft jeder Stimulus *insgesamt* vorgezogen wurde und weist ihm danach eine Rangziffer zu. Wurden die individuellen Präferenzreihen nicht durch Paarvergleich, sondern durch einfache Ordnungen ermittelt, wie häufig bei der Untersuchung des Prestiges verschiedener Berufe, dann kann man aus den Rangziffern, die ein bestimmter Stimulus bei verschiedenen Befragten erhielt, einen Durchschnittswert bilden, der dann seine Stellung in der Rangordnung für die ganze befragte Gruppe bestimmt. Obwohl in Untersuchungen über Berufsprestige öfters angewandt, ist dieses Verfahren strenggenommen nicht erlaubt, da hier ordinale Zahlen wie kardinale behandelt werden.

L. L. Thurstone entwickelte eine dritte Methode, um aus dem Datenmaterial des Paarvergleichs eine Skala zu erstellen. Sein Kalkül liefert sogar eine Intervall-Skala. Thurstone nannte sein Verfahren »Gesetz der vergleichenden Urteile« (law of comparative judgement). Auf dieses mathematisch sehr komplizierte Verfahren soll hier nur hingewiesen werden [8].

*Aufgaben:*

*1. In einem Wahlkreis kandidieren vier Politiker, A, B, C und D. Ein Befragter gab folgende (inkonsistente) Präferenzen an: (1) $A > B$, (2) $D > A$, (3) $C > A$, (4) $C > D$, (5) $C > B$, (6) $D > B$. Ermitteln Sie die Rangfolge der Politiker.*

*2. Entwickeln Sie einen in einer Befragung zu verwendenden Paarvergleich, mit dem die relative Wichtigkeit von Lohn, Sicherheit des Arbeitsplatzes, Aufstiegsmöglichkeit, Länge der Arbeitszeit und Verhältnis zu Vorgesetzten für Arbeiter ermittelt werden soll. Wenn Sie den Paarvergleich entworfen haben, vergleichen Sie Ihre Lösung der Aufgabe mit den Ausführungen bei Milton L. Blum, Industrial Psychology and its Social Foundations, New York 1949, S. 144 ff.*

## 3. Das Polaritätsprofil

Wie beim Paarvergleich handelt es sich beim Polaritätsprofil darum, Dimensionen von Umweltobjekten zu messen. Das Polaritätsprofil ist ein spezielles Verfahren, um den Eindruck, den Umweltobjekte auf befragte Personen machen, d. h. ihr Image, in drei Dimensionen quantitativ zu erfassen [9].

---

[8] Darstellung des Thurstoneschen Verfahrens siehe bei: *L. L. Thurstone:* Measurement of Values, Chicago 1963; *W. S. Torgerson:* Theory and Method of Scaling, New York 1958, Kap. 8 und 9; *J. P. Guilford:* Psychometric Methods, New York 1954, S. 35–37 und Kap. 7.

[9] Das Polaritätsprofil wurde von *C. E. Osgood, G. J. Suci* und *P. H. Tannenbaum* entwickelt, um den Bedeutungsgehalt von Worten zu messen. Das Buch, in dem sie ihr neues Forschungsinstrument vortragen, hieß deswegen – bezeichnenderweise – »The Measurement of Meaning«, University of Illinois Press, Urbana 1957.

*Das Messen* 51

| | | | | | | Der Schullehrer | | B | S | A |
|---|---|---|---|---|---|---|---|---|---|---|
| gut | | | | | | X | schlecht | 1,0 | 0 | 0 |
| sozial | | X | | | | | unsozial | 0,42 | −0,19 | 0,18 |
| harmonisch | | | | | | | unharmonisch | 0,49 | −0,12 | 0,01 |
| hoch | | | | | | | nieder | 0,45 | 0,07 | 0,17 |
| hart | | | | | | | weich | −0,24 | 0,97 | 0,00 |
| schwer | | | | | | | leicht | −0,20 | 0,48 | −0,02 |
| groß | | | | | | | klein | 0,09 | 0,21 | −0,05 |
| beharrlich | | | | | | | nachgiebig | −0,06 | 0,34 | 0,06 |
| aktiv | | | | | | | passiv | 0,17 | 0,12 | 0,98 |
| erregt | | | | | | | ruhig | −0,15 | 0,03 | 0,26 |
| heiß | | | | | | | kalt | 0,12 | 0,09 | 0,26 |
| scharf | | | | | | | stumpf | −0,06 | 0,17 | 0,29 |

Abb. 5 Polaritätsprofil – Vorlageblatt

Soll etwa das Image des Schullehrers untersucht werden, legt man dem Befragten das in Abb. 5 dargestellte Blatt vor (die letzten drei Spalten B, S und A gehören nicht zur Vorlage). Die Vorlage besteht aus einer Reihe von gegensätzlichen Adjektiven und – am Kopf der Vorlage – einem Stimulus [10], d. h. dem zu beurteilenden Umweltobjekt. Der Befragte soll seinen Eindruck von diesem Objekt durch Einzeichnen von Kreuzen auf der Vorlage kennzeichnen. Wenn er z. B. empfindet, daß der Schullehrer sehr schlecht ist, dann soll er ein Kreuz in der ersten Zeile ganz außen rechts machen. Wenn er meint (2. Zeile), der Lehrer sei eher sozial als unsozial – aber nur etwas –, dann soll er links von der mittleren Spalte sein Kreuz einzeichnen ... usw. Die meisten Gegensatzpaare haben nur einen metaphorischen Bezug auf das zu beurteilende Umweltobjekt. So ist es z. B. nicht sinnvoll, von einem Lehrer zu sagen, er sei eher heiß als kalt. Trotz des unterschiedlichen Assoziationsvermögens verschiedener Befragter sind sie erfahrungsgemäß in der Lage, auch derartige Einordnungen vorzunehmen.
Die Gegensatzpaare des Polaritätsprofils wurden von Osgood einer Faktorenanalyse unterzogen. Osgood wollte damit feststellen, ob verschiedene von ihnen auf der gleichen Dimension messen. Diese Annahme erwies sich als richtig. Osgood stellte fest, daß alle Gegensatzpaare, die er in seine Analyse einbezog (insgesamt 76) vorzugsweise drei Dimensionen messen. Er nannte sie: 1. Bewertung, 2. Stärke, 3. Aktivität [11].

[10] Es ist durchaus möglich, den Stimulus auch anders zu präsentieren, etwa als Photographie oder (sofern das möglich ist) materiell.
[11] Diese drei Dimensionen erklären 50 % der gesamten Varianz (siehe hierzu S. 179). Das scheint nicht viel zu sein. Eine weitere vierte Dimension, die isoliert wurde, vermochte jedoch nur 1,52 % der Totalvarianz zu erklären. Für die fünfte und die weiteren Dimensionen wur-

In Abb. 5 sind in den letzten drei Spalten diese Dimensionen eingetragen (B = Bewertung, S = Stärke, A = Aktivität). Für jedes Gegensatzpaar sind außerdem die Gewichtszahlen je Dimension angegeben. So ist beispielsweise zu erkennen, daß »sozial – unsozial« eine hohe Gewichtszahl für die Dimension Bewertung besitzt (+ 0,42), eine geringe jedoch für die der Stärke und Aktivität [12]. Auf der Dimension der Bewertung wird vor allem durch die ersten vier Gegensatzpaare gemessen. Die nächsten vier Gegensatzpaare messen auf der Dimension der Stärke und die letzten vier auf der Dimension der Aktivität.

Die Zahl der Gegensatzpaare, die in das Forschungsinstrument eingehen, ist nicht normiert. Hofstätter hat für seine Untersuchungen über »Einsamkeit« und »lonesomeness« 24 Gegensatzpaare verwendet [13]. Wichtiger als die absolute Zahl der verwendeten Gegensatzpaare ist, daß je Dimension gleich viel Gegensatzpaare aufgenommen werden.

Um aus dem Polaritätsprofil relevante Informationen über einen Stimulus zu bekommen, ist es notwendig, das Instrument vergleichend anzuwenden. So könnte z. B. das Vorstellungsbild, das Schüler vom Lehrer haben, mit ihrem Vorstellungsbild vom »Herrscher«, »Vater« oder »Freund« verglichen werden.

Bei der Auswertung wird jedes Gegensatzpaar als ein Kontinuum betrachtet, das in 7 Abschnitte untergliedert ist. Im folgenden soll deswegen kurz von einem »Gegensatz-Kontinuum« gesprochen werden. Das Gegensatzpaar »gut – schlecht« bildet z. B. folgendes Kontinuum:

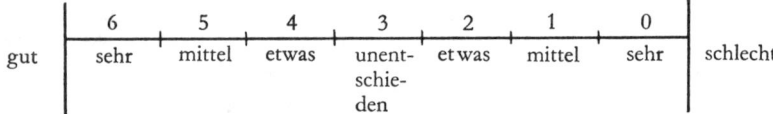

Jedem Abschnitt (genauer: dem Mittelpunkt jedes Abschnitts) des Kontinuums wird eine Zahl zugeordnet (hier: von 0 bis 6; es wäre jedoch auch möglich, die Zahlen +3 +2 +1 0 —1—2—3 zuzuordnen). Dabei wird angenommen, daß die Abschnitte gleich groß sind.

---

den diese Zahlenwerte immer kleiner. *Osgood* u. a.: Measurement of Meaning, S. 33–39. Zahl und Interpretation der gefundenen Faktoren können nach Forschungsgegenstand und Forschungsintention variieren. So hat *Hofstätter* in seinen Analysen zur Bedeutung von Begriffen (wie etwa Masse, Persönlichkeit etc.) nur zwei wesentliche Faktoren extrahiert, die er als »positive Zuwendung« bzw. »negative Zuwendung« interpretiert. In einer anderen Studie über Nationalitätenstereotypen extrahierte er 4 Faktoren, die er als »allgemeines Auto-Stereotyp in der westlichen Zivilisation«, als »deutsches Auto-Stereotyp« etc. interpretierte. Vgl. *P. R. Hofstätter*: Einführung in die Sozialpsychologie, Stuttgart 1959, S. 255 ff.; ders.: Sozialpsychologie, Göschen Band 104/104a, Berlin 1956, S. 82 ff. Die inhaltliche Interpretation der Faktoren wird allerdings dann weniger relevant sein, wenn es vor allem darum geht, den Untersuchungsstimulus mehreren Vergleichsstimuli gegenüberzustellen.

[12] Die hier angegebenen Gewichtszahlen beziehen sich auf die Adjektive in englischer Sprache – so wie *Osgood* sie für eine amerikanische Population festgestellt hat. Es ist anzunehmen, daß die Gewichtszahlen für Adjektive in deutscher Sprache, an einer deutschen Population festgestellt, andere Werte besitzen werden. Es darf jedoch nicht erwartet werden, daß ihr überwiegendes Gewicht nicht auf eine andere Dimension fällt.

[13] Siehe *P. R. Hofstätter*: Gruppendynamik, Hamburg 1957, S. 64.

Alle nachstehend geschilderten Auswertungsverfahren können für individuelle Befragte oder für Gruppen von Befragten durchgeführt werden. Im letzten Falle muß für die Gruppe jeweils der Durchschnittswert pro Gegensatzpaar errechnet werden.
Die einfachste Methode der Auswertung und Darstellung der Ergebnisse besteht im Zeichnen eines *graphischen Profils*. Zu diesem Zwecke werden sinnvollerweise die Gegensatzpaare so gruppiert, daß diejenigen, die (überwiegend) auf einer gemeinsamen Dimension messen, hintereinander geschrieben werden. Des weiteren sollen die Gegensatzpaare innerhalb ihrer Gruppen so geschrieben werden, daß immer Adjektive der gleichen Richtung vorne stehen. Das graphische Profil entsteht dadurch, daß die Kreuze des Befragten für die verschiedenen Gegensatzpaare miteinander verbunden werden (Abb. 6).

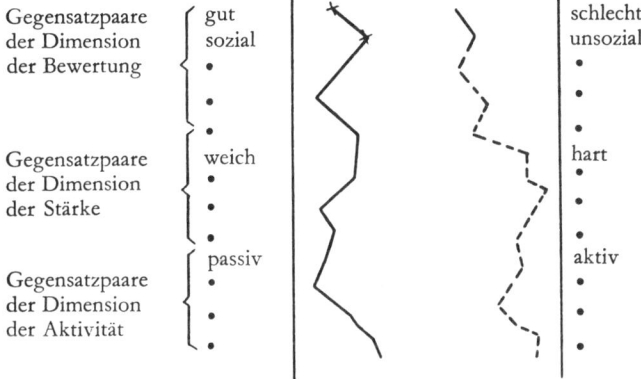

Abb. 6  Polaritätsprofil (schematisch verkürzt)

Da ein einzelnes graphisches Profil keine sinnvolle Information liefert, wurden zwei Profile zu Vergleichszwecken eingezeichnet. Sie könnten beispielsweise das Ergebnis von zwei Befragungen einer Schülerklasse über einen neuen Lehrer darstellen, einmal nach der ersten Woche und einmal vier Monate später (in Abb. 6: ausgezogenes und gestricheltes Profil). Es ist zu erkennen, daß sich das »Image« des Lehrers in der Beurteilung der Schüler systematisch verschoben hat: er ist »stärker«, »aktiver« und (in der Bewertung der Schüler vielleicht dadurch) »schlechter« geworden. Als graphisches Vergleichsprofil kann natürlich auch ein anderer Stimulus verwendet werden, beispielsweise der des »Herrschers«.
Eine zweite einfache Auswertungsmethode besteht darin, *Punktwerte je Dimension* zu vermitteln. Jedem Kreuz des Befragten entspricht ja ein Zahlenwert (z. B. zwischen 0 und 6). Um den »Punktwert je Dimension« zu errechnen, müssen dann nur die Zahlenwerte aus den Gegensatzpaaren einer Dimension addiert werden. Da mit dem Polaritätsprofil in drei Dimensionen gemessen wird, kann der Untersuchungsgegenstand durch eine Zahlentripel quantitativ charakterisiert werden.
Auf eine dritte und vierte Auswertungsmethode soll hier nur hingewiesen werden. Sie bestehen zum einen in der Berechnung der »semantischen Distanz« [14] und zum anderen

---

[14] Siehe *Osgood* u. a.: Measurement of Meaning, S. 89 ff.

in der Berechnung eines Korrelationskoeffizienten [15] zwischen zwei oder mehreren Vergleichsstimuli.

## 4. Thurstones Methode der gleich erscheinenden Intervalle

Die in diesem und den folgenden beiden Abschnitten behandelten Skalierungsverfahren wurden und werden vor allem zur Einstellungsmessung benutzt, d. h. um Dimensionen der Untersuchungsobjekte (meistens Befragte) zu messen. Prinzipiell ist der Anwendungsbereich der Verfahren jedoch weiter, wie unten kurz an einem Beispiel erläutert wird (S. 63).
Thurstones Methode war lange Zeit die am häufigsten gebrauchte Skalierungstechnik in der Einstellungsforschung. Heute werden ihre Mängel schwerer gewichtet als ihre leichte Handhabung. In Untersuchungen der letzten Jahre wird dementsprechend die Thurstonsche Methode sehr selten angewandt; sie soll deswegen auch hier nur kurz skizziert werden. An ihre Stelle sind die Likert- und Guttman-Technik getreten, die ausführlich dargestellt werden sollen.
Bei der Thurstoneschen Methode werden eine Vielzahl von »statements« (Behauptungen) zu einem bestimmten Gegenstand (z. B. der Kirche) Sachverständigen (judges) zur Beurteilung vorgelegt. Ein derartiges Statement könnte etwa lauten »Die Kirche ist überwiegend für alte Leute da«. Die Sachverständigen sollen jedes einzelne Statement daraufhin untersuchen, welcher Grad an positiver oder negativer Einstellung gegenüber dem betreffenden Gegenstand (im Beispiel: der Kirche) aus ihm spricht. Die Sachverständigen werden aufgefordert, jedes einzelne Statement auf einer üblicherweise in 11 Intervalle unterteilten (von negativ über neutral nach positiv reichenden) Skala einzuordnen. Die Einordnungen verschiedener Sachverständiger werden dabei nicht gleich sein. Es wird dann für jedes Statement ein Mittelwert errechnet, der seinen Skalenwert bildet, und ein Streuungsmaß, das als ein Indiz für die Eindeutigkeit dieses Statements interpretiert wird [16]:
Von mehreren Statements, die auf der Skala dicht beieinander liegen, wird dann dasjenige ausgewählt, das die geringste Streuung besitzt. Die so ausgewählten Statements (in der Regel wird man ca. 20 auswählen) bilden das fertige Meßinstrument, das dann in einen Fragebogen aufgenommen werden kann. Der Befragte muß bei der Befragung angeben, ob er dem jeweiligen Statement zustimmt oder ob er es ablehnt. Üblicherweise werden bei der Auswertung nur die Statements verwendet, denen der Befragte zustimmte. Aus ihren Skalenwerten wird ein Mittelwert errechnet, der die Einstellung des Befragten zum Gegenstand (im Beispiel: zur Kirche) quantitativ ausdrückt.
Die entscheidende Schwäche der Thurstoneschen Methode liegt in der Verwendung der »Sachverständigenurteile« als vorgeblich objektive Basis der Messung. Bei den nachfolgend dargestellten, moderneren Skalierungstechniken von Likert und Guttman sind es die Befragten selbst, die über die Aufnahme eines Statements in die Skala entscheiden und dadurch auch über ihre eigene Position auf dem Einstellungskontinuum.

[15] Siehe *P. R. Hofstätter:* Gruppendynamik, Hamburg 1957, S. 174–176.
[16] Siehe die Darstellung der Thurstoneschen Methode in: *A. L. Edwards:* Techniques of Attitude Scale Construction, New York 1957, Kap. 4.

Das Messen

## 5. Die Likert-Skala

Die von R. A. Likert entwickelte Skalierungstechnik soll Schritt für Schritt an einem Beispiel vorgetragen werden. Wir nehmen an, daß der Grad der patriarchalischen Einstellung des Mannes zur Ehefrau gemessen werden soll.

1. Schritt: Sammlung der Statements. Es müssen verschiedene Statements gesammelt werden, von denen man intuitiv annimmt, daß sie zur Dimension, die gemessen werden soll, Bezug besitzen. Etwa:
1. Der Ehemann bestimmt, wie hoch das Taschengeld der Ehefrau sein soll.
2. Die Berufsarbeit des Mannes ist wertvoller als die Hausarbeit der Frau.
3. Eine Frau sollte nie vor anderen Menschen ihrem Ehemann widersprechen.
4. Frauen sollten den Führerschein besitzen.
Der Befragte wird nun aufgefordert, zu jedem Statement Stellung zu nehmen. Als mögliche Stellungnahmen werden ihm vorgegeben:

| 4 | 3 | 2 | 1 | 0 |
|---|---|---|---|---|
| stimme stark zu | stimme zu | unentschieden | lehne ab | lehne stark ab |

Der Befragte muß die ihm entsprechende Reaktion ankreuzen. Gelegentlich werden die Antwortalternativen noch stärker differenziert, etwa indem die Kategorien »stimme sehr stark zu« und »lehne sehr stark ab« hinzugefügt werden.
Mit den gesammelten Statements kann nun an etwa 100 Personen eine Voruntersuchung durchgeführt werden, mit dem Ziel, untaugliche Statements auszusortieren, so daß sie die Hauptuntersuchung nicht belasten und diese kürzer gehalten werden kann. Eine derartige Voruntersuchung muß jedoch nicht notwendigerweise veranstaltet werden. Man kann durchaus gleich in die Hauptuntersuchung gehen. Jene Statements, die sich als untauglich erweisen, werden dann in der Auswertung einfach nicht berücksichtigt.

2. Schritt: Zahlen zuordnen. Den Antwortalternativen der jeweiligen Statements müssen Zahlen zugeordnet werden. Das kann vor oder nach der Befragung geschehen. In obigem Beispiel wurde von 0 bis 4 durchnumeriert. Dabei muß darauf geachtet werden, daß immer *in der gleichen Einstellungsrichtung numeriert* wird. Wenn mit zunehmender patriarchalischer Einstellung die zugeordneten Zahlen wachsen sollen, dann muß bei dem ersten Statement oben bei »lehne stark ab« mit 0 begonnen und bis »stimme stark zu« mit +4 durchnumeriert werden. Bei Statement Nr. 4 muß jedoch umgekehrt numeriert werden: »stimme stark zu« bekommt die Zahl 0 zugewiesen, ... usw. bis »lehne stark ab«, dem die Zahl 4 zugeordnet wird.
Mit der Zuordnung dieser ganzen, rationalen Zahlen wird angenommen, daß das Zustimmungs-Ablehnungs-Kontinuum durch die gewählten fünf Formulierungen in fünf gleich große Abschnitte unterteilt wurde. Diese Annahme ist für das einzelne Statement natürlich nicht gerechtfertigt, doch darf vermutet werden, daß sich eventuelle Fehler über die Vielzahl der verwendeten Statements ausgleichen.

3. Schritt: Überprüfung auf Eindimensionalität. Das ist der entscheidende Schritt. Die Statements werden einem Verfahren unterworfen, das überprüft, ob sie alle auf derselben Dimension liegen. In unserem Beispiel würden Statements, die nicht auf der Dimension »patriarchalische Einstellung« liegen, durch dieses Verfahren entdeckt und eliminiert. Die Grundannahme der Likert-Technik ist dabei folgende. Es wurden Statements ausgesucht, von denen man glaubt zu »spüren«, daß sie auf derselben Dimension liegen. Dieses »Gespür« kann im Einzelfall täuschen, jedoch wird angenommen, daß es für eine überwiegende Mehrzahl der Statements richtig war. Die Aufgabe, die es dann zu lösen gilt, besteht darin, die »falschen« Statements zu entdecken und auszusortieren.

Zuerst wird für jeden Befragten die Gesamtpunktzahl ermittelt (indem man die Punktwerte der Reaktionen des Befragten auf die einzelnen Statements addiert). Aus der Gesamtheit der Befragten werden dann jene 25 % herausgezogen, die die höchsten Gesamtpunktzahlen und jene 25 %, die die niedrigsten Gesamtpunktzahlen erzielten. Sie bilden die beiden Vergleichsgruppen, die »untere Gruppe« und die »obere Gruppe«. Jedes einzelne Statement wird nun daraufhin untersucht, wie es von den beiden Gruppen beantwortet wurde: Ist es ein Statement, das auf der zu untersuchenden Dimension liegt, dann muß die Punktzahl, die die »obere Gruppe« (im Beispiel: mit hohem Patriarchalismus) in der Beantwortung dieses Statements durchschnittlich erzielt, signifikant höher sein als die durchschnittliche Punktzahl, die die »untere Gruppe« erreicht. Es muß also der Mittelwert dieses Statements für die obere und untere Gruppe errechnet werden. Danach wird durch einen statistischen Signifikanztest überprüft, ob die beiden Mittelwerte signifikant verschieden sind. Üblicherweise wird hier der t-Test verwendet. Die Berechnung wird mit Hilfe von Tabelle Abb. 7 durchgeführt.

| | | Untere Gruppe | | | Obere Gruppe | | | |
|---|---|---|---|---|---|---|---|---|
| | X<br>Der Anwort zugeordnete Zahl | f<br>Zahl der Befragten in den Antwortkategorien | $f \cdot X$ | $f \cdot X^2$ | X | f | $f \cdot X$ | $f \cdot X^2$ |
| Stimme stark zu | 4 | 2 | 8 | 32 | 4 | 20 | 80 | 320 |
| Stimme zu | 3 | 4 | 12 | 36 | 3 | 6 | 18 | 54 |
| Unentschieden | 2 | 6 | 12 | 24 | 2 | 4 | 8 | 16 |
| Lehne ab | 1 | 20 | 20 | 20 | 1 | 4 | 4 | 4 |
| Lehne stark ab | 0 | 8 | 0 | 0 | 0 | 6 | 0 | 0 |
| | | 40<br>$n_u$ | 52<br>$\Sigma f X_u$ | 112<br>$\Sigma f X_u^2$ | | 40<br>$n_o$ | 110<br>$\Sigma f X_o$ | 394<br>$\Sigma f X_o^2$ |

Abb. 7 Tabelle zur Signifikanzberechnung im Likertverfahren

Die allgemeine Gleichung für das arithmetische Mittel lautet:

$$\overline{X} = \frac{\sum fX}{n} \qquad (1)$$

Die Mittel für die untere ($\overline{X}_u$) und obere Gruppe ($\overline{X}_o$) sind dann

$$\overline{X}_u = \frac{52}{40} = 1{,}3 \qquad \overline{X}_o = \frac{110}{40} = 2{,}75$$

Nun muß festgestellt werden, ob diese Differenz 1,3 zu 2,75 noch zufällig sein könnte oder ob sie signifikant ist. Die Formel für den hier einzusetzenden t-Test lautet (wenn – was die Berechnung erleichtert – die beiden Gruppen gleich groß sind)

$$t = \frac{\overline{X}_o - \overline{X}_u}{\sqrt{\dfrac{V_o^2 + V_u^2}{n(n-1)}}} \qquad (2)$$

$V_o^2, V_u^2 =$ Summe der quadrierten Abweichungen vom Mittelwert in der oberen und unteren Gruppe

$n =$ Zahl der Gruppenmitglieder

Es kann weiter bestimmt werden

$$V_o^2 = \sum fX_o^2 - \frac{(\sum fX_o)^2}{n} \; ; \text{ im Beispiel: } = 394 - \frac{110^2}{40} = 91{,}5 \qquad (3)$$

$$V_u^2 = \sum fX_u^2 - \frac{(\sum fX_u)^2}{n} \; ; \text{ im Beispiel: } = 112 - \frac{52^2}{40} = 44{,}4 \qquad (4)$$

In obige Gleichung (2) eingesetzt, ergibt sich dann

$$t = \frac{2{,}75 - 1{,}3}{\sqrt{\dfrac{91{,}5 + 44{,}4}{40 \cdot (40 - 1)}}} = 4{,}91$$

Dieser Rechengang wird für alle Statements durchgeführt. Auf diese Weise kann jedem Statement ein bestimmter t-Wert zugewiesen werden. Angenommen, es sollen nur 20 Statements in die endgültige Skala aufgenommen werden, dann werden jene 20 ausgewählt, die die höchsten t-Werte erzielten. Der t-Wert darf dabei allerdings eine untere Grenze nicht unterschreiten. Diese untere Grenze ist durch zwei Faktoren bestimmt, durch die Zahl der Freiheitsgrade (d. f.) und das Sicherheitsniveau (mit dem der Forscher sichergehen will, daß der Unterschied zwischen den beiden Gruppenmittel signifikant ist). Das Sicherheitsniveau kann vom Forscher selbst bestimmt werden.

Üblicherweise wird mit einem Sicherheitsniveau von 95 %  oder 99 % oder 99,9 % gerechnet [17]. Die Zahl der Freiheitsgrade wird (für den Fall, daß beide Gruppen gleich groß sind) durch folgende Gleichung bestimmt:
$$d.f. = 2n - 2$$
Für das hier verwendete Beispiel wäre
$$d.f. = 2 \cdot 40 - 2 = 78$$
Als Sicherheitsniveau sollen 95 % festgelegt werden. Aus der t-Tafel, wie sie in jedem Statistik-Lehrbuch enthalten ist [18], kann für diesen Fall ein Wert von $t = 2,0$ entnommen werden. Das bedeutet: Die t-Werte der 20 ausgelesenen Statements (mit den höchsten t-Werten) dürfen nicht unter 2,0 liegen.

4. Schritt: Die Errechnung der Gesamtpunktzahlen der Befragten. Der 4. und letzte Schritt ist sehr rasch durchgeführt: Aus den Antworten der Befragten zu den *akzeptierten* Statements (im Beispiel: zu den 20 in die Skala aufgenommenen) wird ihre individuelle Gesamtpunktzahl addiert, die ein quantitativer Ausdruck ihrer Einstellung ist.

*Das Meßniveau der Likert-Skala.* Die Likert-Skala ist ihrem Anspruch nach eine Intervall-Skala [19]. Das wird einmal in der Annahme deutlich, daß das Antwort-Kontinuum (»stimme stark zu« bis »lehne stark ab«) numerisch in gleich große Intervalle unterteilt ist, und zum anderen in der Verwendung des t-Tests – eines statistischen Tests, der nur bei Intervall- oder Ratio-Skalen angewendet werden darf. Ob dieser Anspruch der Likert-Skala zu Recht oder zu Unrecht besteht, kann nicht entschieden werden. Um sicherzugehen, kann der Sozialforscher die durch das Likert-Verfahren gewonnenen Zahlenwerte als ordinale Zahlen interpretieren – oder gleich von Anfang an ein anderes Skalierungsverfahren verwenden, das in seinem Anspruch bescheidener ist, etwa die Guttman-Skala.

## 6. Die Guttman-Skala

Eine Skala, die nach dem von L. Guttman entwickelten Verfahren konstruiert werden soll, muß aus sogenannten »monotonen Fragen« zusammengesetzt werden.
Eine monotone Frage besitzt die Eigenschaft, die Gesamtheit von Befragten, die ein quantitatives Merkmal in verschiedenen Ausprägungen besitzen (z. B. Körpergröße), an einer bestimmten Trennstelle in die zwei Untergruppen der »Ja«-Sager und »Nein«-Sager aufzuteilen. Ein Beispiel wäre die Frage: »Sind Sie größer als 1,70 m?«.

---

[17] Es ist auch die Schreibweise üblich: $\alpha = 0,05$ oder $\alpha = 0,01$ oder $\alpha = 0,001$.
[18] Siehe etwa *Blalock:* Social Statistics, S. 442.
[19] Die Likert-Skala besitzt keinen natürlichen Nullpunkt. *Edwards* warnt ausdrücklich davor, etwa bei einer 20 Item-Skala durch Multiplikation von 20 mal 2 (dem Zahlenwert der Kategorie »unentschieden«) den Zahlenwert 40 als natürlichen Nullpunkt zu interpretieren. Siehe *Edwards:* Techniques of Attitude Scale Construction, S. 157.

Befragte bis zur Größe von 1,70 m antworten mit Nein (Wahrscheinlichkeit einer bejahenden Antwort p = 0), alle anderen mit Ja (p = 1). Graphisch dargestellt:

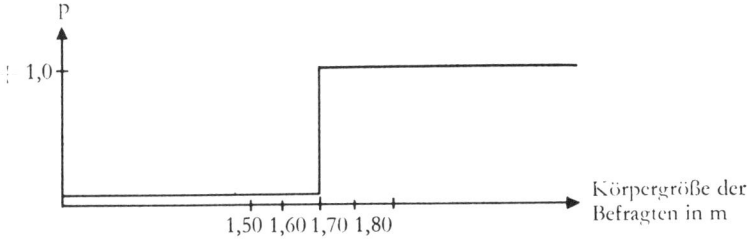

Die p-Kurve, auch »trace line« genannt, steigt an einem bestimmten Punkt von 0 auf 1 und bleibt dann auf gleicher Höhe. Der Mathematiker sagt dazu, die Kurve »steigt monoton«. Die Trennstelle (hier 1,70 m) wird als »Ort« der Frage auf dem Merkmalskontinuum begriffen.

Bei der Guttmanschen Skalierungstechnik wird ein »gemeinsames Kontinuum« von Befragten und Fragen – wie Coombs [20] sagt, eine »joint scale« – angenommen: über das Kontinuum sind sowohl die Befragten verteilt – nach der Menge an jener Eigenschaft, die es zu messen gilt – als auch die Fragen – nach dem Ort, an dem sie die Befragten in Ja- und Nein-Sager trennen.

Nun kann man jedoch einer Frage nicht ohne weiteres ansehen, ob sie monoton ist, noch weniger, wo ihr »Ort« auf dem Kontinuum liegt. Das gilt z. B. für die nachstehenden vier Fragen, die die Stärke des (negativen) Vorurteils von jungen gegen alte Menschen messen sollen:

1. Alte Menschen können sich nicht mehr an sich verändernde Situationen anpassen.
2. Die Haupttätigkeit alter Menschen ist es, über andere zu reden.
3. Alte Menschen können ihre Wohnung und sich selbst nicht mehr richtig sauber halten.
4. Alte Menschen haben meistens einen Tick [21].

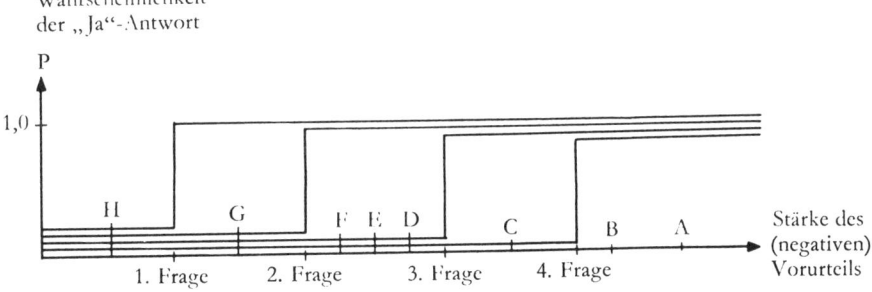

Abb. 8   Das »gemeinsame Kontinuum« von Fragen und Befragten

---

[20] Siehe *Festinger, Katz* (Hrsg.): Research Methods in the Behavioral Sciences, S. 497.
[21] Zur Form der Frage: Es könnte entweder formuliert werden »Sind Sie der Meinung, daß alte Menschen ...«, oder die Formulierung könnte in die (hier verwendete) Form des Urteils

Die Aufgaben, die das Guttmansche Verfahren zu lösen versucht, sind folgende 1. Überprüfung, ob die verwendeten Fragen monotoner Natur sind und 2. Bestimmung des »Ortes« der Frage auf dem zu messenden Kontinuum.

Um das Prinzip des Verfahrens zu erläutern, nehmen wir an, die eben genannten vier Fragen wären alle monoton und ihre »Orte« auf dem Vorurteils-Kontinuum entsprächen den in Abb. 8 gezeigten; gleichzeitig ist dort der »Ort« verschiedener Befragter (A-H) eingetragen. Der Befragte A (mit dem stärksten Vorurteil) bejaht alle vier Fragen, ebenso B. C bejaht die ersten drei Fragen, verneint aber die vierte, usw. In Abb. 9 sind die Ergebnisse tabellarisch dargestellt. Die »Trennstriche« in den Spalten entsprechen den »Trennpunkten« der Fragen auf dem Kontinuum (je weiter rechts der Trennpunkt, um so höher der Trennstrich). Für jede bejahte Frage erhält der Befragte einen Punkt: so ergibt sich die Gesamtpunktzahl der einzelnen Befragten.

|  | Frage 1 ja nein | Frage 2 ja nein | Frage 3 ja nein | Frage 4 ja nein | Gesamtpunktzahl der Befragten |
|---|---|---|---|---|---|
| Befragter A | × | × | × | × | 4 |
| B | × | × | × | × | 4 |
| C | × | × | × | × | 3 |
| D | × | × | × | × | 2 |
| E | × | × | × | × | 2 |
| F | × | × | × | × | 2 |
| G | × | × | × | × | 1 |
| H | × | × | × | × | 0 |

Abb. 9   Antworttabelle im Guttman-Verfahren

Nun ist jedoch in einer Untersuchung das »gemeinsame Kontinuum« von Fragen und Befragten (Abb. 8) nicht bekannt. Dem Forscher liegen lediglich die Antworten der Befragten auf die Fragen und damit auch ihre Gesamtpunktzahlen vor. Hieraus kann er die Abb. 9 entsprechende Tabelle »rekonstruieren«. Die Befragten werden zuerst gemäß ihrer Punktzahl an der »Stirnseite« der Tabelle (in den Reihen) angeordnet. Innerhalb der gleichen Gesamtpunktzahl ist die Reihenfolge beliebig. Dann werden in den »Kopf« (in die Spalten) der Tabelle die Fragen eingetragen. Da der »Ort« und damit die Reihenfolge der Fragen nicht bekannt ist, wählt man eine beliebige. Anschließend werden unter »ja« und »nein« entsprechend den Antworten der Befragten Kreuze eingetragen. In den Spalten werden schließlich – an den Stellen, an denen die

gefaßt werden mit dem Nachsatz »Stimmen Sie zu oder lehnen Sie ab?«. Wichtig ist, daß es für den Befragten nur eine Ja-Nein-Antwortalternative gibt. Die Auswertung nach der Guttman-Technik wird erheblich erschwert (jedoch nicht unmöglich), wenn mehr als zwei Antwort-Alternativen zugelassen werden. Hier wird dieser Fall nicht dargestellt. Siehe dazu W. J. Goode, P. K. Hatt: Methods in Social Research, New York 1952, S. 228 f.

Antworten von »ja« nach »nein« überspringen – die »Trennstriche« gezogen. Jetzt müssen die einzelnen Fragen (Spalten) nur noch so ausgetauscht werden, daß sich die Trennstriche von links unten nach rechts oben bewegen. Damit ist eine Tabelle fertiggestellt, die Abb. 9 weitgehend gleicht (nur die Reihenfolge von Befragten mit gleicher Punktzahl kann von der Reihenfolge in Abb. 9 abweichen).

Das »gemeinsame Kontinuum« läßt sich aus der so gewonnenen Tabelle nur teilweise rekonstruieren. Weder läßt sich der relative »Ort« von Befragten mit gleicher Punktzahl angeben, noch kann man aus der Tabelle den genauen Ort der Trennpunkte ablesen. Die Guttman-Skala vermag also nicht zwischen Befragten zu differenzieren, die zusammen zwischen zwei Trennpunkten auf dem Kontinuum liegen [22], und sie gibt keine Information über die Größe der Intervalle zwischen den Trennpunkten (sie gibt lediglich an, daß ein Trennpunkt weiter rechts liegt als ein anderer). Die Meßleistung der Guttman-Skala ist also relativ gering: Der Ort der Fragen auf dem Kontinuum wird lediglich ordinal gemessen, womit auch die Gesamtpunktzahl der Befragten ein ordinales Maß ist.

Das hier benutzte Beispiel ist ein idealisierter Grenzfall, indem für alle vier Fragen eine vollkommen monotone Form angenommen wurde. In Wirklichkeit ist das die Ausnahme. An Stelle eines exakten Trennpunkts (Umschlag von Ja zu Nein) ergeben die meisten Fragen einige »abweichende« Antworten (einzelne Befragte mit Ja-Antworten links bzw. Nein-Antworten rechts vom Trennpunkt). Es müssen deshalb im Guttman-Verfahren jene Fragen oder Statements aus einer größeren Zahl herausgefunden werden, die am nächsten an die ideale monotone Form herankommen.

Diese Aufgabe kann in verschiedener Weise gelöst werden [23]. Hier soll die »Cornell-Technik« vorgeführt werden. Aus dem Material, das aus der Vor- bzw. Hauptuntersuchung vorliegt [24], wird eine Tabelle erstellt. In den »Kopf« der Tabelle (die Spalten) werden wieder die einzelnen Fragen in zunächst beliebiger Reihenfolge eingetragen und in die Reihen die nach ihrer Gesamtpunktzahl geordneten Befragten [25]. Dann werden die Antworten in die Tabelle eingetragen (Kreuze bei »ja« bzw. »nein«) und die Trennstriche eingezeichnet (siehe Abb. 10). Nur bei einer vollkommen monotonen Frage (in Abb. 10 lediglich Frage 3) ist die Lage des Trennstriches eindeutig; in den anderen Fällen erschweren aus der Reihe tanzende Kreuze die Entscheidung. Hier gilt als Maxime: Der Trennstrich muß so gezogen werden, daß die Zahl der Fehler (aus der Reihe fallende Kreuze) ein Minimum ist. Bei allen fünf Fragen in Abb. 10 gab es nur

---

[22] Befragte, die zwar innerhalb eines Intervalls, aber relativ weit auseinanderliegen, erhalten so die gleiche Punktzahl, Befragte, die rechts und links eines Trennpunkts relativ nah beieinanderliegen, eine verschiedene; um diesen Effekt zu mildern, wählt man *viele* Fragen, um – so hofft man – das Kontinuum damit in kleinere Intervalle zu unterteilen.
[23] Siehe hierzu *A. L. Edwards:* Techniques of Attitude Scale Constructions, S. 184–188.
[24] Das Guttmansche Skalierungsverfahren kann in beiden Fällen angewendet werden. Hier gilt das gleiche, was auf Seite 55 über die Likert-Technik gesagt wurde.
[25] Mit einem derartig kleinen Material, wie wir es für das Beispiel – Abb. 10 – zugrunde legen, könnte in Wirklichkeit der Kalkül der Cornell-Technik nicht durchgeführt werden.

eine Stelle, an der dieser Regel entsprechend der Trennstrich gezogen werden konnte [26]. Würde etwa bei Frage 5 der Trennstrich weiter oben gezogen (gestrichelte Linie), dann würden drei statt nur zwei Fehler entstehen.

| Befragter Nr. | Gesamt- punktzahl des Befragten | Frage 1 ja  nein | Frage 2 ja  nein | Frage 3 ja  nein | Frage 4 ja  nein | Frage 5 ja  nein |
|---|---|---|---|---|---|---|
| 1 | 5 | x | x | x | x | x |
| 2 | 5 | x | x | x | x | x |
| 3 | 4 |   x | x | x | x | x |
| 4 | 4 |   x | x | x | x | x |
| 5 | 4 | x | x | x | x |   x |
| 6 | 3 | x | x | x |   x | x |
| 7 | 3 | x |   x | x | x | x |
| 8 | 3 | x |   x | x | x | x |
| 9 | 3 | x | x | x |   x | x |
| 10 | 3 | x |   x | x | x | x |
| 11 | 2 | x | x | x | x |   x |
| 12 | 2 | x |   x |   x | x | x |
| 13 | 1 | x |   x |   x | x | x |
| 14 | 1 | x | x |   x |   x |   x |
| 15 | 1 | x | x |   x |   x |   x |
| Zahl der Fehler: | | 2 | 4 | 0 | 1   1 = 2 | 2   10 |

Abb. 10   Antworttabelle zur Illustration der Cornell-Technik

Die Zahl der Fehler kann eventuell weiter verringert werden, indem man die Befragten mit gleicher Gesamtpunktzahl untereinander verschiebt. Wenn z. B. in Tabelle 10 der Befragte Nr. 5 an die Stelle des Befragten Nr. 3 gesetzt wird, dann kann der Trennstrich bei Frage 1 um ein »×« tiefer gezogen werden, wodurch sich hier die Zahl der Fehler auf 1 verringert, ohne daß bei den anderen Fragen neue Fehler entstehen. Durch diese Umordnung hat sich also die Gesamtfehlerzahl auf 9 verringert. Die zweite Maxime der Cornell-Technik lautet also: Befragte mit gleicher Punktzahl müssen untereinander so ausgetauscht werden, daß die gesamte Fehlerzahl aller Fragen ein Minimum erreicht.

Schließlich muß entschieden werden, welche Fragen für die endgültige Skala akzeptiert werden sollen. Dabei wählt man jene (etwa 10) Fragen aus, die die geringste Fehlerzahl aufweisen. Der »Reproduzierbarkeitskoeffizient« der endgültigen Skala

---

[26] Es kann auch der Fall auftreten, daß zwei oder sogar noch mehr Trennstriche, die eine gleiche minimale Fehlerzahl ergeben, gezogen werden können. Liegen diese Trennstriche unmittelbar hintereinander, dann entscheidet man sich willkürlich für irgendeinen. Liegen sie weit auseinander, dann kann die betreffende Frage nicht verwendet werden: sie entfernt sich in ihrer »trace line« zu sehr von der geforderten monotonen Form.

*Das Messen*

soll aber nicht unter + 0,85 liegen. Dieser Koeffizient drückt den Anteil der Fehler an der Gesamtzahl aller Antworten aus. Er wird nach folgender Formel errechnet:

$$\text{Rep} = 1 - \frac{\text{Zahl aller Fehler}}{\text{Zahl der Fragen} \cdot \text{Zahl der Befragten}}$$

Für Tabelle 10 würde sich folgender Wert ergeben:

$$\text{Rep} = 1 - \frac{10}{5 \cdot 15} = 0,87$$

Wenn der Reproduzierbarkeitskoeffizient wesentlich dadurch verbessert (erhöht) werden könnte, daß z. B. nur 9 statt 10 Fragen in die Skala eingehen, dann sollte man die Skala entsprechend kürzen. Wird z. B. in obiger 5-Fragen-Skala Frage 2 (die vier Fehler aufweist) herausgenommen, dann verbessert sich der Reproduzierbarkeitskoeffizient auf + 0,90.
Die Gesamtpunktzahlen der Befragten werden nunmehr aus ihren Antworten auf die ausgewählten Fragen neu addiert. Die Gesamtpunktzahlen sind dann ein (ordinales) Maß für jene Persönlichkeitsdimension der Befragten, die Gegenstand der Untersuchung war.

## 7. Das Messen von Gruppenmerkmalen durch die Likert- und Guttman-Skala

Die Likert- und Guttman-Skala wurden am häufigsten zur Einstellungsmessung benutzt, wobei hier auf die besondere inhaltliche Problematik dieser Anwendung nicht weiter eingegangen werden kann; sie hängt, abgesehen von Gültigkeitsfragen, mit dem Wesen von Einstellungen und vor allem mit der Annahme ihrer Eindimensionalität zusammen. Mit entsprechenden Modifikationen sind diese Skalen aber auch zur Messung anderer Individualmerkmale [27] sowie von Gruppenmerkmalen anzuwenden.
Ein Beispiel für letzteres wäre der Versuch, den Bürokratisierungsgrad von Organisationen (nicht: einer Organisation) zu messen. Dieses mehrdimensionale Merkmal ließe sich zuerst in einzelne Merkmale auflösen, z. B. Grad der funktionell spezialisierten Arbeitsteilung, Grad der Hierarchisierung von Autorität, Grad der Regelbestimmtheit des Verhaltens (Formalisierung) usw. Für jede Dimension könnte man eine Skala konstruieren, sei es, daß man Fragen wählt, die vom Forscher nach objektiven Kriterien (statistische Unterlagen, Organisationsplan usw.) beantwortet werden [28], sei es, daß

---

[27] Zum Beispiel ließe sich nach dem Guttman-Verfahren eine Skala der politischen Aktivität oder der Organisationsteilnahme konstruieren; die Schwierigkeit besteht im Finden monotoner Fragen, die sich tatsächlich auf die gleiche Dimension beziehen – weshalb oft ein Index vorgezogen wird.
[28] So verfahren *D. S. Pugh* und *D. J. Hickson;* siehe ihren Bericht über die Studie in *R. Mayntz* (Hrsg.): Bürokratische Organisation, Köln–Berlin 1968, S. 82–93.

man Mitglieder verschiedener Organisationen darüber befragt [29]. Ein Statement einer Likert-Skala zur Messung des Formalisierungsgrades könnte z. B. lauten: »In diesem Betrieb ist alles bis ins letzte Detail durch Regeln festgelegt« (Antworten von starker Zustimmung bis zu starker Ablehnung). Die Antworten der Befragten würden dann *für jede Organisation* zusammengefaßt (Durchschnittswerte ihrer Antworten). Die »obere« und »untere« Gruppe zur weiteren Analyse wären dann die besonders stark bzw. besonders wenig formalisierten (oder hierarchisierten oder funktionell differenzierten) *Organisationen*, und es ließe sich an Hand dieser Daten feststellen, welche Statements der Skala besonders gut bzw. schlecht zwischen verschiedenen Organisationen differenzieren (t-Test). An Hand der (durchschnittlichen) Gesamtpunktzahl für die schließlich akzeptierten Statements lassen sich dann die Organisationen für jede gemessene Dimension vergleichen.

In einem weiteren Schritt könnte man jede Teildimension zu einem Item für eine Guttman-Skala umformen (etwa indem man dichotomisiert: relativ stark – relativ schwach formalisiert, usw.) und untersuchen, ob die verschiedenen Merkmale alle auf einer umfassenden Dimension »Bürokratisierung« liegen, d. h. sich nach dem Muster von Abb. 9 oder 10 anordnen lassen. Statt einzelner Befragter würden dabei die nach ihrer Gesamtpunktzahl geordneten Teildimensionen (Hierarchisierung, Formalisierung usw.) in der Tabelle aufgeführt, und statt individueller Ja-Nein-Antworten der (relativ hohe bzw. relativ niedrige) Wert einer Organisation auf jeder der Dimensionen.

*Aufgaben:*

*1. Entwerfen Sie nach dem Likert- und nach dem Guttman-Verfahren je eine Einstellungsskala, deren Gegenstand sich nach der Art der Ihnen zur Befragung verfügbaren Personengruppe richten muß. Alle beschriebenen Schritte von der Sammlung von Statements bis zur endgültigen Berechnung von Punktwerten für alle Befragten auf Grund der schließlich akzeptierten Statements sollen dabei durchgeführt werden.*
*2. Vervollständigen Sie das zuletzt kurz behandelte Beispiel, indem Sie verschiedene (vorläufige) Teilskalen für das komplexe Merkmal Bürokratisierung von Organisationen entwickeln.*

## 8. Zuverlässigkeit und Gültigkeit von Skalen

Mit der Zuverlässigkeit einer Skala ist ihre Meßgenauigkeit gemeint, ihre relative Fähigkeit, den »wahren« Wert einer Untersuchungseinheit auf einer Dimension zu ermitteln. Diese relative Fähigkeit wird bei mehrmaligem Wiederholen des Meßvorgangs als Streuung der erhaltenen Werte um den »wahren« Wert offenkundig (je größer die Streuung, um so schlechter die Zuverlässigkeit). Der »wahre« Wert ist natürlich nicht

---

[29] Diese Methode wandte Richard Hall an, auf dessen Arbeit wir uns im folgenden beziehen. Siehe *R. H. Hall:* The Concept of Bureaucracy: An Empirical Assessment, American Journal of Sociology, Bd. 69 (1963/64), S. 32–40 (übersetzt in *R. Mayntz*, Bürokratische Organisation, a.a.O.), und *ders.* mit *Charles R. Tittle:* A Note on Bureaucracy and its »Correlates«, American Journal of Sociology, Bd. 72 (1966), S. 267–272.

bekannt; die »realistische« Definition der Zuverlässigkeit lautet deshalb: Zuverlässigkeit ist das Ausmaß der Streuung des Instruments bei wiederholtem Messen.
Konkret mißt man die Zuverlässigkeit einer Skala z. B., indem man sie auf einen identischen Befragtenkreis in identischer Situation mehrfach anwendet. Das ist die Methode des »Retest«. Die »identische Situation« kann man (annähernd) dadurch herstellen, daß die zweite Befragung nur wenige Tage später auf die erste folgt. Die Ergebnisse aus der ersten und der zweiten Befragung werden miteinander korreliert. Der erhaltene Korrelationskoeffizient ist eine Maßzahl für die Zuverlässigkeit der verwendeten Skala. Das Problem hierbei ist es, bei einer Abweichung beider Ergebnisse voneinander die Möglichkeit auszuschließen, daß es sich um eine »echte« Veränderung zwischen beiden Messungen handelt; sie kann u. U. durch die erste Messung provoziert worden sein (siehe hierzu S. 176).
Neben der Methode des Retest werden in der Literatur noch weitere Methoden der Zuverlässigkeitsermittlung genannt. Sie werden aus einer Annahme abgeleitet, die zusätzlich zu obiger Definition der Zuverlässigkeit postuliert wird. Diese Annahme besagt, daß die Items einer Skala als Zufallsstichprobe (siehe S. 69 ff.) aufgefaßt werden können, die aus dem Universum aller über einen Forschungsgegenstand formulierbaren Items gezogen wird. Aus diesem Universum können mehrere gleichwertige Zufallsstichproben von Items (= Skalen) gezogen werden. Die Meßwerte der verschiedenen Skalen können miteinander korreliert werden. Dieser Korrelationskoeffizient ist dann wieder ein Maß der Zuverlässigkeit. Beim »split-half«-Verfahren wird die fertige Skala in zwei gleiche Hälften geteilt. Jede Hälfte wird als eine Zufallsstichprobe aus dem Universum aller Items betrachtet. Die Ergebnisse beider Hälften werden dann miteinander korreliert. (Die Aufsplitterung in zwei Hälften kann dadurch vorgenommen werden, daß man die Items durchnumeriert und dann diejenigen mit geraden und diejenigen mit ungeraden Zahlen zu je einer Teilskala zusammenfaßt; man spricht dann von der Methode des »odd-even«.) Bei der Methode der »alternativen Formen« wird eine neue, zusätzliche Skala über den gleichen Gegenstand entwickelt und die Ergebnisse der »alten« und der »neuen« Skala werden korreliert. Diese Methoden der Zuverlässigkeitsmessung sind jedoch insofern fragwürdig, als die erwähnte Annahme fragwürdig ist. In dieser Annahme wird nämlich stillschweigend vorausgesetzt, daß die aus dem Universum aller formulierbaren Items tatsächlich ausgewählten Items gleichwertig sind – in dem Sinne, daß sie in gleichem Maße auf der zu messenden Dimension liegen [30]. Sofern diese Annahme nicht stimmt, messen diese Methoden eher die *Homogenität* einer Skala, d. h. das Ausmaß, in dem alle ihre Items auf derselben Dimension liegen (bzw. beim mehrdimensionalen Messen, etwa beim Polaritätsprofil, wieweit die Dimensionszugehörigkeit der Items bekannt ist) [31].

---

[30] Zur Kritik an dieser Annahme, auch zur Kritik des Konzepts des »Universum aller Items« siehe *P. Horst*: Psychological Measurement and Prediction, Belmont 1966, S. 262 f.
[31] Alle hier erörterten Skalierungsverfahren (mit Ausnahme des Paarvergleichs mit seiner einfachen Auswertungsmethode) enthalten einen Homogenitätstest. Beim Polaritätsprofil ist dies die faktorenanalytische Untersuchung der Gegensatzpaare (und ihre Zuweisung zu drei Dimensionen). Bei der Likert-Skala wird die Dimensionszugehörigkeit der Items durch ihren t-Wert und bei der Guttman-Skala durch den Reproduzierbarkeitskoeffizienten ausgedrückt.

Die Frage nach der *Gültigkeit* einer Skala ist die Frage danach, ob sie tatsächlich das mißt, was der Forscher mit ihr zu messen beansprucht. Wird tatsächlich die »Einstellung zu alten Menschen« gemessen, wenn die auf Seite 59 formulierten Items in der Befragung vorgetragen werden? Die konkreten Methoden der Gültigkeitsermittlung sind folgende:

1. »Expert validity«: Experten überprüfen »gefühlsmäßig« die Gültigkeit der Skala. Zum Beispiel überprüfen Psychiater die Gültigkeit einer »Mental Health«-Skala. Diese Methode ist kaum beweiskräftig.

2. »Known groups«: Die Skala wird zur Prüfung auf eine Befragtengruppe angewandt, von der man weiß, daß sie in der zu messenden Dimension sehr hohe bzw. sehr niedrige Werte hat. Eine Autoritarismus-Skala wird etwa zusätzlich angewandt auf die Wähler von Rechtsparteien, oder eine Mental Health-Skala wird angewandt auf psychisch Kranke (etwa Patienten einer psychiatrischen Klinik). Der Mittelwert aus dem Zahlenmaterial der »normalen« Befragtengruppe wird dann mit dem aus der »known group« verglichen. Wenn die beiden Mittelwerte signifikant verschieden sind, ist dies ein Indiz für die Gültigkeit der Skala.

3. »Predictive validity«: Aus den ermittelten Skalenwerten werden Prognosen über das Verhalten der Befragten abgeleitet. Wenn beispielsweise für einen Befragten eine geringe Religiosität festgestellt wird, dann kann prognostiziert werden, daß er selten oder nie zur Kirche geht. Diese Tatsache läßt sich erfragen, woraufhin man Einstellung und Häufigkeit des Kirchgangs miteinander korreliert. Eine starke Korrelation in der erwarteten Richtung kann als (relativer) Beweis für die Gültigkeit der Skala interpretiert werden. Die Problematik dieser Methode liegt darin, daß zwischen einer Einstellung und einem bestimmten Verhalten häufig kein eindeutiger, von anderen Faktoren unbeeinflußter Zusammenhang besteht.

4. »Construct validity«: Der Sozialforscher verfügt über eine Hypothese, z. B. »Je größer der Autoritarismusgrad, um so negativer die Einstellung gegenüber alten Menschen«. Er konstruiert je eine Skala für Autoritarismus und »Einstellung gegenüber alten Menschen« und überprüft mit ihrer Hilfe seine Hypothese. Wird die Hypothese falsifiziert, dann kann entweder die Hypothese selbst falsch gewesen sein und die Skalen gültig, oder die Hypothese war richtig und eine oder beide Skalen waren nicht gültig. Über die Gültigkeit der Skalen kann also keine Aussage gemacht werden. Wird die Hypothese jedoch bestätigt, dann muß die Hypothese wahr sein *und* die Skalen müssen gültig sein [32]. In diesem Falle darf also gefolgert werden, daß die verwendeten Skalen gültig waren. Die vielfältigen Probleme, die in dieser Methode der Gültigkeitsermittlung stecken, werden bei Cronbach [33] und Kerlinger [34] ausführlich diskutiert.

---

[32] Es sei denn – was relativ unwahrscheinlich ist – die Hypothese und die Skalen sind für sich genommen falsch und ungültig; die Skalen sind dabei jedoch in einer solchen Weise ungültig, daß sie die falsche Hypothese bestätigen.
[33] *L. J. Cronbach:* Essentials of Psychological Testing, New York 1959, Kap. 5.
[34] *F. N. Kerlinger:* Foundations of Behavioral Research, New York 1964, Kap. 25.

## Ausgewählte Literatur

*Blalock, H. M.:* The Measurement Problem: A Gap Between the Language of Theory and Research, in: *H. M. Blalock, A. B. Blalock* (Hrsg.): Methodology in Social Research, New York 1968.
*Coombs, C. H.:* Theory and Methods of Social Measurement, in: *L. Festinger, D. Katz* (Hrsg.): Research Methods in the Behavioral Sciences, New York 1953, Kap. 11 (einführender Text).
*Ders.:* A Theory of Data, New York 1964 (Mathematisch sehr anspruchsvoll).
*Edwards, A. L.:* Techniques of Attitude-Scale Construction, New York 1957 (einführender Text).
*Goode, W. J., P. K. Hatt:* Methods in Social Research, New York 1952 (vor allem Kap. 17).
*Guilford, J. P.:* Psychometric Methods, New York 1954 (sehr umfangreich und detailliert).
*Hempel, C. G.:* Fundamentals of Concept Formation in Empirical Studies, Chicago 1952.
*Horst, P.:* Psychological Measurement and Prediction, Belmont 1966 (Kap. 17, 18, 21 zu »Zuverlässigkeit« und »Gültigkeit«).
*Kerlinger, F. N.:* Foundations of Behavioral Research, New York 1964 (Kap. 24 und 25 zu »Zuverlässigkeit« und »Gültigkeit«).
*Lazarsfeld, P. F.:* Methodology, in: *R. K. Merton* (Hrsg.): Sociology Today, New York 1959.
*Ders., H. Menzel:* On the Relation Between Individual and Collective Properties, in: *A. Etzioni* (Hrsg.): Complex Organisations, New York 1962.
*Nowak, S.:* Correlational, Definitional and Inferential Indicators, in: Polish Sociological Bulletin, 1963, 2 (8), S. 31 ff.
*Osgood, C. E., G. F. Suci, P. H. Tannenbaum:* The Measurement of Meaning, Urbana 1957 (detaillierte Darstellung des Polaritätsprofils).
*Torgerson, W. S.:* Theory and Method of Scaling, New York 1958 (detaillierter, relativ anspruchsvoller Text).

*Kapitel 3*
# Methoden der Stichprobenkonstruktion

## 1. Anwendung von Stichprobenverfahren

In engem Zusammenhang mit der Formulierung der Fragen für eine Untersuchung steht die Entscheidung, über welche Gesamtheit Aussagen gemacht werden sollen. Sollen Aussagen über die Verteilung von Merkmalen oder Merkmalszusammenhänge bei den Einheiten einer größeren Gesamtheit gemacht werden, dann ist weiter zu entscheiden, ob eine *Vollerhebung* oder eine *Teilerhebung* durchgeführt wird. Bei der Vollerhebung werden alle Einheiten der Gesamtheit, bei der Teilerhebung eine bestimmte Auswahl von Einheiten der Gesamtheit untersucht. Eine Vollerhebung ist sinnvoll, wenn die Zahl der Einheiten der Gesamtheit relativ klein ist; bei bestimmten Forschungstechniken wie dem soziometrischen Test (Kap. 6) ist eine Vollerhebung aus methodischen Gründen notwendig. Dagegen wird man sich für eine Teilerhebung entscheiden, wenn die Gesamtheit so groß ist, daß alle ihre Einheiten nicht ohne einen unangemessenen Zeit- und Geldaufwand erfaßt werden können bzw., wenn die angestrebten Aussagen auch durch eine Teilerhebung gewonnen werden können. Eine Teilerhebung erfordert die Konstruktion einer Stichprobe, worunter die nach bestimmten Regeln erfolgende Entnahme einer begrenzten Zahl von Einheiten aus einer Gesamtheit mit dem Ziel, Aussagen über die Gesamtheit zu machen, verstanden wird.

Die Konstruktion einer Stichprobe verlangt zunächst, daß sowohl die Gesamtheit wie die Einheiten, die zu untersuchen sind, genau definiert werden. Die Gesamtheit kann eine Bevölkerung, eine bestimmte Untergruppe der Bevölkerung (z. B. berufstätige Frauen, Ärzte, Rentner) oder eine beliebige Klasse zusammengesetzter Einheiten (z. B. die Landgemeinden einer Region, die Schulen einer Stadt, die Großbetriebe eines Landes) sein. Die Gesamtheit kann auch aus Artefakten bestehen, wobei im Zusammenhang mit der Inhaltsanalyse (Kap. 8) vor allem schriftliche Texte (z. B. die Leitartikel bestimmter Zeitungen in einer bestimmten Periode) von Bedeutung sind. Die genaue Abgrenzung der Gesamtheit wirft gelegentlich Fragen auf, z. B. ob man zur Gesamtheit der »Rentner« auch die Frührentner rechnen soll oder ob »Großbetriebe« allein durch die Belegschaftsgröße oder zusätzlich durch die Umsatzhöhe zu bestimmen sind. Solche Fragen sind nur im Hinblick auf das jeweilige Forschungsziel zu beantworten. Auf jeden Fall müssen jedoch die Einheiten innerhalb der mittels einer Stichprobe zu untersuchenden Gesamtheit *gleichartig* sein, d. h. entweder Individuen oder eine bestimmte Art von Gruppen (Haushalte, Gemeinden, Schulen usw.) oder von Artefakten. Bei den Beispielen in diesem Kapitel werden wir uns der Einfachheit halber auf Gesamtheiten beschränken, deren Einheiten Individuen sind.

Stichprobenverfahren werden nur bei Erhebungen angewandt, d. h. wenn Individualmerkmale der Einheiten einer Gesamtheit festgestellt werden. Ob das durch Befragung, Beobachtung, Inhaltsanalyse oder Auswertung dokumentarischen Materials (z. B. Unfallstatistiken von Betrieben, Satzungen von Vereinen, Abiturergebnissen von Schulen) geschieht, ist dabei im Prinzip gleichgültig. Mit anderen Worten: eine Erhebung muß keine Befragung sein, und Stichprobenverfahren sind deshalb auch nicht nur bei Befragungen von Bedeutung. Allerdings bedient sich nicht jede Untersuchung einer Erhebung. Erhebungen werden einmal durchgeführt, um Aussagen über Merkmalsverteilungen in einer Gesamtheit (und damit über aggregative Merkmale der Gesamtheit) zu machen, während globale Gruppenmerkmale *der Gesamtheit*, z. B. der Entscheidungsfluß in einem Betrieb oder die Herrschaftsstruktur einer Gesellschaft, in der Regel nicht durch Erhebung ermittelt werden. Dagegen können sehr wohl globale Gruppenmerkmale *der Einheiten* in einer Erhebung ermittelt werden. Ähnlich ist eine Einzelfallstudie selber zwar keine (Teil-)Erhebung, kann sich jedoch einer Erhebung bedienen, z. B. bei Gemeindestudien. Erhebungen werden weiter durchgeführt, um Aussagen über Zusammenhänge zwischen verschiedenen Merkmalen der Einheiten in der Gesamtheit zu machen. Richtet sich das Forschungsinteresse dabei weniger auf die Charakterisierung der Gesamtheit als auf die Zusammenhänge als solche, zumal wenn es vermutlich um Kausalzusammenhänge geht, dann ist die Erhebung oft Ersatz für das stringentere, aber häufig nicht anwendbare Verfahren des Experiments. Das hat gewisse Folgen für eine eventuelle Stichprobenkonstruktion. Will man z. B. im Rahmen einer Erhebung die Ursachen von Arbeitsausfall durch unerlaubte Abwesenheit untersuchen, so könnte man darauf verzichten, eine Stichprobe aus allen Arbeitnehmern (oder allen Betrieben, je nach der Ebene der Datenermittlung) zu ziehen und sich etwa auf eine Stichprobe großstädtischer Arbeitnehmer in Betrieben einer bestimmten Branche beschränken, um die potentiellen Einflußfaktoren Gemeindegröße und Branche konstant zu halten und sich auf die Auswirkung von Betriebsgröße und Betriebsklima zu konzentrieren.
Mit diesem Beispiel ist zugleich das Problem der *Repräsentativität* angeschnitten. Eine Stichprobe bzw. die auf ihrer Grundlage gewonnenen Ergebnisse sind in dem Maße für die Gesamtheit, aus der sie entnommen wurde, repräsentativ, in dem sie sich auf die Gesamtheit verallgemeinern lassen. Repräsentativität wird insbesondere gefordert, wenn man Aussagen über bestimmte Merkmalsverteilungen in der Gesamtheit machen will, jedoch nicht unbedingt, wenn man Aussagen über vermutliche Kausalzusammenhänge unter konstanten Bedingungen (d. h. ceteris paribus) machen will.

## 2. Die Zufallsstichprobe

Eine Teilerhebung wird nie völlig repräsentativ sein, sondern die Grundgesamtheit immer nur annähernd abbilden. Wenn etwa in der Gesamtheit eine Geschlechterproportion von 45 : 55 besteht, dann wird in der Teilerhebung vielleicht eine Proportion von 43 : 57 auftreten. In dieser Situation ist es wichtig, etwas über die Größe des möglichen »Abbildfehlers« (auch: Auswahlfehler) zu wissen – genauer gesagt: es ist dann wichtig, aussagen zu können, daß mit bestimmter (etwa 99%iger) Sicherheit der wahre Wert in einem Intervall von minus (vielleicht) 3 % unterhalb bis plus 3 % oberhalb des in der Teilerhebung gefundenen Wertes liegt. Eine derartige Aussage ist möglich und zulässig, wenn die Teilerhebung so durchgeführt wird, daß sie den Forderungen der mathematisch-statistischen Stichprobentheorie entspricht. Ist das der Fall, dann wird die Teilerhebung »Zufallsstichprobe« (engl. »random sample«) genannt.

Die zentrale Forderung der mathematisch-statistischen Stichprobentheorie kann in dem Satz ausgedrückt werden: Jede Einheit der Grundgesamtheit muß eine berechenbare (für den Fall der einfachen Zufallsstichprobe: die gleiche) Chance besitzen, in die Teilerhebung aufgenommen zu werden. Diese Forderung wird in dem sogenannten Urnenmodell – an dem üblicherweise die Stichprobentheorie entwickelt wird – realisiert [1]. In einer Urne befinden sich sehr viele weiße und rote Kugeln. Die Kugeln werden gut durchmischt. Danach werden 1000 Kugeln entnommen. Das ist die Prozedur, die Chancengleichheit für jede Kugel herstellt.

Das Herstellen der Chancengleichheit ist das eigentliche Problem, das es bei der Konstruktion von Zufallsstichproben innerhalb der sozialwissenschaftlichen Forschung zu lösen gilt. Folgende Regeln sind dabei zu beachten:

1. Die Grundgesamtheit muß physisch oder symbolisch gegenwärtig und manipulierbar sein (Urne!). Diese Forderung ist am schwierigsten zu erfüllen. Die Bevölkerung der Bundesrepublik ist z. B. weder physisch noch symbolisch jemals vollständig versammelt, so daß der Forscher sie zwecks Stichprobenentnahme manipulieren könnte. Die Einwohner einer Stadt oder die Studenten einer Universität sind zwar auch nie vollständig versammelt anzutreffen, aber in der Einwohnermeldekartei oder der Kartei der Studierenden sind sie immerhin symbolisch gegenwärtig und für den Forscher manipulierbar.

2. Die Einheiten der Grundgesamtheit müssen gut durchgemischt sein. Wenn z. B. eine Studentenkartei nach Semesterzahl sortiert ist und wir ziehen aus dem Karteikasten die ersten 1000 Karten als Stichprobe, dann ziehen wir nur Studenten niedrigen Semesters, und das Prinzip der Chancengleichheit ist verletzt. Die Kartei muß also gemischt werden, was selten faktisch möglich ist. In diesem Fall muß der Mischvorgang symbolisch durchgeführt werden, wozu man sich einer Tafel von Zufallszahlen bedienen kann, wie sie in vielen Statistik-Lehrbüchern enthalten ist [2]. Eine solche Tafel wird im Prinzip dadurch erstellt, daß die Zahlen 0 bis 9 zufällig (etwa durch Würfel, Ziehen) ausgewählt und in einer langen Reihe hintereinander geschrieben werden. Faßt man die Zahlen in Gruppen zusammen, dann erhält man mehrstellige Zufallszahlen. Man kann nun entweder jeder Karte der Kartei eine (u. U. mehrstellige) Zufallszahl zuordnen und anschließend z. B. jede Karte mit der Nummer (oder Endziffer) 4 ziehen, um eine Stichprobe von 10 % der Gesamtheit zu erhalten (analog für größere oder kleinere Stichproben). Oder man numeriert die Karten laufend durch und zieht z. B. für eine Stichprobe von 500 Einheiten jene Karten, die 500 nacheinander aus der Tafel ent-

---

[1] Siehe die Darstellung bei *H. Kellerer:* Statistik im modernen Wirtschafts- und Sozialleben, Hamburg 1960, S. 116–143.
[2] Siehe etwa bei *H. M. Blalock:* Social Statistics, New York 1960, S. 437–440.

nommenen, mehrstelligen Zufallszahlen entsprechen (die Zahl der Stellen hängt von der Größe der Gesamtheit ab; bei über 1000 Karten muß sie z. B. vierstellig sein).
Die physische oder symbolische Mischung ist nicht immer notwendig. Durch die Mischung soll ja nur erreicht werden, daß die Auswahl nicht zugunsten bestimmter Merkmale verzerrt wird. Das kann aber auch durch andere (weniger arbeitsintensive) Techniken erreicht werden. So ist es wenig umstritten, daß man durch Ziehen jeder n-ten Karte (etwa jeder 10. Karte) aus einer (etwa alphabetisch geordneten) Kartei das Prinzip der Chancengleichheit nicht verletzt. Wird nicht gemischt, dann nennt man die gezogene Stichprobe »systematische« Auswahl. Folgende Verfahren werden dabei üblicherweise verwendet:

1. Das bereits erwähnte Ziehen der n-ten Karten, 2. Auswahl aller Personen, deren Namen mit einem bestimmten Buchstaben beginnen (etwa mit D und R) [3], 3. Auswahl nach dem Geburtstag (etwa Auswahl aller, die am 16. Januar und am 8. September Geburtstag haben), 4. Endzifferauswahl (bei durchnumerierten Karten wird jeweils die gezogen, die eine bestimmte Endziffer hat – etwa 4; man kann jedoch auch die letzten beiden Ziffern wählen – etwa 57 [4]).

3. Jede Einheit soll nur einmal (oder alle Einheiten sollen gleich häufig) in der Grundgesamtheit oder in einer die Grundgesamtheit repräsentierenden Kartei enthalten sein. Wenn die Grundgesamtheit der »Eltern mit schulpflichtigen Kindern« symbolisch durch eine Kartei der *Schüler* repräsentiert wird (in der jeder Schüler mit einer Karte vertreten ist), dann wird diese Regel verletzt, weil Eltern mit mehreren schulpflichtigen Kindern eine größere Chance haben, in die Stichprobe zu gelangen als Eltern mit nur einem Kind. Damit die Schülerkartei eine gute symbolische Vertretung der Grundgesamtheit der Eltern wird, müßten aus ihr die Karten des zweiten, dritten ... n-ten Kindes herausgenommen werden. Aus der so bereinigten Kartei kann dann eine Stichprobe gezogen werden.

*Aufgaben:*

*1. Wie könnte eine Zufallsstichprobe (a) der Autobesitzer der Stadt, (b) der Arbeiter einer Stadt konkret entwickelt werden?*
*2. Warum ist es nicht möglich, eine Zufallsstichprobe aus den CDU-Wählern unmittelbar zu ziehen? Auf welchem Umweg könnte eine solche Stichprobe entwickelt werden?*

---

[3] Dabei kann allerdings eine Verzerrung auftreten. So würden etwa beim Buchstaben »C« (mit dem sehr häufig slawische Familiennamen beginnen) bestimmte Gebiete (wie etwa das Ruhrgebiet) in einer Stichprobe der Bevölkerung der Bundesrepublik überproportional vertreten sein.
[4] Bei einer einstelligen Endziffer erhält man eine Stichprobe, die 10 % der Grundgesamtheit, bei einer zweistelligen Endziffer eine die 1 % der Grundgesamtheit umfaßt. Will man eine 4%ige Stichprobe erstellen, dann wird man (zufällig) vier zweistellige Zahlen (etwa 18, 46, 87, 91) auswählen.

## 3. Die Theorie der Zufallsstichprobe

Der entscheidende Vorzug einer Zufallsstichprobe (vor einer willkürlichen Auswahl) liegt darin, daß sich aus ihren Parametern (d. h. z. B. Durchschnittswert, Streuung) ein Bereich (Vertrauensintervall) errechnen läßt, innerhalb dessen die Parameter der Grundgesamtheit (die wahren Parameter) mit einem angebbaren Sicherheitsgrad (Wahrscheinlichkeit) liegen. Aus dem Durchschnittseinkommen, das man beispielsweise in einer für die BRD repräsentativen Zufallsstichprobe findet, werden üblicherweise Aussagen der folgenden Art abgeleitet (Zahlen sind fiktiv): mit 95%iger Wahrscheinlichkeit liegt das wirkliche Durchschnittseinkommen in der BRD zwischen 880,- DM und 920,- DM; oder: mit 99 %iger Wahrscheinlichkeit liegt es zwischen 875,- DM und 925,- DM. Es gilt nun, daß das Vertrauensintervall um so größer (d. h. die Aussage um so ungenauer) wird, je größer die Wahrscheinlichkeit ist (d. h. je höher die Sicherheit, daß die Aussage zutreffend ist). Im folgenden soll nun gezeigt werden, auf welche Weise sich das Vertrauensintervall für die wahren Werte aus den Stichprobenparametern bestimmen läßt.

Zum Verständnis der Lösung dieses Problems ist zunächst ein gedanklicher Umweg einzuschlagen. Dabei wird noch nicht diskutiert, wie der Schluß von den Stichprobenwerten auf die wahren Werte der Grundgesamtheit (Repräsentationsschluß) möglich ist; vielmehr sucht man zunächst in einer Vorüberlegung die umgekehrte Fragestellung zu klären, nämlich: Zieht man aus einer Grundgesamtheit, deren Parameter bekannt sind, zufällig eine Stichprobe – mit welcher Wahrscheinlichkeit weichen deren Werte dann wie stark von den wahren Werten ab (Inklusionsschluß)? Aus der gleichen Grundgesamtheit hätte sich aber auch eine andere Zufallsstichprobe ziehen lassen – mit welcher Wahrscheinlichkeit weichen deren Werte ab? Eine dritte und vierte Stichprobe hätten möglicherweise wieder andere Werte ergeben usw. So gelangt man zur Konzeption aller möglichen Stichproben [5], die man aus einer Grundgesamtheit ziehen kann und zu der Frage: Mit welcher Wahrscheinlichkeit weichen die Stichprobenparameter wie stark von den wahren Werten ab? Die meisten Stichproben werden Werte liefern, die ziemlich nahe bei den wahren Werten liegen, und umgekehrt: nur in wenigen Stichproben werden sich Werte finden, die sehr weit vom wahren Wert entfernt sind, und zwar in desto weniger Stichproben, je weiter die Entfernung vom wahren Wert. Diese Tatsache läßt sich bildlich in einer Häufigkeitsverteilung veranschaulichen (s. Abb. 1). Auf der Abszisse sind Einkommensklassen abgetragen ($\mu$ = der wahre Mittelwert, also z. B. das tatsächliche Durchschnittseinkommen in der BRD) und auf der Ordinate die relative Häufigkeit der Stichproben, die ein bestimmtes Einkommen als Stichprobenmittel liefern. Die Fläche jedes der eingezeichneten Kästchen ist dann ein Maß für die relative Häufigkeit, mit der solche Stichproben zufällig aus der Grundgesamtheit gezogen werden, deren Durchschnittswert gerade in der betreffenden Einkommensklasse liegt.

---

[5] Zur Bestimmung der Zahl »aller möglichen« Stichproben, die aus einer Grundgesamtheit gezogen werden können, siehe *H. Kellerer:* Theorie und Technik des Stichprobenverfahrens, Einzelschriften der Deutschen Statistischen Gesellschaft, München 1963, S. 23–27.

Methoden der Stichprobenkonstruktion

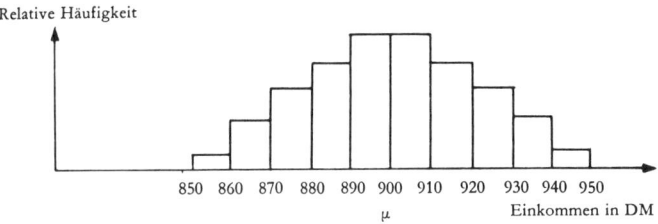

Abb. 1

Würde man nun die Einkommensklassen immer enger fassen, dann würde aus dem diskreten Merkmal Einkommensklassen tendenziell ein stetiges Merkmal und damit aus der diskreten Verteilung eine stetige Verteilung. Diese stetige Verteilung nähert sich bei wachsender Stichprobengröße n tendenziell an die sog. Normalverteilung (s. Abb. 2).

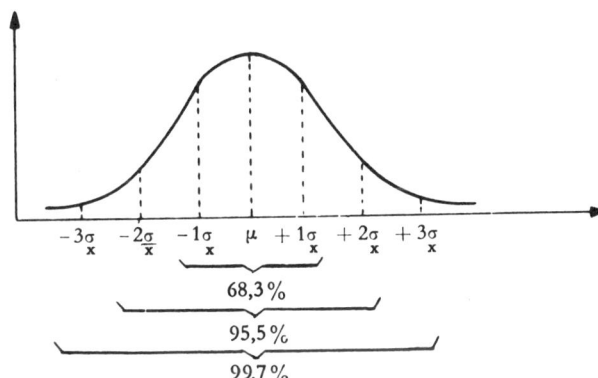

Abb. 2

Diese Kurve läßt sich durch zwei Werte exakt beschreiben: durch den Mittelwert $\mu$ und die Standardabweichung $\sigma_{\bar{x}}$. Der Mittelwert gibt an, wo auf der Abszisse die Kurve liegt. Die Standardabweichung gibt an, wie gedrungen die Kurve ist. Nun läßt sich für die Normalverteilung genau bestimmen, wie groß die Fläche innerhalb bestimmter Grenzen ist. Zieht man beispielsweise durch die Punkte $-1\ \sigma_{\bar{x}}$ und $+1\ \sigma_{\bar{x}}$ eine Gerade parallel zur Ordinate, so macht das eingeschlossene Flächenstück genau 68,3% der Gesamtfläche der Normalverteilung aus. Da die Fläche aber – wie oben – ein Maß für die relative Häufigkeit solcher Stichproben ist, die einen Durchschnittswert im betreffenden Bereich liefern, läßt sich der Sachverhalt auch so formulieren: 68,3% aller möglichen Stichproben werden einen Durchschnittswert liefern, der im Bereich $\pm 1\ \sigma_{\bar{x}}$ um das wahre $\mu$ liegt. Im Bereich $\pm 2\ \sigma_{\bar{x}}$ liegen schon 95,5% und im Bereich $\pm 3\ \sigma_{\bar{x}}$ schon 99,7% aller möglichen Stichprobenmittel.

Der Wert $\hat{\sigma}_{\bar{x}}$ errechnet sich nun nach folgender Formel:

$$\hat{\sigma}_{\bar{x}} = \sqrt{\frac{\sigma^2}{n}} \cdot \sqrt{\frac{N-n}{N-1}},$$

wobei: $\sigma^2$ = Streuung der Grundgesamtheit
N = Umfang der Grundgesamtheit

Aus der Formel sieht man: 1. $\sigma_{\bar{x}}$ ist um so größer, je größer $\sigma^2$ (d. h. die Streuung der Grundgesamtheit) ist. Je dichter die einzelnen Werte (im Beispiel: die individuellen Einkommen), in der Grundgesamtheit um ihr Mittel gruppiert sind, desto näher werden im Schnitt die möglichen Stichprobenmittel am wahren Wert liegen. 2. $\sigma_{\bar{x}}$ wird um so kleiner, je größer n. Je größer die Stichprobe, desto näher wird im allgemeinen der Stichprobenwert beim wahren Wert liegen. 3. Die zweite Wurzel ist ein Korrekturfaktor, der vernachlässigt werden kann, wenn die Stichprobe nur einen geringen Anteil der Grundgesamtheit ausmacht, denn dann nähert sich der Wert der Wurzel stark 1 an (etwa ab $n/N \leq 0,05$). Aus diesen Vorüberlegungen läßt sich nun die Lösung des eingangs gestellten Problems ableiten, nämlich: kann man aus Stichprobenwerten Schlüsse auf die wahren Werte ziehen? Es werden nunmehr die Überlegungen einfach umgekehrt: Wenn man weiß, daß 68,3% aller möglichen Stichprobenmittel im Bereich $\pm 1\ \sigma_{\bar{x}}$ um das wahre Mittel liegen, dann läßt sich umgekehrt aus einem gefundenen Stichprobenmittel schließen, daß der wahre Mittelwert mit 68,3%iger Wahrscheinlichkeit im Bereich $\pm 1\ \sigma_{\bar{x}}$ um den Stichprobenwert liegt. Es kommt also nur darauf an, $\sigma_{\bar{x}}$, d. h. das Maß der durchschnittlichen quadratischen Abweichung aller möglichen Stichprobenmittel vom wahren Wert zu bestimmen. In der Formel für $\sigma_{\bar{x}}$ taucht allerdings $\sigma^2$, die Streuung der Grundgesamtheit auf. Da diese aber gerade beim Repräsentationsschluß meist nicht bekannt ist, sucht man hierfür einen geeigneten Schätzwert. Es läßt sich nun zeigen, daß man – im Falle einer ausreichenden Stichprobengröße[6] – als geeigneten Schätzwert $\hat{\sigma}^2$ für die Streuung der Grundgesamtheit die Streuung der Stichprobe $s^2$ wählen kann. Dann lautet die Formel

$$\hat{\sigma}_{\bar{x}} = \sqrt{\frac{s^2}{n}} \cdot \sqrt{\frac{N-n}{N-1}}$$

wobei:

$$s^2 = \frac{\sum (x-\bar{x})^2}{n}$$

---

[6] Als Schätzwert für $\sigma^2$ (die Streuung der Grundgesamtheit) wird aus theoretischen Überlegungen an sich $s^2 \cdot \frac{n}{n-1}$ genommen. Aber bei größeren Stichproben kann der Faktor $\frac{n}{n-1}$ vernachlässigt werden, da er sich dann stark an 1 annähert. Vgl. dazu P. *Neurath*: Statistik für Sozialwissenschaftler, Stuttgart 1966, S. 125 ff.; *H. Kellerer*: Theorie und Technik des Stichprobenverfahrens, München 1963³, S. 48f. Das Dach auf den Werten $\hat{\sigma}^2$ und $\hat{\sigma}_{\bar{x}}$ soll andeuten, daß es sich bei den betreffenden Werten um Schätzwerte handelt.

Auch hier gilt wieder, daß der Korrekturfaktor $\sqrt{\frac{N-n}{N-1}}$ bei einem kleinen Auswahlsatz (d. h. bei einer sehr großen Grundgesamtheit) vernachlässigt werden kann. Fände man also beispielsweise in einer für West-Berlin repräsentativen Stichprobe vom Umfang n = 1 600 als Durchschnitt der Ausbildungsjahre $\bar{x}$ = 12 und als Streuung $s^2$ = 16, so ließen sich für die Grundgesamtheit folgende Werte errechnen:

$$\hat{\sigma}_{\bar{x}} = \sqrt{\frac{16}{1\,600}} \cdot \sqrt{\frac{2\,000\,000 - 1\,600}{2\,000\,000 - 1}} = 0{,}1 \cdot \sqrt{0{,}9992} \approx 0{,}1$$

Die geschätzte Standardabweichung aller möglichen Stichprobenmittel beträgt also 0,1. Mit Hilfe dieses Schätzwertes kommt man zu der Annahme, daß der wahre Wert mit einer Wahrscheinlichkeit von 68,3% im Bereich 12 ± 1 · 0,1 liegt, also zwischen 11,9 und 12,1; oder mit einer Wahrscheinlichkeit von 99,7% zwischen 12 ± 3 · 0,1, also zwischen 11,7 — 12,3. Die Zuordnung der Wahrscheinlichkeiten zu den Vertrauensintervallen ist in den Tabellen zur Normalverteilung in entsprechenden Tabellensammlungen bzw. im Anhang von Statistik-Lehrbüchern nachzuschlagen. In den Sozialwissenschaften wird üblicherweise mit einer Wahrscheinlichkeit von 95% u. m. gerechnet.

Für den Fall eines dichotomischen Attributs gilt für die Stichprobenstreuung:

$$s^2 = p \cdot (1 - p) = p \cdot q$$

wobei p der Anteilswert der einen und q der Anteilswert der anderen Ausprägung ist. Für $\hat{\sigma}_p$ ergibt sich dann:

$$\hat{\sigma}_p = \sqrt{\frac{p \cdot q}{n}} \cdot \sqrt{\frac{N-n}{N-1}}$$

Qualitative Merkmale mit mehr als zwei Ausprägungen werden dichotomisiert, so daß p für den Anteilswert der einen und q für den Anteilswert aller restlichen Ausprägungen steht.

Für die Frage, wieviel Prozent der bayrischen Bevölkerung die Gemeinschafts- und wieviel die Prozent Konfessionsschule bevorzugen, mögen sich z. B. in einer Stichprobe vom Umfang n = 100 80 Befürworter der Gemeinschafts- und 20 Befürworter der Konfessionsschule finden. Dann gilt:

$$p = 0{,}8; \quad q = 0{,}2; \quad s^2 = pq = 0{,}16$$

Da der Korrekturfaktor angesichts der Größe der Grundgesamtheit vernachlässigt werden kann, ergibt sich:

$$\hat{\sigma}_p = \sqrt{\frac{0{,}16}{100}} = 0{,}04$$

Mit 99,7%iger Wahrscheinlichkeit liegt also der wahre Anteil der Befürworter der Gemeinschaftsschule zwischen 0,8 ± 3 · 0,04, also zwischen 0,92 — 0,68. Das Vertrauensintervall ist hier so groß, weil die Stichprobe n = 100 relativ klein ist. Bei einem Stichprobenumfang von n = 1600 ließe sich mit der gleichen Wahrscheinlichkeit für den wahren Wert der engere Bereich 0,77 — 0,83 angeben. Das Vertrauensintervall für verschiedene Anteilswerte p läßt sich auch in Tabellen zur Binomialverteilung ablesen, was sich insbesondere bei kleineren Stichprobengrößen dringend empfiehlt[7].

### 4. Die Stichprobengröße

Für kleine Auswahlsätze enthält die Formel für $\hat{\sigma}_{\bar{x}}$ bzw. $\hat{\sigma}_p$ als Bestimmungsgrößen nur noch $s^2$ und n. Die Größe N der Grundgesamtheit kommt also überhaupt nicht mehr zur Geltung. Entscheidend dagegen ist die absolute Größe der Stichprobe: je größer n, desto kleiner wird $\hat{\sigma}_{\bar{x}}(\hat{\sigma}_p)$, d. h. desto exaktere Angaben lassen sich für die wahren Werte machen. Da n jedoch unter der Wurzel steht, verändert sich $\hat{\sigma}_{\bar{x}}(\hat{\sigma}_p)$ nicht direkt proportional zu n, sondern zu $\sqrt{n}$. Will man also $\hat{\sigma}_{\bar{x}}(\hat{\sigma}_p)$ auf die Hälfte reduzieren, so muß die Stichprobengröße vervierfacht werden. Wie groß der Forscher nun seine Stichprobe wählt, hängt von der Größe des Vertrauensintervalls und Fehlerrisikos ab, das er in Kauf zu nehmen gewillt ist. Je kleiner der akzeptable Bereich ist, innerhalb dessen der wahre Wert liegen soll, und je höher der Sicherheitsgrad, mit dem die Aussage gemacht werden soll, desto größer muß die Stichprobe sein[8].

Auf zwei Punkte ist allerdings abschließend noch hinzuweisen. Die angegebenen Formeln für $\hat{\sigma}_{\bar{x}}(\hat{\sigma}_p)$ basieren auf der Annahme, daß die Mittel- bzw. Anteilswerte aller möglichen Stichproben normalverteilt sind. Eine Annäherung an die Normalverteilung ist aber erst ab einer Stichprobengröße von etwa n > 30 anzunehmen. Für kleinere Stichprobengrößen sind die Vertrauensintervalle anders zu berechnen[9]. Des weiteren ist zu beachten, daß bei einer Aufgliederung der Untersuchungsergebnisse nach mehreren Merkmalsdimensionen Untergruppen wie direkt der Grundgesamtheit entnommene Zufallsstichproben zu betrachten sind, wenn aus ihren Werten auf die zugrundeliegende Gesamtheit verallgemeinert werden soll. Sind solche Verallgemeinerungen über Untergruppen beabsichtigt, so ist dies bei der Anlage des Stichprobenplans zu berücksichtigen. Da die Größe der Untergruppen jedoch meist nicht vor der Untersuchung bekannt ist, wird man hier mit plausiblen Abschätzungen arbeiten müssen.

### 5. Das Problem der Ausfälle bei Zufallsstichproben

Die Schwierigkeit in der empirischen Sozialforschung, eine echte Zufallsstichprobe zu erstellen, ist eine doppelte. Einmal ist es häufig sehr schwer, wenn nicht gar unmöglich,

---

[7] Vgl. z. B. *Wetzel, W., Jöhnk, M.-D.,* und *Naeve, P.*: Statistische Tabellen, Berlin 1967, Tabelle XII, S. 126 ff., oder im Anhang von Statistiklehrbüchern, etwa: *J. G. Peatman:* Introduction to Applied Statistics, N. Y. 1963, S. 220, 418 f.

[8] Siehe etwa *P. Neurath:* Statistik für Sozialwissenschaftler, Stuttgart 1966, S. 192–196; *H. Kellerer:* Statistik im modernen Wirtschafts- und Sozialleben, rde 1960, S. 124 f.

[9] Vgl. etwa *H. Kellerer:* Theorie und Technik des Stichprobenverfahrens, München 1963³, S. 49 f. Für den Fall einer Verteilung von Anteilswerten wird die Binomialverteilung verwendet, vgl. Fußn. 7.

## Methoden der Stichprobenkonstruktion

die Regeln der Stichprobenkonstruktion einzuhalten. Über den möglichen Ausweg aus einer derartigen Situation (etwa durch das Quotaverfahren) wird noch zu sprechen sein. Zum anderen wird – auch wenn den Regeln entsprochen wurde – die Zufallsstichprobe durch Ausfälle gefährdet. Das gilt vor allem für Befragungen. Hierbei können Ausfälle dadurch entstehen, daß 1. Personen, die in die Stichprobe gezogen wurden, nicht angetroffen wurden, und daß 2. Personen die Befragung verweigern.

Ausfälle der ersten Art können meist durch mehrmaliges Aufsuchen und Nachforschen reduziert werden. Dies ist zu empfehlen, denn die das erste Mal nicht angetroffenen Personen könnten eine im Hinblick auf die Untersuchung wichtige Untergruppe bilden. Das ist bei »Verweigerern« noch wahrscheinlicher. Etwa die Hälfte der Verweigerungen dürfte aus individuellen, situationsspezifischen Gründen, jedoch nicht aus einer prinzipiellen Aversion gegen Befragungen resultieren [10]. Auch die Zahl der Verweigerungen läßt sich also mit etwas Mühe und Geduld verringern.

Ein Rest an Ausfällen wird jedoch immer bleiben. Die Frage lautet dann: Wie soll der Forscher die verzerrende Wirkung der Ausfälle einschätzen? Im einen Extrem könnte er die ausgefallenen Befragten als eine hinsichtlich des oder der untersuchten Merkmale homogene Gruppe betrachten. Das beeinträchtigt das Vertrauensintervall der Aussagen sehr – überschätzt jedoch auch die verzerrende Wirkung der Ausfälle. Im anderen Extrem betrachtet er die ausgefallenen Personen als Gruppe mit gleicher Merkmalsverteilung wie die Gruppe der angetroffenen Personen. Das ist in der Praxis üblich, d. h., die Ausfälle und deren mögliche verzerrende Wirkung bleiben unberücksichtigt. Dazwischen bleibt noch die Möglichkeit, das Vertrauensintervall um ein geschätztes Maß zu vergrößern. So eine Schätzung läßt sich jedoch kaum begründen.

*Aufgabe:*

In einer Untersuchung über die Berufszufriedenheit von Arbeitern ergab sich:

|  |  | Berufszufriedenheit | | |
|---|---|---|---|---|
|  |  | *gering* | *mittel* | *gut* |
| Einkommen | unter 300 | 50 | 20 | 10 |
| in DM | 301–500 | 200 | 300 | 200 |
|  | 501–700 | 300 | 820 | 600 |
|  | 701–900 | 40 | 100 | 200 |
|  | über 901 | 20 | 40 | 100 |
|  |  |  |  | 3000 |

[10] E. K. *Scheuch:* Auswahlverfahren in der Sozialforschung, in: R. *König* (Hrsg.): Handbuch der empirischen Sozialforschung, S. 334.

*Berechnen Sie die Vertrauensintervalle für eine Wahrscheinlichkeit von 95,5 % und 99,7 % für einige Untergruppen!*

## 6. Sonderformen der Zufallsstichprobe

Im folgenden sollen einige Sonderformen der Zufallsstichprobe, und zwar a) die geschichtete und b) die Mehrstufen- und »Klumpen«-Stichprobe, dargestellt werden. Bei allen diesen Sonderformen – das muß betont werden – bleibt der Charakter der Zufallsstichprobe gewahrt.

*a) Die geschichtete Zufallsstichprobe.* Eine geschichtete Stichprobe ziehen bedeutet die Grundgesamtheit in verschiedene Untergruppen (Schichten) aufteilen und aus jeder Schicht eine getrennte Stichprobe ziehen. Dabei ist offensichtlich nötig, daß für jede Schicht gilt, was oben (s. S. 70) schon bei der einfachen Zufallsstichprobe für die Grundgesamtheit gefordert wurde: der Umfang jeder Schicht muß bekannt sein und jede muß physisch oder symbolisch gegenwärtig und manipulierbar sein. Die Art der Aufteilung wird durch die Untersuchungsfrage bestimmt. Die Schichtung wird im Idealfall nach dem Merkmal vorgenommen, das in dem zu untersuchenden Zusammenhang (bzw. Zusammenhängen) die Rolle des zentralen Untersuchungsmerkmals spielt. Interessiert man sich beispielsweise für Unterschiede zwischen Gesamtschullehrern und Gymnasiallehrern, so kann direkt das Merkmal: »Gesamtschullehrer versus Gymnasiallehrer« als Schichtungsmerkmal gewählt werden. Interessiert man sich dagegen z. B. für die Frage, wie sich Lehrer mit einer progressiven Einstellung zur Schulreform von Lehrern mit einer konservativen Einstellung zur Schulreform in ihrem Verhalten vor der Schulklasse unterscheiden, dann kann das Merkmal: »Einstellung zur Schulreform« nicht als Schichtungsmerkmal gewählt werden – denn zu Beginn der Untersuchung weiß man ja gerade nicht, wie sich verschiedene Einstellungen auf die einzelnen Lehrkräfte verteilen. Allerdings ist wohl anzunehmen, daß die Einstellung zur Schulreform stark mit der Schulart korreliert, an der die befragten Lehrkräfte unterrichten – und man könnte das Merkmal: »Schulart« (etwa: Gesamtschule, humanistisches Gymnasium, Oberrealschule ...) als »Ersatzmerkmal« wählen, nach dem die Schichtung vorgenommen wird [11]. Die Beispiele zeigen schon, daß die geschichtete Stichprobe nur in den Fällen Verwendung finden kann, bei denen über die Verteilung der zentralen unabhängigen Variablen bzw. des korrelierenden Ersatzmerkmals Informationen aus der amtlichen Statistik oder aus sonstigen zugänglichen Statistiken (z. B. Mitgliedskarteien von Organisationen) vorhanden sind. Eine geschichtete Stichprobe kann nun aus verschiedenen Gründen einer einfachen Zufallsstichprobe vorgezogen werden.

*1. Die proportional geschichtete Stichprobe.* Kennt man die Aufteilung einer Grundgesamtheit nach der interessierenden Variable (z. B. Anteil derjenigen Berliner Lehrer,

---

[11] Siehe dazu *E. K. Scheuch:* Auswahlverfahren in der Sozialforschung, in: *R. König* (Hrsg.): Handbuch der empirischen Sozialforschung, S. 324.

die an Gesamtschulen unterrichten) schon vor Untersuchungsbeginn, so mag man sich entschließen, aus jeder Schicht (Gesamtschullehrer – Nichtgesamtschullehrer) einen proportionalen Anteil zufällig zu ziehen und in die Untersuchung aufzunehmen. Dadurch sucht man eine mögliche, d. h. durch Zufallsschwankungen bedingte, Abweichung der Stichprobenwerte von den wahren Anteilswerten auszuschalten, die in einer einfachen Zufallsstichprobe (innerhalb eines berechenbaren Zufallsbereichs mit einer berechenbaren Wahrscheinlichkeit) zu erwarten wäre.

*2. Die disproportionale Schichtung.* Bedeutsamer allerdings ist die Möglichkeit, eine Stichprobe zu schichten, für den Fall, daß bestimmte Untergruppen (die aus theoretischen Gründen besonders interessant sind) nur eine relativ kleine Zahl von Einheiten enthalten – so gibt es z. B. nur wenige Gesamtschullehrer in Berlin. Würde man nun eine einfache Zufallsstichprobe aus allen Berliner Lehrern ziehen, so würden nur so wenige Gesamtschullehrer erfaßt, daß über diese Teilkategorie sich kaum verallgemeinernde Aussagen machen ließen. In dieser Situation kann man sich so behelfen, daß man disproportional schichtet, d. h. man zieht aus der Teilgruppe Gesamtschullehrer einen größeren Prozentsatz (z. B. 50 %) als aus der Restgruppe sonstiger Lehrer (z. B. 5 %). In der Stichprobe sind also die Gesamtschullehrer überrepräsentiert. Da nun jedoch eine größere absolute Zahl von ihnen untersucht werden kann, können Rückschlüsse auf alle Gesamtschullehrer gezogen werden. Sollen allerdings aus der gesamten Stichprobe Aussagen über alle Berliner Lehrer abgeleitet werden, so muß die Überrepräsentierung der Gesamtschullehrer durch eine entsprechend geringere Gewichtung ihrer Antworten rechnerisch wieder ausgeschaltet werden.

*3. Die optimale Aufteilung.* Ein drittes Motiv für die Schichtung einer Stichprobe findet sich in der folgenden Überlegung: Ist die zu untersuchende Grundgesamtheit in bezug auf die interessierende Variable in sich sehr homogen (z. B. alle Akademikerkinder in bezug auf die Entscheidung: »Übertritt in das Gymnasium ja/nein«), so ist die Wahrscheinlichkeit recht groß, daß schon die in einer relativ kleinen Stichprobe ermittelten Werte (hier: Anteilswert Gymnasium ja) sich den wahren Werten gut annähern. Je heterogener dagegen die Grundgesamtheit (z. B. alle Kinder), desto stärker werden die in einer kleinen Stichprobe ermittelten Werte von den wahren Werten abweichen. Dies sieht man auch deutlich an den Formeln für die Schätzwerte $\hat{\sigma}_p$ und $\hat{\sigma}_{\bar{x}}$: Diese Schätzwerte sind um so größer, je größer der Zähler im ersten Wurzelausdruck p q bzw. $s^2$ ist, d. h. je größer die Streuung bzw. je heterogener die Gruppe. Daraus läßt sich ableiten: je homogener eine Gruppe, desto kleiner kann eine Stichprobe sein, um Aussagen bei vorgegebenem Sicherheitsgrad und Vertrauensintervall zu erlauben. Dieses Prinzip kann man sich zunutze machen, um die Qualität einer Stichprobe zu verbessern, ohne ihren Umfang erweitern zu müssen (bzw. um den Umfang zu verringern, ohne Qualitätseinbußen in Kauf nehmen zu müssen), indem man die Grundgesamtheit in Untergruppen aufteilt. Aus homogenen Untergruppen (d. h. bei geringer Streuung) werden dann nur relativ kleine, aus heterogenen Untergruppen (d. h. bei großer Streuung) dagegen entschieden größere

Stichproben gezogen[12]. Auch dies ist also eine disproportinale Schichtung. Bei Aussagen, die auf die Grundgesamtheit verallgemeinern sollen, wäre diese Disproportionalität durch entsprechende Gewichtung der Teilgruppenresultate rechnerisch wieder auszuschalten.

In der Praxis bereitet allerdings diese Art der optimalen Aufteilung nach der Streuung in den Schichten gewisse Schwierigkeiten, denn diese ist wohl kaum je vor Beginn der Untersuchung bekannt. Für den Fall allerdings, daß (aus theoretischen Überlegungen oder den Ergebnissen empirischer Studien abgeleitete) Vermutungen über die Homogenität bzw. Heterogenität von Teilgruppen in bezug auf die interessierende Variable vorliegen, mag man sich immerhin an dem Prinzip der optimalen Aufteilung orientieren.

In vielen sozialwissenschaftlichen Untersuchungen richtet sich allerdings das Forschungsinteresse nicht ausschließlich auf eine spezifische Frage, die dann ein eindeutiges Kriterium für die Wahl des Schichtungsmerkmals liefern könnte. Vielmehr werden häufig sog. »Mehrzweckerhebungen« durchgeführt. Da kann dann bei allen drei Formen der geschichteten Stichprobe das Problem auftreten, daß die für eine Untersuchungsfrage günstigste Schichtung der Stichprobe für eine andere Frage gerade sehr ungünstig ist. Man kann nun versuchen, ein solches Schichtungsmerkmal (Ersatzmerkmal) zu finden, das mit allen interessierenden abhängigen Variablen korreliert, und nach ihm die Stichprobe schichten. Es hängt dann von den Korrelationen zwischen den Variablen und dem Ersatzmerkmal ab, ob sich der Schichtungseffekt noch positiv auswirkt.

*4. Mehrere Schichtungsmerkmale.* Selbstverständlich können auch zwei und mehr Merkmale zur Schichtung verwendet werden. Bei einer Untersuchung über Erziehungsmethoden von Eltern könnte man z. B. nach folgenden drei Ersatzmerkmalen schichten:

1. Einkommen (unter 1000 DM, über 1000 DM)

2. Geschlecht (männlich, weiblich) und

3. Alter der Eltern (unter 35, über 35).

Diese drei dichotomischen Merkmale können in einer 8zelligen Tabelle zusammengefaßt werden. Jeder Zelle entspricht eine Schicht.

Eine derartige »mehrdimensionale Schichtung« wird natürlich nur durchgeführt, wenn man davon eine spürbare Abnahme der Streuung in den einzelnen Schichten und damit eine spürbare Einengung des Vertrauensintervalls der Gesamtstichprobe erwartet. Sie ist praktisch oft schwer durchzuführen, wenn nicht eine nach den einzelnen, mehrdimensional bestimmten Untergruppen bereits geordnete Kartei verfügbar ist;

---

[12] Für die Formeln zur Bestimmung der Vertrauensintervalle bei geschichteten Stichproben siehe etwa *H. M. Blalock:* Social Statistics, S. 403–405, und *H. Kellerer:* Theorie und Technik des Stichprobenverfahrens, S. 92–95.

sonst muß die Gesamtheit erst entsprechend mehrdimensional klassifiziert werden, ehe man die Zufallsstichproben aus den Untergruppen ziehen kann.

*Aufgaben:*

*1. Es soll empirisch ermittelt werden, welches Maß an naturwissenschaftlichem Wissen a) Studenten einer Ihnen bekannten Universität, b) Studenten an deutschen Hochschulen allgemein, c) die Bevölkerung der Bundesrepublik besitzen. Welche (Ersatz-) Merkmale können verwendet werden, um eine proportional geschichtete Stichprobe zu entwickeln?*
*2. Bei einer Gemeindestudie sollen nachbarschaftliches Verhalten, Wohnzufriedenheit und Einstellungen zum eigenen Wohnviertel untersucht werden. Welche für die Untersuchung wahrscheinlich wichtigen Untergruppen könnten bei einer Zufallsstichprobe von 800 Personen (bei einer Einwohnerzahl von 30 000) zu klein geraten, um noch zuverlässige Aussagen zu erlauben? Nach welchen Kriterien könnte man disproportional schichten, um das zu verhindern (bitte, bedenken Sie auch die Verfügbarkeit von amtlichen Zahlen über eventuelle Schichtungsmerkmale)?*
*3. Wie könnte man die mehrdimensionale Schichtung des in Abschnitt 6,4 benutzten Beispiels faktisch durchführen?*

b) *Die Mehrstufen- und Klumpenauswahl.* Eine normale Zufallsstichprobe oder eine geschichtete Stichprobe kann nur entwickelt werden, wenn die Einheiten der Grundgesamtheit (bzw. die Einheiten aller »Teil«-Grundgesamtheiten) physisch oder symbolisch (als Kartei oder Liste) gegenwärtig und manipulierbar sind. Diese Bedingung ist nicht immer erfüllbar. Trotzdem kann selbst dann noch eine zufallsgesteuerte Stichprobe mit berechenbarer Güte gezogen werden: eine mehrstufige Zufallsauswahl. In der Sozialforschung ist die mehrstufige Auswahl meistens in der Form der Flächenstichprobe konkretisiert.
Wenn beispielsweise aus der Bevölkerung einer Stadt eine Stichprobe gezogen werden soll, dann wird zu diesem Zweck an Hand eines Stadtplanes das Stadtgebiet in möglichst viele, vielleicht 3000 Häuserblocks mit ungefähr (aber nicht notwendigerweise) gleich großer Bevölkerungszahl eingeteilt. Irgendein inhaltliches Kriterium liegt dieser Aufteilung (anders als bei der Schichtung) nicht zugrunde. Aus den 3000 gebildeten Häuserblocks wird eine Zufallsstichprobe gezogen (von vielleicht 150). Die ausgewählten Häuserblocks können nun vollständig ausgeschöpft werden, d. h. jeder Bewohner gelangt in die Stichprobe. In diesem Fall spricht man von einer »Klumpenauswahl«. Die Bewohner der ausgewählten Häuserblocks könnten aber auch in einer Liste erfaßt werden, aus der dann wieder eine – die endgültige – Stichprobe gezogen wird. Die zweite Zufallsauswahl muß nicht notwendigerweise über eine Liste erfolgen. Es wäre z. B. auch möglich, den Interviewern die Anweisung zu geben, in den ausgewählten Häuserblocks alle die Personen zu befragen, deren Namen mit bestimmten Buchstaben

beginnen [13]. Ein gutes Beispiel für die praktische Prozedur, nach der eine Flächenstichprobe erstellt wird, gibt E. Noelle [14].

Das Vertrauensintervall für die Werte der endgültigen Stichprobe ($\bar{x}$ und s bzw. p und q) ist bei der mehrstufigen Auswahl größer als bei der normalen einstufigen Auswahl, und zwar um so größer, je mehr Stufen bis zur endgültigen Auswahl notwendig waren. Kellerer gibt – relativ kompliziert – Formeln zur Berechnung der Vertrauensintervalle für eine zweistufige Auswahl [15] und für eine Klumpenauswahl [16] an. Scheuch [17] weist darauf hin, daß man in der Praxis diese relativ komplizierten Gleichungen häufig umgeht und trotzdem eine ungefähr richtige Korrektur des Vertrauensintervalls bekommt, wenn man den Auswahlfehler wie für eine normale Zufallsstichprobe errechnet (siehe S. 75) und dann mit $\sqrt{2}$ multipliziert.

*Aufgabe:*

*Eine mehrstufige Zufallsstichprobe (Flächenstichprobe) der Bundesrepublik ist zu entwerfen. Siehe hierzu W. J. Goode/P. K. Hatt: Methods in Social Research, New York 1952, S. 224 (die Autoren führen eine Flächenstichprobe der USA vor).*

## 7. Das Quotaverfahren

Nicht selten sind die restriktiven Bedingungen der Zufallsauswahl und der geschichteten Stichprobe unerfüllbar und die Prozedur der Mehrstufen- und Klumpenauswahl zu zeitraubend und zu teuer. In diesem Falle bleibt eigentlich nur noch das Quotaverfahren übrig. Die in der Literatur manchmal noch angeführten »nonprobability sampling«-Methoden, wie etwa das »Schneeballverfahren«, werden heute auf Grund ihrer unkontrollierbar verzerrenden Effekte kaum mehr angewendet. Sie sollen deswegen hier auch nicht dargestellt werden [18].

---

[13] In diesem Falle dürfen jedoch die Häuserblocks nicht zu klein sein – was evtl. der Forderung widerspricht, das Stadtgebiet in möglichst viele Blocks zu zerlegen.
[14] *E. Noelle:* Umfragen in der Massengesellschaft, S. 121–130.
[15] *H. Kellerer:* Theorie und Technik der Stichprobenverfahren, S. 145, Gleichung 59, und S. 148, Gleichung 72.
[16] *H. Kellerer:* ebd. S. 146, Gleichung 62, und S. 148, Gleichung 72 – unter Berücksichtigung der Anmerkung S. 149 oben. In allen diesen Gleichungen wird die Varianz angegeben. Um die Standardabweichung zu bestimmen, die ja für die Berechnung des Vertrauensintervalls notwendig ist, muß aus allen Ausdrücken jeweils die Wurzel gezogen werden. Außerdem müssen für die in diesen Gleichungen enthaltenen Parameter der Grundgesamtheit (wie z. B. P, Q) die Schätzwerte eingesetzt werden. Siehe dazu die Tabellen bei Kellerer auf S. 142 und 144.
[17] *E. K. Scheuch:* Auswahlverfahren in der Sozialforschung, in: *R. König* (Hrsg.): Handbuch der empirischen Sozialforschung, S. 328.
[18] Siehe dazu etwa *E. Noelle:* Umfragen in der Massengesellschaft, S. 156.

*Methoden der Stichprobenkonstruktion*

Das Quotaverfahren kann als ein Annäherungsverfahren an die Zufallsauswahl interpretiert werden – jedoch nicht mehr als eine besondere Art der Zufallsstichprobe. Der Grundgedanke des Quotaverfahrens – der in der Literatur an keiner Stelle richtig deutlich gemacht wird – scheint folgender zu sein. Wenn man alle Merkmalsdimensionen einer Grundgesamtheit und die Verteilungen entlang dieser Dimensionen kennen würde, dann wäre es möglich, eine Stichprobe zu planen, die in allen Dimensionen so »quotiert« wird, daß sie für die Grundgesamtheit repräsentativ ist, und zwar ohne daß die Einheiten nach dem Zufallsprinzip gezogen würden. Das ist natürlich nicht möglich. Faktisch beschränkt man sich beim Quotaverfahren auf eine kleine Zahl von Dimensionen – vor allem auf solche, über deren Verteilung in der Grundgesamtheit man Kenntnis hat (durch amtliche Statistiken, Mitgliederverzeichnisse von Organisationen usw.) – und hofft dann, daß auch die anderen Merkmale der Gesamtheit mehr oder weniger repräsentativ vertreten sein werden. Um das vor allem für die Untersuchungsmerkmale zu erreichen, wählt man vor allem solche Quotenmerkmale, die mit den ersteren stark korrelieren.

Bei der Quotaauswahl werden also gemäß bestimmter bekannter Merkmalsverteilungen Quoten gebildet. Für eine Untersuchung über das Verhalten von Fußgängern im Straßenverkehr könnte man etwa als Quotenmerkmale (die vermutlich mit dem Verkehrsverhalten stark korrelieren) wählen: Besitz eines Führerscheins (ja, nein), Alter (unter 16 Jahre, 16–50 Jahre, über 50 Jahre), Geschlecht (weiblich, männlich). Aus der amtlichen Statistik ist die Verteilung der Bevölkerung über diese drei Merkmale bekannt. Tabelle 2 gibt (angenommene) Prozentwerte für die Verteilung.

|  | Besitz eines Führerscheins | | | |
|---|---|---|---|---|
|  | ja | | nein | |
|  | weiblich | männlich | weiblich | männlich |
| unter 16 Jahre | – | – | 15% | 15% |
| 16–50 Jahre | 5% | a  15% | b  15% | 5% |
| über 50 Jahre | 3% | 6% | 17% | 4% |
|  |  |  |  | 100% |

Abb. 2   Verteilung einer Bevölkerung nach drei Merkmalen

Wenn nun eine Stichprobe von beispielsweise 3000 Personen erhoben werden soll, dann muß deren Zusammensetzung nach Zahl und anteilsmäßiger Stärke der Untergruppen den obigen Werten entsprechen [19]. Der Sozialforscher weist nun jedem Interviewer

[19] Es reicht dabei nicht, aus getrennten Quellen die Verteilungen entlang jeweils nur einer dieser Merkmalsdimensionen zu kennen. Eine Stichprobe, die der Gesamtheit in den drei *getrennt* ermittelten Verteilungen nach Führerscheinbesitz, Geschlecht und Alter entspräche, könnte z. B. die Quote der Führerscheinbesitzer nur mit Männern über 50 Jahren füllen (die Nicht-Führerscheinbesitzer würden dann so quotiert, daß am Ende auch die Prozentverteilungen

eine bestimmte Anzahl von Befragten zu (beispielsweise 10), die in bestimmte Zellen der obigen Tabelle einzuordnen wären. Er muß beispielsweise vier Personen interviewen, die in obige Zelle a passen würden, die also einen Führerschein besitzen, männlich sind und zwischen 16–50 Jahre alt sind, und sechs Personen, die die Merkmalskombination von Zelle b aufweisen. Die anderen Interviewer bekommen entsprechende Anweisungen – so daß insgesamt alle 3000 Befragten in ihrer prozentualen Aufteilung den Werten obiger Tabelle entsprechen.

Das Charakteristikum des Quotaverfahrens besteht darin, daß der Interviewer die Zielpersonen selbst auswählt, d. h. er sucht sich Personen, die die vom Sozialforscher vorgeschriebene Merkmalskombination aufweisen. Das ist der entscheidende Unterschied zur proportional geschichteten Stichprobe. Dort wird aus den Untergruppen (Schichten) eine Zufallsstichprobe gezogen und die so bestimmten Einheiten werden untersucht bzw. dem Interviewer zum Befragen zugewiesen. Bei der Quotaauswahl wird keine Auswahl aus den Untergruppen gezogen, die den Regeln der Zufallsstichprobe entspräche. Die Auswahl bleibt dem Gutdünken des Interviewers überlassen. Von dieser Auswahl hofft man, daß sie sich der zufallsgesteuerten Auswahl (etwa aus einer Kartei) *annähert*. Deswegen wird hier vom Quotaverfahren als einer Annäherungsform an die Zufallsstichprobe gesprochen.

Diese Annäherung ist in gewisser Weise überprüfbar. Es kann festgestellt werden, ob die Stichprobe in bestimmten *nicht* quotierten Merkmalen die Verteilung aufweist, die aus der amtlichen Statistik bekannt ist. So könnte man bei der oben erwähnten Untersuchung nach der Konfession und nach dem Beruf (selbständig, unselbständig) fragen – also nach Merkmalen, die vermutlich mit der untersuchten Variablen (Verkehrsverhalten) nicht korrelieren. Die entsprechenden Merkmalsverteilungen in der Stichprobe müssen sich denen der Gesamtbevölkerung (wie sie aus der amtlichen Statistik bekannt sind) *annähern*. Dabei gilt: Je größer die Annäherung, um so besser die Stichprobe. Und: Je mehr vom Untersuchungsgegenstand unabhängige Merkmale, für die eine gute Annäherung festgestellt wurden, um so besser die Stichprobe[20].

Die Güte einer Quotaauswahl kann aber nicht – und das ist der entscheidende Nachteil – durch die beiden Werte des Signifikanzniveaus und des Vertrauensintervalls ausgedrückt werden. Sie entspricht nicht den Regeln der Zufallsauswahl, d. h. der Schluß von den Ergebnissen einer Quotastichprobe auf die wahren Größen in der Grundgesamtheit folgt keinem mathematisch-statistischen (also weitgehend zwingenden logischen) Kalkül, sondern ist lediglich eine Behauptung. Diese Behauptung ist allerdings legitim, da sie, wie bereits ausgeführt, überprüfbar ist. Selbstverständlich muß das dann auch tatsächlich geschehen.

---

nach Alter und Geschlecht erreicht wären) und wäre entsprechend stark verzerrt. Ist jedoch die Verteilung der Führerscheinbesitzer nach Alter und Geschlecht aus der Statistik der Kraftverkehrsämter bekannt und die Verteilung der Gesamtbevölkerung nach Alter und Geschlecht aus der Volkszählung, dann ließe sich die obige Tabelle konstruieren. Es ist also nicht immer nötig, daß eine der gewählten Kombination von Quotenmerkmalen entsprechende Klassifikation der Gesamtheit in den amtlichen Quellen fertig vorliegt.

[20] Siehe hierzu E. *Noelle*: Umfragen in der Massengesellschaft, Hamburg 1963, S. 136/137, und besonders S. 159–161.

Dem Quotaverfahren werden neben diesem grundsätzlichen Mangel noch folgende Nachteile vorgehalten:

1. Da die Auswahl der Zielpersonen durch den Interviewer erfolgt, werden diese zu einem beträchtlichen Teil aus seiner eigenen »sozialen Umgebung« (etwa aus seinem Bekanntenkreis und seiner Nachbarschaft) stammen. Dazu kann noch ein zweiter verzerrender Effekt treten, indem eine Art »Schneeballsystem« entsteht: Der Interviewer fragt den ersten Befragten, ob er ihm eine weitere Person mit den (vorgeschriebenen) Merkmalen nennen kann. Der Interviewer verbleibt in diesem Falle im Bekanntenkreise des zuerst Befragten. Wie sich auch diese beiden Effekte kombinieren, auf jeden Fall wird der Interviewer seine Zielpersonen seiner direkten oder indirekten »sozialen Umgebung« entnehmen. Das bedeutet, daß die Persönlichkeits- und Sozialmerkmale des Interviewers eine Schlüsselstellung im Quotaverfahren einnehmen.

2. Unklar und umstritten ist das Problem der Ausfälle. Bei der Quotaauswahl treten keine Ausfälle auf. Trifft der Interviewer eine Zielperson, für die er sich entschlossen hat, nicht an oder wird ihm ein Interview verweigert, dann sucht er einfach eine andere Person mit den geforderten Merkmalen auf. Wenn die Ausfälle bezogen auf das Untersuchungsmerkmal nach dem Zufallsprinzip auftreten, dann kann das ein Vorteil sein; es treten effektiv keine Ausfälle auf, die geplante Stichprobengröße wird erreicht. Wenn jedoch ein beträchtlicher Teil der ausfallenden Zielpersonen durch besondere Merkmale gekennzeichnet ist, die mit dem Untersuchungsmerkmal zusammenhängen, dann wird die Stichprobe dadurch verzerrt.

3. Der Bezug der Quotenmerkmale zum Untersuchungsgegenstand ist manchmal sehr indirekt. Die Auswahl der Quotenmerkmale ist ja dadurch beschränkt, daß nur Merkmale, über die man z. B. aus amtlichen Statistiken oder ähnlichen Unterlagen Informationen besitzt, als Quotenmerkmale verwendet werden können. Den kommerziellen Markt- und Meinungsforschungsinstituten, die das Quotaverfahren überwiegend benutzen, muß allerdings zugestanden werden, daß sie eine reiche Erfahrung über die Verwendungsfähigkeit von Merkmalen als Quotenmerkmalen in bestimmten (ähnlichen) Untersuchungen besitzen.

Die Diskussion um das Quotaverfahren ist in der Vergangenheit teilweise sehr heftig geführt worden [21]. Unabhängig von den statistischen Einwänden ist die Quotaauswahl das einzige Verfahren, das dem Sozialforscher verbleibt, wenn es aus technischen und finanziellen Gründen unmöglich ist, eine zufallsgesteuerte Auswahl zu treffen. In den Fällen, in denen es dem Forscher nicht darauf ankommt, über eine Grundgesamtheit mittels einer *repräsentativen* Stichprobe Aussagen zu machen, sondern in einem Experiment bzw. Quasiexperiment Zusammenhänge zu entdecken, ist das Quotaverfahren sogar das ideale Verfahren.

---

[21] Siehe dazu etwa die Argumente von *H. Kellerer:* Theorie und Technik der Stichprobenverfahren, 10. Kap., und *E. Noelle:* Umfragen in der Massengesellschaft, S. 132–149.

*Aufgaben:*

1. Prüfen Sie nach, welche Quotenmerkmale, vor allem welche Kombinationen von Quotenmerkmalen sich aus den existierenden amtlichen (statistischen) Unterlagen über die Studenten Ihrer Universität, die Einwohner Ihres Wohnortes oder die Bevölkerung eines Bundeslandes entnehmen lassen. Stellen Sie eine Quotierungstabelle für eine hypothetische Untersuchung (z. B. über Freizeitverhalten oder politische Einstellungen) auf.

2. Errechnen Sie die Prozentverteilungen für die drei in Tabelle 2 benutzten Merkmale und vervollständigen Sie an Hand dieser Werte das in der Fußnote auf S. 83 angedeutete Beispiel einer Quotierung, die diesen drei Verteilungen, nicht aber der dreidimensionalen Tabelle 2 entspricht. Tragen Sie Ihre Werte in eine Tabelle ein und vergleichen Sie sie mit Tabelle 2 hinsichtlich der aufgetretenen Verzerrungen; hinsichtlich welcher weiteren Merkmale dürften sich bei dieser Quotierung keine repräsentativen Werte ergeben?

*Ausgewählte Literatur*

*Kellerer, H.:* Statistik im modernen Wirtschafts- und Sozialleben, Hamburg 1960 – besonders S. 116–143 (einführender Text).
*Ders.:* Theorie und Technik der Stichprobenverfahren, Einzelschriften der Deutschen Statistischen Gesellschaft, München 1963 (detaillierter, mathematisch relativ anspruchsvoller Text).
*Kish, L.:* Survey Sampling, New York 1965 (umfangreicher, sehr anspruchsvoller Text).
*Scheuch, E. K.:* Auswahlverfahren in der Sozialforschung, in: *R. König* (Hrsg.): Handbuch der empirischen Sozialforschung, Bd. I, Stuttgart 1967 (einführender Text, guter Überblick).

*Kapitel 4*
# Beobachtungsverfahren

*1. Möglichkeiten und Grenzen der Beobachtung als Datenermittlungsverfahren*

Unter *Beobachtung* werden ganz verschiedene, zum Teil sehr heterogene Verfahrensweisen der Datenermittlung verstanden. Man rechnet dazu sowohl die *teilnehmende* Beobachtung, wie sie beispielhaft vor allem in der Ethnologie, der Sozial- und Kulturanthropologie beim Studium relativ überschaubarer primitiver sozio-kultureller Systeme Verwendung findet, als auch die *nicht-teilnehmende* Beobachtung von Gruppenverhalten unter kontrollierten Bedingungen. So verschieden die Beobachtungsverfahren im einzelnen auch sein mögen, sie richten sich immer auf konkretes Verhalten, auf Handeln und symbolisches Interagieren von Menschen in einfacheren oder komplexeren sozialen Situationen. Ob diese Situationen experimentell erzeugt sind oder vom Forscher als natürliche vorgefunden werden, ist dabei zunächst gleichgültig.

Individuelles wie kollektives soziales Handeln und Verhalten tritt immer im Kontext gesellschaftlich definierter Situationen auf. Sein Ablauf ist sowohl durch die Situation wie durch deren subjektive Deutung und die Intentionen der Handelnden bestimmt. Beobachtung richtet sich also immer auf ein Verhalten, dem sowohl ein subjektiver Sinn wie eine objektive soziale Bedeutung zukommt. Deshalb gehört zum Beobachten notwendigerweise das Verständnis oder die zutreffende Interpretation des subjektiven Sinns und der sozialen Bedeutung einer bestimmten Handlung oder Verhaltenssequenz. Ohne ein solches Verstehen bliebe die Beobachtung blind und sozialwissenschaftlich irrelevant. Andererseits stellt gerade die Schwierigkeit, das notwendige Sinnverständnis bei der Beobachtung zu objektivieren, d. h. seine Inter-Subjektivität zu gewährleisten, das größte Problem für wissenschaftliche Beobachtungsverfahren dar.
Der subjektive Sinn eines beobachtbaren Verhaltens, d. h. was der Handelnde damit bezweckt oder ausdrücken will bzw. das »warum« seines Verhaltens, sind dem Beobachter – genau wie die subjektive Interpretation der Situation durch den Handelnden – auch im besten Fall nur unvollständig zugänglich (z. B. über Äußerungen des Handelnden). Orientiert sich der Handelnde jedoch selber an den situationsspezifischen, institutionalisierten sozialen Verhaltenserwartungen, d. h. verhält er sich rollenkonform, dann läßt sich sein Verhalten im Sinne der Bedeutung interpretieren, die ihm nach allgemeinem Konsensus der relevanten Umwelt zukommt. Sieht man an einem Wochentag um 10.00 Uhr vormittags Studenten einen Hörsaal betreten, Platz nehmen und später einer vorn an der Tafel stehenden Person eine Stunde lang zuhören, dann unterstellt der Beobachter, auch ohne die Studenten zu befragen, daß sie die Situation als »Vorlesung« interpretieren und in ihrem Verhalten die dafür gesellschaftlich defi-

nierten Erwartungen befolgen (und auch im Sinne dieser Erwartungen motiviert sind). Wie man jedoch schon an diesem einfachen Beispiel sieht, ist die objektive soziale Bedeutung eines beobachtbaren Verhaltens keineswegs aus dem Beobachteten unmittelbar zu erschließen, sondern muß dem Beobachter vorher bekannt sein bzw. erst von ihm gelernt werden. Der sprichwörtliche Mann vom Mars wüßte weder, was ein Semester noch was ein Wochentag ist, was Studenten sind, warum sie dem Vortragenden zuhören usw.; der ganze Vorgang bliebe ihm unverständlich bzw. seine Interpretation davon willkürlich.

Die reflektierte Aneignung des sich in beobachtetem Verhalten manifestierenden subjektiven Sinns und seiner objektiven sozialen Bedeutung ist damit eine unerläßliche Voraussetzung für die wissenschaftliche Objektivität des Beobachtens. Dabei kommt dem Verständnis der Sprache, die in dem betreffenden sozio-kulturellen System gesprochen wird, eine besondere Bedeutung zu. In dem Maße, in dem die reflektierte Aneignung mißlingt, wird der Beobachter seinen Beobachtungen unausgesprochen einen Sinn unterstellen, den er aus seinem eigenen, möglicherweise ganz verschiedenen soziokulturellen Bezugssystem übernimmt.

Nicht durch die reflektierte Aneignung der im beobachteten sozio-kulturellen System geltenden Sinn- und Bedeutungszusammenhänge wird die Gültigkeit und Zuverlässigkeit der mit Hilfe der Beobachtung gewonnenen Daten demnach gefährdet, sondern gerade umgekehrt dadurch, daß der Beobachter dem Beobachteten sein eigenes Sinnverständnis »andichtet«. Das Maß, in dem die reflektierte Aneignung tatsächlich gelingt, erweist sich in der Fähigkeit des Beobachters, das Verhalten der Menschen in einer bestimmten Situation antizipieren zu können, also genau wie die Mitglieder des beobachteten sozio-kulturellen Systems in Kenntnis der institutionalisierten Verhaltenserwartung zu handeln. Die Erfüllung dieser Voraussetzungen scheint um so unproblematischer zu sein, je ähnlicher das zu beobachtende sozio-kulturelle System demjenigen ist, welchem der Beobachter entstammt [1].

Die Relativierung der eigenen »kulturellen Selbstverständlichkeiten« und die Aneignung des dem beobachteten sozialen System angemessenen Sinnverständnisses ist nicht nur bei der Beobachtung fremder, einigermaßen exotischer Gesellschaften zu leisten. Schon bei der Untersuchung sozialer Gruppen des eigenen gesellschaftlichen Gesamtsystems, deren Mitglieder nur einer anderen sozialen Schicht angehören als der Beobachter, ist die Problematisierung des eigenen und die Aneignung des dieser Gruppe spezifischen Sinnverständnisses notwendig. Das wird besonders deutlich, wenn marginale Gruppen – wie etwa Jugendbanden der Unterschicht oder informelle Gruppen

---

[1] Dies wird von *A. J. Vidich:* Participant Observation and the Collection and Interpretation of Data, in: American Journal of Sociology LX (1955), S. 355, sehr prägnant formuliert: »The sociologist who limits his work to his own society is constantly exploiting his personal background of experience as a basis of knowledge. In making up participant observations, he draws on his knowledge of meanings gained from participation in the social order he is studying. He can be assured of a modicum of successful communication only because he is dealing in the same language and symbolic system as his respondents. Those who have worked with structured techniques in non-Western societies and languages will attest to the difficulty encountered in adjusting their meanings of the society investigated, a fact which highlights the extent to which the sociologist is a participant observer in almost all his work.«

von Gefängnisinsassen – untersucht werden. Die Aneignung von Sinnverständnis muß jedoch reflektiert, in bewußter Distanzierung von den angeeigneten Inhalten geschehen. Es genügt also nicht, sich naiv in das zu beobachtende sozio-kulturelle System sozialisieren zu lassen, bis es einem am Ende als »selbstverständlich« erscheint. Standardisierte Techniken oder Regeln für diesen Prozeß der Sinnaneignung lassen sich kaum formulieren. Allgemein kann man nur sagen, daß sich die Sinndeutung von beobachtetem Verhalten im Idealfall an einem völlig expliziten theoretischen Modell des betreffenden sozio-kulturellen Systems orientieren sollte.

Beobachtung und Aneignung von Sinnverständnis sind nur analytisch unterscheidbar. Im Forschungsvollzug gehen sie oft Hand in Hand. Fordert nämlich einerseits die Identifizierung der in sozialen Situationen beobachtbaren Verhaltensabläufe die Berücksichtigung von Sinn- und Bedeutungszusammenhängen, so bieten andererseits die beobachtbaren Verhaltensfolgen ihrerseits Hinweise auf den ihnen unterliegenden Sinn- und Bedeutungszusammenhang. Die beobachtbaren Formen overten Verhaltens in konkreten sozialen Situationen können also selbst wieder zu *Indikatoren* für die direkter Beobachtung nirgends zugänglichen Aspekte des sozio-kulturellen Systems werden. Allerdings gehen institutionalisierte Werte, sozial standardisierte Situationsdefinitionen, Normen, Rollenvorschriften und individuelle Einstellungen in den Verhaltensabläufen, die sie bestimmen, begrifflich nicht auf. Man muß also aus dem tatsächlich beobachteten Verhalten auf sie rückschließen. Die so gewonnene Einsicht in Sinn und Bedeutung des beobachteten Verhaltens bedarf deshalb einer ständigen Überprüfung hinsichtlich ihrer Gültigkeit.

Die Anwendung von Beobachtungsverfahren im Bereich der Soziologie muß sich auf ein allgemeines Modell sozialen Verhaltens beziehen, in dem die Dimensionen und Determinanten dieses Verhaltens möglichst eindeutig gefaßt sind, so daß sie in Form von Beobachtungskategorien die Beobachtung zu strukturieren vermögen. Ohne ein solches theoretisches Modell bleibt die Beobachtung von Handlungsfolgen und Verhaltensabläufen in konkreten sozialen Situationen *ungelenkt*, ja selbst ihre systematische Beschreibung ist eigentlich unmöglich. In der Regel kann aber nicht davon ausgegangen werden, daß zur Erfassung bestimmter Verhaltensweisen bereits eine empirisch bestätigte Theorie zur Verfügung steht, in der diese vollständig erklärt werden können. Die Datenerhebung mit Hilfe von Beobachtungsverfahren findet viel öfter unter Bedingungen statt, in denen die Theorie noch »unfertig« ist, die Begriffe vorläufig und wenig präzise sind und Aussagen über Sinn- und Bedeutungszusammenhänge eher hypothetischen als bereits empirisch bestätigten Charakter besitzen.

Die Form der jeweils zu entwickelnden Beobachtungsverfahren hängt eindeutig vom Charakter der Forschungsfrage ab. Es lassen sich drei Typen von Fragerichtungen unterscheiden: 1. Einmal kann es darum gehen, die in einem bestimmten sozio-kulturellen System auftretenden Verhaltenssequenzen und Formen sozialer Interaktion rein beschreibend aufzunehmen, ohne daß dabei ein explizit formuliertes theoretisches Interesse verfolgt würde. 2. Zum anderen kann sich das Forschungsinteresse explizit auf die Analyse von empirischen Zusammenhängen zwischen bestimmten Verhaltenssequenzen und situativen Bedingungen richten. 3. Schließlich kann es darum gehen, eine bestimmte Verhaltensregelmäßigkeit in einem bestimmten sozio-kulturellen System nicht nur zu beschreiben, sondern durch ihre Bedingungen wie durch ihre objektiven Folgen im Rückgriff auf allgemeine theoretische Aussagen zu erklären. Setzt die Beantwortung des dritten Fragetyps eine empirisch bestätigte Theorie voraus, so will man mit der Beantwortung des zweiten Fragetyps die Bausteine zu einer solchen Theorie finden. Der erste Fragetyp entspricht einer Forschung mit deskriptiver und explorativer Absicht, die oft eine Vorstufe zur systematischen Begriffs- und Hypothesenbildung ist.

Für die Anwendung von Beobachtungsverfahren zur Datenermittlung sind neben den erörterten theoretischen Problemen auch methodisch-technische Probleme zu berücksichtigen. Von den Möglichkeiten zur Lösung dieser Probleme und von der Art der Forschungsfrage hängt es ab, für welches Beobachtungsverfahren man sich entscheidet. Dabei lassen sich Beobachtungsverfahren nach folgenden Gesichtspunkten unterscheiden:

1. *Systematische bzw. unsystematische Beobachtung.* Relativ unsystematische Beobachtungsverfahren arbeiten mit nur sehr wenig strukturierten Beobachtungskategorien und beziehen sich zumeist auf Verhaltensabläufe in nicht näher spezifizierten sozialen Situationen eines zu untersuchenden sozio-kulturellen Systems. Systematische Beobachtungsverfahren hingegen arbeiten mit sehr strukturierten Beobachtungskategorien und beziehen sich nur auf bestimmte Verhaltensabläufe in genau definierten sozialen Situationen. Welchen Grad der Systematisierung ein bestimmtes Beobachtungsverfahren besitzt, hängt ab 1. von der Art der Forschungsfrage, 2. von der Differenziertheit des theoretischen Modells und 3. von dem in dieses Modell eingegangenen, empirisch bereits überprüften Wissen über das zu untersuchende sozio-kulturelle System.

2. *Beobachtungen in »natürlichen« sozialen Situationen oder in »künstlich«, experimentell erzeugten Situationen.* Ob die zu untersuchenden Verhaltenssequenzen in gleichsam »natürlichen« Situationen oder in hochstandardisierten, experimentell erzeugten Situationen beobachtet werden sollen, hängt u. a. von den technisch-praktischen Möglichkeiten ab, Situationen kontrolliert zu erzeugen, in denen genau die Verhaltensweisen beobachtet werden können, auf die das Forschungsinteresse gerichtet ist. Diese Möglichkeiten sind außerhalb der Kleingruppenforschung recht gering. Die experimentelle Erzeugung von Beobachtungssituationen setzt außerdem mehr an Vorwissen und Theorie voraus als die Feldbeobachtung.

3. *Teilnehmende bzw. nicht-teilnehmende Beobachtung.* Ob schließlich der Beobachter als *teilnehmender* Beobachter selbst Element des sozialen Feldes sein soll, in dem er Verhaltensabläufe beobachtet, oder ob er besser als *nicht-teilnehmender* Beobachter gleichsam »von außen her« das ihn interessierende Verhalten beobachtet, ist u. a. durch die praktischen Möglichkeiten des Zugangs zu den relevanten Situationen bestimmt, darüber hinaus aber wiederum von dem theoretisch bereits verarbeiteten Wissen über das untersuchte soziale Feld.

Im folgenden sollen diese Probleme ausführlicher behandelt werden. Zuvor sei jedoch noch betont, daß Beobachtungsverfahren auch im Zusammenhang mit anderen Datenermittlungstechniken in ein und demselben Forschungsprojekt angewandt werden können. Vor allem die Kombination von Beobachtung und Befragung ist oft zu finden, und zwar sowohl bei der experimentellen Kleingruppenforschung wie – um vielleicht das andere Extrem zu nennen – bei der kulturanthropologischen Feldforschung. Daß das Interesse bei der Beobachtung auch ohne direkte Befragung insbesondere sprachlichem Verhalten, den Äußerungen und sprachlichen Interaktionen der Beobachteten gilt, versteht sich von selbst.

*Aufgabe:*

*Suchen Sie sich mit einem Kollegen zusammen eine überschaubare soziale Situation, in der nicht zu viele verschiedene, dafür aber ständig sich wiederholende Interaktionen ablaufen. Versuchen Sie unabhängig voneinander innerhalb eines vorher festgelegten Zeitraums möglichst »alles«, was Ihnen als sozial relevant auffällt, stichworthaft festzuhalten. Verfertigen Sie im Anschluß daran wiederum unabhängig voneinander einen kurzen Bericht, in dem Sie das »Typische« der Verhaltensabläufe beschreiben, die Sie beobachtet haben. Analysieren Sie nun gemeinsam Ihre beiden Berichte daraufhin, in welchem Umfang in Ihre Beschreibung Wissensbestände eingegangen sind, die Sie nicht aus der unmittelbaren Beobachtung gewonnen haben können, die Sie aber vorausgesetzt haben, um das beobachtete soziale Verhalten überhaupt richtig beschreiben zu können.*

## 2. Probleme der Systematisierung des Beobachtens

Immer dann, wenn es darum geht, Daten über die in sozialen Situationen auftretenden konkreten Verhaltensweisen zu gewinnen, die nicht mit Hilfe anderer Verfahren gewonnen werden können, kommt es darauf an, dieses Verhalten der direkten Beobachtung zugänglich zu machen, es in seinen für die Forschungsfrage relevanten Dimensionen festzuhalten und zu interpretieren.
Hierbei unterliegen die Beobachtungsverfahren einigen gravierenden Beschränkungen. Zunächst einmal sind längst nicht alle sozialen Situationen, an denen ein wissenschaftliches Interesse besteht, der Beobachtung zugänglich. Davon abgesehen kann konkretes Verhalten immer nur zum Zeitpunkt seines tatsächlichen Ablaufs beobachtet werden. Es können keine Beobachtungsdaten über vergangenes oder zukünftiges Verhalten gewonnen werden. Weiter gilt es zu berücksichtigen, daß der Prozeß der Beobachtung selbst immer zeitlich begrenzt ist. Er setzt zu einem bestimmten Zeitpunkt ein und findet eine soziale Situation vor, die Ergebnis vorhergegangener Verhaltensabläufe ist. Ebenso hört er zu einem Zeitpunkt auf, der keineswegs das Ende der beobachteten Verhaltensabläufe bedeuten muß. Die beobachteten Verhaltensabläufe sind immer schon durch Faktoren bestimmt, die in der betreffenden Situation selbst nicht erzeugt worden, sondern vielmehr das Resultat vorhergehender sozialer Prozesse sind. Es kommt also in jedem Fall darauf an, solche Situationen für die Beobachtung auszuwählen oder zu erzeugen, in denen das Verhalten beobachtbar ist, das tatsächlich für die Beantwortung der Forschungsfrage bedeutsam ist. Außerdem müssen die Situationen »typisch« sein, wenn die aus ihrer Analyse gewonnenen Daten Aufschlüsse über allgemeinere Muster des Verhaltens zulassen sollen.

a) *Wenig systematisierte Beobachtungsverfahren.* Die Bestimmung der für die Beobachtung relevanten sozialen Situationen sowie die Spezifizierung jener Dimensionen des Verhaltens, die beobachtet werden sollen, hängen von der Forschungsfrage und ihrem theoretischen Bezugsrahmen ab. Je komplexer die Forschungsfrage und je undeutlicher der allgemeine theoretische Bezugsrahmen sind, desto schwerer wird es sein, den Beobachtungsprozeß zu systematisieren, d. h. die relevanten Situationen sowie die interessierenden Dimensionen des Verhaltens eindeutig zu benennen und die Beobachtung durch die operationale Bestimmung von beobachtbaren Verhaltensmerkmalen zu strukturieren. Wenig systematisierte Beobachtungsverfahren werden deshalb vor allem dann angewendet, wenn über den zu untersuchenden Gegenstand noch relativ wenig bekannt ist. Die sich in einem solchen explorativen Stadium vollziehenden Beobachtungsvorgänge sind eher durch eine nach allen Seiten hin möglichst offene, wenig strukturierte Aufmerksamkeit allen vorkommenden Verhaltensabläufen gegenüber gekennzeichnet. Der Beobachter (zumal als teilnehmender Beobachter) beginnt damit, erst einmal die im System wirkenden Sinn- und Bedeutungszusammenhänge wie die geltenden Verhaltenserwartungen zu erlernen. Eine solche allgemeine und kaum gelenkte Beobachtungsbereitschaft birgt allerdings die Gefahr einer vollständigen Zerstreuung und bloß anekdotischen Beobachtung in sich. Deren Zuverlässigkeit wie Gültigkeit sind nicht abzuschätzen.

Als Beispiel für unter solchen Bedingungen vorgenommene Untersuchungen eher explorativen Charakters mag die mit Hilfe der teilnehmenden Beobachtung durchgeführte Fallstudie von Whyte, »Street Corner Society«, gelten. Whytes Forschungsabsicht ist durch den Versuch zur Beantwortung einer relativ komplexen Fragestellung bestimmt. Die Anlage seiner Untersuchung läßt sich als explorativ und deskriptiv bezeichnen. Sein Ziel war es, ». . . to gain an intimate view of Cornerville life«. Er wollte mit seiner detaillierten Fallstudie ein Vorurteil widerlegen, daß nämlich das soziale Leben in den Slums amerikanischer Großstädte sich vor allem durch soziale Desorganisation auszeichne. Gegen diese Annahme setzte er die Behauptung, daß ». . . an area such as Cornerville has a complex and well established organization of its own« [2].

Mit Hilfe der teilnehmenden Beobachtung wollte er diese These belegen. Dreieinhalb Jahre lebte er in Cornerville, nahm am sozialen Verkehr dieser Subkultur teil, lernte die »Sprache« und gewann so Zugang zu einer Jugendbande, was er anders schwerlich erreicht hätte. Whyte begreift die Jugendbande, die er untersuchte, als strukturiertes soziales System. Das Verhalten seiner Mitglieder ist an institutionalisierten gegenseitigen Verpflichtungen orientiert. Aus der teilnehmenden Beobachtung der Gruppenaktivitäten gewann Whyte die Einsicht, daß jedes Gruppenmitglied eine bestimmte soziale Position innerhalb der Gruppenstruktur einnimmt, die seine Verhaltensweisen gegenüber den anderen Gruppenmitgliedern festlegt. Sowohl die hierarchische Struktur wie das institutionalisierte Wert- und Normengefüge haben nach Whyte die Funktion sozialer Kontrollmechanismen, die der Erhaltung des Systemgleichgewichts bzw. seiner ständigen Wiederherstellung dienen. Eingehend beobachtete Whyte das konkrete Rollenhandeln der einzelnen Gruppenmitglieder, vor allem aber das des Gruppen-

[2] *W. F. Whyte:* Street Corner Society, Chicago 1961, S. 49.

führers. Er versuchte, die daraus resultierenden objektiven Konsequenzen für die Gruppenstruktur festzuhalten und sich gleichzeitig das jeweils dahinterstehende subjektive Sinnverständnis zu vergegenwärtigen. Zur Aufhellung dieses subjektiven Sinnes diente ihm auch die sprachliche Kommunikation mit den einzelnen Gruppenmitgliedern: ».... what people told me helped me to explain what had happened and that what I observed helped me to explain what people told me.« [3]

Für diese Untersuchung ist es charakteristisch, daß sie eine explorative Funktion hat und keine explizit definierten Hypothesen empirisch überprüfen wollte. Die durch die teilnehmende Beobachtung gewonnenen Einsichten in den konkreten Verhaltensablauf dienen eher dazu, bestimmte Thesen plausibel erscheinen zu lassen und die Angemessenheit des allgemeinen theoretischen Bezugsrahmens zu erweisen, als beide direkt empirisch zu überprüfen. Zugleich wird an der Untersuchung deutlich, daß es sich selbst bei einem wenig systematischen Beobachtungsverfahren nicht um »reine« Datensammlung ohne alle Theorie handelt. Der Prozeß des Beobachtens läuft nie ohne alle theoretische Lenkung ab. Das besondere Forschungsinteresse bestimmt, welche Aspekte der komplexen sozialen Situationen und des in ihnen sich ereignenden Verhaltens als relevant erscheinen – und zwar selbst dann, wenn dieser Selektionsvorgang nicht explizit gemacht ist und unkontrolliert abläuft.

Die Vorteile solcher sehr weit angelegten, mit Hilfe der teilnehmenden Beobachtung durchgeführten »holistischen« Einzelfallstudien liegen einmal in der Breite und Mannigfaltigkeit des damit verfügbar gemachten Materials über ein sozio-kulturelles System und zum anderen in der Unmittelbarkeit der gewonnenen Einsichten in den Sinn- und Bedeutungszusammenhang der in diesem System ablaufenden sozialen Prozesse. Explorative Untersuchungen solcher Art stehen oft am Beginn der Erforschung neuer Gebiete in der Soziologie. Aus ihrem Material lassen sich Hypothesen zur späteren Prüfung unter kontrollierten Bedingungen gewinnen. Da jedoch bei unsystematischer Beobachtung der Prozeß der Datenermittlung und Dateninterpretation nicht standardisiert ist, also in der Regel überhaupt nicht klarwerden kann, warum einer Beobachtung eine bestimmte Interpretation gegeben wurde, ist die Replikation solcher Untersuchungen kaum möglich und damit die Zuverlässigkeit der gewonnenen Daten nicht bestimmbar.

b) *Beobachtungskategorien und Beobachtungsschema.* Auch dem unsystematischsten Beobachtungsverfahren muß, damit es überhaupt als wissenschaftlich gelten kann, ein Minimum an Systematik und Strukturiertheit eignen. Je expliziter die Theorie über die vermutlich zu beobachtenden Vorgänge ist, je besser die Begriffe definiert und in Form von anwendbaren Beobachtungskategorien operationalisiert sind, um so leichter läßt sich ein systematisches Beobachtungsschema aufstellen. Das Beobachtungsschema variiert natürlich mit der Forschungsfrage, doch lassen sich immerhin einige ganz allgemeine Gesichtspunkte für die Aufstellung von Beobachtungskategorien nennen. Sofern soziales Verhalten in bestimmten Situationen beobachtet werden soll, kann sich das Beobachtungsschema mit seinen Kategorien an der allgemeinen Struktur sozialer Situationen orientieren.

[3] *W. F. Whyte:* Street Corner Society, Chicago 1961, S. 51.

Für die Kennzeichnung sozialer Situationen und des in ihnen sich ereignenden Verhaltens lassen sich mehrere Aspekte begrifflich voneinander unterstreichen:

1. Zunächst einmal tritt jedes Verhalten im situativen Kontext eines bestimmten soziokulturellen Systems auf. Es kommt deshalb darauf an, den Zusammenhang, in dem beobachtetes Verhalten, Situation und sozio-kulturelles System stehen, festzuhalten.

2. Jede beobachtete Verhaltenssequenz wird durch in der Situation auftretende Faktoren ausgelöst. Deshalb ist es notwendig, möglichst genau die Ausgangsbedingungen, unter denen dieselben oder ähnliche Handlungsfolgen immer wieder auftreten, zu bestimmen.

3. Das beobachtete Verhalten ist meistens ein Verhalten von Menschen in sozialen Positionen: also Rollenhandeln. Es ist durch Verhaltenserwartungen wie durch die institutionalisierten Möglichkeiten der Sanktion bestimmt, die den Handelnden in der Situation zur Verfügung stehen. Es sind deshalb die in der Situation vorhandene Positionsstruktur, die sie kennzeichnenden Verhaltenserwartungen wie die objektiven Möglichkeiten zur Sanktion zu bestimmen.

4. Dem Verhalten in sozialen Situationen geht in jedem Falle eine subjektive Deutung der Situation durch den Handelnden voraus, die im Zusammenhang mit seinen eigenen Intentionen unmittelbar die Realisierung des Verhaltens bewirkt.

5. Jede relativ abgeschlossene Verhaltenssequenz zeitigt objektive Folgen sowohl für die in der Situation stehenden Individuen als u. U. auch für das sozio-kulturelle System als Ganzes. Diese Folgen bilden die Ausgangsbedingungen für eine ganze Reihe neuer Verhaltenssequenzen. Ihre Vergegenwärtigung ist allerdings schon deshalb schwierig, weil sie nicht selten erst außerhalb des Zeitintervalls der Beobachtung manifest werden.

Es ist einleuchtend, daß sich bei der Beobachtung einer einzelnen Verhaltenssequenz niemals alle diese Faktoren unmittelbar aus dem, was direkt beobachtbar ist, ablesen lassen. Damit eine einzelne beobachtbare Verhaltenssequenz in ihrem Zustandekommen, ihrem subjektiven Sinn wie ihrer objektiven Bedeutung verständlich wird, muß aber über die fünf genannten Aspekte so viel bekannt sein, daß man von den direkt beobachtbaren Merkmalen des Verhaltens auf das Vorliegen einer bestimmten Faktorenkonstellation schließen kann.

Das durch die fünf Aspekte bezeichnete formale Modell sozialer Situationen ist wegen seiner Allgemeinheit fast immer anwendbar, bedarf aber jeweils der Spezifizierung. Das Beobachtungsschema könnte dann im einfachen Fall eines wenig systematischen Verfahrens aus einer Reihe offener Fragen bestehen, die sich auf die genannten fünf Aspekte beziehen – eventuell in stärkerer Untergliederung, mit bestimmten Schwerpunkten auf einigen Aspekten und jedenfalls im Hinblick auf die Besonderheiten des zu beobachtenden sozio-kulturellen Systems (eine Schulklasse, Arbeitsgruppe, Gemeinde etc.) konkretisiert. An Hand eines solchen Leitfadens kann dann eine Beschreibung geleistet werden. Zur Prüfung von Hypothesen durch Beobachtung ist eine darüber hinausgehende Systematisierung notwendig.

*Aufgabe:*

*Entwerfen Sie an Hand des vorstehenden Modells ein Beobachtungsschema (Leitfaden) für eine bestimmte soziale Situation, an der Sie selber regelmäßig beteiligt sind, und verfassen Sie einen Beobachtungsbericht.*

c) *Stark systematisierte Beobachtungsverfahren.* Die systematischen Beobachtungsverfahren unterscheiden sich von den nicht systematischen durch folgende Eigenschaften:

1. Auf Grund einer *expliziten Theorie* sind Klassen von Verhaltensvariablen und von Variablen, die das Verhalten bestimmen, begrifflich isoliert. Die Theorie enthält empirisch überprüfte bzw. überprüfbare Aussagen über den Zusammenhang verschiedener Variablen.

2. Der Beobachtungsvorgang wird durch präzise definierte *Beobachtungskategorien* strukturiert, in die alle relevanten Beobachtungen eingeordnet werden (d. h. es wird nichts registriert, was nicht in eine der Beobachtungskategorien fällt). Dabei müssen die Variablen durch Indikatoren operationalisiert sein, die der direkten Beobachtung zugänglich sind. Eine gewisse Schwierigkeit besteht oft in der Festlegung der *Beobachtungseinheiten;* es muß bestimmt werden, was als eine »abgeschlossene« Handlung gezählt wird.

3. Die *situativen Ausgangsbedingungen* der zu beobachtenden Verhaltensabläufe werden *kontrolliert,* um vergleichbare Beobachtungen zu ermöglichen.

Die Balessche Interaktionsanalyse ist ein Beobachtungsverfahren, das diesen Kriterien genügt und deshalb ein gutes Beispiel darstellt [4]. Die Interaktionsanalyse dient der Untersuchung von Interaktionsprozessen in – meist problemlösenden – Kleingruppen. Der situative Kontext sowie die Ausgangsbedingungen, unter denen die Interaktionsprozesse innerhalb solcher Gruppen beobachtet werden sollen, werden systematisch kontrolliert, indem a) die Auswahl der Gruppenmitglieder vom Forscher nach bestimmten, theoretisch relevanten Kriterien selbst bestimmt wird, b) den nach solchen expliziten Kriterien zusammengesetzten Gruppen bestimmte Ziele für ihr Handeln vorgegeben werden – sie sollen ein benanntes Problem lösen – und c) die Umweltbedingungen, in denen diese Gruppen agieren, einheitlich festgelegt sind: die Gruppen treffen sich in einem Laboratorium, wo sie durch eine nur einseitig durchsichtige Scheibe hindurch beobachtet werden.

Den theoretischen Hintergrund der Methode bilden die Parsonssche Handlungstheorie und die Systemtheorie. Im Zentrum der Analyse steht die Beurteilung einer jeden Handlung hinsichtlich ihrer Bedeutung für das soziale System und der in ihm ablaufenden Prozesse. Das Instrument soll eine erweiterte Sammlung von Hypothesen über die fundamentale Struktur der Interaktion in sozialen Systemen ermöglichen und zur Ge-

---

[4] *R. F. Bales:* Interaction Process Analysis, Cambridge/Mass. 1951.

winnung einer Reihe von standardisierten Indizes in bezug auf Struktur und Prozeß der Interaktion führen. Auf Grund solcher Indizes soll es dann möglich sein, bei Grupen mit bestimmten Merkmalen eigene Charakteristika im Interaktionsprozeß vorhersagen zu können.

Das Gruppengeschehen läßt sich als eine Folge von Aktionen und Reaktionen vorstellen, die in jedem sozialen System auftauchen und die im Zusammenhang mit vier funktionellen Systemproblemen und ihrer Bewältigung stehen: 1. Anpassung an die Bedingungen der äußeren Situation; 2. instrumentelle Kontrolle oder die Anpassung an Leistungserwartungen; 3. Anpassung an die Bedürfnisse der Mitglieder; 4. Integration der Mitglieder.

Für die Beurteilung der im Gruppenprozeß ablaufenden Interaktionen hat Bales ein zwölf Kategorien enthaltendes Beobachtungsschema gebildet, mit dessen Hilfe jede einzelne Interaktion hinsichtlich ihrer theoretischen Relevanz hinreichend beschrieben zu werden vermag. Die Kategorien heißen (in verkürzter Form):

1. Zeigt Solidarität usw.
2. Zeigt Entspannung usw.
3. Zeigt Zustimmung usw.

4. Macht Vorschlag usw.
5. Äußert Meinung usw.
6. Gibt Information usw.

7. Erfragt Information usw.
8. Erbittet Meinungsäußerung usw.
9. Erbittet Vorschlag usw.

10. Zeigt Nichtzustimmung usw.
11. Zeigt Spannung usw.
12. Zeigt Antagonismus usw.

Je zwei Kategorien sind aufeinander zugeordnet (1 und 12, 2 und 11 usw.), und jedes Paar entspricht einem im Verfolgen des Gruppenziels auftretenden Problem (z. B. 1 und 12 dem Integrationsproblem).

Jede der in diesem Beobachtungsschema enthaltenen Kategorien ist operational definiert. So ist z. B. die Kategorie 1 »zeigt Solidarität« folgendermaßen beschrieben: a) Einleitende und nachfolgende Handlungen aktiver Solidarität und Zuneigung. Zu solchen Handlungen werden Händeschütteln, freundliche Gesten wie auch die erstmalige Benutzung von Vornamen und der Gebrauch des verbindlichen »wir« gerechnet. b) Einleitende und nachfolgende, statuserhöhende Handlungen. Dazu gehören: Zeigen von Bewunderung, Ehrfurcht, Applaudieren und Bemerkungen wie »Das hast Du gut gemacht«. c) Reaktionen auf vorhergehende Handlungen der Kategorie 11. Dazu gehören: Das Anbieten von Hilfe und alle altruistischen Handlungen. d) Reaktionen auf vorhergehende Handlungen der Kategorien 10 und 12. Dazu gehören: Vermitteln, mäßigendes Eingreifen, Beschwören der Einheit, Vorschlag eines Kompromisses.

Mit Hilfe dieses Schemas registrieren zwei Beobachter das Gruppengeschehen und stufen mit Hilfe eines »Interaktionsaufnahmegeräts« die einzelnen Interaktionen ein. In dem Apparat bewegt sich mit gleichmäßiger Geschwindigkeit ein Papierstreifen, auf dem Spalten mit den verwendeten zwölf Kategorien vorgedruckt sind. Jede deutbare Handlung – ein gesprochener Satz, eine Geste etc. – wird durch die Beobachter auf dem Streifen registriert und dabei in vierfacher Weise charakterisiert: 1. qualitativ durch Einstufen in die entsprechende Kategorienspalte, 2. durch Vermerk des Handelnden, 3. durch Vermerk der Zielperson, an die sich die Handlung richtet und schließlich 4. zeitlich durch die Lage auf dem Bogen. Fragt z. B. Gruppenmitglied 1 Gruppenmitglied 4 »Wie spät ist es?«, so ist »1–4« die Eintragung, die der Beobachter in die Kategorie 7 zu machen hat.

Die Schwierigkeit des Beobachtens und des Registrierens der beobachteten Handlung besteht in der Geschwindigkeit des Handlungsablaufs und in der Notwendigkeit, das beobachtete Handeln zu interpretieren. Zur Überwindung dieser Schwierigkeit ist es notwendig, daß der Beobachter die Technik des Klassifizierens fast habituell beherrscht. Viel bedeutsamer ist allerdings das Problem des Interpretierens der sich ereignenden Interaktionen, da mit ihm das Problem von Gültigkeit und Zuverlässigkeit des Klassifizierens berührt wird. Bales fordert deshalb vom Beobachter, daß er bei der Beobachtung die Rolle des »generalisierten Anderen« übernimmt, also sich den Inhalt der gemeinsamen Kultur der beobachteten Gruppe aneignet, und die beobachteten Interaktionen von diesem Verständnis her interpretiert. Das soll ihn in die Lage versetzen, eine Handlung so zu interpretieren, wie sie von dem Handelnden gemeint und von dem, auf den sie sich bezieht, auch gedeutet wird. Die Aneignung des Sinn- und Bedeutungsverständnisses bleibt also auch bei diesem sonst hochstandardisierten Beobachtungsverfahren informell und letztlich der direkten Überprüfung und Kontrolle entzogen.

Da die Methode ihre methodische wie theoretische Grundlage bei unzulänglicher Zuverlässigkeit und Gültigkeit verlieren muß, hat Bales ein detailliertes System der Überprüfung jeder einzelnen Beobachtung wie jedes einzelnen Beobachters ausgearbeitet. Mit Hilfe von statistischen Tests (Chi-Quadrat) überprüft er die Anzahl der registrierten Einheiten, die Richtigkeit der Kategorisierung und die Kennzeichnung von Handelnden und Zielpersonen des Handelns. Voraussetzung für eine solche Überprüfung ist, daß wenigstens zwei Beobachter unabhängig voneinander gearbeitet haben. Der Grad der Übereinstimmung der Ergebnisse beider Beobachter gilt dann als Maß für ihre Zuverlässigkeit.

Die so gewonnenen Daten können in der Folge zu ganz verschiedenen Zwecken aufgearbeitet und ausgewertet werden. Einmal lassen sich sogenannte *Profile* herstellen. Sie geben eine grafische Darstellung der Verteilung sämtlicher innerhalb der Beobachtungszeit erfolgter Handlungen auf die zwölf Kategorien. Mit ihnen läßt sich z. B. zeigen, daß in Gruppen mit nachweislich verschiedenen Eigenschaften der Interaktionsprozeß tatsächlich auch verschieden abläuft. Die entsprechenden verhaltensbestimmenden Variablen – zumeist Eigenschaften der Mitglieder – werden vom Beobachtungsvorgang getrennt ermittelt, u. a. durch Befragung. Mit Hilfe der *Sequenzen*, bei der die Interaktionen in ihrem zeitlichen Ablauf analysiert werden, läßt sich zeigen, inwieweit bestimmte Handlungen zu bestimmten anderen Handlungen führen. So läßt sich der

Mechanismus aufdecken, der die Gesamtverteilung der Interaktionen bewirkt. Mit Hilfe der *Phasenanalyse*, bei der die beobachteten Aktivitäten nach bestimmten Zeitabschnitten tabelliert werden, um die zeitliche Schwerpunktverschiebung zwischen den Kategorien zu ermitteln, lassen sich die Phasenstrukturen verschiedener Gruppen miteinander vergleichen. Schließlich können die Ergebnisse auch in Form von *Matrizen* aufbereitet werden, in denen sämtliche Kombinationen des »Wer interagiert mit wem« darstellbar sind. Diese verschiedenen Auswertungsformen ermöglichen es, eine Vielzahl von Fragen über Gruppenstruktur und Gruppenprozesse empirisch zu beantworten.

*Aufgabe:*

*Im Zusammenhang mit Untersuchungen über die familiale Sozialisation wird folgende Hypothese aufgestellt: Mütter aus der Mittelschicht benutzen in der Erziehung ihrer Kinder bestimmte Erziehungstechniken häufiger als Mütter aus der Unterschicht. Lesen Sie zunächst J. P. Spiegels Aufsatz »The Resolution of the Role Conflict within the Family« in: Personality and the Mental Hospital, ed. by M. Greenblatt, D. J. Levinson and R. H. Williams, Glencoe 1957, S. 545-564.*
*1. Entwickeln Sie ein Beobachtungsschema, das es Ihnen erlaubt, die verschiedenen Erziehungstechniken in einem* natürlichen *situativen Kontext zu identifizieren.*
*2. Bestimmen Sie, mit Hilfe welcher Vorkehrungen Sie die Situation, in der Sie beobachten, so standardisieren, daß die Vergleichbarkeit der Ergebnisse gewährleistet ist.*

*3. Die Stellung des Beobachters zum beobachteten Verhalten*

Neben der Lösung des Problems der Systematisierung und Standardisierung eines Beobachtungsverfahrens muß vor seiner Anwendung auch darüber entschieden werden, welche Stellung der Beobachter zur beobachteten Situation und den in ihr handelnden Menschen einnehmen soll. Diese Entscheidung hängt erstens von der Fragestellung ab und zweitens von den technisch-praktischen Möglichkeiten der Beobachtung relevanter Situationen. Die Stellung des Beobachters zum beobachteten Verhalten läßt sich durch Art und Grad seiner Teilnahme an den in solchen Situationen ablaufenden sozialen Prozessen kennzeichnen. Die *nicht-teilnehmende* Beobachtung zeichnet sich dadurch aus, daß der Beobachter gleichsam von »außen her« die in der Situation ablaufenden sozialen Prozesse registriert, ohne selbst an ihnen anders als beobachtend beteiligt zu sein. Die *teilnehmende* Beobachtung ist dadurch charakterisiert, daß der Beobachter selbst eine im Beobachtungsfeld definierte soziale Rolle übernimmt und sich den anderen Handelnden gegenüber dieser Rolle entsprechend verhält, ohne von ihnen als Beobachter mit einem wissenschaftlichen Interesse erkannt zu werden.
a) *Die nicht-teilnehmende Beobachtung* ist charakteristisch für reine Laboratoriumssituationen, doch ist ihre Anwendung nicht darauf beschränkt. Vielmehr läßt sie sich auch überall dort durchführen, wo das die Forschung interessierende Verhalten in Situationen abläuft, die als *öffentlich* definiert sind, und in denen die Minimalrolle des Unbeteiligten vorkommt, die auch dem Beobachter zugänglich ist.

Die *nicht-teilnehmende* Beobachtung ist auch nicht an das Vorliegen eines systematischen Beobachtungsplans gebunden. Sie erleichtert jedoch die Standardisierung der zu beobachtenden sozialen Situationen und läßt eher eine systematische Anlage des ganzen Beobachtungsvorgangs und die Registrierung der Ergebnisse zu, weil der Beobachter nicht gezwungen ist, sich handelnd an den sozialen Prozessen des von ihm beobachteten sozialen Feldes zu beteiligen. Ohne von den Anforderungen des Geschehens selbst unmittelbar berührt zu sein, kann er daher seine ganze Aufmerksamkeit viel eher auf eine systematische Beobachtung dieses Geschehens konzentrieren. In natürlichen Situationen ist der nicht-teilnehmende Beobachter jedoch gänzlich auf die eigengesetzliche Dynamik der sozialen Prozesse angewiesen. Er kann nicht, wie der teilnehmende Beobachter, durch sein eigenes Verhalten das Auftreten bestimmter Verhaltenssequenzen provozieren, an denen er interessiert ist, sondern muß warten, bis sie im natürlichen Geschehensablauf auftreten.

Eine nicht-teilnehmende Beobachtung in natürlichen Situationen läßt sich selten ohne Wissen der Beobachteten durchführen, ganz abgesehen von der ethischen Fragwürdigkeit eines solchen Vorgehens. Die Rolle des Beobachters wird also in der Regel explizit ins Beobachtungsfeld eingeführt, wobei die Gefahr besteht, daß dadurch das zu beobachtende Geschehen verändert wird, die Situation also keine »natürliche« mehr ist. Das gilt um so mehr, je mehr eine Situation als privat, vertraulich oder gar geheim definiert ist. Nicht-teilnehmende Beobachtung in natürlichen Situationen läßt sich deshalb nur durchführen, wenn man weiß, daß die Einführung einer Beobachterrolle den sozialen Prozeß nicht wesentlich verändert, oder wenn die möglichen Veränderungen kontrollierbar sind.

Als Beispiel mag hier die Beobachtung der Arbeit und des Gruppengeschehens im »Bank-Wiring Observation Room« der Studie von Roethlisberger und Dickson gelten [5]. Mit der Absicht, die Untersuchung unter möglichst normalen industriellen Bedingungen durchzuführen, wurde eine Arbeitsgruppe des Betriebes in einem überschaubaren Raum untergebracht, in dem auch der Beobachter sich als »unbefangener Zuschauer« aufhielt und seine Aufzeichnungen machte. Den Mitgliedern der Gruppe wurde Arbeitsweise und Absicht des Beobachters plausibel gemacht, und durch Anweisungen an den Beobachter, sich möglichst neutral und passiv zu verhalten, sollte erreicht werden, daß seiner Anwesenheit auf die Dauer nicht allzu viel Bedeutung zugeschrieben wurde.

Dieses Verfahren hat den Vorteil, daß der Beobachter seine ganze Aufmerksamkeit der Beobachtung widmen und während des Beobachtungsvorgangs Aufzeichnungen machen kann. Da unter solchen Bedingungen auch eine systematische Beobachtung mit strukturierten Beobachtungskategorien angewandt werden kann, lassen sich auch Daten zur empirischen Prüfung von Hypothesen sammeln. Der Nachteil besteht darin, daß die Auswirkungen der wahrgenommenen Anwesenheit eines Beobachters die Gültigkeit der Ergebnisse negativ beeinflussen können, ohne daß der Grad dieser Beeinflussung unter allen Umständen abschätzbar wäre.

---

[5] *F. J. Roethlisberger, W. J. Dickson:* Management and the Worker, Cambridge, Mass., 1961.

b) *Die teilnehmende Beobachtung* ist charakterisiert durch die unmittelbare Beteiligung des Beobachters an den sozialen Prozessen in dem untersuchten sozio-kulturellen System. Er beteiligt sich, indem er eine oder auch mehrere in diesem System definierte soziale Rollen übernimmt, zum Mitglied des Systems wird und sich den anderen Mitgliedern gegenüber entsprechend verhält. Dies geschieht mit der Absicht, durch unmittelbaren Kontakt Einsichten in das konkrete (»natürliche«) Verhalten von Menschen in spezifischen Situationen zu erhalten und sich ihr Sinnverständnis sowie die verhaltensbestimmenden Orientierungsmodelle (Normen, Werte usw.) zu vergegenwärtigen.

Dabei kann es einmal darum gehen, das soziokulturelle System *bewußt* aus dem partikularen Blickwinkel einer in ihm auftretenden sozialen Rolle zu erfahren. Im Erlernen der mit dieser Rolle verbundenen institutionalisierten Verhaltensvorschriften wie durch die erlebten Folgen eines normgerechten bzw. normverletzenden Verhaltens erfährt der Beobachter die Wirklichkeit dieser Rolle unmittelbar. Indem er seine eigenen Erfahrungen als Rollenträger bewußt reflektiert und sich die Komplementarität seines eigenen Verhaltens zu dem anderer Rollenträger klarmacht, wird ihm zugleich ein Ausschnitt des Rollensystems deutlich, an dem er handelnd teilnimmt. Diese Art teilnehmender Beobachtung ist vor allem dort angebracht, wo es sich um die Exploration eines sozialen Feldes handelt, über das noch wenig empirisch gesichertes Wissen zur Verfügung steht. Durch die Analyse der unmittelbar gegebenen qualitativen Erfahrungen, die der Beobachter als Rollenträger gemacht hat (sie sollte Schritt für Schritt mit dem Beobachtungsprozeß selbst vollzogen werden), läßt sich ein Modell des sozialen Feldes aufbauen, aus dem auch hypothetische Aussagen über Zusammenhänge ableitbar sind. Für deren Prüfung freilich müssen anschließend Daten mit einem strukturierteren und zugleich standardisierteren Verfahren gewonnen werden.

Zum anderen aber kann der Beobachter eine in dem beobachteten System vorkommende Rolle deswegen übernehmen, weil ein anderer Zugang zu den betreffenden Situationen überhaupt nicht möglich ist – sei es, daß Beobachtern der Zutritt direkt verweigert würde oder sei es, daß ihre Anwesenheit die Vorgänge im Beobachtungsfeld völlig verändern würde. Hierbei benutzt der Beobachter die soziale Rolle als bloße »Verkleidung«, um an das ihn interessierende Geschehen heranzukommen. Wenn die teilnehmende Beobachtung ausschließlich aus diesem Anlaß angewendet werden soll, es aber tatsächlich um die möglichst »unbeteiligte« Beobachtung von Verhaltensweisen anderer Rollenträger geht, dann muß sich die Analyse nicht vorwiegend auf die Erfahrungen des Beobachters als Rollenträger richten.

Vor der Übernahme einer sozialen Rolle durch den Beobachter sind zwei Probleme zu zu lösen: 1. Es kommt darauf an, daß die Wahl einer bestimmten sozialen Rolle im Zusammenhang mit den expliziten Forschungsinteressen getroffen wird. Es muß also erst geklärt sein, daß die von dieser Rolle aus möglichen Beobachtungen für die Beantwortung wenigstens eines Teils der Forschungsfragen relevant sind. Soll z. B. mit Hilfe der teilnehmenden Beobachtung der Interaktionsprozeß einer an einem Fließband arbeitenden Gruppe untersucht werden, so wird es wenig sinnvoll sein, den teilnehmenden Beobachter in die Rolle eines Elektrokarrenfahrers schlüpfen zu lassen, der diese Arbeitsgruppe lediglich in bestimmten Zeitabschnitten mit dem für sie notwendigen

Arbeitsmaterial zu versorgen hat. Die Entscheidung für die schließlich zu übernehmende soziale Rolle sollte also immer unter dem Gesichtspunkt eines optimalen Informationsgewinns erfolgen. Damit muß zugleich auch – und dies im Fortgang des gesamten Beobachtungsvorgangs immer wieder – die Perspektivität der durch die Position vermittelten Einsichten und Informationen analysiert werden, um so die durch sie möglichen Verzerrungen in den Beobachtungsergebnissen zu erkennen. Um bei dem Beispiel zu bleiben, könnte es der Fall sein, daß immer, wenn der Beobachter als Materialzulieferer mit seinem Elektrokarren bei der Arbeitsgruppe erscheint, deren sonst vorhandene Solidarität brüchig wird, indem es zu heftigem Streit um das angelieferte Material kommt. 2. Vor der Wahl einer sozialen Rolle für den Beobachter muß geprüft werden, ob sie ihm ohne einen allzu großen Aufwand an Zeit und Arbeit überhaupt offensteht. In jedem sozio-kulturellen System hängt der Zugang zu der Mehrzahl aller Rollenpositionen vom Nachweis zugeschriebener oder erworbener sozialer Qualifikationen ab, welche die Beobachter nicht immer besitzen und auch nicht in der ihnen zur Verfügung stehenden Zeit erlangen können. Um zum Beispiel mit Hilfe der teilnehmenden Beobachtung die Entscheidungsprozesse im Vorstand einer Partei oder eines Industrieunternehmens oder im Führungsstab einer Armee zu untersuchen, müßte der teilnehmende Beobachter wenigstens die Rolle des Vorstandsassistenten bzw. des Adjutanten einnehmen können. Gerade diese Rollen dürften ihm aber so ohne weiteres nicht zugänglich sein. Das in solchen Fällen auftretende Problem des Zugangs läßt sich unter Umständen dadurch lösen, daß es dem Beobachter gelingt, eine der Schlüsselpersonen im Beobachtungsfeld zu bewegen, ihn in irgendeiner, den übrigen Mitgliedern plausibel erscheinenden Rolle einzuführen. Dadurch kann es notwendig sein, dieser Schlüsselperson die eigentlichen Forschungsabsichten wenigstens teilweise zu offenbaren und sie dafür zu interessieren.

Je mehr der teilnehmende Beobachter versucht, die von ihm gewählte soziale Rolle so »echt« wie möglich zu spielen, um so stärker wird er sich im Laufe der Zeit mit dieser Rolle identifizieren. Das kann dazu führen, daß der Beobachter den theoretischen Bezugsrahmen aus den Augen verliert und seinen Berichten dann eher der Wert von Primärmaterial zukommt, das wie andere Berichte von »echten« Teilnehmern aufgearbeitet werden muß. Bewußt eingesetzt, muß ein hoher Grad an Rollenidentifikation jedoch nicht immer ein Nachteil für die Untersuchung sein. Als Beispiel mag hier eine Untersuchung in einem Ausbildungslager der amerikanischen Luftwaffe gelten, in der es darum ging, mit Hilfe der teilnehmenden Beobachtung Einsichten in Gruppenprozesse, Motivationen, Einstellungen und Verhaltensweisen der in der Ausbildung befindlichen Soldaten zu gewinnen [6]. Hierzu wurde der Beobachter, ehe seine eigentliche Arbeit begann, absichtlich in die Rolle eines Rekruten mit einer besonders »typischen« sozialen Herkunft aus der unteren Mittelschicht »hineinsozialisiert«. Durch dieses Vorgehen wurden der Rolle entsprechende Identifikations- und Motivationsstrukturen im Beobachter gleichsam künstlich erzeugt, durch die hindurch er das Geschehen in einem solchen Ausbildungslager nicht nur beobachten, sondern selbst »er-

---

[6] M. A. *Sullivan* u. a.: Participant Observation as Employed in the Study of a Military Training Program, American Sociological Review, Bd. 23, 1958, S. 660–667.

leben« sollte. Allerdings mußte dem Beobachter später immer wieder der theoretische Bezugsrahmen bewußt gemacht werden, damit er sich auf die für die Untersuchung relevanten Aspekte zu konzentrieren vermochte.
Eine weitere Schwierigkeit bei derart vollständiger Teilnahme besteht darin, daß die Beobachtungen meistens nicht während des Beobachtens selbst, sondern erst rückblickend fixiert werden können. Schon deshalb bleibt der Bericht gewöhnlich relativ unstrukturiert und eher auf dem Niveau qualitativer Beschreibung. Durch die Rekonstruktion aus der Erinnerung entstehen zudem oft unkontrollierbare Verzerrungen.

*Aufgabe:*

*Überlegen Sie, welche Form der (teilnehmenden oder nicht-teilnehmenden) Beobachtung Sie für die Untersuchung der folgenden Gruppen bzw. Situationen wählen würden, und wie das praktisch durchzuführen wäre (Zugang, Einführung des Beobachters bzw. Rollenwahl usw.):*

a) Das Arzt-Patienten-Verhältnis in der Behandlungssituation
b) Verhalten von Gefängnisinsassen untereinander
c) Kreisverband einer politischen Partei
d) Verhalten von Geschworenen bei der Amtsausübung
e) Verhalten von Oberschülern untereinander
f) Lehrer-Schüler-Beziehung in der Klassensituation

*Ausgewählte Literatur*

*Bales, R. F.:* Die Interaktionsanalyse: Ein Beobachtungsverfahren zur Untersuchung kleiner Gruppen, in: *R. König* (Hrsg.): Praktische Sozialforschung II, Köln 1956, S. 148 ff.
*Ders.:* Interaction Process Analysis, Cambridge 1950.
*Heyns, R. W., R. Lipitt:* Systematic Observational Techniques, in: *G. Lindzey* (Hrsg.): Handbook of Social Psychology I, Cambridge 1954, S. 370 ff.
*Heyns, R. W., A. Zander:* Observation of Group Behavior, in: *L. Festinger, D. Katz* (Hrsg.): Research Methods in the Behavioral Sciences, New York 1953, S. 381 ff.
*Jahoda, M., M. Deutsch, St. Cook:* Beobachtungsverfahren, in: *R. König* (Hrsg.): Praktische Sozialforschung II, Köln 1956, S. 77 ff.
*Kluckhohn, F.:* Die Methode der teilnehmenden Beobachtung, in: *R. König* (Hrsg.): Praktische Sozialforschung II, Köln 1956, S. 97 ff.
*König, R.:* Die Beobachtung, in: *R. König* (Hrsg.): Handbuch der empirischen Sozialforschung, Bd. I, Stuttgart 1962, S. 107 ff.
*Zander, A.:* Systematische Beobachtung kleiner Gruppen, in: *R. König* (Hrsg.): Praktische Sozialforschung II, Köln 1956, S. 129 ff.

*Kapitel 5*
# Befragung

*1. Anwendungsmöglichkeiten der Befragung*

Bei der Befragung sammelt man individuelle Daten, um sie in der Auswertung zu aggregativen Daten zu vereinigen. Das heißt, es werden Individuen befragt, doch interessieren den Sozialforscher die nach Klassen, Gruppen oder Typen von Individuen zusammengefaßten Ergebnisse. Ziel der Auswertung ist nicht nur die Deskription, sondern auch die Entdeckung oder Prüfung von Zusammenhängen.
Durch Befragung lassen sich sowohl subjektive wie objektive Tatbestände ermitteln. Entsprechend unterscheidet man zwischen *Faktfragen* und *Meinungsfragen*. Faktfragen richten sich auf prinzipiell nachprüfbare Tatsachen, und zwar können sich diese entweder auf den Befragten selbst (z. B. sein Alter, eventueller Hausbesitz, Häufigkeit des Kinobesuchs) oder auf ihm bekannte Personen oder Gruppen beziehen (z. B. Beruf des Vaters, Zahl der Wohnparteien in seinem Haus). Bei Meinungsfragen wird eine subjektive Stellungnahme verlangt. Hierzu gehören Fragen nach Meinungen und Werturteilen über objektive Tatbestände, nach Einstellungen, Wünschen, Gefühlen, Motiven und Normen des individuellen Verhaltens. Der Übergang von Fakt- zu Meinungsfragen ist dabei gleitend. Aussagen über zukünftiges Verhalten können einen relativ hohen Grad an Objektivität besitzen (z. B. wo man den nächsten Urlaub verbringen oder welche Partei man wählen wird), können aber der Natur der Sache nach oft auch nur Meinungen, Wünsche oder Hoffnungen ausdrücken. Manche Fragen können sowohl als Fakt- wie als Meinungsfrage beantwortet werden; z. B. die Frage, ob Versuchsexplosionen von Atombomben schädigende Auswirkungen auf die Gesundheit der Menschen haben, dürften nur einige Wissenschaftler bzw. wissenschaftlich Informierte als Faktfrage beantworten, die meisten werden darauf nur eine Meinung äußern.
Die Befragung ist die wohl am häufigsten angewandte sozialwissenschaftliche Forschungsmethode. Zur Ermittlung verbalisierbarer subjektiver Tatbestände ist sie auch das angemessene Verfahren. Oft wird sie aber als Ersatz für zeitraubendere, kostspieligere oder an praktisch-technischen Schwierigkeiten scheiternde Verfahren der direkten Datenermittlung benutzt. Eine solche Anwendung ist gerechtfertigt, sofern es praktisch keine andere Möglichkeit gibt. So ist die Ermittlung aggregativer Merkmale von unüberschaubar großen Gesamtheiten häufig gar nicht anders als mittels Stichprobenbefragung möglich. Dasselbe gilt, wenn die Befragung als Ersatz für die Beobachtung von Vergangenem oder von Vorgängen in unzugänglichen Situationen benutzt wird (etwa Verhalten im Intimbereich, das Verhalten von Ärzten gegenüber Patienten, Vorgänge in exklusiven Führungsgruppen). Dagegen sollte man nicht erfragen, was

man genauso gut beobachten oder sonst direkt ermitteln könnte, da die Gültigkeit von Befragungsergebnissen, die lediglich Indikatoren für das Vorliegen der eigentlich interessierenden objektiven Tatbestände darstellen, stark von Unkenntnis, Irrtum, Gedächtnisschwäche und Unwahrhaftigkeit der Befragten beeinträchtigt wird. Dieser Nachteil der Befragung bei der Ermittlung objektiver Tatbestände muß im Einzelfall sorgfältig gegen ihre praktischen Vorteile abgewogen werden.

Unter den Begriff der Befragung (oder des Interviews; die Begriffe werden gewöhnlich synonym benutzt) im weitesten Sinne fallen im einzelnen recht unterschiedliche Verfahren. Sie lassen sich nach vier Gesichtspunkten klassifizieren.

1. Nach dem Grad der Standardisierung unterscheidet man zwischen ungelenktem (qualitativem, unstrukturiertem) Interview, Intensivinterview und Befragung mittels standardisiertem Fragebogen. Das *ungelenkte Interview* hat einen explorativen Zweck: ein Problem soll präzisiert, Leitgedanken für eine Untersuchung sollen gesammelt werden. Hier wird dem Befragten ein Rahmenthema angegeben, über das er sich mit dem Interviewer frei unterhält, wobei letzterer ihm lediglich durch Zwischenfragen weiterhilft, ihn zur Präzisierung auffordert usw. Beim *Intensivinterview* liegt bereits ein festes Frageschema vor (Leitfaden), aber die Fragen sind nicht standardisiert: ihre Reihenfolge und Formulierung werden vom Interviewer bestimmt, der auch Zusatzfragen stellen kann. Intensivinterviews werden vor allem bei der Befragung von Gewährspersonen in der Vorbereitungsphase einer stärker strukturierten Untersuchung benutzt. In diesem Kapitel befassen wir uns vor allem mit der *standardisierten Befragung* mittels Fragebogen, bei der die Formulierung und Reihenfolge der Fragen dem Interviewer vorgegeben werden. Sie erlaubt dem Befragten weniger Spontaneität und bringt nur Aussagen zu im voraus bedachten Fragen, garantiert dafür aber die Vollständigkeit und Vergleichbarkeit der Antworten und die Quantifizierbarkeit der Ergebnisse und zeichnet sich durch größere Zuverlässigkeit aus.

2. Eine Befragung kann mündlich oder schriftlich durchgeführt werden. Bei der *mündlichen Befragung* stellt ein Interviewer die Fragen und notiert die Antworten. Bei der *schriftlichen Befragung* (auch im Postwurfverfahren) füllt der Befragte den Fragebogen selber aus. Der Fragebogen muß entsprechend aufgebaut, d. h. mit klaren Anweisungen für das Ausfüllen und mit einem zur lückenlosen Beantwortung motivierenden Vortext versehen sein. Die schriftliche Befragung ist wesentlich billiger, und es können keine Interviewfehler auftreten. Andererseits ist die Rücklaufquote (Prozentsatz der Befragten, die den Fragebogen ausgefüllt zurückschicken) geringer als die Zahl der erlangten Interviews bei mündlicher Befragung. Auch ist zweifelhaft, ob die Antworten wahrhaftiger ausfallen als bei der mündlichen Befragung, zumal sich nicht gewährleisten läßt, daß der Befragte den Bogen tatsächlich allein ausfüllt.

3. Interviews können mit Einzelnen oder mit Gruppen durchgeführt werden. Beim *schriftlichen Gruppeninterview* werden die Fragebogen von den Befragten in der Gruppensituation ausgefüllt; dies Verfahren wird manchmal aus Gründen der Zeitersparnis benutzt. Beim *mündlichen Gruppeninterview* werden die Fragen an eine Gruppe gestellt. Hier besteht ein fließender Übergang zum *Gruppendiskussions-*

*verfahren* [1], bei dem eine Gruppe – vom Interviewer lediglich durch Zwischenfragen gelenkt – über ein vorgegebenes Thema diskutiert. Die Gruppendiskussion dient weniger der Ermittlung individueller Daten als der Sammlung von Leitgedanken für eine spätere Einzelbefragung oder aber dem Studium von Gruppenprozessen wie z. B. der Herausbildung einer Gruppenmeinung, des Einflusses der Gruppe auf die Meinungsäußerungen von Einzelnen usw.

4. Schließlich läßt sich die *einmalige Befragung*, die einen zeitlichen Querschnitt darstellt, von der *Panelbefragung* unterscheiden, mit der Veränderungen im zeitlichen Längsschnitt untersucht werden. Das Panelverfahren wird in Kap. 7 erörtert.

Der Forschungsprozeß der Befragung verläuft in Schritten, die zwar mit dem Forschungsgegenstand variieren, jedoch im großen und ganzen identisch sind. Hier soll an einem Beispiel der idealtypische Forschungsprozeß der Befragung geschildert werden:

1. Formulierung der Fragestellung. Die Fragestellung muß klar und eindeutig sein. Man kann keinen Fragebogen entwerfen, wenn man sich etwa vornimmt, das »Problem der Erziehung« zu untersuchen. Was das Erziehungsproblem ist, muß exakt formuliert werden.

2. Auflösen des zu untersuchenden Phänomens in einzelne Dimensionen (Variablen). Wenn etwa die Erziehungsmethoden von Eltern untersucht werden sollen, dann muß zuerst einmal das Phänomen der Erziehung in einzelne Dimensionen zerlegt werden, wie etwa »Erziehungsstrenge«, reaktive – geplante Erziehung, autoritäre – demokratische Erziehung, Erziehung durch Argumentation – durch Sanktionierung, Erziehung der Kinder zu Eigeninitiative – zur Anpassung ... usw. Auf diesen Dimensionen variieren die Erzieher. Man kann sich die verschiedenen Dimensionen zu einem (mehrdimensionalen) Koordinatensystem vereinigt denken. Dieses Koordinatensystem stellt die »dimensionale Auflösung« des zu untersuchenden Gegenstandes dar. Jeder Erzieher nimmt in diesem Koordinatensystem einen bestimmten Ort ein, den es durch die Befragung zu ermitteln gilt.

3. Unabhängige Variable formulieren. In fast allen Untersuchungen geht es nicht nur darum, das zu untersuchende Phänomen zu beschreiben (wie häufig kommen die einzelnen Erziehungstechniken vor, wie korrelieren sie miteinander), sondern man stellt auch die Frage nach dem »Warum?«, d. h. man sucht die Bestimmungsgründe (die unabhängigen Variablen) des Phänomens zu entdecken. Man wird also im 3. Schritt unabhängige Variablen suchen und definieren. Im hier verwendeten Beispiel könnten das etwa sein: Soziale Schicht, Alter und Geschlecht der Erzieher, bestimmte Persönlichkeitsdimensionen wie etwa Autoritarismus. Es geht darum, festzustellen, welche Werte der Befragte auf diesen Dimensionen hat und (in der Auswertung) wie diese unabhängigen Variablen den »Ort« des Befragten im oben beschriebenen Koordinatensystem bestimmen. Hier wird ein sehr wichtiges Prinzip sichtbar: man kann nur das feststellen, wofür in den theoretischen Vorüberlegungen (Schritt 2 und 3) der Grund gelegt wurde.

---

[1] Siehe hierzu u. a. W. *Mangold:* Gegenstand und Methode der Gruppendiskussion, Frankfurt/Main 1960.

Allerdings erlauben offene Fragen (siehe unten), in begrenztem Umfang wichtige Dimensionen und unabhängige Variablen noch während der Befragung zu entdecken.

4. Sammeln zusätzlicher Informationen durch explorative Techniken. In vielen Fällen werden das Primärwissen oder vorhandene sozialwissenschaftliche Theorien nicht genügen, um die Schritte 2 und 3 befriedigend zurücklegen zu können. Man wird zusätzliche Informationen sammeln müssen. Zu diesem Zweck können einige der oben genannten Techniken (ungelenkte und Intensivinterviews, Gruppendiskussionen), aber auch Beobachtung oder Inhaltsanalyse verwendet werden.

5. Entwicklung des Fragebogens. Die in Schritt 2 und 3 formulierten Variablen müssen operationalisiert, d. h. in Fragen übersetzt und diese zu einem Fragebogen zusammengefaßt werden.

6. Konstruktion einer Stichprobe.

7. Durchführung der Befragung.

8. Aufbereitung und Auswertung der Befragungsergebnisse.

Im folgenden soll der methodisch zentrale Schritt 5 für die Befragung mittels standardisiertem Fragebogen erörtert werden. Schritt 6 und 8 werden an anderer Stelle dieses Buches (Kap. 3 und 10) behandelt. Bei der Durchführung der Befragung (Schritt 7) geht es zum Teil um organisatorische Probleme wie Intervieweradhl, -einsatz und -betreuung, die hier nicht besprochen werden sollen [2]. Die mit Schritt 7 verbundene Problematik des Interviews als soziale Situation wird dagegen weiter unten in diesem Kapitel aufgegriffen.

## 2. Die Formulierung von Fragen

Ein Fragebogen ist die Operationalisierung einer bestimmten Forschungsfrage. Das Hauptproblem besteht also darin, die theoretisch formulierte Forschungsfrage in die auf einen bestimmten Befragtenkreis zugeschnittene Sprache des Fragebogens zu übersetzen. Innerhalb der Untersuchung über elterliche Erziehungsmethoden kann man beispielsweise unmöglich direkt nach »reaktiver Erziehung«, einer der zentralen Variablen, fragen. Die Mehrzahl der Befragten würde die Frage »Erziehen Sie reaktiv?« überhaupt nicht oder falsch verstehen. Hier muß übersetzt werden, etwa durch folgende Formulierung: »Passiert es Ihnen häufig – gelegentlich – sehr selten, daß Ihnen die Hand ›ausrutscht‹ und Sie es nachher ein bißchen bereuen?«

Der Vorgang der Operationalisierung wurde in seiner allgemeinen Problematik bereits in Kap. 1 und 2 erörtert. Darüber hinausgehende wissenschaftliche Prinzipien für eine optimale Übersetzung von Forschungsfragen und Variablen speziell in die Fragebogensprache lassen sich kaum nennen. Dagegen gibt es hierzu eine Reihe von Erfahrungsregeln, die dargestellt werden sollen.

---

[2] Siehe hierzu die sehr instruktiven Ausführungen bei *E. Noelle:* Umfragen in der Massengesellschaft, Hamburg 1963, Kap. IV.

1. *Zur sprachlichen Form der Fragen.* Die im Fragebogen verwendeten Fragen müssen nicht unbedingt »druckreif« formuliert sein. Das Interview soll trotz der Standardisierung seinen ungefähren Gesprächscharakter behalten. Der Interviewer darf also nicht in »gestelztem« Deutsch (aus der Sicht des Befragten) oder wissenschaftlich-abstrakt sprechen. Die Fragen sollen ungefähr in der Sprache formuliert sein, die der Befragte in der Unterhaltung mit einem Fremden benutzen würde. Das heißt, daß man nicht ins andere Extrem der sprachlichen Anbiederung fallen und etwa in Wortwahl, Grammatik und Aussprache den Dialekt der Alltagssprache des Befragten nachahmen darf.

Die Fragen müssen dem Befragten in ihrem vom Forscher gemeinten Sinn verständlich sein. Dazu müssen sie kurz und einfach (keine Schachtelsätze!) formuliert sein, damit der Befragte sie beim ersten Anhören auffassen und sich während des Nachdenkens über seine Antwort an sie erinnern kann. Vor allem aber ist auf die *Bedeutungsäquivalenz* der gewählten Worte bei verschiedenen Befragten zu achten. Bei den meisten Befragungen hat man es mit verschiedenen »Sprachtypen« von Befragten zu tun, d. h. die Befragten gehören verschiedenen Dialektbezirken an und unterscheiden sich innerhalb eines Dialektbezirks noch einmal nach ihrem Sprachvermögen. Ausnahmen bilden Befragungen homogener Gesamtheiten (z. B. Angehörige eines Berufes), vor allem bei einem annähernd gleichen höheren Bildungsgrad (Studenten). Kann kein einheitlicher Sprachtypus bei den Befragten vorausgesetzt werden, dann ist es möglich, daß ein und dasselbe Wort für zwei Befragte von unterschiedlicher inhaltlicher Bedeutung ist bzw. zwei verschiedene Worte für sie die gleiche inhaltliche Bedeutung besitzen. Praktisch fragt sich, ob man in solchen Fällen verschiedene, aber bedeutungsäquivalente Worte benutzen, d. h. zwei oder mehr Versionen einer Frage für verschiedene Arten von Befragten formulieren soll. Die Antwort lautet: Ja, aber nur wenn man der Bedeutungsäquivalenz der verschiedenen Worte absolut sicher ist. Ist das – wie meistens – nicht der Fall, dann liegt das kleinere Risiko immer noch in der Verwendung identischer Worte, also einer einheitlichen Frageversion. Man wird in diesem Falle intuitiv versuchen, den »gemeinsamen Sprach-Nenner« der verschiedenen Sprachtypen zu finden[3]. Hierzu (und auch sonst) ist es günstig, die Frageformulierung von einem Team vornehmen zu lassen.

2. *Suggestive und stereotype Formulierungen.* Bei einer suggestiven Frage wird dem Befragten die Antwort »in den Mund gelegt«, d. h. die Frageformulierung beeinflußt die Antwort in einer bestimmten Richtung. Wird bei einer Untersuchung über elterliche Erziehungsmethoden etwa gefragt »Finden Sie nicht auch, daß eine kräftige Tracht Prügel noch niemandem geschadet hat?«, dann handelt es sich um eine eindeutig suggestive Formulierung. Abgesehen von den unten unter Punkt 4 erwähnten Fällen, wo absichtlich suggestiv formuliert wird, um Antworthemmungen abzubauen, sollen suggestive Fragen selbstverständlich unterbleiben. Das ist leichter gesagt als getan, denn die Werthaltung des Forschers dem Fragegegenstand gegenüber (z. B. seine Abneigung gegen bestimmte Erziehungsmethoden) drückt sich oft unbewußt in seiner Frageformu-

---

[3] Zum Problem der Bedeutungsäquivalenz siehe *E. E. Maccoby* und *N. Maccoby*: Das Interview – Ein Werkzeug der Sozialforschung, in: *R. König* (Hrsg.): Das Interview, Köln 1957, S. 41 f.

lierung aus. Neben einem wachen Mißtrauen gegenüber der Neutralität der eigenen Formulierungen kann hier lediglich empfohlen werden, die fertigen Fragen von einem unbeteiligten Dritten noch einmal auf suggestive Elemente prüfen zu lassen.
Stereotype Formulierungen lassen sich im hier erörterten Zusammenhang als eine besondere Art suggestiver Formulierungen begreifen. Es handelt sich dabei um Worte oder Wortkombinationen (Floskeln), deren positive oder negative Wertbesetzung für bestimmte Befragte so hoch ist, daß ihre inhaltliche Bedeutung dahinter zurücktritt, und der Befragte statt auf den gemeinten Inhalt nur noch auf den Reiz des bloßen Wortes reagiert, und zwar nahezu mechanisch und auf voraussagbare Weise. Beispiele hierfür sind die Worte »Kapitalismus«, »die Kommunisten« oder die Floskel »Ordnung schaffen«, wenn sie etwa in einer an linksorientierte Studenten gerichteten Frage verwandt wird. Stereotype Formulierungen sind zu vermeiden, wenn es einem auf die möglichst überlegte Reaktion des Befragten auf den Frage*inhalt* ankommt.

3. Offene und geschlossene Fragen. Die offene Frage ist eine Frage ohne Antwortvorgabe. Der Befragte muß seine Antwort selbst formulieren. Bei der geschlossenen Frage mit *interner Antwortvorgabe* sind die Antwortmöglichkeiten in die Frage selber eingebaut (Beispiel: »Sind Sie stark – weniger stark – oder gar nicht dafür, daß . . . ?«). Werden die Antwortmöglichkeiten außerhalb der Frage in einer kleinen Liste vorgegeben, die dem Befragten vorgelesen oder überreicht wird, damit er eine Alternative wählt, dann spricht man von einer geschlossenen Frage mit externer Antwortvorgabe. Es gilt die Regel, daß bei interner Antwortvorgabe nicht mehr als drei und jedenfalls keine in längeren Sätzen formulierten Alternativen verwendet werden sollen. Sind längere oder mehr als drei Antwortalternativen notwendig, muß zur externen Vorgabe übergegangen werden.
Was sind nun die charakteristischen Eigenschaften dieser beiden Frageformen? Bei der Faktfrage – vor allem bei ihrer reinsten Form, der Wissensfrage – wird bei offener Fragefassung ein »sich erinnern« und bei geschlossener Fassung ein »wiedererkennen« gefordert. Letzteres ist für den Befragten viel einfacher. Das Interview »fließt« besser. Trotzdem wird man gelegentlich zur offenen Fragefassung greifen, etwa um 1. die »Gegenwärtigkeit«, die »Abrufbarkeit« von Wissen zu testen, oder um 2. Sprachformen (Sprachklischees) festzustellen, oder um 3. die spontane Rangordnung bei Mehrfachantworten zu entdecken (Beispiel: »Welche Politiker der Nachkriegszeit halten Sie für die bedeutendsten?«).
Bei Meinungsfragen (bei denen es nicht wie bei der Faktfrage um eine Gedächtnisleistung geht) wird vom Befragten bei der offenen Fassung ein »produzieren« und bei der geschlossenen Fassung ein »reproduzieren« verlangt. Der Befragte muß im ersten Fall seine Meinung selbst in Worte fassen, im zweiten Fall braucht er sich nur einer Formulierung anzuschließen. Selbstverständlich gilt das auch für die Faktfrage, ist dort jedoch weniger schwerwiegend. Objektive Tatbestände in Worte zu fassen, ist in der Regel einfacher als eine (vielleicht nur »gefühlte«, aber nie explizierte) Meinung zu verbalisieren. Wenn man also bei den Befragten Verbalisierungsschwierigkeiten vermutet, dann wird es besser sein, geschlossene Fragen zu formulieren. Bei Befragungen jedoch, bei denen vorwiegend Personen mit hoher Schulbildung (und vermutlich gutem

Verbalisierungsvermögen) untersucht werden, ist die offene Frageformulierung häufig besser, weil diese Personen sich durch vorgegebene Antworten eingeengt oder wie »Schulkinder« behandelt fühlen.

In erster Linie bestimmt jedoch nicht der besondere Sprachtypus der Befragten die Wahl einer offenen oder geschlossenen Formulierung, sondern der Forschungsgegenstand selbst. Bei einem Forschungsgegenstand, über den der Forscher wenig weiß, wird er die offene Frageformulierung wählen müssen, da er nicht alle Antwortmöglichkeiten kennt. Antworten auf offene Fragen sind zudem nuancierter und oft informationsreicher, als es die bloße Wahl einer Antwortalternative sein kann.

Aus der Perspektive der Fragebogenauswertung ist die geschlossene Frage vorzuziehen. Die Befragungsergebnisse sind eindeutig und vergleichbar. Bei der offenen Frage müssen die heterogenen Antworten erst in bestimmte Antwortklassen eingeteilt werden (Kodieren), ehe eine Auswertung möglich ist. Diese Klassenbildung ist manchmal sehr mühsam und unbefriedigend. Der Auswerter muß zuerst vielleicht hundert Fragebogen lesen, um zu sehen, wie die Antworten streuen und wie sie sich zu Klassen zusammenfassen lassen.

Auch unter dem Gesichtspunkt der Zuverlässigkeit der Interviewdaten ist die geschlossene Frage vorzuziehen. Bei der offenen Frage muß der Interviewer die Antwort des Befragten mitschreiben. Da dieser häufig schnell und viel spricht, ist ein wörtliches Mitschreiben nicht möglich. Die Zusammenfassung der Antwort, die der Interviewer notiert, ist dann durch dessen Wahrnehmung und Sprachvermögen beeinflußt, unter Umständen also stark verzerrt.

*Wieviel* Antwortalternativen bei geschlossenen Fragen vorgegeben werden sollen, läßt sich allgemein nicht sagen. Jedenfalls müssen die vorgegebenen Alternativen für den Befragten noch überschaubar sein, d. h. wenn er die letzte Antwort liest oder hört, muß er noch alle anderen Alternativen im Gedächtnis haben. Ist diese Bedingung verletzt, dann wird der Befragte dazu neigen, eine der letzten Antwortmöglichkeiten zu wählen.

Die einfachste Form der Antwortvorgabe ist die Antwortdichotomie wie z. B. »Ja« – »Nein« (zusätzlich müssen immer Kategorien für »Keine Meinung«, »Weiß nicht« oder »Antwort verweigert« aufgeführt werden, damit der Interviewer die Reaktion *jedes* Befragten festhalten kann). Für den Befragten ist eine dichotomische Frage wegen ihrer Eindeutigkeit besonders dann angenehm, wenn er zu dichotomischem Denken neigt, was vermutlich bei geringerem Bildungsgrad und abnehmender Relevanz der Fragestellung für ihn um so eher der Fall ist. Liegen jedoch vermutlich differenziertere Denkformen vor, müssen Zwischenkategorien angeboten werden, z. B. außer »Ja« und »Nein« ein »Ja, aber ...« oder ein »Teils – teils«. Fühlt sich der Befragte zu einer Wahl zwischen Extremen gedrängt, die seiner Meinung nicht gerecht werden, dann kann die Zahl der Antwortverweigerungen steigen. Allerdings erlaubt eine Zwischenkategorie wie »Unentschieden« oder »Teils – teils« dem Befragten auch, sich in diese Kategorie zu flüchten, um sich nicht festlegen zu müssen. Diese Vor- und Nachteile der Zwischenkategorien sind im Einzelfall gegeneinander abzuwägen. Werden mehr als drei Antwortkategorien gegeben, dann sollte die Zahl der Kategorien rechts und links von der Mittelposition aus gleich sein, weil von einer Überzahl von Kategorien auf einer Seite eine suggestive Wirkung ausgeht. Das gilt natürlich nur für Fragen, die auch ein »links« und »rechts« oder ein »positiv« und »negativ« besitzen.

In der Mehrzahl der Fälle werden die Antwortkategorien zu einer Frage so gebildet, daß jeder Befragte nur eine Kategorie wählt bzw. vom Interviewer in nur eine Kategorie eingestuft wird. Es gibt jedoch auch Fragen, bei denen *Mehrfachnennungen* zugelassen werden, z. B. wenn der Befragte auf einer Liste ankreuzen soll, welche Haushaltsgeräte er besitzt, oder wenn er alle für ihn zutreffenden Kategorien aus einer größeren Zahl von Motiven für ein bestimmtes Verhalten (Berufswahl, Studienfachwahl, Entscheidung zum Eintritt in eine Partei usw.) nennen soll. Fragen mit Mehrfachnennungen sind jedoch schwierig auszuwerten, sobald mehr als eine Häufigkeitsverteilung der Antworten gegeben werden soll.

4. Frageformulierung bei Antworthemmung. In vielen Fällen will der Sozialforscher Dinge vom Befragten wissen, die dieser nur im Freundeskreis oder vielleicht nicht einmal da äußern würde. Der Befragte ist in seiner Antwort gehemmt bzw. neigt zu unwahrhaftigen Antworten, was die Gültigkeit der Ergebnisse beeinträchtigt. Antworthemmungen werden üblicherweise erzeugt durch Fragen nach politischen Urteilen, durch Fragen über die Einstellung zu Vorgesetzten, durch Fragen nach Handeln, das in der Gesellschaft negativ sanktioniert wird, und besonders durch Fragen nach sexuellem Verhalten. Gerade für den letzten Fall haben die Untersuchung von Kinsey [4] und entsprechende Untersuchungen von L. v. Friedeburg in Deutschland [5] jedoch erwiesen, wie durch geschickte Frageformulierung (und Fragefolge) auch die stärkste Antworthemmung abgebaut werden kann. Einige Erfahrungsregeln hierfür sollen kurz dargestellt werden.

a) Allgemeine Antwort: Auf eine Frage nach Dingen, »über die man nicht spricht«, wird dem Befragten erlaubt, eine allgemeine, ungefähre Antwort zu geben. Die Frage nach dem Einkommen (aus der Sicht des Befragten eine »eigentlich unverschämte Frage«) wird üblicherweise in folgender Weise gestellt: »Würden Sie mir bitte jetzt noch sagen, wie hoch ungefähr Ihr monatliches Einkommen ist. Liegt es unter DM 300, zwischen DM 301,– und 500,–, zwischen DM 501,– und 700,– ...?« Dem Sozialforscher genügen für die Auswertung derartige Einkommensklassen, während der Befragte sich dadurch entlastet fühlt, daß er sich nicht exakt festlegen muß.

b) Entschärfen, Verharmlosen. In der Frage werden entschärfende, verharmlosende Formulierungen verwendet. Wenn beispielsweise festgestellt werden soll, ob Angestellte Büromaterial ihrer Firma stehlen, dann wird gefragt: »Haben Sie schon einmal ein paar Bleistifte oder irgendwelche anderen Dinge, die so auf ihrem Schreibtisch liegen, mit nach Hause genommen?« Hier wird also das Wort »stehlen« durch »mit nach Hause nehmen« und das so ernst und technisch klingende Wort »Büromaterial« durch »ein paar Bleistifte oder irgendwelche anderen Dinge ...« entschärft.

---

[4] *A. C. Kinsey, W. P. Pomeroy, C. E. Martin:* Sexual Behavior in the Human Male, Philadelphia 1948, und Sexual Behavior in the Human Female, Philadelphia 1953.

[5] *L. v. Friedeburg:* Die Umfrage in der Intimsphäre, Beiträge zur Sexualforschung, Stuttgart 1953.

*Befragung*

c) Überrumpeln. Die Angestellten könnten etwa gefragt werden: »Bitte, denken Sie doch einmal genau nach, an welchem Tag Sie das letzte Mal einen Bleistift oder irgendwelche anderen Dinge ...?« Hier wird in der Fragestellung unterstellt, daß der Befragte die (gesellschaftlich negativ sanktionierte) Handlung vollzogen hat. Er wird abgelenkt auf eine Denkaufgabe – durch die er, sofern er sie löst, ein Eingeständnis macht. Ein derartiger Überrumpelungsversuch ist natürlich wirkungslos, wenn der Befragte die Absicht der Frageformulierung durchschaut. In diesem Falle kann er sogar so verstimmt sein, daß er das Interview abbricht.

d) Mitläufereffekt. Es wird etwa formuliert: »Es ist ja bekannt, daß die meisten ... haben Sie auch ...?« Oder: »Bei einer Umfrage wurde festgestellt, daß 90 % aller ... haben Sie auch ...?« Dieser Appell an den Mitläufereffekt hat natürlich nur Sinn, wenn der Befragte auch tatsächlich unter dem Eindruck steht, daß so wie er denkt und handelt auch viele andere denken und handeln, ohne offen darüber zu sprechen.

e) Selbstverständlichkeit: Aus dem Handeln oder Denken »über das man nicht spricht« kann man in der Frageformulierung eine Selbstverständlichkeit, »etwas Natürliches« machen. Hier handelt es sich um eine besondere Art des Mitläufereffekts, um den Anschluß an das Selbstverständliche, das Natürliche.

Bei einigen dieser Erfahrungsregeln [mit Sicherheit bei d) und e)] werden absichtlich suggestive Formulierungen benutzt, um Antworthemmungen abzubauen. Dabei kann nicht ausgeschlossen werden, daß ein Befragter sich zu einem Denken oder Handeln bekennt, das er gar nicht vollzogen hat. Deswegen wird bei der Fragebogenkonstruktion häufig versucht, Antworthemmungen gar nicht erst aufkommen zu lassen, indem man nicht direkt nach einem Denken oder Handeln, »über das man nicht spricht«, fragt. Man verwendet statt dessen indirekte oder projektive Methoden oder psychologische Tests (wie etwa den TAT-Test, die Wortassoziation, die Satzergänzung, die Vollendung von Geschichten). Derartige Techniken sollten vom Sozialforscher nur in Verbindung mit einem geschulten Psychologen entworfen und ausgewertet werden. In der Praxis werden sie relativ selten angewendet, weil in ihrer Handhabung trainierte Interviewer oft nicht vorhanden sind, weil sie innerhalb des Fragebogens zuviel Raum in Anspruch nehmen und weil ihre Auswertung zu problematisch ist.

## 3. *Aufbau des Fragebogens*

Formulierung und Aneinanderreihung von Fragen können weitgehend getrennt voneinander vorgenommen werden. Es wird aber immer wieder geschehen, daß man beim Zusammenfügen der Fragen zu einem Fragebogen bestimmte Fragen gar nicht verwendet, bestimmte umformuliert und sogar einige Fragen zusätzlich formuliert.
Auch für den Aufbau des Fragebogens gibt es keine exakten wissenschaftlichen Prinzipien, sondern nur Erfahrungsregeln. Einige wichtige sollen im folgenden dargestellt werden.

1. Länge des Fragebogens. Die Länge eines Fragebogens kann nicht in der Zahl der verwendeten Fragen, sondern muß in der (durchschnittlichen) Dauer eines Interviews

gemessen werden. Diese Zeitdauer muß man durch einige Versuchsinterviews ermitteln. E. Noelle[6] gibt eine Interviewdauer von 30 Minuten als ungefähr richtig an. Sie schränkt jedoch ein, daß die zuträgliche Dauer eines Interviews je nach Gestaltung des Fragebogens und Interesse der Befragten variieren kann. Leicht beantwortbare Fragen von großem Interesse für den Befragten erlauben eine längere Dauer.

2. Ausstrahlung: Eine Frage strahlt auf die nachfolgenden sowohl inhaltlich wie emotional aus. Der Inhalt, die Themenstellung einer soeben beantworteten Frage »beschäftigt« den Befragten noch, während ihm bereits die nächste Frage gestellt wird. Seine Antwort kann dadurch inhaltlich beeinflußt werden. Diese Ausrichtung der Aufmerksamkeit wird im Fragetrichter positiv genutzt (siehe Punkt 4). Eine Verstimmung oder ein Gefühl der Zufriedenheit, hervorgerufen durch eine soeben beantwortete Frage, kann ebenfalls auf die Beantwortung der nachfolgenden Frage einwirken. Der inhaltliche und emotionale Ausstrahlungseffekt kann dadurch gemildert werden, daß hintereinander mehrere Fragen gestellt werden, die einen Themenkomplex behandeln. Zwischen zwei Themenkomplexe werden dann »Pufferfragen« gestellt, um den Ausstrahlungseffekt des zuletzt behandelten Themas allmählich verklingen zu lassen. Diese Zusammenfassung der Fragen zu einem Thema hat jedoch auch ihre Gefahren (siehe Punkt 3).

3. Mischen der Fragen. Wenn eine komplexe Variable, etwa die »Erziehungsstrenge« von Eltern, ermittelt werden soll, dann wird man sie in mehrere Fragen übersetzen. Sollen diese Fragen im Fragebogen hintereinander gestellt werden? Eine eindeutige Antwort hierauf ist nicht möglich. Merkt der Befragte, daß mehrere Fragen demselben Tatbestand gelten und versucht er, konsistent zu antworten (also spätere Fragen im Sinne seiner ersten Antwort zu beantworten), dann sollten die Fragen auseinandergenommen und über den Fragebogen verteilt werden. Das kann jedoch dazu führen, daß im Fragebogen von einem Themenkomplex zum anderen gesprungen wird, was nicht nur den Ausstrahlungseffekt in negativer Weise verstärkt, sondern den Befragten auch verwirren und verärgern kann, so daß er vielleicht sogar das Interview abbricht. Wenn also Fragen zu einer Dimension über den Fragebogen verstreut werden, um die Tendenz zur Antwortkonsistenz auszuschalten, dann sollten sie jeweils in verwandte Themenkomplexe hineingestellt werden.

4. Fragetrichter. Im »Fragetrichter« werden zum gleichen Thema zuerst sehr allgemeine Fragen (häufig in »offener« Formulierung) und nachfolgend immer spezifischere (meistens in »geschlossener« Formulierung) gestellt. Dieser Fragetrichter kann auch dazu verwendet werden, Antworthemmungen zu überwinden. Nachdem der Befragte zuerst allgemeine Fragen zu einem ihm unangenehmen Thema beantwortet hat, wird er sozusagen gezwungen bzw. fällt es ihm leichter, auch die spezifischen »peinlichen« Fragen zu beantworten.

Beim »umgekehrten« Trichter geht man von spezifischen Fragen zu allgemeinen. Er wird benutzt, wenn es dem Forscher auf bestimmte allgemeine Äußerungen des Befragten ankommt, zu denen er über spezifische Fragen zu konkreten Beispielen hingeführt wird.

[6] *E. Noelle:* Umfragen in der Massengesellschaft, S. 84.

*Befragung*

5. Feldverschlüsselung, Filter, Gabelung. Diese drei Praktiken sollen an Hand eines Beispiels erläutert werden.
Innerhalb eines Fragebogens zur Untersuchung der Erziehungsmethoden werden folgende Fragen formuliert:

Frage 21: *Halten Sie es für notwendig, daß Kinder in bestimmten Zeitabständen Schläge erhalten?*
(*Antworten nicht vorlesen, Feldverschlüsselung*)

| Spalte 31 | 0 Ja |
| | 1 Nein |
| | 2 Unentschieden |
| | 3 Keine Antwort |

Das ist eine Meinungsfrage allgemeiner Natur. Sie dient zur »Einstimmung« auf noch folgende spezifische – vielleicht peinliche – Faktfragen (Trichter-Prinzip). Die Frage ist offen. Die vorgegebenen Antworten sollen dem Interviewer lediglich das Notieren der Antwort erleichtern; er muß nur ankreuzen bzw. die entsprechende Codezahl einkreisen (Feldverschlüsselung). Diese Codezahl kann dann unmittelbar in die betreffende Spalte der Lochkarte übertragen werden (siehe hierzu Kap. 10, S. 190). Die ausführlichen Antworten interessieren nicht, weil diese Frage nur der Einstimmung auf die folgende, eigentlich interessierende dient.

Frage 22: *Schlagen Sie Ihr Kind gelegentlich?*
(*Antworten nicht vorlesen, Feldverschlüsselung*)

| Spalte 32 | 0 Ja |
| | 1 Nein |
| | 2 Antwort verweigert |

Es soll angenommen werden, der Sozialforscher interessiere sich in erster Linie für die Befragten, die ihre Kinder schlagen. Ihre Argumente will er erkunden. Die obige Frage 22 dient also gleichzeitig als »Filter«, der jene Untergruppe herausfiltert, die nicht interessiert. Im Fragebogen wird dann für den Interviewer vermerkt:

(*Bei »Nein« und »Antwort verweigert« weiter zu Frage ..., bei »Ja« nachfolgende Frage 23 vortragen.*)

Interessiert sich der Sozialforscher jedoch für die Argumente *beider* Gruppen, dann muß er in den Fragebogen eine »Gabelung« einbauen. Er gibt dem Interviewer folgenden Hinweis:

(*Bei »Antwort verweigert« weiter zu Frage ..., bei »Ja« nachfolgende Frage 23 a und bei »Nein« Frage 23 b vortragen.*)
Frage 23 a: *Warum schlagen Sie Ihre Kinder?*
Frage 23 b: *Warum lehnen Sie es ab, Ihre Kinder zu schlagen?*

Auch hier handelt es sich um offene Fragen. Diesmal muß der Interviewer jedoch die Antworten der Befragten mitschreiben, die Verschlüsselung findet erst bei der Auswertung statt.

6. Eröffnungs-, Erholungs-, Kontrollfragen: Der Fragebogen soll mit einigen Eröffnungsfragen beginnen, die keinerlei Antworthemmung verursachen. Trotzdem sollen diese Fragen für den Befragten interessant sein und zum Gegenstand der Befragung überleiten.
Nach einem Themenkomplex, bei dem viele peinliche Fragen (die Antworthemmungen provozieren) gestellt wurden, sollte dem Befragten eine Erholungspause gegönnt werden. Es werden Erholungsfragen gestellt, die man extra erfinden kann. Selbstverständlich dürfen sie in ihrer Fragestellung nicht völlig aus dem Rahmen fallen. Es ist deswegen sinnvoller, an den peinlichen Fragenkatalog einen anderen Themenkomplex anzuschließen, der das »freudige Interesse« des Befragten finden wird.
Mit einer Kontrollfrage wird in der Regel versucht festzustellen, ob der Befragte auf eine bestimmte Frage eine wahre Antwort gegeben hat. Die Kontrollfrage erfragt in anderer Formulierung den gleichen Sachverhalt. Man wird sie soweit von der eigentlichen Frage entfernen, daß der Befragte möglichst keinen Zusammenhang zwischen den beiden Fragen erkennt.

7. Soziale Daten: Bei fast allen Befragungen müssen Informationen über bestimmte Merkmale des Befragten wie Alter, Geschlecht, Familienstand, Beruf, Einkommen, Schulbildung und Konfession eingeholt werden. Diese sozialen Daten sollen an das Ende des Interviews gesetzt werden. Der Befragte empfindet Fragen nach diesen Merkmalen als neugierig, wenn nicht sogar als frech. Wird das Interview mit derartigen Fragen begonnen, dann kann u. U. gleich zu Beginn eine Verstimmung erzeugt werden. Am Ende des Interviews ist der Befragte bereits ermüdet, und er ist es inzwischen ohnehin gewöhnt, auf peinliche Fragen zu antworten.

*Aufgabe:*

*Konstruieren Sie zu einem bestimmten Thema einen Fragebogen, in dem alle bisher in diesem Kapitel erörterten Frageformen vorkommen. Halten Sie sich dabei an das im 1. Abschnitt skizzierte Modell (Schritt 1 bis 5) und beachten Sie alle erörterten Erfahrungsregeln über die Formulierung von Fragen und ihre Zusammenfassung zu einem Fragebogen. Die durchschnittliche Befragungsdauer soll etwa 20 Minuten sein.*

## 4. Das Interview als soziale Situation

Kaum eine Phase der mit Hilfe von Interviews durchgeführten Datenermittlung enthält so viele ungelöste Probleme wie der Prozeß der Befragung selbst. Nur wenig von dem, was sich im Augenblick der Befragung zwischen Interviewer und Befragtem über das reine Fragen und Antworten hinaus ereignet und einen nur schwer zu durchschauenden Einfluß auf die Gültigkeit und Zuverlässigkeit der Datenermittlung ausübt, ist im Sinne der Objektivitätskriterien kontrollierbar. Zwar ist die Literatur, die sich mit der Bedeutung und den Auswirkungen von Situationsfaktoren beim Interview be-

*Befragung*

schäftigt, sehr umfangreich [7]. Ihre Ergebnisse lassen sich jedoch für die konkrete Durchführung von Interviews nur selten und dann auch nur mit großem Mehraufwand fruchtbar machen. So gilt der sorgfältigen Formulierung der Fragen und der Fragebogenkonstruktion gewöhnlich eine viel größere Aufmerksamkeit als der wirksamen Kontrolle der Interviewsituation.

Hinter der Durchführung von Interviews steht dabei zumeist ein sehr wenig differenziertes Modell dieser Interviewsituation. Der Interviewer wird als ein neutrales Ermittlungsinstrument betrachtet, dem lediglich die Funktion zukommt, die verbalen Stimuli (Fragen) an den Befragten zu übermitteln und dessen verbale Reaktionen (Antworten) einwandfrei zu registrieren. Gleichzeitig wird unterstellt, daß der Befragte nur den »reinen« Fragestimulus aufnimmt und allein auf ihn reagiert. Diese Vorstellung hat dazu geführt, alle in der Situation des Interviews auftretenden Faktoren, die den verbalen Stimulus und damit auch die verbale Reaktion auf ihn in irgendeiner unbeabsichtigten Weise beeinflussen könnten, als Störfaktoren zu interpretieren, die es auszumerzen gilt. In einem nicht geringen Teil der Literatur geht es deshalb vor allem um die Entwicklung von Praktiken des Interviewens, die der Neutralisierung dieser »Störfaktoren« dienen sollen [8]. Bezeichnend dafür sind die Lehren vom »richtigen« Interviewerverhalten [9]. Dabei wird jedoch nur allzu leicht vergessen, daß das Interviewen selbst eine bestimmte Form sozialer Interaktion darstellt, in der Interviewer und Befragter einander in sozialen Rollen gegenübertreten. Geichgültig wie »keimfrei« diese soziale Situation auch immer gehalten sein mag, sie behält selbst unter Laboratoriumsbedingungen [10] ihren spezifisch sozialen Charakter.

Diese zunächst nur allgemeine Einsicht soll im folgenden konkretisiert werden. Aus ihr lassen sich jedoch jetzt schon zwei Konsequenzen ableiten, die für die Ermittlung und Analyse von Befragungsdaten bedeutsam sind. 1. Bei der Analyse und Interpretation der gewonnenen verbalen Reaktionen müssen die in der Interviewsituation wirkenden sozialen Faktoren berücksichtigt werden. Damit das möglich ist, muß bekannt sein, welche Situationsfaktoren die Antworten in welcher Richtung beeinfluß haben können. 2. Es reicht nicht, nur die Fragen und deren Abfolge im Fragebogen zu standardisieren. Vielmehr muß auch die Interviewsituation normiert werden, wenn die verbalen Reaktionen überhaupt vergleichbar sein sollen.

Die Notwendigkeit der Normierung wird in der Forschung meistens wenigstens soweit berücksichtigt, daß man versucht, das Interviewerverhalten zu standardisieren. Dabei werden alle Interviewer auf *ein* bestimmtes Verhalten und vor allem auf *eine* bestimmte Fragetaktik festgelegt. Es leuchtet jedoch ein, daß damit keine vollständige Normierung der Interviewsituation erreicht werden kann. Es ist nämlich durchaus möglich, daß das einheitliche Verhalten der Interviewer in den verschiedenen sozio-

---

[7] Siehe hierzu *H. Hyman:* Interviewing in Social Research, Chicago 1954; weiter *E. Scheuch:* Das Interview, in: *R. König* (Hrsg.): Handbuch der empirischen Sozialforschung, a.a.O., vor allem die Abschnitte IV und V, S. 152 ff.
[8] Vgl. *E. Noelle:* Umfragen in der Massengesellschaft, a.a.O., und *R. L. Kahn* und *Ch. Cannell:* The Dynamics of Interviewing, New York 1957.
[9] Vgl. *E. Scheuch:* Das Interview, a.a.O., Abschnitt IV.
[10] Siehe z. B. *G. Hamilton:* A Research in Marriage, New York 1929.

kulturellen Milieus, denen die Befragten entstammen, eine ganz unterschiedliche soziale Bedeutung annimmt. So ist es z. B. nicht dasselbe, ob ein Interviewer, der selber aus der Mittelschicht stammt, eine Person derselben Schicht oder der Unterschicht befragt. Was der Befragte aus der Mittelschicht als ein – wenn auch vielleicht etwas einseitiges – »Gespräch« zwischen »Gleichen« auffassen kann, mag dem Befragten aus der Unterschicht eher als ein »Verhör« erscheinen. Die Abwehrmechanismen, die der zweite Befragte in dieser Situation aufbaut, beeinflussen den Frage-Antwort-Prozeß auf eine ganz andere Weise als die Unterstellung des ersten Befragten, es handle sich um ein Gespräch. Dieses Beispiel macht deutlich, wie trotz eines objektiv identischen Interviewerverhaltens eine jeweils ganz andere Interviewsituation einfach dadurch entsteht, daß sie in verschiedenen sozio-kulturellen Milieus stattfindet. Entsprechend wird ein identischer Fragestimulus ganz verschieden wahrgenommen und gedeutet werden. Berücksichtigt man diese Unterschiede nicht, dann müssen die verbalen Reaktionen in ihrem Informationsgehalt unvergleichbar bleiben, weil der Gesamt-Stimulus (Frage *und* Situation) nicht gleich ist. In Gesellschaften allerdings, in denen es wie in den USA zur Institutionalisierung der Umfrageforschung gekommen ist, können sich über die verschiedenen sozio-kulturellen Milieus hinweg feste Rollen von »Interviewer« und »Befragtem« herausbilden, so daß die Interviewsituation *gesellschaftlich* standardisiert ist [11].

Im folgenden sollen jene sozialen Faktoren näher betrachtet werden, die das für die Datenermittlung relevante Verhalten von Befragtem und Interviewer in der Interviewsituation beeinflussen.

Was zunächst den *Befragten* angeht, so legen die in seinem sozio-kulturellen Milieu geltenden Werte und Normen ihm erst einmal eine bestimmte Interpretation der Interview*situation* nahe. Die Tatsache, daß ihn ein Fremder aufsucht, um ihm Fragen zu stellen, veranlaßt den Befragten, dieses Ereignis mit scheinbar ähnlichen sozialen Situationen zu vergleichen, die ihm aus seiner Umwelt vertraut sind; dies um so mehr, wenn er noch keine Erfahrung mit Interviewern hat. Er versucht dann, die für die ihm vertrauteren Situationen verfügbaren Orientierungsmuster auf die Interviewsituation zu übertragen. So kann er etwa das ihm bekannte Rollenschema des neugierigen Fremden oder des Sozialfürsorgers, des Steuerfahnders oder sogar des Polizeispitzels auf den Interviewer anwenden und sich dementsprechend verhalten. Dieser Sachverhalt muß schon bei der Planung der Interviews berücksichtigt werden. Dafür sind genaue Kenntnisse über die verschiedenen Milieus nötig, denen die Befragten entstammen, um die unterschiedlichen Interpretationen der Interviewsituation, mit denen der Interviewer zu rechnen hat, antizipieren zu können. Entsprechend können differenzierte Formen des Interviewerverhaltens eingeübt werden, um den unerwünschten Folgen bestimmter Situationsinterpretationen durch den Befragten entgegenzuwirken.

Noch bevor das Interview beginnt, entwickelt der Befragte bestimmte *Erwartungen* hinsichtlich der Einstellungen und Verhaltensweisen des Interviewers. Diese hängen nicht nur von der subjektiven Situationsdefinition durch den Befragten ab, sondern

[11] Vgl. *Ch. F. Cannell, M. Axelrod:* The Respondent Reports on the Interview, in: *S. M. Lipset, N. J. Smelser:* Sociology – The Progress of a Decade, Englewood Cliffs, N. J., 1961, S. 125 ff.

ebenso von den ihm wahrnehmbaren sozialen Merkmalen des Interviewers wie seiner Kleidung, seinem Auftreten, seiner Sprechweise, seinem Geschlecht und seinem Alter. An Hand derartiger Merkmale macht sich der Befragte ein typisierendes Bild von der Person des Interviewers und orientiert sein Verhalten daran.
Zahlreiche Untersuchungen haben den Einfluß wahrnehmbarer sozialer Merkmale des Interviewers auf die Antworten des Befragten nachgewiesen. Hierfür sollen einige charakteristische Beispiele gegeben werden. Robinson und Rhode untersuchten den Einfluß der Zugehörigkeit des Interviewers zu einer sozialen Minderheit [12]. Sie bildeten vier Gruppen von Interviewern, die nach ihrem Aussehen und – in zwei Gruppen – nach ihrem Namen entweder als »typisch jüdisch« oder »typisch nicht-jüdisch« erscheinen mußten. Bei Fragen, die sich inhaltlich auf Juden bezogen (z. B. der Frage: »Glauben Sie, daß die Juden in den Vereinigten Staaten zuviel Macht und Einfluß besitzen?«), wirkte sich der Unterschied zwischen den Interviewergruppen in einer bis zu 19 Prozentpunkten gehenden Differenz der bejahenden Antworten aus (bei der als Beispiel gegebenen Frage erhielt eine »typisch jüdische« Interviewergruppe nur 5,8 %, eine »typisch nicht-jüdische« Interviewergruppe dagegen 24,3 % bejahende Antworten). Dabei ist es klar, daß der Einfluß wahrgenommener Interviewereigenschaften auf die Antworten von dem Zusammenhang abhängt, in dem die Eigenschaft mit dem Inhalt einer bestimmten Frage steht. Eine bestimmte Eigenschaft beeinflußt nicht die Antworten auf alle Fragen in gleicher Weise bzw. es gibt Fragen, die einer bestimmten Eigenschaft des Interviewers gegenüber neutral sind.
Den Einfluß der Schichtzugehörigkeit des Interviewers hat Daniel Katz untersucht [13]. Bei den Interviewern aus der Mittel- bzw. der Arbeiterschicht stellte er fest, daß die Antworten auf Fragen, die sich auf Arbeit und Entlohnung bezogen, bei den Arbeiterschicht-Interviewern radikaler ausfielen, und zwar obwohl sie Befragte aus höheren sozialen Schichten interviewt hatten als die Mittelschicht-Interviewer. So fand er z. B., daß unter den von Arbeiterschicht-Interviewern Befragten sich nur 44 % für ein Gesetz gegen Sitzstreiks aussprachen, während die von Mittelschicht-Interviewern Befragten zu 59 % ein solches Gesetz befürworteten.
In einer von Hyman berichteten Untersuchung wurde der Einfluß des Geschlechts der Interviewer auf die Antworten festgestellt [14]. Die Befragten sollten u. a. auf die folgenden Äußerungen mit Zustimmung oder Ablehnung reagieren: »Gefängnisse sind zu gut für Sittlichkeitsverbrecher; sie sollten öffentlich ausgepeitscht werden.« Die Ergebnisse waren wie folgt (N = 819):

|  | Zustimmung % | Ablehnung % | Unentschieden % |
|---|---|---|---|
| Männer von Männern interviewt | 44 | 48 | 8 |
| Männer von Frauen interviewt | 39 | 58 | 3 |
| Frauen von Frauen interviewt | 49 | 47 | 4 |
| Frauen von Männern interviewt | 61 | 28 | 11 |

[12] *D. Robinson, S. Rhode:* Two Experiments with an Anti-Semitism Poll, in: Journal of Abnormal and Social Psychology, Bd. 41 (1946).
[13] *D. Katz:* Do Interviewer Bias Polls, in: Public Opinion Quarterly, VI (1942), S. 248–268.
[14] *H. Hyman:* Interviewing in Social Research, a.a.O., S. 115.

Die Weise, in der die wahrgenommenen sozialen Eigenschaften des Interviewers die Antworten eines Befragten beeinflussen, läßt sich etwa folgendermaßen darstellen. Der Befragte identifiziert den Interviewer als Mitglied einer bestimmten sozialen Gruppe und vergegenwärtigt sich damit zugleich die in dieser Gruppe geltenden Werte und Verhaltensstandards sowie die sozialen Normen, die sein eigenes Verhalten Mitgliedern dieser Gruppe gegenüber regeln. Wie in anderen sozialen Situationen auch, paßt sich der Befragte in seinem verbalen Verhalten den vermuteten gruppentypischen Werten und Einstellungen des Interviewers an bzw. orientiert sich an den Normen für die Interaktion mit Menschen solcher Art. Dabei ist dem Befragten gewöhnlich gar nicht bewußt, daß er sich auf diese Weise anpaßt. Deshalb nützen auch Appelle an die Ehrlichkeit des Befragten nicht viel. Vielmehr müßten die Fragen, ähnlich wie bei vermuteten Antworthemmungen, so konstruiert werden, daß sie hinsichtlich der sozialen Eigenschaften des Interviewers neutral sind. Das wiederum ist kaum durchführbar angesichts der schwer durchschaubaren Zusammenhänge zwischen Frageinhalt, Interviewereigenschaften und Befragtentypen.

Was für den Befragten gilt, gilt ähnlich auch für den *Interviewer*. Auch er nimmt den Interviewpartner als Mitglied einer bestimmten sozialen Gruppe wahr und entwickelt ihm gegenüber Einstellungs- und Verhaltenserwartungen. Für die Bildung solcher Erwartungen sind wiederum bestimmte soziale Merkmale des Befragten (die Kenntnis von seinem Beruf, die Ausstattung seiner Wohnung, Alter und Geschlecht) sowie sein Verhalten zu Beginn der Interviewsituation ausschlaggebend. Auf Grund solcher Anhaltspunkte scheint sich die Mehrzahl der geübten Interviewer in der Lage zu fühlen, die Antworten eines Befragten auf die ihm gestellten Fragen in etwa vorherzusagen [15]. Die Bildung solcher Einstellungs- und Verhaltenserwartungen führen beim Interviewer zu einer dem vermeintlichen sozialen Typ des Befragten entsprechenden, selektiven Auffassung und Interpretation seiner Antworten. Das wird für die Datenermittlung um so bedeutsamer, je weniger das Interview standardisiert ist und je offener die Fragen sind. An einem klaren Ja oder Nein oder der Bezeichnung einer vorgegebenen Antwortalternative durch den Befragten kann der Interviewer kaum noch etwas deuten. Antworten auf offene Fragen (insbesondere Meinungsfragen) besitzen jedoch häufig ein bestimmtes Maß an Vieldeutigkeit, so daß der Interviewer sie im Sinne seiner ausgebildeten Erwartungen »verstehen«, d. h. interpretieren kann. Von dieser Interpretation hängt es mit ab, in welche Kategorie der Interviewer eine derartige Antwort einstuft bzw. was er, sie zusammenfassend, niederschreibt.

Zu den inhaltlichen Erwartungen des Interviewers hinsichtlich bestimmter Antworten des Befragten kann eine allgemeine »Einstellungsstrukturerwartung« hinzukommen. Damit wird eine Neigung des Interviewers bezeichnet, beim Befragten eine einheitliche und konsistente Einstellungs- und Meinungsstruktur zu unterstellen. In der Regel wird mit dieser Erwartung die tatsächliche Konsistenz der Antworten des Befragten überschätzt. Der Interviewer interpretiert nicht restlos eindeutige Antworten im Sinne dieses Konsistenzprinzips, was zu einer Verzerrung in den Daten führen kann. Das hat Hyman nachgewiesen. Er konnte zeigen, daß die Interviewer aus vorher gegebenen

---

[15] Siehe hierzu die Tabelle bei *H. Hyman:* a.a.O., S. 78.

Antworten »interventionistischen« bzw. »isolationistischen« Charakters Schlüsse auf weitere Antworten der Befragten ziehen, wenn im weiteren Verlauf des Interviews Probleme angesprochen werden, die in einem logischen Zusammenhang mit der zuvor geäußerten Einstellung stehen [16].

Auch die eigenen Einstellungen und Meinungen des Interviewers hinsichtlich bestimmter Interviewfragen besitzen einen Einfluß auf die Registrierung der Antworten des Befragten. Zahlreiche Untersuchungen haben gezeigt, daß zwischen der Meinung der Interviewer und der von ihnen ermittelten Antwortverteilung auf eine bestimmte Frage ein signifikanter Zusammenhang besteht. So konnte z. B. H. Fisher in einem Laboratoriumsexperiment nachweisen, daß die Selektivität in der Wahrnehmung und Registrierung von verbalen Reaktionen durch die Meinung der Interviewer gesteuert wird [17].

Die eigenen Einstellungen des Interviewers und seine Einstellungserwartungen in bezug auf den Befragten können nicht nur die Registrierung der Antworten beeinflussen, sondern auch sein Verhalten dem Befragten gegenüber. Sofern der Befragte nämlich derartige Einstellungen und Einstellungserwartungen beim Interviewer wahrnimmt, also z. B. bemerkt, daß jener auf bestimmte seiner Antworten mit wie auch immer gedämpfter Zustimmung oder Mißbilligung reagiert, kann er dadurch in seinem weiteren Antwortverhalten im Sinne des oben beschriebenen Anpassungsmechanismus beeinflußt werden. Auch ein strikt neutrales Verhalten des Interviewers entgeht nicht unbedingt solcher Deutung, insofern das Ausbleiben erwarteter Zustimmung zu einer Meinungsäußerung des Befragten diesem wie versteckte Mißbilligung (und umgekehrt) erscheinen kann.

Hier zeigt sich schließlich auch, daß die Wechselwirkung zwischen dem Verhalten und den Erwartungen von Interviewer und Befragtem während des ganzen Interviews anhält. Diese Wechselwirkungsprozesse sind *Bestandteil* der sozialen Situation des Interviews und sollten deshalb auch nicht einfach als auszumerzende »Störfaktoren« angesehen werden, die die Ergebnisse unliebsam »verzerren«. In diesem Sinne völlig unverzerrte Ergebnisse sind mit Hilfe des Interviews gar nicht zu gewinnen. Am ehesten scheint das noch bei schriftlicher Befragung unter Laboratoriumsbedingungen möglich, wo das völlige Alleinsein des Befragten gewährleistet werden kann. Selbst hier jedoch kann sich der Befragte ein Bild von dem (ihm unbekannten) Forscher oder Auftraggeber der Untersuchung und seinen möglichen Erwartungen machen und sein Verhalten unbewußt daran orientieren. Es kommt also darauf an, die in der sozialen Situation des Interviews liegenden Einflußfaktoren jeweils zu identifizieren und zu kontrollieren, um sie bei der Interpretation der Daten als Randbedingungen in Rechnung stellen zu können. Daß dies tatsächlich selten geschieht, liegt an der Schwierigkeit dieser Aufgabe.

---

[16] H. Hyman: a.a.O., S. 98.
[17] H. Fisher: Interviewer Bias in the Recording Operation, in: Int. Journ. Op. and Att. Res. 6, 1950, S. 391 ff.

*Aufgaben:*

1. *Konstruieren Sie für jedes unten angegebene Paar von Interviewern einige Fragen, bei denen Sie vermuten, daß Befragte mit gleicher Meinung sie dem einen Interviewer gegenüber anders beantworten würden als dem anderen (Richtung des Unterschieds angeben!)*
    *a) Katholischer – evangelischer Interviewer*
    *b) 20jähriger – 50jähriger Interviewer*
    *c) Weiblicher Interviewer hausbackener – mondäner Erscheinung*
    *d) Weißer – farbiger Interviewer*

2. *Führen Sie einige Interviews an Hand eines Fragebogens durch, der genügend offene Fragen, vor allem auch Meinungsfragen, sowie Fragen mit nur dem Interviewer vorgegebenen Antwortkategorien enthält. (Hierzu kann auch der zu der Aufgabe auf Seite 114 entworfene Fragebogen benutzt werden.) Wählen Sie möglichst Befragte aus einem Ihnen weniger vertrauten sozialen Milieu. Beobachten Sie sich selbst und den Befragten im Hinblick auf die beiderseitige Herausbildung von Erwartungen (auch die Situationsdefinition des Befragten) und deren möglichen Einfluß auf die Beantwortung der einzelnen Fragen sowie Ihre Interpretation und Niederschrift davon. Analysieren Sie Ihre Beobachtungen in einem schriftlichen Protokoll. Wenn möglich, machen Sie nach dem ersten Drittel des Interviews eine Pause, in der Sie sich zurückziehen und versuchen Sie, die weiteren Antworten des Befragten vorherzusagen (festhalten und später überprüfen).*

## 5. Zuverlässigkeit und Gültigkeit

Die Zuverlässigkeit des Interviews als Instrument der Datenermittlung hängt zunächst vom Grad der Standardisierung ab. Je standardisierter die Fragen, um so unabhängiger ist der auf den Befragten einwirkende Stimulus von dem das Instrument anwendenden Forscher bzw. Interviewer. Daneben beeinflußt die Frageformulierung die Zuverlässigkeit. Unklar formulierte Fragen, die von verschiedenen Befragten unterschiedlich verstanden werden, beeinträchtigen die Zuverlässigkeit. Die Zuverlässigkeit einzelner Fragen kann durch die bereits in Kap. 2 (siehe S. 65) beschriebene Methode Retest geprüft werden, d. h. man stellt den Befragten zweimal in möglichst kurzem Zeitabstand die gleiche(n) Frage(n). Die Gültigkeit dieser Zuverlässigkeitsprüfung hängt davon ab, daß bei den Befragten zwischen den zwei Befragungen keine Veränderung hinsichtlich des erfragten Merkmals eingetreten ist.

Die Gültigkeit von Befragungsdaten hängt – bei vorausgesetzter Zuverlässigkeit – davon ab, ob die Fragen tatsächlich gültige Indikatoren für die theoretisch konzipierten Merkmalsdimensionen sind, die gemessen werden sollen. Daneben beeinflußt, wie im vorigen Abschnitt ausgeführt, die Interviewsituation die Gültigkeit von Befragungsdaten, indem sie auf die Antworten des Befragten wie auf ihre Registrierung durch den Interviewer einwirkt. Die Gültigkeitsproblematik ist bei Faktfragen weniger schwerwiegend als bei Meinungsfragen bzw. bei Fragen, die sich auf Dimensionen beziehen, welche direkter Beobachtung prinzipiell nicht zugänglich sind. Entsprechend ist die Gültigkeitsprüfung bei Faktfragen einfacher (wenn auch oft genug zeitraubend und kostspielig) als bei Meinungsfragen. Die Gültigkeit der letzteren läßt sich durch die in Kap. 2 für die Gültigkeitsprüfung von Skalen beschriebenen Methoden (siehe S. 66 ff.) überprüfen.

*Ausgewählte Literatur*

*Hyman, H. H.:* Interviewing in Social Research, Chicago 1954 (Neuauflage 1965).
*Kahn, R. L., C. F. Cannell:* The Dynamics of Interviewing, New York 1957.
*König, R.* (Hrsg.): Das Interview, Köln 1953.
*Scheuch, E. K.:* Das Interview in der Sozialforschung, in: *R. König* (Hrsg.): Handbuch der empirischen Sozialforschung, Bd. I, Stuttgart 1967.

*Kapitel 6*
# Soziometrie

## 1. *Anwendungsmöglichkeiten*

Die Soziometrie ist eine Methode zur Erforschung bestimmter Aspekte der Struktur sozialer Beziehungen in Gruppen. Sie wurde von Jacob L. Moreno 1934 begründet [1] und inzwischen von einer Vielzahl von Sozialforschern weiterentwickelt. Von den therapeutischen Nebenzwecken, die diese Methode für Moreno und einige seiner Nachfolger besaß, soll hier abgesehen werden.

In bestimmten sozialen Gruppen, wie z. B. Arbeitsgruppen in Betrieben, sind die Beziehungen zwischen den Mitgliedern zumindest teilweise offiziell festgelegt. Daneben gibt es jedoch in solchen formal strukturierten Gruppen durch keine Vorschrift und keinen Organisationsplan vorgeschriebene Beziehungen, die spontan und auf freiwilliger Basis entstehen. Dasselbe gilt für Gruppen, die keine differenzierte Formalstruktur besitzen, sei es, daß sie – wie Spielgruppen von Kindern – überhaupt spontan entstanden sind oder sei es, daß sie – wie eine Schulklasse – zwar als Gruppe formal konstituiert, aber intern nicht weiter organisiert wurden. Diese spontan und auf freiwilliger Basis entstehenden sozialen Beziehungen in Gruppen sind der Gegenstand der Soziometrie. Sie versucht, diese Beziehungen durch den *soziometrischen Test* zu erfassen. Voraussetzung für die Anwendbarkeit des soziometrischen Tests ist, daß die Gruppenmitglieder sich gegenseitig kennen, weshalb er auch vorwiegend auf relativ kleine Gruppen angewandt wird.

Die im soziometrischen Test ermittelten Beziehungen lassen sich wie folgt klassifizieren:

1. *Beziehungen der Zuneigung und Abneigung.* Sie werden im allgemeinsten Fall durch die Frage ermittelt, welches oder welche anderen Gruppenmitglieder der Befragte am liebsten hat oder am meisten mag (bzw. nicht mag).

2. *Subjektive Interaktionspräferenzen.* Hier geht es darum, wer mit wem am liebsten (oder am wenigsten gern) in ganz bestimmte, inhaltlich definierte Beziehungen träte, z. B. von wem er sich am liebsten Rat holte, wen er am liebsten einladen würde, neben wem er am Fließband stehen möchte usw. Es wird angenommen, daß zwischen diesen subjektiven Präferenzen und den affektiven Komponenten der Zu- und Abneigung eine enge Beziehung besteht, die jedoch im konkreten Fall der theoretischen Präzisierung bedarf. Es ist sehr wichtig, daß man die Dimension, die mit einer Wahl-Frage

---

[1] *J. L. Moreno* veröffentlichte 1934 sein Buch »Who Shall Survive«, in dem die neue Technik der Soziometrie erstmals in geschlossener Weise dargestellt wurde.

(nach der subjektiven Interaktionspräferenz) angesprochen wird, kennt. Damit ist das Problem der *Gültigkeit* des soziometrischen Tests angeschnitten. Kann man beispielsweise die Sympathie-Antipathie-Struktur einer Schulklasse mit der Frage »Neben wem möchtest Du sitzen?« aufdecken? Vermutlich nicht, denn bei der Wahl für einen Nebensitzer werden nicht nur Sympathie und Antipathie wirken, sondern auch Überlegungen, ob man von der schulischen Leistung des anderen profitieren könnte. Diese Wahl-Frage mißt also vermutlich – in nicht zu entwirrender Weise – auf den beiden Dimensionen der Sympathie-Antipathie und der Leistungsfähigkeit.

3. *Faktische Interaktionsbeziehungen.* Hier wird etwa danach gefragt, wer tatsächlich mit wem in der Kantine essen geht, wer sich von wem Rat holt, wer wem Neuigkeiten weitererzählt usw. Prinzipiell ließe sich das durch Beobachtung feststellen, sofern die praktischen Schwierigkeiten nicht zu groß sind. Dabei können die Angaben der befragten Gruppenmitglieder sowohl untereinander wie auch insgesamt von den durch Beobachtung ermittelten Interaktionsbeziehungen abweichen. Die Zuverlässigkeit der durch soziometrischen Test erhobenen Daten ist, wenn man sie als objektive Darstellung tatsächlicher Beziehungen wertet, aus diesem Grunde fragwürdig. Jedoch interessiert den Soziometriker häufig gerade die subjektive *Wahrnehmung* der Beziehungen durch die Gruppenmitglieder, da sich in ihr die subjektiv-affektiven Komponenten auswirken. Über Ausmaß und Richtung dieses Einflusses kann der Vergleich mit objektiven Beobachtungsdaten Aufschluß geben.

## 2. Die Erhebungstechnik

Im soziometrischen Test wird der Befragte aufgefordert, eine andere Person (aus seiner Gruppe) zu wählen. Ein Schüler wird etwa gefragt, neben welchem Klassenkameraden er gern sitzen würde. Die Fragen nach der Wahl eines anderen können nun unterschiedliche Formen annehmen.

1. Die Wahlfrage kann sich auf die *allgemeine* Zu- oder Abneigung richten (z. B.: »Welchen Deiner Klassenkameraden magst Du am liebsten?«) oder auf eine *spezifische* Beziehung (»Mit wem zusammen möchtest Du spielen?«).
2. Spezifische Wahlfragen können *indikativ* oder *konjunktiv* sein, d. h. nach tatsächlichen oder nach gewünschten Beziehungen (Interaktionspräferenzen) fragen; z. B.: »Mit wem spielst Du meistens in der Pause?« bzw. »Mit wem würdest Du in der Pause am liebsten spielen?«.
3. Es können positive und/oder negative Wahlen erfragt werden. So kann beispielsweise gefragt werden »Wen würdest Du zu Deinem Geburtstag einladen – und wen bestimmt nicht?«. Da im soziometrischen Test keine Anonymität zugesichert werden kann (der Befragte muß seinen Namen angeben, und er muß die gewählten Personen namentlich nennen), ist die Frage nach den abgelehnten Personen für den Befragten sehr peinlich. Der Sozialforscher muß deswegen mit einem beträchtlichen Prozentsatz an Antwortverweigerungen rechnen [2].

---

[2] Gegenteilige Erfahrung – allerdings nur bei Schulkindern – hat G. Bastin gemacht. Siehe G. Bastin: Die soziometrischen Methoden, Bern und Stuttgart 1967, S. 22.

4. Auch mehrere Wahlen sind möglich. Der Befragte soll in diesem Fall nicht nur eine, sondern mehrere Personen wählen. Entweder überläßt man es dem Befragten, wie viele andere Personen er nennt, oder man fixiert die Zahl der Wahlen. Mehr als fünf Personen sollen dem Befragten jedoch nicht abverlangt werden [3]. Die 1., 2., 3. und eventuelle weitere Wahlen werden dabei gewöhnlich als Rangordnung aufgefaßt (am liebsten, zweitliebsten usw.). Bei der Auswertung ist zu bedenken, daß diese individuellen Rangordnungen nicht strikt vergleichbar sind.

5. Eine besondere Art des soziometrischen Tests entsteht, wenn der Befragte gebeten wird, diejenigen Personen zu nennen, die ihn seiner Meinung nach bei einer bestimmten Frage gewählt und/oder abgelehnt haben. In diesem Falle spricht man von einem soziometrischen Wahrnehmungstest [4].

## 3. Darstellung und Auswertung der Ergebnisse

Nachdem der soziometrische Test durchgeführt ist, muß das Datenmaterial geordnet, dargestellt und ausgewertet werden. Die gebräuchlichsten Darstellungsformen sind das Soziogramm und die Soziomatrix.

Das *Soziogramm* stellt die Erhebungsergebnisse graphisch dar. Zur Illustration soll das Soziogramm einer aus vier Personen bestehenden Gruppe dargestellt werden (Abb. 1). Die Befragten durften in beliebiger Anzahl positive und negative Wahlen abgeben (wobei sie die Rangfolge der Wahlen angeben sollten). Sie wurden außerdem aufgefordert, zu raten, wer sie wählen wird (soziometrischer Wahrnehmungstest).

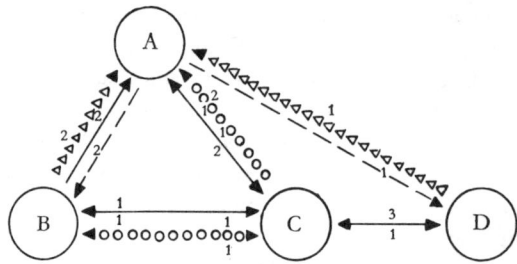

Abb. 1 ›Soziogramm‹

Zeichenerklärung:

────1───▶ = einseitige (erste) Wahl

◀──1──2──▶ = gegenseitige Wahl; erste Wahl von links nach rechts und zweite Wahl von rechts nach links

────2───▶ = Ablehnung

ooooo▶ = (einseitig) geratene Wahl (B ooooo▶ A = A vermutet, von B gewählt zu werden)

△△△△▶ = (einseitig) geratene Ablehnung

---

[3] Siehe hierzu G. *Bastin:* Die soziometrischen Methoden, Bern und Stuttgart 1967, S. 25.
[4] Siehe hierzu R. *Tagiuri:* Perceptual Sociometry (Introduction), *J. L. Moreno* u. a. (Hrsg.): The Sociometry Reader, Illinois 1960, S. 568 ff., und G. *Bastin:* Die soziometrischen Methoden, S. 16.

Ein derartiges Soziogramm enthält zwar alle Informationen, die im Test gewonnen wurden, es wird jedoch mit zunehmender Zahl der Befragten immer unübersichtlicher. Man hilft sich üblicherweise dadurch, daß man Teil-Soziogramme zeichnet. So könnte man ein Teil-Soziogramm der ersten Wahl zeichnen oder eines der ersten Ablehnung. Man kann aber auch kombinieren und etwa ein Teil-Soziogramm der ersten Wahl *und* der ersten geratenen Wahl entwerfen. Eine besondere Form des Teil-Soziogramms ist das *Individual-Soziogramm*, bei dem lediglich die soziometrische Stellung *eines* einzelnen Befragten abgebildet wird (gegebene und empfangene Wahlen). Die Beziehungen zwischen den anderen Personen interessieren in diesem Fall nicht.

Werden zwei Sozialforscher aufgefordert, die Ergebnisse des gleichen Tests in ein Soziogramm umzusetzen, so werden sie mit Sicherheit zwei Soziogramme zeichnen, die auf den ersten Blick grundverschieden erscheinen. Das ist die spezifische Schwäche des Soziogramms. Es gibt kein strukturierendes Prinzip, kein Koordinatensystem, das den Ort der Befragten auf dem Papierstück, auf dem das Soziogramm gezeichnet werden soll, festlegt. Diese Schwäche wird teilweise überwunden durch das *»Schießscheiben-Soziogramm«* [5] (engl. = target sociogram). In den innersten Kreis der »Schießscheibe« werden diejenigen Befragten eingezeichnet, die am häufigsten gewählt wurden. Von Ring zu Ring, nach außen gehend, nimmt die Zahl der empfangenen Wahlen ab. Ganz außen stehen die Isolierten. Ein derartiges Schießscheiben-Soziogramm kann natürlich nur als Teil-Soziogramm gezeichnet werden.

Die *Auswertung des Soziogramms* in seinen verschiedenen Formen besteht im wesentlichen darin, bestimmte soziometrische Konfigurationen zu entdecken (und in ihrer Häufigkeit zu zählen). Typische soziometrische Konfigurationen sind

1. das Paar: A und B wählen sich gegenseitig;
2. das Dreieck: A, B und C wählen sich gegenseitig;
3. die Kette: Graphisch A → B → C → D (auch mit gegenseitigen Wahlen möglich);
4. der Stern: eine Person wird außerordentlich häufig von anderen gewählt, die sich untereinander nur wenig wählen;
5. die Clique: eine bestimmte Anzahl von Personen wählt sich untereinander sehr häufig, richtet jedoch wenig Wahlen auf die anderen Gruppenmitglieder und empfängt von diesen auch nur wenige Wahlen.
   Diese fünf Konfigurationen können jeweils ergänzt werden durch geratene Wahlen und besonders bei der Clique durch Ablehnungen.
6. der Star: eine vielgewählte Person; der Mittelpunkt eines Sterns. Je nach der untersuchten Dimension kann man von einem »Sentiment«-Star (der Beliebte), einem »Expertness«-Star (der Beste) oder einem »Kommunikations«-Star (der am besten Informierte) sprechen;
7. die graue Eminenz: eine isolierte Person, die nur eine gegenseitige Beziehung zum Star besitzt;

---

[5] Siehe hierzu *M. L. Northway* in: *J. L. Moreno* (Hrsg.): The Sociometry Reader, S. 221–228; *G. Bastin*: Die soziometrischen Methoden, S. 55–62; *K. M. Evans*: Sociometry and Education, London 1962, S. 22–24.

8. der Isolierte: eine Person, die keine Wahlen empfängt und selbst auch niemanden wählt;
9. der Vergessene: eine Person, die zwar andere wählt, aber von niemand gewählt wird;
10. der Abgelehnte: eine Person, die nur Ablehnungen empfängt.

Die *Soziomatrix* ist die zweite Möglichkeit, die Rohergebnisse des soziometrischen Tests darzustellen. Sie ist zwar weniger anschaulich als das Soziogramm, besitzt aber dafür erhebliche Vorteile für die Auswertung. Zur Illustration soll eine Soziomatrix für die soziometrischen Beziehungen zwischen fünf Personen (A bis E) dargestellt werden (Abb. 2). Aus dieser Matrix läßt sich z. B. sehen, daß A seinen Gruppenpartner B wählt. Er setzt ihn an die erste Stelle seiner Wahlen und fühlt sich auch von ihm als ersten gewählt. C bringt er die erste (in diesem Fall auch einzige) Ablehnung entgegen und fühlt sich auch von diesem abgelehnt ... usw.

|  |  | Der Gewählte | | | | | | | | | |  |
|---|---|---|---|---|---|---|---|---|---|---|---|---|
|  |  | A | | B | | C | | D | | E | |  |
|  |  | r | s | r | s | r | s | r | s | r | s |  |
| Der Wählende | A a |  |  | +1 |  | −1 |  | +2 |  | +3 |  | Σa+; Σa− |
|  | b |  |  |  | +1 |  | −1 |  | +3 |  | +2 | Σb+; Σb− |
|  | B a | +1 |  |  |  | −1 |  | +2 |  | −2 |  |  |
|  | b |  | +1 |  |  |  | −1 |  | +2 |  | −2 |  |
|  | C a | +3 |  | −1 |  |  |  | +1 |  | +2 |  |  |
|  | b |  | +3 |  | −1 |  |  |  | +1 |  | +2 |  |
|  | D a | +2 |  | −1 |  | +3 |  |  |  | +1 |  |  |
|  | b |  |  |  | −1 |  | +3 |  |  |  | +1 |  |
|  | E a | +1 |  | −1 |  | +2 |  | +3 |  |  |  |  |
|  | b |  | +2 |  | −1 |  | +3 |  | +3 |  |  |  |
|  |  | Σr+ Σr− | Σs+ Σs− |  |  |  |  |  |  |  |  |  |

Abb. 2  Soziomatrix

*Zeichenerklärung:*

Die Wahlen und Ablehnungen, die A *abgibt*, sind in der Reihe a eingetragen; ein positives Vorzeichen bedeutet »Wahl«, ein negatives »Ablehnung«. Die Zahlen drücken die Rangordnung der Wahlen bzw. Ablehnungen aus (1., 2., 3. Wahl usw.). Die von A *geratenen* Wahlen und Ablehnungen sind in der Reihe b eingetragen. Die von A *empfangenen* Wahlen und Ablehnungen sind in der Spalte r verzeichnet, die *empfangenen geratenen* Wahlen und Ablehnungen (d. h. die, die andere A zuschreiben) in der Spalte s. (Analog für die anderen Personen.)

Diese Soziomatrix ist in ihrem Aufbau relativ kompliziert, was dadurch vermieden werden könnte, daß man die vollständige Soziomatrix in Teilmatrizen auflöst – etwa in eine Teilmatrix der positiven Wahlen, eine Teilmatrix der Ablehnungen und eine Teilmatrix der geratenen Wahlen. Selbstverständlich können derartige Teilmatrizen wieder kombiniert und zusammengefügt werden.

Die *Auswertung der Soziomatrix* besteht im wesentlichen in der Errechnung verschiedener Indizes. Die Indizes können unterteilt werden in »Grundgrößen« (die sich ohne weitere Berechnungen unmittelbar aus der Soziomatrix ergeben) und »komplexe Indizes« (die sich nach gewissen Berechnungen ergeben). Aus der vollständigen Soziomatrix können unmittelbar folgende »Grundgrößen« [6] abgelesen werden:

1. Zahl der gegebenen Wahlen ($\Sigma$ a +) und Ablehnungen ($\Sigma$ a —).
2. Zahl der erhaltenen Wahlen ($\Sigma$ r +) und Ablehnungen ($\Sigma$ r —).
3. Zahl der geratenen Wahlen ($\Sigma$ b +) und Ablehnungen ($\Sigma$ b —).
4. Zahl der empfangenen geratenen Wahlen ($\Sigma$ s +) und Ablehnungen ($\Sigma$ s —).

Bei diesen Grundgrößen wurde nicht berücksichtigt, daß die Wahlen und Ablehnungen in einer Rangfolge vorliegen. Soll auch diese Information verwertet werden, dann müssen die Wahlen und Ablehnungen gewichtet werden. Wenn etwa drei Wahlen zugelassen waren, dann kann die erste Wahl mit drei Punkten gewichtet werden, die zweite Wahl mit zwei Punkten und die dritte Wahl mit einem Punkt [7].

Aus der Soziomatrix können zwar nicht unmittelbar aber unschwer die folgenden weiteren Grundgrößen errechnet werden:

5. Gesamtzahl aller a) empfangenen (gewichteten) Wahlen, b) und aller gegebenen (gewichteten) Wahlen. Diese beiden Grundgrößen sind natürlich gleich groß.
6. Gesamtzahl aller a) empfangenen (gewichteten) Ablehnungen und aller b) gegebenen (gewichteten) Ablehnungen.
7. Gesamtzahl aller gegenseitigen Wahlen [8].
8. Gesamtzahl aller gegenseitigen Ablehnungen [8].
9. Gesamtzahl aller a) richtig geratenen Wahlen, b) richtig geratenen Ablehnungen, c) falsch geratenen Wahlen und d) falsch geratenen Ablehnungen.

Diese neun Grundgrößen drücken einen Sachverhalt aus, der dem (in eine Soziomatrix geordneten) Datenmaterial unmittelbar entnommen ist. Die »komplexen Indizes« enthalten dagegen alle ein zusätzliches interpretatives Element. So kann z. B. ein Index der Gruppenkohäsion nicht unmittelbar aus dem Datenmaterial entnommen werden. Er entsteht durch einen bestimmten Kalkül, dem das Datenmaterial unterworfen wird und einer bestimmten inhaltlichen Interpretation.

---

[6] Siehe hierzu *G. Bastin:* Die soziometrischen Methoden, S. 35 ff.
[7] *T. C. Campbell* (in: *Moreno* u. a. [Hrsg.]: The Sociometry Reader, S. 137/138) kommt auf Grund bestimmter statistischer Überlegungen bei 10 Befragten und drei zugelassenen Wahlen zu folgenden Gewichtszahlen: 1. Wahl = 10, 2. Wahl = 7, 3. Wahl = 5, nicht gewählt = 0. Diese Gewichtszahlen ändern sich allerdings mit der Zahl der Befragten.
[8] Auch hierbei kann die Rangordnung durch Gewichtung berücksichtigt werden.

Folgende komplexe Indizes sind gebräuchlich:

1. a) Der positive soziometrische Status (SS +) einer Person ist[9]

$$SS+ = \frac{\text{Zahl der empfangenen Wahlen}}{\text{Zahl der Gruppenmitglieder} - 1}$$

b) Der negative soziometrische Status (SS—) einer Person ist

$$SS- = \frac{\text{Zahl der empfangenen Ablehnungen}}{\text{Zahl der Gruppenmitglieder} - 1}$$

Gewichtete Wahlen und Ablehnungen werden mit folgender Formel berücksichtigt

c) $$SS+ = \frac{\text{Summe der empfangenen gewichteten Wahlen}}{\text{Gesamtsumme aller abgegebenen gewichteten Wahlen}}$$

d) $$SS- = \frac{\text{Summe der empfangenen gewichteten Ablehnungen}}{\text{Gesamtsumme aller empfangenen gewichteten Ablehnungen.}}$$

Der positive bzw. negative soziometrische Status gemäß den Formeln a) bis d) reicht über einen Wertebereich von 0 bis +1. Ein genereller soziometrischer Status kann in folgender Weise errechnet werden

e) $SS = SS+ - SS-$

Dieser generelle Index reicht von —1 über 0 bis +1.

In allen diesen Formeln (a bis e) wird übersehen, daß der Status eines Gruppenmitgliedes, das beispielsweise von drei Personen gewählt wurde, die ihrerseits von niemandem sonst in der Gruppe gewählt wurden, ein anderer ist als der eines Gruppenmitgliedes, das von drei häufig gewählten Personen gewählt wurde. In einer relativ komplizierten Formel (die hier nicht vorgetragen werden kann) versucht L. Katz[10] diesem Phänomen Rechnung zu tragen.

Bei der inhaltlichen Interpretation des Statusindex muß selbstverständlich der Inhalt der Testfrage berücksichtigt werden. Wurde z. B. nach Sympathie–Antipathie gefragt, dann drückt der soziometrische Status den Grad der Beliebtheit eines Gruppenmitgliedes aus. Wurde gefragt, bei wem man sich Rat holt, dann drückt er vielmehr den Grad an »Expertness« aus. Der Index des soziometrischen Status ist so konstruiert, daß nicht nur ein Vergleich etwa des Beliebtheitsgrades zweier Individuen innerhalb der gleichen Gruppe, sondern auch in zwei verschiedenen Gruppen möglich ist.

---

[9] Im Nenner der Formel steht »Zahl der Gruppenmitglieder minus 1«, weil sich der Befragte nicht selbst wählen kann.
[10] *L. Katz:* A New Status Index Derived from Sociometric Analysis, in: *Moreno* u. a. (Hrsg.): The Sociometry Reader, S. 266–272.

2. Die »Expansion« einer Person wird durch folgende Formeln bestimmt:

$$E+ = \frac{\text{Zahl der von der Person i abgegebenen Wahlen}}{\text{Zahl der Gruppenmitglieder} - 1}$$

$$E- = \frac{\text{Zahl der von der Person i abgegebenen Ablehnungen}}{\text{Zahl der Gruppenmitglieder} - 1}$$

Diese beiden Indizes sind nur sinnvoll, wenn die Zahl der Wahlen und Ablehnungen nicht fixiert wurde und wenn der soziometrische Test in der Dimension der Sympathie-Antipathie durchgeführt wurde. Der Index drückt dann das aus, was Moreno »emotionales Ausdehnungsvermögen« nannte.

Der Status- und der Expansionsindex sind Indizes, die (quantitative) Angaben über Individuen machen. Die nachfolgenden Indizes geben dagegen Informationen über Kollektivmerkmale der untersuchten Gruppe.

3. Der Index der »Gruppenkohäsion« (K) wird in folgender Weise berechnet:

$$K = \frac{\text{Zahl der gegenseitigen Wahlen}}{\text{Zahl der prinzipiell möglichen gegenseitigen Wahlen}}$$

(die gegenseitigen Wahlen werden ohne Rücksicht auf die Rangordnung der Wahlen ermittelt).

Die Zahl der prinzipiell möglichen gegenseitigen Wahlen ist, bei N Gruppenmitgliedern und unbeschränkter Wahlmöglichkeit:

$$\frac{N(N-1)}{2}; \text{ bei f erlaubten Wahlen: } \frac{f \cdot N}{2}$$

Der Index der Gruppenkohäsion kann für verschiedene Dimensionen ermittelt werden. Am sinnvollsten scheint er jedoch zu sein, wenn in der Dimension der Sympathie–Antipathie gemessen wird. Er gibt dann eine Maßzahl für die »emotionale Integration« der Gruppenmitglieder untereinander [11].

4. Soll der *generelle* Integrationsgrad einer Gruppe ermittelt werden, dann müssen die gegenseitigen Beziehungen der Mitglieder in *allen* relevanten Dimensionen ermittelt werden, d. h. es müssen mehrere Testfragen benutzt werden. Joan H. Criswell hat hierfür einen Index entwickelt, der wesentlich auf der Zahl der gegenseitigen Wahlen aufbaut [12]. Als gegenseitige Wahl wird dabei auch etwa folgender Fall gerechnet: A wählt B in der Dimension der Sympathie–Antipathie. B erwidert diese Wahl nicht, wählt jedoch A in der Dimension der Leistungsfähigkeit, ohne daß A diese Wahl erwidert.

---

[11] Der Begriff »Kohäsion« wird in der Kleingruppenforschung üblicherweise in anderem Sinne verwendet. Kohäsion bezeichnet dort die durchschnittliche Anziehungskraft der Gruppe für die einzelnen Mitglieder.

[12] Siehe in: *Moreno* u. a. (Hrsg.): The Sociometry Reader, S. 252 ff. und S. 307 ff.

Criswell nennt diese Art der gegenseitigen Wahl »cross-relationship«. Die Formel für den Criswellschen Integrationsindex (I) lautet:

$$I = \frac{R \cdot q}{U \cdot p}$$

R = Gesamtzahl aller gegenseitigen Wahlen *innerhalb* der jeweiligen gemessenen Dimensionen *plus* aller »cross-relationships«

U = Gesamtzahl aller nicht erwiderten Wahlen unter Berücksichtigung der »cross-relationships«.

$$p = \frac{\text{Zahl der fixierten Wahlen}}{\text{Zahl der Gruppenmitglieder} - 1}$$

q = 1 — p

Der Criswellsche Index ist nur anwendbar, wenn die Zahl der erlaubten Wahlen für alle Befragten und für alle Dimensionen gleich groß ist.

5. Ein weiterer, etwas grober Integrationsindex kann nach folgender Formel errechnet werden:

$$I = \frac{1}{\text{Zahl der Personen, die keine Wahl empfingen}}$$

Er zeigt an, wieweit sich die Wahlen gleichmäßig auf alle Gruppenmitglieder verteilen. Der Nachteil der beiden Integrationsindizes 4. und 5. ist, daß sie keine Ablehnungen und richtig oder falsch geratene Wahlen bzw. Ablehnungen berücksichtigen, obwohl das zweifellos wichtige Elemente der Gruppenintegration sind.

Eine wichtige Aufgabe der Soziometrie ist es, Untergruppen (Cliquen) in Gruppen zu entdecken. Aus der Soziomatrix sind Cliquen nicht unmittelbar ablesbar. Auch ein »Cliquen-Index« existiert nicht. Es gibt jedoch zwei relativ komplizierte Methoden, mit deren Hilfe Cliquen identifiziert werden können. Bei der ersten von E. Forsyth und L. Katz [13] entwickelten Methode wird die Matrix solange umgeordnet, bis sich gegenseitige Wahlen in der Diagonale häufen. Die zweite von L. Festinger [14] entwickelte Methode macht sich die mathematische Disziplin der Matrix-Algebra zunutze. Wird die Soziomatrix in die 3. Potenz erhoben, dann »erscheinen« die Cliquen. Mit dieser Methode können auch »unvollkommene« Cliquen (bei denen die Zahl der internen gegenseitigen Wahlen kleiner ist als die prinzipiell mögliche) entdeckt werden.

## 4. Soziometrie und Relationsanalyse

Die Informationen, die man durch die Auswertung von Soziogramm und Soziomatrix erhält, sind überwiegend deskriptiver Natur. Man kann jedoch die soziometrischen

---

[13] Siehe bei *Moreno* u. a. (Hrsg.): The Sociometry Reader, S. 229–235. Siehe auch die kurze Darstellung bei *K. M. Evans:* Sociometry and Education, S. 24–27.
[14] Siehe bei *Moreno* u. a. (Hrsg.): The Sociometry Reader, S. 238–244.

Daten mit zusätzlich erhobenen Daten, vor allem sozialen und Persönlichkeitsmerkmalen, in Beziehung setzen [15]. So kann man etwa die Bestimmungsgründe des soziometrischen Status (welche Merkmale machen beliebt oder unbeliebt) oder auch seine Folgen (z. B. auf Zufriedenheit, Leistung, Konformität) zu ermitteln suchen. Weiter läßt sich fragen, unter welchen Bedingungen etwa eine stark oder schwach integrierte Gruppe entsteht, und wie sich verschiedene Gruppenstrukturen z. B. auf die Gruppenleistung, die Stabilität der Gruppe oder die Zufriedenheit der Mitglieder auswirken. Schließlich kann man auch nach einer etwaigen Homogenität (Merkmalsgleichheit) zwischen sich wählenden Mitgliedern bzw. innerhalb von Cliquen fragen. Hier wird die soziometrische Analyse zu einer Unterform der sogenannten Relationsanalyse, mit der man – genau wie mit der in Kap. 10 behandelten Kontextanalyse – der »atomistischen« Tendenz der üblichen Stichprobenerhebungen entgegentreten will.

Im Gegensatz zu jener Art von Stichprobenerhebung, bei der die Individuen weitgehend aus dem konkreten Beziehungsgefüge ihrer Umwelt herausgelöst betrachtet werden (man korreliert z. B. eine Einstellung mit Beruf, Alter oder Geschlecht, aber selten mit den Einstellungen der Freunde oder Ehepartner der Befragten), bilden bei der Relationsanalyse in Beziehung miteinander stehende Individuen – meistens Paare – die Untersuchungseinheiten. Dabei kann es sich um feste Rollenbeziehungen (Ehepartner, Vorgesetzter und Untergebener) oder um informelle Beziehungen handeln, wie sie im soziometrischen Test ermittelt werden. Die Paare können dann auf ihre Merkmalsgleichheit hin untersucht werden. Bei der soziometrischen Analyse kann man etwa die Gruppenmitglieder nach Alter, Geschlecht oder Parteipräferenzen geordnet in der Soziomatrix aufführen. Falls Homophilie, d. h. eine Tendenz zur Wahl von Merkmalsgleichen vorliegt, müßten sich die Wahlen um die Diagonale von links oben nach rechts unten konzentrieren (bzw. bei einem dichotomischen Merkmal vor allem ins linke obere und rechte untere Viertel der Matrix fallen). Bei einer Relationsanalyse nichtsoziometrischen Charakters werden die Befragten nach einem bestimmten Merkmal in Gruppen zusammengefaßt und weiter nach dem betreffenden Merkmal ihrer Partner klassifiziert:

|          |          | Partner   |          |
|----------|----------|-----------|----------|
|          |          | männlich  | weiblich |
| Befragte | männlich | A         | B        |
|          | weiblich | C         | D        |
|          |          |           | N        |

Bei Homophilie müßten die Felder A und D besonders stark besetzt sein, bei Heterophilie B und C. Sofern man sich – was natürlich nicht bei allen Merkmalen möglich ist – auf die Angaben der Befragten hinsichtlich der betreffenden Merkmale ihrer Partner

---

[15] Siehe die Darstellung einiger Ergebnisse bei *J. Nehnevajsa*: Soziometrie, in: *R. König* (Hrsg.): Handbuch der empirischen Sozialforschung, a.a.O., S. 232 ff.

(Freunde, Vorgesetzte usw.) verlassen kann, ist eine solche Untersuchung auch mittels Stichprobenerhebung möglich [16]. Ein besonders wichtiger Anwendungsfall dieser Art von Analyse sind Mobilitätsuntersuchungen, bei denen die Befragten einmal nach ihrem eigenen Beruf (oder Schichtzugehörigkeit) und einmal nach dem Beruf (oder Schichtzugehörigkeit) ihres Vaters klassifiziert werden. Die Stärke der Tendenz zur Merkmalsgleichheit kann bei allen solchen Tabellen mittels des speziell für Mobilitätstabellen entwickelten *Assoziationsindex* berechnet werden (je niedriger sein Wert, um so stärker die Intergenerationen-Mobilität) [17]. Dabei werden zunächst die theoretischen Werte der Diagonalfelder (A und D im obigen Beispiel) berechnet, und zwar für Feld A nach der Formel $\frac{(A+B) \times (A+C)}{N}$, d. h. Summe der Reihe, in der das Feld steht, mal Summe der Spalte geteilt durch Gesamtzahl der Befragten. Die theoretischen Werte werden dann mit den wirklichen Werten der Diagonalfelder in Beziehung gesetzt:

$$\text{Assoziationsindex} = \frac{\text{Summe der wirklichen Werte der Diagonalfelder}}{\text{Summe der theoretischen Werte der Diagonalfelder}}$$

*Aufgabe:*

*Auf eine Gruppe von 10 Personen (A bis K) wurde ein soziometrischer Test angewandt. Es wurde in der Dimension der Sympathie–Antipathie gemessen. Dabei war die Zahl der Wahlen/Ablehnungen, geratenen Wahlen und geratenen Ablehnungen auf drei begrenzt (es durften jedoch weniger Wahlen/Ablehnungen etc. abgegeben werden). Folgendes Datenmaterial wurde gewonnen (Zeichenerklärung siehe S. 124):*

Wahlen

$A \xrightarrow{1} E \quad B \xrightarrow{1} H \quad C \xrightarrow{1} A \quad D \xrightarrow{1} F \quad E \xrightarrow{1} A$

$A \xrightarrow{2} G \quad B \xrightarrow{2} E \quad C \xrightarrow{2} D \quad D \xrightarrow{2} G \quad E \xrightarrow{2} G$

$A \xrightarrow{3} C \quad B \xrightarrow{3} I \quad C \xrightarrow{3} G \quad D \xrightarrow{3} A \quad E \xrightarrow{3} I$

$F \xrightarrow{1} D \quad G \xrightarrow{1} E \quad H \xrightarrow{1} B \quad I \xrightarrow{1} H \quad K \xrightarrow{1} I$

$F \xrightarrow{2} G \quad G \xrightarrow{2} A \quad H \xrightarrow{2} I \quad I \xrightarrow{2} B \quad K \xrightarrow{2} E$

$F \xrightarrow{3} A \quad G \xrightarrow{3} F \quad H \xrightarrow{3} E \quad I \xrightarrow{3} E \quad K \xrightarrow{3} G$

---

[16] Die inhaltliche Interpretation homophiler oder heterophiler Tendenzen hängt von der Art des Merkmals (konstant oder veränderlich) und der Art der Beziehung (freiwillig oder oktroyiert) ab.
[17] Weitere Ausführungen zum Assoziationsindex und seine Anwendung in Mobilitätsuntersuchungen bei *R. Mayntz:* Soziale Schichtung und sozialer Wandel in einer Industriegemeinde, Stuttgart 1958, S. 167 f.

| Ablehnungen | Geratene Wahlen und Ablehnungen | | |
|---|---|---|---|
| $A \dashrightarrow B$ | $A \circ\circ\circ\rangle E$ | $D \circ\circ\circ\rangle A$ | $F \circ\circ\circ\rangle D$ |
| $B \dashrightarrow A$ | $A \circ\circ\circ\rangle C$ | $E \circ\circ\circ\rangle A$ | $G \circ\circ\circ\rangle F$ |
| $C \dashrightarrow E$ | $A \triangle\triangle\triangle\rangle B$ | $E \circ\circ\circ\rangle I$ | $G \circ\circ\circ\rangle A$ |
| $D \dashrightarrow I$ | $B \triangle\triangle\triangle\rangle A$ | $E \circ\circ\circ\rangle G$ | $G \circ\circ\circ\rangle E$ |
| $F \dashrightarrow K$ | $B \circ\circ\circ\rangle E$ | $E \circ\circ\circ\rangle H$ | $H \circ\circ\circ\rangle B$ |
| $H \dashrightarrow K$ | $C \circ\circ\circ\rangle A$ | $K \circ\circ\circ\rangle E$ | $H \triangle\triangle\triangle\rangle K$ |
| $I \dashrightarrow D$ | $C \triangle\triangle\triangle\rangle E$ | | $I \circ\circ\circ\rangle B$ |

1. *Zeichnen Sie Teilsoziogramme für die Wahlen, für die Ablehnungen und die geratenen Wahlen/Ablehnungen.*
2. *Zeichnen Sie ein Individualsoziogramm für E.*
3. *Versuchen Sie, die 10 soziometrischen Konfigurationen nachzuweisen und zählen Sie ihre jeweilige Häufigkeit.*
4. *Schreiben Sie eine vollständige Soziomatrix.*
5. *Berechnen Sie die 9 Grundgrößen und die verschiedenen komplexen Indizes.*

*Ausgewählte Literatur*

*Bastin, G.:* Die soziometrischen Methoden, Bern und Stuttgart 1967 (einführender, aber relativ anspruchsvoller Text).
*Coleman, J.:* Relational Analysis, in: *A. Etzioni:* Complex Organizations. A Sociological Reader, New York 1961, S. 441–452.
*Evans, K. M.:* Sociometry and Education, London 1962.
*Lindzey, G., E. F. Borgatta:* Sociometric Measurement, in: *G. Lindzey* (Hrsg.): Handbook of Social Psychology I, Cambridge 1964 (Überblick).
*Moreno, J. L.* u. a. (Hrsg.): The Sociometry Reader, Illinois 1960 (Sammlung der wichtigsten Aufsätze zur soziometrischen Methode).
*Nehnevajsa, J.:* Soziometrie, in: *R. König* (Hrsg.): Handbuch der empirischen Sozialforschung, Bd. I, Stuttgart 1967 (Überblick).
*Weiss, R. S., E. Jacobson:* A Method for the Analysis of the Structure of Complex Organizations, in: *A. Etzioni:* Complex Organizations. A Sociological Reader, New York 1961, S. 453–463.

*Kapitel 7*
# Die Paneluntersuchung

*1. Wesen und Anwendungsmöglichkeiten der Paneluntersuchung*

Als Paneluntersuchung bezeichnet man eine Untersuchung, bei der eine Mehrzahl von Personen oder sonstigen Einheiten zu mindestens zwei Zeitpunkten hinsichtlich derselben Merkmale gemessen (beobachtet bzw. befragt) werden. Die Paneluntersuchung ist eine Form der zeitlichen Längsschnittanalyse. Ihr Ziel ist die Erforschung von bestimmten Wandlungsvorgängen, wie z. B. die Veränderung von Parteipräferenzen in einer Gruppe, der politischen Einstellungswandel von Studenten im Laufe des Studiums, die Veränderung von Konsumgewohnheiten usw. Tatsächlich wurde die Paneluntersuchung zuerst in der Verbraucherforschung und der politischen Meinungsforschung angewandt. Als »Panel« bezeichnete man die Gruppe, die sich wiederholt zum gleichen Thema äußerte. Auch heute werden Paneluntersuchungen vor allem im Gebiet der Einstellungs- und Meinungsforschung angewandt, doch gehen ihre Anwendungsmöglichkeiten prinzipiell darüber hinaus. Erstens brauchen die untersuchten Merkmale keine Meinungen oder Einstellungen zu sein; es kann sich ebenso gut um Verhalten, um den Besitz eines bestimmten Status (Beruf, Einkommen, Erwerbstätigkeit usw.) oder um ein Kontextmerkmal, eine bestimmte Gruppenzugehörigkeit etwa, handeln. Zweitens brauchen die Untersuchungseinheiten keine Personen zu sein: auch Gemeinden, Sportmannschaften oder Betriebe ließen sich zum Gegenstand einer Paneluntersuchung machen, wobei die untersuchten Merkmale dann natürlich Gruppenmerkmale wären. Allerdings sind Paneluntersuchungen dieser Art bisher noch kaum unternommen worden.

Die Paneluntersuchung ist nicht die einzige Form zeitlicher Längsschnittuntersuchungen. Auch in einer Trendanalyse mißt man eine oder mehrere Variablen zu verschiedenen Zeitpunkten. Verdeutlichen wir den Unterschied an einem einfachen Beispiel, der Messung von Arbeitslosigkeit. Bei der Trendanalyse stellt man eine Reihe zeitlicher Querschnitte nebeneinander und vergleicht die Zunahme oder Abnahme in den Kategorien »arbeitslos« und »beschäftigt« (siehe Abb. 1).

| Erwerbstätige | Frühjahr | Herbst |
|---|---|---|
| beschäftigt | 20 Mio. | 20 Mio. |
| arbeitslos | 1 Mio. | 1 Mio. |
| Summe | 21 Mio. | 21 Mio. |

Abb. 1   Trendanalyse von Arbeitslosigkeit

*Die Paneluntersuchung*

Die Tabelle 1 zeigt, daß der *Anteil* der Arbeitslosen gleichgeblieben ist, aber sie enthält keine Informationen darüber, wieweit zu den beiden Zeitpunkten die gleichen oder verschiedene Personen von der Arbeitslosigkeit betroffen waren. Diese Informationen erhält man durch eine Paneluntersuchung, bei der man jeden Erwerbstätigen gleichzeitig nach zwei Dimensionen klassifiziert: »im Frühjahr beschäftigt oder arbeitslos« und »im Herbst beschäftigt oder arbeitslos«. Die Ergebnisse könnten Abb. 2 entsprechen.

|  | Im Herbst beschäftigt | Im Herbst arbeitslos | Summe Frühjahr |
|---|---|---|---|
| Im Frühjahr: |  |  |  |
| beschäftigt | 19,5 | 0,5 | 20 Mio. |
| arbeitslos | 0,5 | 0,5 | 1 Mio. |
| Summe Herbst | 20 | 1 | 21 Mio. |

Abb. 2  Panelanalyse von Arbeitslosigkeit

Diese Vierfeldertabelle ist ein Beispiel der einfachsten und zugleich grundlegenden Paneltabelle. Die Informationen der Trenduntersuchung findet man in den Randsummen wieder: in der Summenspalte die Häufigkeitsverteilung zum Zeitpunkt 1 und in der Summenreihe die Häufigkeitsverteilung zum Zeitpunkt 2. Aus dem Vergleich der Randsummen läßt sich die Veränderung der Häufigkeitsverteilung zwischen den beiden Messungen – die *Nettoveränderung* – ablesen. Wie diese Nettoveränderung zustande gekommen ist, zeigt die Betrachtung der vier Innenfelder der Tabelle. Die doppelt umrandeten Felder sind die *Wechselfelder:* hier findet man jene Personen, die zwischen der ersten und zweiten Messung von einer Merkmalskategorie in die andere hinübergewechselt sind. In unserem Beispiel war der Wechsel in beiden Richtungen gleich stark und hebt sich dadurch in seinen Auswirkungen auf die Nettoveränderung auf. In den anderen beiden Feldern findet man jene Personen, die hinsichtlich des untersuchten Merkmals keine Veränderung erlebt haben, also konstant geblieben sind.

Eine Paneluntersuchung erfaßt jene Vorgänge der Merkmalsveränderung oder -konstanz der einzelnen Untersuchungseinheiten, die die Nettoveränderung zwar bestimmen, aber nicht aus ihr abgelesen werden können. Das Ziel einer Paneluntersuchung ist jedoch nicht nur das deskriptive Erfassen von Wechselvorgängen, sondern ihre Erklärung. Dabei muß man unterscheiden zwischen der Erklärung der Nettoveränderung, die auch eine Trendanalyse versucht, und der Erklärung des unterschiedlichen Verhaltens der einzelnen Untersuchungseinheiten; letzteres ist die spezifische Leistung der Paneluntersuchung. Um etwa zu erklären, warum bestimmte Personen ihre Parteipräferenz wechselten, andere jedoch nicht, müssen weitere Merkmale in die Untersuchung einbezogen werden, die jene Unterschiede bedingen könnten.

Eine Paneluntersuchung muß nicht darauf beschränkt bleiben, im natürlichen Milieu ablaufende Wechselvorgänge aufzuzeichnen und nachträglich zu erklären, sondern sie kann auch von vornherein im Sinne eines Experiments angelegt werden. Dazu ist nötig, zwischen der 1. und 2. Messung einen Faktor als Versuchsreiz einzuführen, von dem man annimmt, daß er Richtung und Ausmaß der auftretenden individuellen Veränderungen bedingt (z. B. einen Propagandafilm in der Paneluntersuchung einer bestimmten Einstellung). Im Idealfall sollte gleichzeitig ein Teil des Panels als Kontrollgruppe fungieren (siehe Kap. 9). Beim Experiment interessiert einen allerdings primär der Zusammenhang zwischen dem Versuchsreiz und seiner Wirkung, d. h. es kommt einem auf die Nettoveränderung an, die ein Versuchsreiz bewirkt. Bei der Panelanalyse würde man dagegen auch bei einer experimentellen Versuchsanordnung zusätzlich, wenn nicht gar in erster Linie auf die einzelnen Wechselvorgänge achten, die hinter der Nettoveränderung stehen.

Die Anwendung des Panelverfahrens ist bei allen analytischen Vorteilen auch Einschränkungen unterworfen. Eine Einschränkung ergibt sich bereits aus der Notwendigkeit, zur Feststellung individueller Wechselprozesse die zweite (wie jede eventuelle weitere) Messung an genau den gleichen Personen vorzunehmen wie die erste. Das Panel selbst darf also keinen Veränderungen unterliegen. Eine Paneluntersuchung über Arbeitslosigkeit wäre z. B. nur möglich, wenn die im Herbst gezählten Erwerbstätigen dieselben Personen sind wie die im Frühjahr gezählten. Eine Trendanalyse setzt diese Konstanz der Gesamtheit nicht voraus. Daraus folgt, daß sich mittels des Panelverfahrens auch keine Wandlungsvorgänge untersuchen lassen, die unmittelbar mit einer Veränderung in der personellen Zusammensetzung (einschließlich Wachstum oder Abnahme) einer Gesamtheit zusammenhängen (z. B. Meinungswandel in einer Gruppe durch Austritt konservativer und Neuaufnahme progressiver Mitglieder).

Das sind jedoch nicht die einzigen Wandlungsvorgänge, die dem Panelverfahren nicht zugänglich sind. Es kann auch keine Veränderung globaler Merkmale der untersuchten Gruppe im Panelverfahren festgestellt werden (z. B. der Herrschaftsstruktur der Gruppe); sind die Einheiten des Panels allerdings selber Gruppen, dann kann deren Veränderung hinsichtlich eines globalen Merkmals sehr wohl im Panelverfahren untersucht werden. Schließlich kann die Panelstudie auch keinen Wandel erfassen, der sich im Auftreten von qualitativ neuen Eigenschaften ausdrückt, da die zweite (und jede weitere) Messung immer auf der gleichen Merkmalsdimension vorgenommen wird wie die erste.

Auch Erhebungen, die nur zu einem Zeitpunkt durchgeführt werden, versuchen gelegentlich Angaben über Merkmalsveränderungen retrospektiv zu ermitteln. Solche Pseudo-Paneldaten sind echten Paneldaten jedoch nur unter bestimmten Umständen gleichwertig. Erstens dürfen die Angaben über die Vergangenheit, die die erste Messung ersetzen sollen, nicht durch die Erinnerung verzerrt sein – eine besonders in der Meinungs- und Einstellungsforschung kaum zu erfüllende Bedingung. Zweitens muß die für die Untersuchung der Wechselvorgänge relevante Gesamtheit vollständig erfaßt worden sein, was bei einer einmaligen Erhebung praktisch schwer oder gar unmöglich sein kann (z. B. wenn man heute den Bildungsweg aller 10jährigen Hamburger Schüler des Jahres 1960 retrospektiv erforschen wollte). Je schwerer diese Bedingungen hinsichtlich einer bestimmten Forschungsfrage zu erfüllen sind, um so eher wird man die Paneluntersuchung der einmaligen Erhebung vorziehen.

*Die Paneluntersuchung*

## 2. Tabellarische Darstellung und Auswertung von Panelergebnissen [1]

Die Vierfeldertabelle ist die einfachste Form der Paneltabelle. Ihr liegen lediglich zwei Messungen an Hand einer einzigen, nur dichotomisch unterteilten Variablen zugrunde. In komplizierteren Paneltabellen kann die zugrunde gelegte Variable stärker unterteilt sein. Es können ferner Messungen zu mehr als zwei Zeitpunkten vorgenommen werden. Schließlich können durch die Einführung einer zweiten Variablen untereinander zusammenhängende Wechselvorgänge entlang zweier Merkmalsdimensionen gleichzeitig erfaßt werden.

a) *Die Vierfeldertabelle.* Die Auswertung der Vierfelder-Paneltabelle ist verhältnismäßig einfach. Die zu beantwortenden Grundfragen beziehen sich auf das Ausmaß der Nettoveränderung (Vergleich der Randsummen), die Stärke des Wechsels insgesamt (Summe der Wechselfelder) und die Stärke des Wechsels in die beiden verschiedenen Richtungen. Zur Erleichterung kann man die Tabellenwerte in Prozent darstellen, wobei die Summe der untersuchten Einheiten = 100 ist und die Werte der einzelnen Felder auf die Summe bezogen werden. Nehmen wir als Beispiel eine Paneluntersuchung von Schulleistungen, die nach »hoch« (+) und »niedrig« (—) dichotomisiert wurden. Zunächst sei angenommen, daß keine Nettoveränderung auftritt. Abb. 3 gibt zwei mögliche Ergebnisse an.

a)

| Zeit 1 | Zeit 2 | | |
|---|---|---|---|
| | + | — | |
| + | 45 | 5 | 50 |
| — | 5 | 45 | 50 |
| | 50 | 50 | 100 |

b)

| Zeit 1 | Zeit 2 | | |
|---|---|---|---|
| | + | — | |
| + | 15 | 5 | 20 |
| — | 5 | 75 | 80 |
| | 20 | 80 | 100 |

Abb. 3   Vierfeldertabellen ohne Nettoveränderung

In beiden Fällen beträgt der Wechsel 10 %, aber diese 10 % scheinen nicht dasselbe zu bedeuten, wenn man sie im Hinblick auf die unterschiedlichen Randsummen der beiden Tabellen betrachtet. Bei Tabelle 3 a ist der maximale Wechsel, der bei dieser Randsummenverteilung theoretisch möglich wäre, gleich 100 % (jede Einheit wechselt die Position). Der Maximalwechsel läßt sich bei Vierfeldertabellen ohne Nettoveränderung berechnen, indem man die kleinere Zahl der Summenspalte (Verteilung zu Zeit 1), hier 20, mit zwei multipliziert. Der Maximalwechsel beträgt also bei der einen Tabelle

---

[1] Bei der folgenden Darstellung konnte mehrfach auf Teile eines hektographierten Manuskriptes von *B. Levenson*: Panel Analysis Workbook (etwa 1962), zurückgegriffen werden, das unseres Wissens nicht publiziert wurde.

100 %, bei der anderen 40 %, und der tatsächliche Wechsel stellt einmal ein Zehntel und einmal ein Viertel des maximal möglichen dar. In einer Formel ausgedrückt:

$$\text{Wechselindex t} = \frac{\text{tatsächlicher Wechsel}}{\text{maximal möglicher Wechsel}}$$

Dieser Index erlaubt einen Vergleich von Vierfeldertabellen ohne Nettoveränderung. Eine andere Möglichkeit, einen Wechselindex zu konstruieren, stützt sich auf die Idee der Übergangswahrscheinlichkeit, d. h. die Wahrscheinlichkeit eines Wechsels von + zu — bzw. von — zu +. Kennzeichnet man die vier Felder der Tabelle wie folgt durch Buchstabensymbole

|   | + | — |
|---|---|---|
| + | A | B |
| — | C | D |

dann lautet die Formel für den

$$\text{Wechselindex T} = \frac{B}{A+B} + \frac{C}{C+D}$$

Der erste Ausdruck der Formel entspricht der Übergangswahrscheinlichkeit von + zu —, der zweite derjenigen von — zu +. Der Wert von T kann zwischen Null und 2 variieren. Eine vorherige Prozentuierung der Werte der Tabelle ist für die Berechnung der Indizes unnötig.

Das Ausbleiben jeder Nettoveränderung ist bei Paneluntersuchungen relativ selten. Auch im Falle vorhandener Nettoveränderung läßt sich der Maximalwechsel an Hand einer allgemeinen Formel errechnen [2] (er beträgt für Tabelle 4 100 % bzw. 30 %), und der tatsächliche Wechsel kann dann in bezug auf diesen Extremwert betrachtet

a)

|        | Zeit 2 |    |     |
|--------|--------|----|-----|
| Zeit 1 | +      | —  |     |
| +      | 20     | 20 | 40  |
| —      | 40     | 20 | 60  |
|        | 60     | 40 | 100 |

b)

|        | Zeit 2 |    |     |
|--------|--------|----|-----|
| Zeit 1 | +      | —  |     |
| +      | 5      | 5  | 10  |
| —      | 15     | 75 | 90  |
|        | 20     | 80 | 100 |

Abb. 4  Vierfeldertabellen mit Nettoveränderung

[2] Auf die schon benutzten Buchstabensymbole für die einzelnen Felder zurückgehend, läßt sich folgende Regel formulieren: Ist die Summe von (A + B) + (A + C) kleiner als die Summe von (B + D) + (C + D), dann ist der Maximalwechsel gleich der Summe von (A + B) + (A + C); im umgekehrten Fall ist er gleich der anderen Summe.

*Die Paneluntersuchung*

werden. Die Wechselindizes t und T ließen sich damit zwar berechnen, doch ist das angesichts der verschieden starken Nettoveränderung nicht sinnvoll [3].
Die Tabellen 4a und 4b lassen sich jedoch auflösen, indem man zuerst eine Tabelle konstruiert, die lediglich den Nettowechsel enthält, d. h. jenen Wechsel, der *nicht* durch einen gegenläufigen Wechsel in seiner Wirkung auf die Nettoveränderung neutralisiert wird (bei Tabelle 4a sind das 20 der 40 Einheiten im Wechselfeld links unten). Es bleibt eine zweite Tabelle mit konstanten Randsummenverteilungen zwischen der 1. und 2. Messung übrig [4]. An Hand dieser Tabelle lassen sich dann wiederum die Wechselindizes t und T berechnen und untereinander für verschiedene Tabellen vergleichen. In Abb. 5 wurde die Tabelle von Abb. 4a derart aufgelöst.

Tabelle der Nettoveränderung

| Zeit 1 | Zeit 2 + | Zeit 2 − | |
|---|---|---|---|
| + | 0 | 0 | 0 |
| − | 20 | 0 | 20 |
| | 20 | 0 | 20 |

Tabelle mit konstanten Randsummen

| Zeit 1 | Zeit 2 + | Zeit 2 − | |
|---|---|---|---|
| + | 20 | 20 | 40 |
| − | 20 | 20 | 40 |
| | 40 | 40 | 80 |

Abb. 5  Auflösung der Paneltabelle 4a

Es ist jedoch auch möglich, den im vorigen Kapitel (S. 132) behandelten *Assoziationsindex* zu benutzen, wobei sich eine vorherige Auflösung der Paneltabelle erübrigt. Da sich der Assoziationsindex gewöhnlich auf die Diagonalfelder bezieht, die nicht Wechsel, sondern Stabilität oder Merkmalsgleichheit bedeuten, würde man damit die Stabilität als Kehrseite des eingetretenen Wechsels messen (das ist bei Mobilitätsuntersuchungen analog).

*Aufgaben:*

1. *Berechnen Sie t und T für die beiden Tabellen von Abb. 3.*
2. *Wie groß ist der maximale Wechsel im folgenden Beispiel und welche Werte haben t und T?*

| Zeit 1 | Zeit 2 + | Zeit 2 − | |
|---|---|---|---|
| + | 6 | 17 | 23 |
| − | 17 | 60 | 77 |
| | 23 | 77 | 100 |

---

[3] Die Werte für t wären 0,6 und 0,67, für T 1,17 und 0,67: eine Interpretation im Sinne eines Vergleichs der Wechselstärke beider Tabellen ist damit nicht möglich.
[4] Ist eins der Wechselfelder leer, dann sind Nettowechsel und Gesamtwechsel gleich und damit beide Wechselfelder der zweiten Tabelle leer.

3. Lösen Sie die Paneltabelle 4 b auf, wie auf S. 139 beschrieben, und interpretieren Sie die Ergebnisse einmal für sich und sodann im Vergleich zu denen von Tabelle 4 a.
4. Berechnen Sie den Assoziationsindex für die Tabellen aus Abb. 4.

b) *Paneltabellen bei mehrfach unterteilten Merkmalsdimensionen.* Die Analyse von Paneltabellen, die eine mehrfach unterteilte Merkmalsdimension zugrunde legen, kann an Hand von Abb. 6 illustriert werden. Es soll sich dabei um die Ergebnisse einer Befragung über das Verhältnis von 300 Arbeitnehmern eines Betriebes zu ihren jeweiligen Vorgesetzten handeln, und zwar einmal vor und einmal mehrere Monate nach Einführung eines Schulungsprogrammes in Menschenführung für die Vorgesetzten in jenem Betrieb.

| Zeit 1 | Zeit 2 | | | | | Summe 1 |
|---|---|---|---|---|---|---|
| | + + | + | 0 | — | — — | |
| + + | 20 | 3 | 1 | 1 | – | 25 |
| + | 6 | 40 | 4 | – | – | 50 |
| 0 | 4 | 25 | 70 | 1 | – | 100 |
| — | – | 7 | 14 | 72 | 2 | 95 |
| — — | – | – | 6 | 6 | 18 | 30 |
| Summe 2 | 30 | 75 | 95 | 80 | 20 | 300 |

Abb. 6  Paneltabelle bei einem mehrfach unterteilten Merkmal

Zunächst kann durch Vergleich der Randsummenverteilungen die Nettoveränderung und ihre allgemeine Richtung festgestellt werden; sie geht in diesem Falle in positiver Richtung. Man kann auch den Median der beiden Verteilungen vergleichen oder, wenn den Kategorien Zahlenwerte zugeordnet sind, die Durchschnittswerte errechnen.
Die weitere Analyse gilt den Innenfeldern der Tabelle und damit den Wechselprozessen im einzelnen. »Wechselfelder« sind jetzt alle Felder, die nicht auf der von oben links nach unten rechts verlaufenden Diagonale liegen. In diesen Diagonalfeldern findet man die Befragten, die ihre Einstellung nicht gewechselt haben (220). Insgesamt 80 Befragte haben ihre Position gewechselt: 68 in positive Richtung (die Felder links von der Diagonale) und zwölf in negative Richtung (die Felder rechts von der Diagonale). Weiter kann man auszählen, wie viele Personen jeweils um einen, zwei usw. Schritte in jede der beiden Richtungen gewechselt haben. Ferner läßt sich feststellen, welche Ausgangspositionen besonders stabil oder labil waren. In unserem Beispiel erwies sich die Position (— —) als die labilste, gefolgt von der neutralen 0-Position. Die Position (— —) begünstigte den Wechsel in positive Richtung am meisten, die Position (+ +) den Wechsel in negative Richtung. Von den Extrempositionen aus ist Wechsel natürlich nur in einer Richtung möglich; dennoch hätte prinzipiell auch eine andere Position den Wechsel in positive oder negative Richtung am meisten begünstigen können. Schließlich kann man den Assoziationsindex berechnen, um ein vergleichbares Maß für die Stärke des Wechsels zu erhalten.

*Die Paneluntersuchung*

Selbstverständlich brauchen die einer Panelanalyse zugrunde gelegten Merkmale nicht quantitative zu sein. Eine Untersuchung über Autobesitz zu zwei verschiedenen Zeitpunkten, klassifiziert nach Firmen, kann als Beispiel für eine Panelanalyse an Hand eines qualitativen Merkmals dienen. Hier kann man natürlich nicht mehr von »Richtungen« des Wechsels sprechen, sondern muß die Wechselvorgänge im einzelnen qualitativ beschreiben. Die einzelnen Automarken ließen sich jedoch in eine quantitative Ordnung bringen, z. B. nach Kaufpreis, Hubraum oder ähnlichen Merkmalen, woraufhin alle am obigen Beispiel erläuterten Fragestellungen wieder sinnvoll werden.

*Aufgaben:*

1. *Die folgende Tabelle möge die Ergebnisse einer Panelbefragung von Soziologiestudenten im 1. und 5. Semester über die Einschätzung der Berufsmöglichkeiten für Diplomsoziologen darstellen; die Antwortkategorien waren vorgegeben. Analysieren Sie die Tabelle wie im vorangehenden Abschnitt beschrieben.*

| | 5. Semester | | | | |
|---|---|---|---|---|---|
| 1. Semester | ausgezeichnet | gut | etwas schwierig | schlecht | |
| ausgezeichnet | – | 2 | 1 | – | 3 |
| gut | 2 | 20 | 11 | 1 | 34 |
| etwas schwierig | 3 | 3 | 52 | 1 | 59 |
| schlecht | – | 1 | 3 | – | 4 |
| | 5 | 26 | 67 | 2 | 100 |

2. Weitere Tabellen, die sich zum Einüben der Analyse eignen, sind zu finden in: B. R. Berelson et al., Voting, Chicago 1954, S. 23; C. I. Hovland et al., Experiments on Mass Communication (Bd. 3 der Studies in Social Psychology in World War II), Princeton 1949, S. 299; P. Kendall, Conflict and Mood, Glencoe, Illinois, 1954. S. 79.

c) *Paneluntersuchungen mit mehr als zwei Wellen.* Die Entscheidung über die Zahl der Erhebungszeitpunkte, oft als (Befragungs-)*Wellen* bezeichnet, hängt von der Eigenart des untersuchten Wechselprozesses ab. Will man die Wirkung eines Ereignisses untersuchen, das nach der ersten Messung eintritt bzw. als Versuchsreiz absichtlich eingeführt wird, dann genügen wie beim gewöhnlichen Experiment zwei Wellen. Hat der untersuchte Prozeß einen natürlichen Abschluß, wie z. B. bei Wahlabsichten für eine bestimmte Bundestagswahl, Berufswahl- oder Studienfachentscheidungen, dann ist damit der Zeitpunkt der letzten Welle festgelegt, nicht jedoch die Zahl der Wellen. Mehr als zwei Wellen sind immer dann ratsam, wenn oszillierender Wechsel vorkommen kann, wie z. B. bei Konsumgewohnheiten, aber auch bei vielen Einstellungen. Praktische Erwägungen und die sich mit der umfaßten Zeitperiode und der Zahl der Wellen rasch steigernden Schwierigkeiten der Datenerhebung und Auswertung sprechen dafür, die Zahl der Wellen möglichst klein zu halten.

Um die Analyse von Paneldaten aus drei Befragungswellen zu illustrieren, nehmen wir als Beispiel die Untersuchung der nach »positiv« (+) und »negativ« (—) dichotomisierten Einstellung zu irgendeinem bekannten Politiker. Jeder der 500 Befragten wurde nach der besonderen Kombination seiner Einstellungen zu den drei Zeitpunkten I, II und III auf Tabelle 7a klassifiziert; diese enthält die acht Merkmalskombinationen, die bei drei Messungen und einem dichotomischen Merkmal möglich sind.

Abb. 7   Paneltabelle bei drei Wellen

7a   Grundtabelle

| Zeit I | II | A III | B | (Summe A + B) |
|---|---|---|---|---|
| Einstellung: | | + | — | |
| C | + | + | 240 | 40 | (280) |
| D | — | + | 40 | 60 | (100) |
| E | + | — | 5 | 35 | (40) |
| F | — | — | 2 | 78 | (80) |
| | | | | (N = 500) |

7b   Vierfeldertabelle für I/II

| I | II + | — | |
|---|---|---|---|
| + | 280 | 40 | 320 |
| — | 100 | 80 | 180 |
| | 380 | 120 | 500 |

7c   Vierfeldertabelle für II/III

| II | III + | — | |
|---|---|---|---|
| + | 280 | 100 | 380 |
| — | 7 | 113 | 120 |
| | 287 | 213 | 500 |

7d   Konstante und Wechsler

| I/II | II/III konstant | gewechselt | |
|---|---|---|---|
| konstant | 318 | 42 | 360 |
| gewechselt | 75 | 65 | 140 |
| | 393 | 107 | 500 |

Zur genaueren Analyse der Wechselvorgänge kann man aus dieser Tabelle zwei Vierfeldertabellen für den Wechsel zwischen Zeit I und Zeit II bzw. zwischen II und III entnehmen – sofern man diese Tabellen nicht aus dem Grundmaterial anfertigen kann. Wie man an dem hier gegebenen Beispiel (Abb. 7b und c) nachprüfen kann, ergeben sich die Werte für die vier Innenfelder von Tabelle 7b aus der Addition der in den Spalten A und B der Grundtabelle enthaltenen Zahlen, während die Werte für die Tabelle 7c sich aus der Addition der Werte in den folgenden Kreuzungsfeldern ergeben:

C/A + D/A; E/A + F/A; C/B + D/B; E/B + F/B. Die gemeinsame Analyse beider Vierfeldertabellen gibt ein Bild des Wandels über die drei Zeitpunkte. Durch Vergleich der entsprechenden Randsummen stellt man z. B. fest, daß die Einstellung zu dem bewußten Politiker zunächst positiver, dann jedoch sehr viel negativer wurde. Der Wechsel zwischen I und II war stärker als der zwischen II und III, aber dennoch – da negativer Wechsel zwischen II und III stärker überwog als positiver zwischen I und II – war die Endmeinung insgesamt negativer als die Anfangsmeinung. Aus der kombinierten Tabelle für alle drei Zeitpunkte (7 a) läßt sich ferner entnehmen, daß insgesamt 117 Befragte ihre Meinung einmal wechselten (C/B + D/A + E/B + F/A), während 65 sie zweimal wechselten (D/B und E/A); die übrigen 318 wechselten ihre Meinung überhaupt nicht. Aus der Grundtabelle (7 a) oder auch aus den Paneltabellen 7 b und 7 c läßt sich weiter sehen, wie viele Befragte zwischen I und II konstant blieben und wie viele zwischen II und III. Damit haben wir die Daten für die Konstruktion von Tabelle 7 d, die zeigt, daß die während des ersten Zeitintervalls konstant gebliebenen Befragten auch später sehr viel seltener wechseln als diejenigen, die es bereits während des ersten Zeitintervalls getan hatten.

Aus der Grundtabelle läßt sich weiter errechnen, wie groß für Befragte mit einer bestimmten Merkmalssequenz nach der zweiten Messung die Wahrscheinlichkeit ist, daß sie bei der dritten Messung ihre zuletzt geäußerte Meinung verändert haben. Die Wahrscheinlichkeit für Befragte mit der Sequenz (+ +) errechnet sich wie folgt:

$$p = \frac{(+ + -)}{(+ + -) + (+ + +)} = \frac{40}{40 + 240} = 0,142$$

Die Wahrscheinlichkeit, daß zu Zeit III kein Wechsel aufgetreten ist, ist $= 1 - p$. Entsprechend lassen sich die anderen drei Wahrscheinlichkeiten für (+ —), (— +) und (— —) ermitteln und dann z. B. feststellen, ob die negativ eingestellten Konstanten (— —) später eher wechselten als die positiv eingestellten Konstanten (+ +); ob die anfänglich von + zu — Wechselnden später eher wieder wechselten als die anfänglich von — zu + Wechselnden, welche der beiden zum ersten Zeitpunkt positiv eingestellten Gruppen (+ —) und (+ +) später eher wechselte und wie sich das im Vergleich zu den beiden anfangs negativ eingestellten Gruppen verhält. Insgesamt ergibt sich damit nicht nur ein recht genaues Bild des Wandlungsprozesses und des Verhaltens einzelner Teilgruppen der Befragten, sondern man wird bei dem Versuch, die Ergebnisse zu erklären, auch eine Vielzahl von Hypothesen entwickeln können, mit deren Hilfe die Analyse fortgesetzt werden kann. Dazu ist es allerdings notwendig, zusätzliche Merkmale in die Analyse einzubeziehen.

*Aufgabe:*

*Im folgenden soll es sich um die Ergebnisse einer Untersuchung von 120 Soziologiestudenten im 1., dann wieder im 4. und schließlich im 8. Studiensemester hinsichtlich der von ihnen empfundenen allgemeinen Wert-, Urteils- und Verhaltensunsicherheit han-*

deln. Zur Messung wurde eine »Anomieskala« benutzt, die Werte wurden dichotomisiert. Analysieren Sie die Tabelle wie im vorstehenden Abschnitt erläutert.

| Zeit: | 1. | 4. | 8. Semester | |
|---|---|---|---|---|
| Anomie: | | | stark | gering |
| | stark | stark | 9 | 22 |
| | gering | stark | 19 | 43 |
| | stark | gering | 7 | 7 |
| | gering | gering | 5 | 8 |

d) *Einführung qualifizierender Variablen.* Die zuvor beschriebene Analyse von Paneltabellen ergibt lediglich deskriptive Aussagen, erlaubt jedoch keine Erklärung der Ergebnisse. Bei jeder Analyse von Wandlungsvorgängen wird man zuerst wissen wollen, warum überhaupt eine Veränderung aufgetreten (bzw. ausgeblieben) ist. Diese Frage wird auch in Trendanalysen gestellt. Darüber hinaus wird man bei der Panelanalyse wissen wollen, warum bestimmte Personen wechselten, während andere stabil blieben, warum einige in positive und andere in negative Richtung, einige wenig und andere mehr wechselten. Um Auftreten, Ausmaß und Richtung des Wechsels erklären zu können, muß man auf zusätzliche Merkmale zurückgreifen, die wir hier als qualifizierende Variablen bezeichnen. Sie erklären Unterschiede des individuellen Verhaltens und geben damit gleichzeitig Einblick in die Verursachung der festgestellten Nettoveränderung.

Als qualifizierende Variablen können verständlicherweise nur Merkmale dienen, die spätestens vor der zweiten (oder letzten) Messung vorhanden waren. Es kann sich einmal um wenigstens für den Untersuchungszeitraum mehr oder weniger konstante Merkmale handeln: Geschlecht, Religionszugehörigkeit, Bildungsstand, Beruf usw. Diese Merkmale sind bereits vor der ersten Messung vorhanden. Sie können ein unterschiedliches Verhalten bzw. eine unterschiedliche Reaktion auf ein nach der ersten Messung eintretendes und alle Panelmitglieder betreffendes Ereignis bedingen. Daneben gibt es jedoch auch qualifizierende Variablen, die erst nach der ersten Messung wirksam werden. Hier handelt es sich meistens um Ereignisse, die nur einen Teil des Panels betreffen und bei ihnen eine bestimmte Reaktion auslösen; z. B. könnte zwischen der 1. und 2. Messung ein Teil der Panelmitglieder einen bestimmten Film gesehen oder eine Auslandsreise gemacht haben und dadurch in einer Einstellung oder einem bestimmten Verhalten beeinflußt worden sein.

Die tabellarische Auswertung von Paneldaten wird durch die Einführung qualifizierender Variablen kaum erschwert. Es werden für die verschiedenen Untergruppen des Panels, die sich in dem zusätzlichen Merkmal unterscheiden, getrennte Paneltabellen aufgestellt, die dann auf die bereits beschriebene Weise jede für sich analysiert werden, woraufhin man ihre Ergebnisse vergleicht. Ist bei einer Einstellungsuntersuchung das qualifizierende Merkmal z. B. Bildungsstand, dann könnte man drei getrennte Paneltabellen für Befragte mit Volksschulbildung, mittlerer Reife und Abitur aufstellen und

*Die Paneluntersuchung*

würde u. a. prüfen, in welcher Befragtengruppe besonders viel Wechsel (absolut oder in einer bestimmten Richtung) aufgetreten ist, in welcher Gruppe oszillierender Wechsel besonders häufig ist (bei drei Wellen) usw.
Die entscheidende Leistung bei der Einführung von qualifizierenden Variablen ist es, jene Merkmale ausfindig zu machen, die tatsächlich das unterschiedliche Verhalten der Panelmitglieder bedingt haben. Die möglichen qualifizierenden Variablen müssen antizipiert werden, d. h. es müssen Hypothesen für die Erklärung eines Wechsels formuliert werden, ehe dieser selbst festgestellt wurde. Qualifizierende Variablen, die erst nach der ersten Messung wirksam werden, müssen bei der zweiten Welle erfragt werden. Als qualifizierende Variablen kommen *nicht* in Frage: 1. Merkmale, die sich zwischen der ersten und zweiten Messung für *alle* Panelmitglieder in gleicher Weise geändert haben (waren z. B. alle zuerst ledig und dann verheiratet, dann ist Familienstand keine qualifizierende Variable); 2. Ereignisse, denen *alle* Panelmitglieder zwischen zwei Messungen ausgesetzt sind. Solche Merkmale können nur zur Erklärung der Nettoveränderung, nicht jedoch verschiedenen individuellen Verhaltens herangezogen werden.
Ein Merkmal, das sich während des Untersuchungszeitraums für verschiedene Panelmitglieder verschieden bzw. nur für einige Panelmitglieder ändert, kommt dagegen als Bedingungsfaktor für ein unterschiedliches Verhalten in Frage. Hier muß die Analyse jedoch anders vorgehen: das Merkmal muß in die Paneltabelle selbst mit aufgenommen werden, die damit im einfachsten Fall zweier dichotomischer Merkmale bei zwei Befragungswellen zu einer Sechzehnfeldertabelle wird. Sie wird im nächsten Abschnitt erörtert.

*Aufgabe:*

*Welche qualifizierenden Variablen würden Sie unbedingt in eine Paneluntersuchung zu jedem der folgenden Themen einbeziehen: Kinobesuch; politische Aktivität von Studenten; Einstellung zur Ostpolitik der Bundesregierung; Krankenstand von Betrieben; Abiturientenquote verschiedener Bundesländer. Stellen Sie für einige dieser Untersuchungen fiktive Paneltabellen mit Zahlenwerten auf, die die Annahmen bestätigen würden, die Sie hinsichtlich des Einflusses von bestimmten qualifizierenden Variablen formuliert haben.*

e) *Zusammenhängende Veränderung zweier Merkmale.* Nehmen wir an, daß die beiden Parteien in einem Zweiparteiensystem sich zu einer bestimmten Frage – z. B. der Einrichtung eines staatlichen Gesundheitsdienstes – entgegengesetzt äußern und daß bei der Bevölkerung zunächst keine feststehende Verbindung zwischen Parteipräferenz und der Einstellung in dieser Angelegenheit besteht. Verschiedene Merkmalskombinationen auf diesen beiden Dimensionen sind also möglich, und der Wechsel beider Merkmale kann unabhängig voneinander vorgehen, beinflußt sich jedoch wahrscheinlich. So könnten manche Wähler durch ihre Einstellung in der Frage des Gesundheitsdienstes zu einer Änderung der Parteipräferenz veranlaßt werden, andere passen ihre Einstellung ihrer Parteipräferenz an usw. Schematisch, d. h. als Leertabelle dargestellt, würde die

Paneltabelle für die gleichzeitige Untersuchung von Veränderungen in beiden Merkmalen wie auf Abb. 8 gezeigt aussehen. Die Felder sind durchnumeriert, damit sie bei der folgenden Erläuterung der Analyse einer solchen Tabelle leichter identifiziert werden können.

|   | II | S + | S − | B + | B − |
|---|---|---|---|---|---|
| I |   |   |   |   |   |
| S | + | 1 | 2 | 3 | 4 |
|   | − | 5 | 6 | 7 | 8 |
| B | + | 9 | 10 | 11 | 12 |
|   | − | 13 | 14 | 15 | 16 |

Abb. 8 Paneltabelle für zwei dichotomische Merkmale
S = zieht sozialistische Partei vor
B = zieht bürgerliche Partei vor
+ = für staatlichen Gesundheitsdienst
− = gegen staatlichen Gesundheitsdienst

Diese Sechzehnfeldertabelle gleicht im Prinzip der Korrelationstabelle für vier verschiedene dichotomische Merkmale bzw. einer Tabelle, die Paarhomogenität für zwei Merkmale gleichzeitig mißt (z. B. Parteipräferenz und Geschlecht bei Ehepaaren). Ihre Analyse ist langwieriger als die der bisher besprochenen Paneltabellen und soll hier, ohne Berücksichtigung besonderer statistischer Verfahren, nur in den Grundzügen skizziert werden.

Im *ersten* Schritt der Analyse kann man den Zusammenhang zwischen Parteipräferenz und Einstellung zur Zeit I aus den Randsummen für Zeit I und den Zusammenhang zwischen Parteipräferenz und Einstellung zur Zeit II aus den Randsummen für Zeit II feststellen und z. B. durch Berechnung von Korrelationskoeffizienten hinsichtlich der Stärke des Zusammenhangs vergleichen.

In einem *zweiten* Schritt kann man jedes Merkmal für sich im Hinblick auf seine Veränderung bzw. relative Stabilität betrachten. Zu diesem Zweck konstruiert man zwei einfache Vierfeldertabellen, deren Werte sich durch Summierung bestimmter Felder der Grundtabelle ergeben, und zwar nach folgendem Schema:

| I \ II | S | B |
|---|---|---|
| S | 1+ 2+ 5+ 6 | 3+ 4+ 7+ 8 |
| B | 9+10+13+14 | 11+12+15+16 |

| I \ II | + | − |
|---|---|---|
| + | 1+ 3+ 9+11 | 2+ 4+ 6+ 8 |
| − | 9+11+13+15 | 10+12+14+16 |

*Drittens* kann man, wiederum in Form von Vierfeldertabellen, die Parteipräferenz zur Zeit I mit der Einstellung zur Zeit II und die Einstellung zur Zeit I mit der Parteipräferenz zur Zeit II in Beziehung setzen, um festzustellen, ob man die spätere Einstellung besser aus der anfänglichen Parteipräferenz oder die spätere Parteipräferenz besser aus der anfänglichen Einstellung vorhersagen kann, was ein Ausdruck der relativen Stärke der beiden Faktoren ist. Die Werte der entsprechenden Vierfeldertabellen ergeben sich wieder durch Summierung aus der Grundtabelle, und zwar für den erstgenannten Fall wie folgt: 1 + 3 + 5 + 7; 2 + 4 + 6 + 8; 9 + 11 + 13 + 15; 10 + 12 + 14 + 16.

Man kann *viertens* jedes der beiden Merkmale als qualifizierende Variable für das jeweils andere Merkmal benutzen, muß dabei allerdings das als qualifizierende Variable fungierende Merkmal konstant halten, indem man lediglich die Angaben für den ersten Zeitpunkt berücksichtigt. So läßt sich z. B. Stärke und Richtung des Einstellungswechsels bei S-Parteianhängern und B-Parteianhängern vergleichen (Parteipräferenz bei erster Messung).

Schließlich läßt sich *fünftens* prüfen, ob die »konsistenten« Kombinationen im Laufe der Zeit stabiler bleiben als die an sich widersprüchlichen (wie z. B. die Kombination negativer Einstellung mit S-Parteipräferenz), bzw. ob so etwas wie eine Tendenz zu »widerspruchsfreien« Merkmalskombinationen besteht. Die Zahlen lassen sich wieder aus der Grundtabelle ermitteln und in Form einer Vierfeldertabelle mit zwei Merkmalsausprägungen (»konsistent« und »widersprüchlich«) darstellen.

Damit sind die analytischen Möglichkeiten zwar noch nicht erschöpft, doch soll hier ihre Erörterung abgebrochen werden.

*Aufgabe:*

*Stellen Sie die verschiedenen Tabellen für die fünf erläuterten Schritte der Auswertung als Leertabellen auf.*

### 3. Praktische Probleme; Zuverlässigkeit und Gültigkeit

a) *Praktische Probleme beim Panelverfahren.* Ob im Falle einer bestimmten Untersuchung das Panelverfahren angewandt wird oder nicht, hängt natürlich zunächst vom Untersuchungsziel ab, doch wird man auch die praktischen Schwierigkeiten beim Panelverfahren mit in Betracht ziehen müssen. Diese beginnen bei der Stichprobe. Prinzipiell läßt sich das Panelverfahren sowohl bei einer Vollerhebung wie bei einer Teilerhebung anwenden. Aus praktischen Gründen eignet sich jedoch die räumlich weit streuende repräsentative Zufallsstichprobe für Paneluntersuchungen sehr wenig, so daß trotz der Gefahren für die Repräsentativität der Ergebnisse die auf eine räumlich begrenzte Teilgruppe der Gesamtheit (Studenten *einer* Universität, Arbeitnehmer *eines* Betriebes) beschränkte Erhebung vorzuziehen ist. Der Grund hierfür liegt in dem Kernproblem von Panelerhebungen, dem Wiederauffinden der einzelnen Panelmitglieder zur zweiten (und eventuellen weiteren) Befragung. Dies Problem wird um so größer, je größer die räumliche Streuung der Stichprobe ist, je größer die Zeitintervalle zwischen den Befragungen sind und je beweglicher die untersuchte Gruppe ist. Auf jeden Fall muß eine Adressenkartei geführt werden, und es lohnt sich der Versuch, die Panelmitglieder dazu zu bewegen, etwaige Adressenänderungen selber zu melden. Trotzdem sind regelmäßige Adressenüberprüfungen zwischen den Befragungen notwendig, und der Weg zum Einwohnermeldeamt wird sich selten ganz vermeiden lassen. Auch so wird der Ausfall von Panelmitgliedern zwischen der ersten und weiteren Befragungswellen oft erheblich bleiben.

Die Wahrung der Anonymität der Befragten ist beim Panelverfahren ebenfalls problematischer als bei gewöhnlichen Erhebungen, da es für den Vergleich der Angaben bei der ersten und zweiten Messung unerläßlich ist, daß die einzelnen Fragebogen etc. bis zur Auswertung namentlich identifizierbar bleiben. Eine durchnumerierte Adressenliste, deren Nummern den Fragebogennummern entsprechen und die Fragebogen so identifizierbar macht, läßt das Festhalten von Namen auf den Fragebogen selbst vermeiden.

Besondere praktische Probleme stellen sich schließlich für die Auswertung von Paneldaten im Lochkartenverfahren. Die in den verschiedenen Befragungen von der gleichen Person gemachten Angaben müssen auf dieselbe Lochkarte übertragen werden, sofern es sich um Daten zur Konstruktion von Paneltabellen handelt.

b) *Probleme der Zuverlässigkeit und Gültigkeit.* Das das Panelverfahren keine eigene Erhebungstechnik, sondern eine besondere Art der Forschungsanordnung ist, sind die auftretenden Probleme der Zuverlässigkeit und Gültigkeit zunächst einmal diejenigen, die mit der gewählten Erhebungstechnik zusammenhängen und an anderer Stelle dieses Buches erörtert werden. Darüber hinaus bedingt das Panelverfahren jedoch einige besondere Probleme. Besonders bei der Formulierung von Meinungs- oder Einstellungsfragen, aber auch bei manchen Faktfragen wird man darauf achten müssen, daß kein Widerstand gegen das Zugeben von eingetretenen Veränderungen geweckt, andererseits aber natürlich kein Vortäuschen einer tatsächlich nicht eingetretenen Veränderung provoziert wird. Vor allem kurzfristiger Meinungswandel ohne akzeptabel erscheinende Gründe wird manchmal ungern zugegeben, wie umgekehrt gesellschaftlich hochbewertete Veränderungen, etwa eine Einkommenssteigerung, vorgetäuscht werden könnten.

Das Ziel, Wandel festzustellen, muß sich auch auf die Kategorienbildung auswirken. Vor allem ist zu beachten, daß die entscheidenden Merkmalsdimensionen fein genug unterteilt werden, um die für die Fragestellung relevanten Wechselvorgänge auch erfassen zu können. Die Dichotomisierung quantitativer Merkmalsdimensionen ist deshalb oft fragwürdig. Je stärker die Merkmalsdimensionen allerdings unterteilt werden, um so größer muß die Stichprobe sein, um die Haupttendenzen des Wechsels klar erkennen zu können.

Mangelhafte Zuverlässigkeit von Angaben infolge von Beeinflussung der Antworten durch Stimmung oder die Interviewsituation, Interviewerfehler, Kodierungs- und Zählfehler schlägt bei der Panelanalyse leicht in ein Gültigkeitsproblem um. Bei einer

*Die Paneluntersuchung*

einmaligen Erhebung mögen sich solche Fehler, wenn sie unsystematisch sind, gegenseitig in der Wirkung neutralisieren. Bei der Panelanalyse können sie jedoch fiktiven Wechsel produzieren und dazu verführen, das Resultat von Unzuverlässigkeit als tatsächlichen Wandel zu interpretieren. Sofern es sich um relativ stabile Merkmale handelt bzw. der Zeitraum zwischen den Erhebungen so klein ist, daß ein sich nur langfristig änderndes Merkmal sich kaum geändert haben kann, ist fiktiver Wechsel relativ leicht als solcher zu identifizieren, ja man kann sogar sagen, daß die Panelanalyse hier eine Form der Zuverlässigkeitsprüfung ist. In anderen Fällen ist das kaum möglich, und unabhängige Zuverlässigkeitskontrollen sind deshalb von besonderes großer Bedeutung [5].

Durch das mehrfache Messen ergibt sich ein besonderes Gültigkeitsproblem, vor allem wenn die Daten durch Befragung erhoben werden. Durch die erste Befragung kann einerseits Wandel, besonders Meinungs- und Einstellungswandel, verhindert werden. Die einmal bewußt gewordene und verbalisierte Meinung kann als solche erinnert und dadurch festgehalten werden. Das Bestreben, Beständigkeit oder Überzeugungsstärke zu demonstrieren, wirkt in die gleiche Richtung. Andererseits kann durch die erste Befragung ein Wandel hervorgerufen werden, der sonst nicht eingetreten wäre. Durch die Anregung zum Nachdenken können sich bewußt gewordene Meinungen ändern; der nach dem Besuch kultureller Veranstaltungen Befragte kann beginnen, häufiger ins Theater und Konzert zu gehen. Der auf das Panel bezogene Wandel ist in solchen Fällen zwar durchaus real, aber durch die Erhebung selbst erzeugt und als Ergebnis insofern nicht repräsentativ.

Auch die Wahl der Zeitintervalle zwischen den einzelnen Erhebungen ist schließlich im Hinblick auf die Gültigkeit der Ergebnisse wichtig. Die gewählten Intervalle müssen dem natürlichen Wandlungsrhythmus des bzw. der untersuchten Merkmale angemessen sein. Sind die Intervalle zu groß, so ist es möglich, daß ein doppelter, d. h. zur ausgangsposition zurückkehrender Wechsel als Stabilität erscheint. Im Prinzip können nur Paneluntersuchungen mit mehr als zwei Messungen derartige Oszillationen erfassen, doch erfassen auch sie ihn nur dann mehr oder weniger vollständig, wenn die Intervalle richtig gewählt sind.

---

[5] Ein inhaltlich oft aufschlußreicherer Sonderfall von fiktivem Wechsel entsteht durch die besonders motivierte Unwahrhaftigkeit von Befragten zu lediglich *einem* von zwei Befragungszeitpunkten.

## Ausgewählte Literatur

*Allison, H. E.*, u. a.: Recruiting and Maintaining a Consumer Panel. Journal of Marketing, 1958, Vol. 22, S. 377–390.
*Campbell, D. T.*, und *K. N. Clayton:* Avoiding Regression Effects in Panel Studies of Communication Impact. Studies in Public Communication, 1961, Vol. 3, S. 99–118.
*Glock, Ch. Y.:* Some Applications of the Panel Method to the Study of Social Change, in: P. F. Lazarsfeld und M. Rosenberg (Hrsg.): Language of Social Research, Glencoe, Ill., 1955, S. 242 ff.
*Kendall, P.:* Conflict and Mood – Factors Affecting the Stability of Responses, Glencoe, Ill., 1954.
*Lazarsfeld, P. F.* und *M. Fiske:* The Panel as a New Tool for Measuring Opinion, Public Opinion Qarterly, Vol. 2, 1938, S. 596–613.
*Lazarsfeld, P. F., B. Berelson* und *H. Gaudet,* The People's Choice. New York 1944.
*Nehnevajsa, J.:* Analyse von Panelbefragungen, in: R. König (Hrsg.), Handbuch der empirischen Sozialforschung, Stuttgart 1962, S. 197–208.
*Newcomb, Th.:* Personality and Social Change – Attitude Formation in a Student Community. New York 1943.
*Sermul, M. J.:* Comparison of Panel and Comparable Group Results in Before-After Study, Human Organization, 1961, Herbst, S. 149/150.
*Soboel, M. G.:* Panel Mortality and Panel Bias, Journal of the American Statistical Association, Vol. 54, 1959, S. 52–68.
*Stouffer, S. A.*, u. a.: The American Soldier, Bd. III, Princeton, N. J., 1949 (Appendizes über Messung von Meinungswandel).
*Zeisel, H.,* The Panel, in: *ders.:* Say it with Figures, New York 1947, Kap. 10.

*Kapitel 8*
# Die Inhaltsanalyse

*1. Voraussetzungen und allgemeine Fragestellung der Inhaltsanalyse*

Sprache ist nicht nur eine wichtige Voraussetzung sozialen Handelns, sofern dieses auf der Kommunikation von Bedeutungen beruht, sondern Sprechen und Schreiben ist selber eine Form sozialen Verhaltens. In dem, was Menschen sprechen und schreiben, drücken sich ihre Absichten, Einstellungen, Situationsdeutungen, ihr Wissen und ihre stillschweigenden Annahmen über die Umwelt aus. Diese Absichten, Einstellungen usw. sind dabei mitbestimmt durch das sozio-kulturelle System, dem die Sprecher und Schreiber angehören und spiegeln deshalb nicht nur Persönlichkeitsmerkmale der Autoren, sondern auch Merkmale der sie umgebenden Gesellschaft wider – institutionalisierte Werte, Normen, sozial vermittelte Situationsdefinitionen usw. Die Analyse von sprachlichem Material erlaubt aus diesem Grunde Rückschlüsse auf die betreffenden individuellen und gesellschaftlichen, nicht-sprachlichen Phänomene zu ziehen. Damit ist die Ausgangsposition und die Aufgabe der Inhaltsanalyse allgemein gekennzeichnet.
Die Inhaltsanalyse knüpft an das vorwissenschaftliche und alltäglich praktizierte Sprachverstehen an, das es den Menschen ermöglicht, nicht nur Bedeutungen zu verstehen, die mit Hilfe der Sprache bewußt kommuniziert werden sollen, sondern aus Gesprochenem und Geschriebenem auch Rückschlüsse der oben genannten Art zu ziehen. Dieser intuitive Vorgang des Sprachverstehens muß jedoch zum Zweck einer wissenschaftlichen Analyse explizit gemacht, systematisiert und objektiviert werden. Man kann die Inhaltsanalyse daher als eine Forschungstechnik definieren, die sprachliche Eigenschaften eines Textes objektiv und systematisch identifiziert und beschreibt, um daraus Schlußfolgerungen auf nicht-sprachliche Eigenschaften von Personen und gesellschaftlichen Aggregaten zu ziehen. Der »Text« kann dabei ein gesprochener (und z. B. auf Band aufgenommener) oder geschriebener sein. In einem weiteren Sinne kann die Inhaltsanalyse jedoch auch auf nicht rein sprachliches Material, z. B. Filme oder Werbeplakate, angewandt werden [1].
Das in der Definition genannte Kriterium der Systematik verlangt, daß *alle* für die Beantwortung einer bestimmten Forschungsfrage relevanten Aspekte des zu analysierenden Textmaterials berücksichtigt werden. Andernfalls bestünde die Gefahr, daß willkürlich nur die die jeweilige Hypothese bestätigenden Textmerkmale registriert werden. Das systematische Vorgehen ist somit eine Voraussetzung für die Gültigkeit

---

[1] So z. B. *G. Bateson:* An Analysis of the Nazi Film »Hitlerjunge Quex«, in: *M. Mead, P. Mitraux* (Hrsg.): The Study of Culture at a Distance, Chicago 1953.

der Ergebnisse. Nur ein systematisches Vorgehen nach expliziten Regeln und an Hand eines standardisierten Verfahrens kann weiterhin die Objektivität der Analyse und damit die intersubjektive Geltung der Ergebnisse gewährleisten. Subjektive und impressionistische Textinterpretationen sind im wissenschaftlichen Sinne nicht zuverlässig. Es ist jedoch nicht unbedingt zu fordern, daß das standardisierte Verfahren der Inhaltsanalyse zugleich ein quantifizierendes ist. Eine qualitative Inhaltsanalyse eignet sich sehr wohl zu explorativen und deskriptiven Zwecken. Wie bei anderen Forschungstechniken auch sind jedoch die Ergebnisse einer quantitativen Analyse nicht nur präziser (und in der Regel zuverlässiger), sondern quantitative Ergebnisse sind insbesondere für die Hypothesenprüfung mittels inhaltsanalytischer Verfahren notwendig.

Mit den zwei in der obigen Definition der Inhaltsanalyse unterschiedenen Phasen des Verfahrens – der Identifikation bestimmter sprachlicher Eigenschaften eines Textes und dem Ziehen von Schlußfolgerungen auf nicht-sprachliche Phänomene – sind zwei grundsätzliche Probleme verbunden, von deren Lösung die Gültigkeit von Ergebnissen einer Inhaltsanalyse abhängt. Sie sollen kurz erörtert werden.

Wie schon der Name sagt, geht es bei der Inhaltsanalyse (anders als bei einer sprachwissenschaftlichen Textanalyse) darum, den Inhalt oder die *Bedeutung* bestimmter sprachlicher Konfigurationen – Worte, Wortkombinationen, Sätze oder längere Argumente – zu erkennen und sie entsprechend zu klassifizieren [2]. Wie läßt sich jedoch die Bedeutung im Text erscheinender sprachlicher Konfigurationen objektiv feststellen? Wodurch, konkret gesprochen, weiß der Inhaltsanalytiker eigentlich, was ein bestimmtes sprachliches Zeichen in einer gebenen Texteinheit bedeutet, welchen Vorstellungsinhalt Produzent und Empfänger der Kommunikation damit verbinden? Die Antwort ist unbefriedigend: in der Regel stützt sich der Inhaltsanalytiker bei der Zuordnung von Bedeutungen zu sprachlichen Einheiten auf sein eigenes intuitives Sprachverstehen. Um die Problematik dieser Lösung weniger schwerwiegend zu machen, versuchten Vertreter der älteren Inhaltsanalyse das Verfahren ausdrücklich auf den »manifesten Inhalt« eines gegebenen Textes zu beschränken [3]. Der manifeste Inhalt meinte dabei die explizite Bedeutung einer sprachlichen Einheit, letztlich also das, was innerhalb eines bestimmten Sprachkreises »für gewöhnlich« oder »herkömmlicherweise« als *die* Bedeutung eines Wortes, Ausdrucks usw. gilt, unabhängig von den besonderen Absichten des Sprechers oder Schreibers. Diese Bedeutung ist dem Inhaltsanalytiker als Mitglied der Gesellschaft, in der die betreffende Sprache gesprochen wird, unmittelbar zugänglich. Es wird daher unterstellt, daß der Inhaltsanalytiker die Bedeutung einer Kommunikation so versteht, wie sie ihr Produzent intendierte und ihr Empfänger wahrnimmt [4]. Ausgesprochen oder unausgesprochen basieren auch heute die meisten inhaltsanalyti-

---

[2] Das schließt allerdings nicht aus, daß den Inhaltsanalytiker auch bestimmte formale Eigenschaften eines Textes, z. B. Umfang und Eigenart des benutzten Wortschatzes, stilistische Eigenheiten, typische Satzkonstruktionen usw. interessieren können; insofern ist die Bezeichnung »Inhaltsanalyse« etwas zu eng.

[3] B. Berelson: »Content Analysis«, in: *Lindzey* (Hrsg.): Handbook of Social Psychology, Bd. I, New York (1959) 1967, S. 488.

[4] Berelson spricht in diesem Zusammenhang von dem »common meeting ground«, der Kommunikator, Publikum und Inhaltsanalytiker eine und die Voraussetzung für die Anwendung des Verfahrens bilde; siehe *B. Berelson:* Content Analysis, a.a.O., S. 489.

schen Verfahren auf dem intuitiven Sprachverständnis derer, die das Textmaterial analysieren und klassifizieren. In dem Maße, in dem dabei die unterstellte Gemeinsamkeit im Verstehen von Textproduzent, Empfänger und Analytiker tatsächlich nicht vorhanden ist, wird die Gültigkeit der Ergebnisse fragwürdig. Das ist besonders einleuchtend in jenen Fällen, wo Textmaterial aus einem fremden Sprachsystem oder auch nur aus dem Sprachsystem einer dem Analytiker fremden Subkultur der eigenen Gesellschaft untersucht wird. Was in solchen Fällen unvermeidlich ist, sollte im Idealfall immer durchgeführt werden: eine empirisch-semantische Analyse, um zunächst einmal die Bedeutungen der sprachlichen Einheiten zu ermitteln. Dabei müßte über das Erschließen von Bedeutungen aus dem sprachlichen Zusammenhang hinaus auch der situative Kontext, in dem ein Text produziert wird, berücksichtigt werden. Da die Bedeutung sprachlicher Formen letztlich auf Gegenstände sozialer Erfahrung verweist, muß bei dieser empirisch-semantischen Analyse schließlich auch die objektive Beschaffenheit der bezeichneten Phänomene berücksichtigt werden (anders wäre z. B. die denotative Bedeutung des Wortes »Ordinarius« nur recht unvollständig zu ermitteln). Obwohl Semantik und sozial-psychologische Sprachtheorien schon heute wertvolle Hilfen für eine derartige empirisch-semantische Analyse sprachlicher Einheiten bieten können, beharrt die Inhaltsanalyse in der Mehrzahl aller Fälle weiterhin auf dem kaum kontrollierbaren intuitiven Sprachverständnis derer, die sie betreiben.
Das zweite große Problem der Inhaltsanalyse entsteht, wenn aus den festgestellten Inhalten eines Textes, d. h. aus der Art und Häufigkeit von Sprachelementen bestimmter Bedeutung auf nicht-sprachliche Variablen geschlossen werden soll. Derartige Schlußfolgerungen können sich beziehen a) auf den Produzenten eines Textes (z. B. seine Absichten, Werthaltungen, bestimmte Persönlichkeitsmerkmale); b) vom Produzenten angenommene Merkmale des Empfängers oder Publikums (z. B. Wissensniveau, Interessen, Werte), die er bei der Gestaltung der Kommunikation berücksichtigt; c) vermutliche Reaktionen der Empfänger auf die Kommunikation; und d) Merkmale des engeren oder weiteren sozio-kulturellen Systems, in dem bzw. für den ein Text produziert wurde (z. B. Rückschlüsse auf die Ziele einer Organisation, die Interessen einer sozialen Klasse, die politische Richtung eines Verlagshauses, die in einer Gesellschaft geltenden Tabus und Werte). In bestimmten Fällen ist es durchaus möglich, die betreffenden Zusammenhänge direkt zu untersuchen, indem man die Inhaltsanalyse mit anderen Forschungsverfahren wie Beobachtung oder Befragung kombiniert. Die Inhaltsanalyse wird jedoch oft gerade dann angewandt, wenn zur direkten Ermittlung der interessierenden nicht-sprachlichen Daten keine Möglichkeit besteht bzw. wenn man annimmt, daß ihr sprachlicher Niederschlag der eindeutigste aller verfügbaren Indikatoren für ihr Vorliegen ist. Um spekulative und rein impressionistische Interpretationen zu vermeiden, müßten die Schlußfolgerungen sich in diesen Fällen auf eine Theorie stützen können, die aussagt, unter welchen Umständen sich bestimmte Einstellungen, Absichten, Werte usw. in welche sprachliche Form kleiden. Eine solche allgemeine Theorie liegt gegenwärtig kaum vor [5]. Wir verfügen bestenfalls über Einzel-

---

[5] In gewissem Umfang versuchen *H. D. Lasswell, D. Lerner* und *I. de Sola Pool:* The Comparative Study of Symbols. An Introduction, Stanford 1952, S. 49, eine solche Theorie aufzustellen.

hypothesen, die einer bestimmten konkreten Schlußfolgerung eine gewisse Plausibilität zu verleihen vermögen. Damit ist gerade die Gültigkeit der sozialwissenschaftlich relevantesten Aussagen der Inhaltsanalyse oft besonders fragwürdig.

## 2. Das Verfahren der Inhaltsanalyse

Im folgenden sollen die einzelnen Schritte des Verfahrens der Inhaltsanalyse erörtert werden.

a) *Theoretische Vorbereitung.* Da bei der Forschung im Idealfall die Wahl der Forschungstechnik(en) vom Thema bestimmt sein soll und nicht umgekehrt, ist zuerst zu fragen, ob eine gegebene Forschungsfrage tatsächlich am besten mittels Inhaltsanalyse zu untersuchen sei. Verführt von dem Reiz des Instruments, ist man jedoch vor allem in der Anfangszeit der Inhaltsanalyse oft andersherum verfahren. Gleichzeitig wurde die Inhaltsanalyse vor allem innerhalb der frühen Publizistik und Propagandaforschung verhältnismäßig theorieblind angewandt. So gilt bis zur Mitte der fünfziger Jahre fast uneingeschränkt Cartwrights Kritik, die der großen Mehrzahl aller inhaltsanalytischen Ergebnisse jede theoretische wie praktische Relevanz abspricht [6]. Eine der frühesten theoriebezogenen Arbeiten ist die von Lasswell und Leites, die sich bei der Inhaltsanalyse politischer Symbole auf eine Theorie politischen Verhaltens stützten [7]. Inzwischen wird die Inhaltsanalyse zunehmend im Rahmen theoretisch orientierter Forschung angewandt, während gleichzeitig das Verfahren zunehmend verfeinert wurde. Theoretische Fundierung und methodische Verfeinerung sind dabei eng miteinander verknüpft. Besteht die Forschungsfrage lediglich darin, zu ermitteln, wie oft z. B. bestimmte wertende Bezeichnungen für einen politischen Gegner in den Leitartikeln verschiedener Zeitungen vorkommen, dann genügt ein einfaches Auszählen der betreffenden Worte [8]. Eine komplexe Forschungshypothese, zu deren Beantwortung auch Schlußfolgerungen auf nicht-sprachliche Variablen gezogen werden müssen, verlangt dagegen – wie unten an einem Beispiel gezeigt werden wird – ein methodisch differenzierteres Verfahren [9]. Eine der wichtigsten Voraussetzungen für eine sinnvolle Anwendung der Inhaltsanalyse ist also die Hypothesenbildung. Worauf solche Hypothesen sich inhaltlich beziehen, ist oben umrissen worden. Die möglichst präzise Formulierung der leitenden Hypothese(n) ist eine Vorbedingung für die Durchführung der folgenden Schritte.

b) *Bestimmung des relevanten Textmaterials.* Aus der Forschungsfrage wird deutlich, aus welchem Universum die relevanten Texte auszuwählen sind. Ein solches Universum

---

[6] *Cartwright,* Analysis of Qualitative Material, in: *L. Festinger, D. Katz* (Hrsg.): Research Methods in the Behavioral Sciences, New York 1966, S. 447.
[7] *H. D. Lasswell, N. Leites* (Hrsg.): Language of Politics, Cambridge, Mass., 1965.
[8] Ein Beispiel für eine theoretisch wie methodisch relativ naive Arbeit ist *R. Budd, R. Thorp* und *L. Donohew:* Content Analysis of Communications, New York 1967.
[9] Den fortgeschrittensten Stand standardisierter Inhaltsanalyse dokumentiert das Buch von *Ph. J. Stone, D. C. Dunphy* et al.: The General Inquirer, Cambridge, Mass, 1966.

*Die Inhaltsanalyse*

relevanten Textmaterials könnte z. B. sein »Alle 1968 erschienenen Nachrichten, Berichte und Kommentare bundesrepublikanischer Zeitungen mit einer Auflage von mindestens 20 000 über den Rechtsradikalismus in der Bundesrepublik", oder „Alle von Jugendlichen im Alter von 14 bis 24 Jahren im Zusammenhang mit einem Bildertest erzählten Geschichten". Beim ersten Beispiel handelt es sich um Textmaterial, das unabhängig von den besonderen Interessen der Forscher zu einem anderen Zweck produziert wurde und in seiner Gesamtheit *bereits vorliegt*. Dieses Beispiel verweist auf einen wichtigen Vorteil der Inhaltsanalyse: sie läßt sich auf Material anwenden, das u. U. bereits vor sehr langer Zeit produziert wurde. Die mit der Inhaltsanalyse gesammelten Daten können sich also – anders als bei der Beobachtung und großenteils auch der Befragung – auf die Vergangenheit beziehen. So lassen sich Informationen über Einstellungen, Glaubensvorstellungen, Werthaltungen usw. aus lange vergangenen Zeiten gewinnen, die für kein anderes Verfahren der Datenermittlung mehr zugänglich sind. Damit aber ist die Inhaltsanalyse eine Forschungstechnik, mit der auf Grund vorliegenden Textmaterials bestimmte Wandlungsprozesse auch über längere Zeiträume rückblickend untersucht werden können.

Beim zweiten oben gegebenen Beispiel handelt es sich um Textmaterial, das unmittelbar als Materialgrundlage für eine bestimmte inhaltsanalytische Untersuchung *produziert* wurde. Das hat den Vorteil, daß das produzierte Textmaterial in seiner Eigenart auf die Beantwortung der zugrunde liegenden Forschungsfrage zugeschnitten ist. Die Schwierigkeit liegt hier jedoch darin, daß der Forscher die Produzenten des Textmaterials so bestimmen muß, daß durch ihre Auswahl die Verallgemeinerungsfähigkeit der Ergebnisse nicht beeinträchtigt wird. Werden im obigen Beispiel Aussagen über »alle Jugendlichen im Alter von 14 bis 24 Jahren« angestrebt, dann müßte aus diesem Universum eine repräsentative Stichprobe gezogen werden, die man dann einem Bildertest unterzieht, um eine repräsentative Auswahl von Geschichten für die Inhaltsanalyse zu erhalten.

Auch bei bereits vorliegendem Textmaterial kann es notwendig sein, eine Stichprobe zu ziehen, falls das relevante Universum für eine Vollerhebung zu umfangreich ist. Abgrenzung des Universums und Auswahl einer Stichprobe sind dabei wohl zu unterscheiden. Bei dem oben benutzten Beispiel müßte man etwa fragen, ob es im Hinblick auf die Forschungsfrage ausreicht, lediglich Material aus dem Jahre 1968 (und lediglich Zeitungen mit einer Auflage von über 20 000) als relevantes Universum zu bestimmen. Entscheidet man sich, den Zeitraum auf vier Jahre zu erweitern, dann kann man bei der Bestimmung der Stichprobe den Materialumfang etwa dadurch reduzieren, daß man innerhalb jedes Jahrgangs nur die in drei bestimmten Monaten erschienenen Ausgaben berücksichtigt.

Beim Ziehen der Stichprobe können die in Kap. 3 erörterten Verfahren angewandt werden. Die Eigenart der Auswahleinheiten, die bei bereits vorliegendem Textmaterial ja keine Personen, sondern z. B. die einzelnen Nachrichten, Berichte und Kommentare sind, stellt allerdings einige besondere Probleme. Vor allem liegt die Gesamtheit, aus der die Stichprobe gezogen werden soll, oft nicht in der Form vor, daß die Auswahleinheiten vom Forscher im Sinne des Zufallsprinzips manipulierbar wären. Man müßte im hier benutzten Beispiel die Gesamtheit erst einmal zusammenstellen, etwa indem man alle Ausgaben der Zeitungen mit einer Auflage über 20 000 in dem gewählten Zeitraum auf thematisch relevante Nachrichten etc. durchsieht, diese ausschneidet oder fotokopiert, in eine Kartei ordnet, symbolisch mischt, und dann erst die Zufallsstichprobe zieht. Praktisch ist ein solches Vorgehen, wenn überhaupt durchführbar, oft viel zu kostspielig und zeitraubend. Deshalb wählt man häufig ein mehrstufiges Auswahlverfahren (z. B.: 1. Auswahl aus den relevanten Zeitungen, 2. Auswahl nach einem zeitlichen Kriterium aus den Tagesausgaben jener Zeitungen, 3. Auswahl aus den daraus entnommenen thematisch relevanten Artikeln). Bei der Verwendung der Zeitdimension als Auswahlkriterium ist besondere Vorsicht notwendig, um systematische Verzerrungen zu vermeiden, da die relevanten Inhalte nach Art und Häufigkeit zwischen den einzelnen Jahren, Jahreszeiten, Monaten und Wochentagen differieren können.

Ist das Textmaterial für die Inhaltsanalyse auf diese Weise bestimmt worden, dann folgt der wichtigste Schritt des Verfahrens, die Operationalisierung der in den Hypothesen auftretenden Variablen. Dabei sollen hier nur jene Variablen berücksichtigt werden, für die die Indikatoren im Textmaterial selbst zu finden sind. Die Operationalisierung umfaßt zwei eng miteinander verbundene Teilschritte: die Bestimmung der sprachlichen Einheiten, an denen die relevanten Inhalte aufgesucht werden, und die Entwicklung eines Kategorienschemas zur Klassifikation der Inhalte.

c) *Bestimmung der sprachlichen Einheiten der Analyse.* Als sprachliche Einheiten der Analyse, die nach ihrem Inhalt zu klassifizieren (und zu zählen) sind, kann man Worte, Satzteile, ganze Sätze, ganze Absätze eines Textes, aber auch ganze Aufsätze oder Artikel, Bücher oder Radiosendungen wählen. Welche Einheit man wählt, hängt davon ab, an welcher sprachlichen Konfiguration der gesuchte Inhalt sich auffinden läßt. Untersucht man die Themen von Romanen, Zeitungsaufsätzen oder Radiosendungen, dann wählt man die genannten großen Einheiten. Fragt man dagegen nach bestimmten Orientierungen, Einstellungen zu bestimmten Gegenständen usw., dann sind kleinere Einheiten wie Worte, Satzteile, Sätze oder Abschnitte angezeigt. Die Wahl ist hier jedoch vor allem für eine quantitative Analyse oft schwer, denn der gesuchte Inhalt (z. B. eine Einstellung) kann sich unter Umständen in verschiedenen sprachlichen Konfigurationen manifestieren. Ein negatives Urteil über politisch engagierte Studenten kann in einem längeren Satz genauso wie in dem Schimpfwort »Radikalinskis« ausgedrückt werden.

Das Zählen isolierter Wortklassen ist zwar das einfachste Verfahren, aber in seiner sinnvollen Anwendbarkeit überaus begrenzt. Es gibt wenig sozialwissenschaftlich relevante Inhalte, die sich ausschließlich im Vorkommen bestimmter Worte manifestieren. Aus einzelnen Worten z. B. auf eine Einstellung zu schließen, indem man positiv und negativ wertende Bezeichnungen (Substantive und Adjektive) für einen Gegenstand zählt, ist bereits überaus fragwürdig, da die Bedeutung einzelner Worte häufig erst aus dem Zusammenhang, in dem sie benutzt werden, klar wird. Dasselbe gilt oft auch noch für einzelne Sätze. Geht es darum, nicht nur die wertende Haltung zu einem bestimmten Gegenstand festzustellen, sondern komplexere Urteile, Auffassungen, Vorstellungen usw., dann verbietet sich die Wahl des einzelnen Wortes als sprachliche Einheit der Analyse von vornherein.

*Die Inhaltsanalyse*

d) *Die Entwicklung des inhaltsanalytischen Kategorienschemas.* Die Inhaltskategorien, unter die die sprachlichen Einheiten des Textmaterials subsumiert werden sollen, bilden das eigentliche Verbindungsstück zwischen den Variablen der Hypothesen und den sprachlichen Konfigurationen, die als Indikatoren für sie und ihre einzelnen Merkmalsausprägungen gelten. Das inhaltsanalytische Kategorienschema ist immer selektiv in Hinsicht auf eine bestimmte Fragestellung, d. h. es braucht keine *vollständige* Erfassung des vorliegenden Textmaterials hinsichtlich *aller* darin auftretenden Inhalte zu erlauben. Interessiert einen lediglich die positive oder negative Bewertung eines bestimmten politischen Ereignisses in den Leitartikeln verschiedener Tageszeitungen, dann braucht man kein Kategorienschema für eine zusätzliche Klassifikation der für die Bewertung angegebenen Gründe (und erst recht nicht zur Klassifikation von Äußerungen, die mit jenem politischen Ereignis in keinem Zusammenhang stehen). Hinsichtlich des interessierenden Inhalts muß das Kategorienschema jedoch so differenziert sein, daß sich Inhaltsmaße entwickeln lassen, die einen Vergleich zwischen den Texteinheiten des untersuchten Materials erlauben.

Beim Aufbau des Kategorienschemas beginnt man folgerichtig mit dem Festlegen der interessierenden Bedeutungsdimensionen. Für die Untersuchung der Einstellung zu einem bestimmten politischen Ereignis könnten z. B. die folgenden Dimensionen gewählt werden: normative Bewertung des Ereignisses; praktisch-politische Bewertung der Folgen; Gründe für die Bewertung; Ratschläge an politische Instanzen für die Reaktion auf das Ereignis; Grad der Emotionalität der Stellungnahme usw.

Das Kategorienschema hat dann den folgenden formalen Anforderungen gerecht zu werden:

1. Jede im Kategorienschema enthaltene Kategorienreihe muß aus einem einheitlichen Klassifikationsprinzip abgeleitet sein, d. h. sie darf sich nur auf *eine* Bedeutungsdimension beziehen.

2. Die einzelnen Kategorien müssen einander ausschließen. Das heißt, jede auf die Bedeutungsdimension der Kategorienreihe bezogene sprachliche Einheit muß sich einer und nur einer Kategorie zuordnen lassen.

3. Die Kategorienreihe muß *erschöpfend* sein. Das heißt, jede auf die Bedeutungsdimension der Kategorienreihe bezogene sprachliche Einheit (aber nicht: *jede* sprachliche Einheit des Textes!) muß sich einer der bestehenden Kategorien zuordnen lassen.

Diese Regeln gelten nicht nur für die Inhaltsanalyse in dem speziellen, hier behandelten Sinne einer besonderen Forschungstechnik, sondern sie gelten genauso für die Klassifikation von Beobachtungs- und Befragungsmaterial und allgemein für das Aufstellen von Codeplänen für die Verschlüsselung von Daten.

In dem fertigen Schema bezeichnet jede Kategorie einer Kategorienreihe eine bestimmte Klasse von Bedeutungen (Inhalten) auf einer bestimmten Bedeutungsdimension. In den Kategorien werden die im Textmaterial auftretenden sprachlichen Einheiten unter dem Gesichtspunkt ihrer Bedeutungsgleichheit (oder besser: semantischen Ähnlichkeit) zusammengefaßt. Damit wird die Vielfalt sprachlicher Artikulationen eines bestimmten

Inhalts auf Klassen semantischer Ähnlichkeit reduziert. Um eine zuverlässige Einordnung der sprachlichen Einheiten in diese Klassen zu gewährleisten, müssen sie operationell definiert sein. Es muß also im Einzelfall, etwa an Hand typischer Beispiele, genau angegeben werden, welche Art von Worten oder Aussagen z. B. als »positive Bewertung des Ereignisses«, »ökonomische Begründung der Bewertung« usw. zu klassifizieren sind. Sofern die operationelle Definition der einzelnen Bedeutungsklassen allerdings keine *vollständige* und *detaillierte* Aufzählung *aller* in sie einzuordnenden Worte, Satzteile, Sätze usw. ist – was bei einigermaßen komplexen und abstrakten Inhalten kaum möglich ist –, bleibt die Entscheidung bei der Klassifikation letztlich dem intuitiven Sprachverstehen des Analytikers überlassen. Die faktische Bedeutung der Kategorie wird dann am Ende durch die Gesamtheit aller in sie eingeordneten sprachlichen Einheiten festgelegt. Je unvollständiger die Kategorie operationalisiert war, um so größer kann die auftretende Diskrepanz zwischen ihrer intendierten und ihrer faktischen Bedeutung sein.

Im folgenden soll an einem Beispiel der Aufbau eines etwas komplexeren inhaltsanalytischen Kategorienschemas demonstriert werden [10]. Geschichten, die von Versuchspersonen in einem Thematic Apperception Test (TAT) erzählt werden, sollen daraufhin untersucht werden, ob sich in ihnen eine *motivationale Leistungsorientierung* sprachlich artikuliert oder nicht. Die Versuchspersonen sollen auf Grund der von ihnen erzählten Geschichten in drei Klassen eingeteilt werden: 1. eindeutig leistungsorientiert; 2. zweifelhaft, ob leistungsorientiert; 3. eindeutig nicht leistungsorientiert. Es wird angenommen, daß Versuchspersonen *mit* motivationaler Leistungsorientierung im TAT auf den ambivalenten Stimulus (TAT-Bild) mit der Erzählung einer Geschichte reagieren, in der eine leistungsmotivierte, zielorientierte Handlungsfolge thematisiert wird. Dies ist die theoretische Voraussetzung für eine Schlußfolgerung aus dem Inhalt der TAT-Geschichten auf die Motivations- und Bedürfnisstruktur ihrer Produzenten.

Um die inhaltsanalytischen Kategorien zu gewinnen [11], versucht man zunächst, charakteristische Komponenten einer zielorientierten instrumentellen Handlungsfolge zu isolieren, um jene dann als Kategorien zu formulieren. Die Komponenten, die als Kategorien formuliert werden, sind im folgenden hervorgehoben. Das Individuum erfährt ein *Bedürfnis*. Es reagiert darauf mit einer Zielvorstellung, die der Bedürfnisbefriedigung gleichkommt. Als leistungsorientiert ist ein instrumentelles Handeln dann anzusprechen, wenn es an Zielen orientiert ist, die in der betreffenden Gesellschaft als Werte definiert sind, und um deren Erreichen das Individuum mit anderen *konkurriert*. Die betreffenden Werte sind entweder ganz allgemein *hochbewertete Güter* oder aber *soziale Rollen mit hohem sozialen Prestige*. Das Individuum konzipiert ein *zielorientiertes Handeln*, das der Realisierung des vorgestellten Ziels dienen soll. Gleichzeitig antizipiert es den möglichen *Erfolg* oder *Mißerfolg* dieses Handelns. Im Handlungsablauf selbst können *Widerstände* auftreten. Der schließliche Erfolg oder Mißerfolg

---

[10] Ein ausführlicher Bericht darüber findet sich in *Ph. J. Stone, D. C. Dunphy* et a.: The General Inquirer, a.a.O., S. 191 ff.

[11] Die inhaltsanalytischen Kategorien sind auf Grund einer Begriffsanalyse gewonnen. Vgl. dazu *D. McClelland* et al.: The Achievement Motive, New York 1953, S. 111 ff.

*Die Inhaltsanalyse*

löst bei ihm *positive* oder *negative Affekte* aus. Damit sind bereits zehn Kategorien bestimmt. Um die positive Bewertung von zielorientiertem Handeln leichter identifizieren zu können, wird weiter die Kategorie »Adverbien mit positiver Wertbesetzung« eingeführt; desgleichen die Kategorie »Adjektive mit positiver Wertbesetzung«, um positiv bewertete Güter oder soziale Rollen leichter identifizieren zu können. Um syntaktische Zusammenhänge besser berücksichtigen zu können, wird die Kategorie »Sein, Werden« aufgenommen. Da leistungsmotiviertes Handeln oft an langfristigen Zielvorstellungen orientiert ist, wird schließlich noch die Kategorie »Zeit« gebildet. Das Kategorienschema sieht dann folgendermaßen aus:

| *Kategorie* | *Beispiele* |
|---|---|
| Bedürfnis | Wünsche, Hoffnungen Bedürfnisse, Verlangen |
| Sein, Werden | Sein, Werden, Heranwachsen |
| Konkurrenz | gewinnen, überwinden, erlangen, übernehmen |
| aktive Verben mit positiver Wertbesetzung | tun, machen, arbeiten, erfinden |
| Adverbien mit positiver Wertbesetzung | fleißig, sorgsam, gründlich |
| hochbewertete Güter | Entdeckung, Erfindung, Intelligenz, Reichtum |
| positiv bewertete soziale Rollen | Richter, Professor, Arzt, Rechtsanwalt |
| Adjektive mit positiver Wertbesetzung | groß, mächtig, vielversprechend, berühmt, hervorragend |
| Widerstände | Krise, Schaden, Prüfung |
| Erfolg | Ruhm, Ehre, Erfolg |
| Mißerfolg | Fehler, Irrtum, Mißerfolg |
| positive Affekte | glücklich, heiter, entzückt, freudig |
| negative Affekte | traurig, ängstlich, verwirrt |
| Zeit | lebenslang, jahrelang, wochenlang |

Nach der Entwicklung dieser vierzehn Kategorien muß ein weiterer Schritt vollzogen werden. Weder das Registrieren isolierter sprachlicher Einheiten, die irgendeiner dieser Kategorien zugehören, noch die Berechnung der Häufigkeit, mit der sie in einer Geschichte auftreten, erlauben die Identifikation einer leistungsmotivierten Handlungsfolge im Text. Erst wenn sprachliche Einheiten wenigstens zweier verschiedener Kategorien im Text syntaktisch aufeinander bezogen sind, kann ihre Bedeutung rekonstruiert werden. Erst dann kann entschieden werden, ob die gesuchte Thematisierung im Text auftritt oder nicht. Deshalb müssen *Regeln* formuliert werden, *die solche syntaktischen Sequenzen von Kategorien bestimmen*, die als Thematisierung leistungsmotivierten Handelns gedeutet werden können. Neun solcher Regeln wurden formuliert:

1. Bedürfnis + Konkurrenz
*Beispiel:* »Er *hoffte*, Ansehen *zu gewinnen*.«

2. Erfolg + positive Affekte
*Beispiel:* »Er *freute* sich, endlich *Anerkennung* erreicht zu haben.«
3. Mißerfolg + negative Affekte
*Beispiel:* »Seine Erfindung *setzte sich nicht durch, enttäuscht* zog er sich zurück.«
4. Aktive Verben mit positiver Wertbesetzung + Adverbien mit positiver Wertbesetzung (auch adverbiale Bestimmungen)
*Beispiel:* »*Besessen arbeitete* er an seinem Werk.«
5. Aktive Verben mit positiver Wertbesetzung + hochbewertete Güter
*Beispiel:* »Jahrelang *arbeitete* er, um endlich zu *Reichtum* zu gelangen.«
6. Adjektive mit positiver Wertbesetzung + hochbewertete Güter
*Beispiel:* »Er strebte *großen Reichtum* an.«
7. Bedürfnis + Sein + positiv bewertete soziale Rollen
*Beispiel:* »Er *wollte* ein großer *Arzt werden.*«
8. Bedürfnis + Sein + Adjektive mit positiver Wertbesetzung
*Beispiel:* »Er *wünschte* sich, *berühmt zu werden.*«
9. Sein + Erfolg (gilt nur für den letzten Satz eines Textes!)
*Beispiel:* »Sein *Werk wurde* schließlich *berühmt.*«

Für die Regeln 2 und 3 gilt, daß die Kategorien Erfolg bzw. Mißerfolg und positive bzw. negative Affekte auch in zwei aufeinanderfolgenden Sätzen auftreten können. Sind diese Regeln aufgestellt, dann kann die Verschlüsselung der einzelnen Texteinheiten beginnen. Jeder Satz oder jedes Satzpaar wird daraufhin durchgesehen, ob sie einer dieser neun Regeln entsprechen oder nicht. Zahl und Art der gefundenen Entsprechungen werden festgehalten. Für die Zuordnung einer Texteinheit (Geschichte) zur Klasse 1 (eindeutig leistungsmotiviert) wird festgelegt, daß darin mindestens *ein* Satz oder Satzpaar vorkommen muß, der bzw. das einer der neun Regeln entspricht. In Klasse 2 wird ein Text eingeordnet, wenn er mindestens zwei sprachliche Einheiten der Kategorie »aktive Verben mit positiver Wertbesetzung« oder eine Einheit der Kategorie »Widerstände« enthält. Alle übrigen Texte werden als eindeutig nicht leistungsmotiviert klassifiziert. Natürlich lassen sich andere und eventuell differenziertere Klassifikationsregeln denken.

e) *Auszählen, Indexbildung, Hypothesenprüfung.* Das eben geschilderte Beispiel ging bereits über die bloße Aufstellung von Kategorien hinaus und schloß den darauf folgenden Schritt ein, die Formulierung von Regeln für das Auszählen und für die schließliche Klassifikation der einzelnen Texteinheiten entlang einer bestimmten theoretischen Dimension. Der Vergleich von Texteinheiten im Hinblick auf ein komplexes Merkmal erfordert oft die Bildung eines Index, in dem verschiedene im analytischen Schema getrennt aufgeführte Bedeutungsdimensionen zusammengefaßt werden. Je nach der Fragestellung kann das inhaltsanalytische Material weiterhin mit zusätzlich ermittelten Daten über die Texteinheiten (z. B. Zeitpunkt des Erscheinens eines Artikels), eventuell auch über ihre Produzenten, ihre Empfänger, die Situation ihres Entstehens usw. korreliert werden. Mittels statistischer Prüfverfahren werden die festgestellten Unterschiede schließlich auf ihre Signifikanz geprüft, um zu sehen, ob die Daten die Ausgangshypothesen bestätigen oder widerlegen.

f) *Zuverlässigkeit und Gültigkeit.* Die Zuverlässigkeit einer Inhaltsanalyse drückt sich darin aus, daß derselbe Coder bei zweimaligem Verschlüsseln des gleichen Texts bzw. verschiedene Personen bei seiner getrennten Verschlüsselung zu genau den gleichen Ergebnissen (Häufigkeit der Eintragungen in einzelne Kategorien) kommen. Das Maß dieser Übereinstimmung läßt sich berechnen. Es leuchtet ein, daß *eindeutig* und *präzise* definierte Kategorien und klare Zuordnungsregeln die Zuverlässigkeit erhöhen, indem sie subjektiv willkürliche Bedeutungsinterpretationen durch den Codierer weniger wahrscheinlich machen. Eine weitere Voraussetzung für die Zuverlässigkeit der Ergebnisse ist, wie bei allen Datenermittlungsverfahren, die zuverlässige Befolgung der Verfahrensregeln durch die Codierer.

Die Gültigkeit der Inhaltsanalyse ist schwer zu prüfen. Hierzu wäre der Nachweis notwendig, daß der Analytiker die Bedeutung der einzelnen sprachlichen Einheiten so verstanden hat, wie sie von ihren Produzenten gemeint war (und von ihren Empfängern aufgefaßt wurde) und – bei Schlußfolgerungen auf nicht-sprachliche Variablen – daß der unterstellte Zusammenhang zwischen dem Auftreten bestimmter sprachlicher Zeichen in einem Text und einer Absicht, Einstellung, Motivation usw. tatsächlich besteht. Diese Probleme wurden eingangs bereits erörtert. Für die Überprüfung der Gültigkeit inhaltsanalytischer Ergebnisse werden im übrigen die bereits in Kap. 2 (S. 66 ff.) dargestellten Verfahren verwendet, d. h. 1. die Expert Validity, 2. die Known Groups Validity, 3. die Predictive Validity und schließlich 4. die Construct Validity.


## 3. *Einige Verfahren quantitativer Inhaltsanalyse*

Von quantitativer Inhaltsanalyse spricht man bereits, wenn die Häufigkeit bestimmter Inhalte in den einzelnen Texteinheiten festgestellt wird. Darüber hinaus können die Inhalte selbst als quantitative Variablen (statt dichotomisch als »gegenwärtig« oder »abwesend«) behandelt werden. Diese beiden Möglichkeiten fallen zusammen, wenn die Häufigkeit, mit der ein bestimmter Inhalt in einem Text auftritt, als Indikator etwa für die Intensität einer Einstellung genommen wird.

Es gibt eine ganze Reihe inhaltsanalytischer Verfahren, mit denen man die Bewertung von (oder Einstellung zu) Gegenständen sozialer Erfahrung (sozialen Gruppen, Institutionen usw.) messen will, die in einem Text behandelt werden. Bereits Lasswell hat mit dem «Coefficient of Imbalance« versucht, eine quantitative Kennzeichnung von im Text auftretenden Gegenständen zu leisten [12]. Hier soll jedoch das differenziertere Verfahren von Osgood, die sogenannte »Evaluative Assertion Analysis« oder Bewertungsanalyse dargestellt werden [13].

---

[12] *J. L. Janis, R. Fadner:* The Coefficient of Imbalance, in: *H. D. Lasswell, N. Leites* et al.: Language of Politics, Cambridge, Mass., 1965, S. 153 ff.

[13] *Ch. E. Osgood:* The Representational Model and Relevant Research Methods, in: *I. de Sola Pool* (Hrsg.): Trends in Content Analysis, Urbana 1959, S. 41.

a) *Die Bewertungsanalyse.* Die Durchführung der Bewertungsanalyse beruht auf vier Voraussetzungen. 1. Es muß sprachlich eine Unterscheidung zwischen den Ausdrücken für die *Objekte der Einstellung* (OE) und den syntaktisch auf sie bezogenen *wertgeladenen Ausdrücken* (WA) möglich sein. Einstellungsobjekte sind z. B. »Familie«, »Gewerkschaft«, »Demokratie«, wertgeladene Ausdrücke alle auf sie bezogenen Prädikate mit einem Wertgehalt: »X ist *gut*«, »Y *streikt*«. 2. Es muß möglich sein, syntaktisch verschiedene Konstruktionen mit semantischer Äquivalenz zu identifizieren. Der Satz »Anständige Menschen *verachten* betrügerische Kaufleute« wäre demnach hinsichtlich der Bewertung von Kaufleuten dem Satz »Betrügerische Kaufleute sind *verächtlich*« semantisch äquivalent. 3. Es muß möglich sein, eine ausreichende Übereinstimmung hinsichtlich der in einem Satz enthaltenen Richtung und Intensität der Bewertung zwischen verschiedenen Codern zu erreichen. 4. Das wiederum setzt voraus, daß die Bedeutung wertgeladener Ausdrücke unproblematisch ist. Bei Ausdrücken wie »kriminell«, »morden« usw. ist das sicher der Fall. Häufig jedoch wechselt der Wertgehalt eines Wortes mit dem Zusammenhang, in dem es benutzt wird. Das Wort »streiken« dürfte z. B. in dem in einer Gewerkschaftszeitung erscheinenden Satz »Die mutigen Arbeiter der XY-Werke *streikten* wegen der mangelnden sozialen Sicherheit« positiv bewertet sein, in dem in einer Unternehmerzeitung erscheinenden Satz »Die durch Funktionäre provozierten Arbeiter der XY-Werke *streikten* und schädigten dadurch die Produktion« dagegen negativ.

Das Verfahren der Bewertungsanalyse besteht aus mehreren Schritten.
1. Zuerst werden alle im Textmaterial auftretenden Ausdrücke für die relevanten OE durch semantisch neutrale Symbole (Buchstaben) ersetzt, um den verzerrenden Einfluß der eigenen Einstellungen des Coders auf die Analyse auszuschalten. Dabei ist es oft schwierig, zwischen reinen Synonymen für ein OE und Ausdrücken für verschiedene Untergruppen zu unterscheiden, die dementsprechend verschiedene Symbole erhalten müßten. (Sind z. B. »Die SPD«, »Der Parteivorstand der SPD« und »Hohe Funktionäre der SPD« Synonyme für dasselbe OE oder nicht?) Um keine indirekte Identifikation zu erlauben, müssen auch solche Ausdrücke neutralisiert werden, die Hinweise auf die Identität des OE geben, wie z. B. »US« in dem Satz »Das freiheitsliebende vietnamesische Volk (OE) wird durch die US-Agressoren ausgerottet«.

2. Anschließend werden alle Sätze herausgesucht, in denen neutrale Symbole für OE enthalten sind. Diese Sätze werden so in standardisierte Aussagesätze übersetzt, daß die Zuordnung von Bewertungen (WA) zu den relevanten OE leicht erkennbar wird. Zwei wichtige Formen einfacher Aussagesätze sind zu unterscheiden: 1. der syntaktische Bezug eines OE auf WA verbaler oder adjektivischer Natur (einstellige Prädikate): XY ist fleißig; XY siegte; 2. der syntaktische Bezug eines OE auf ein anderes mögliches OE, das seinerseits einen Wertgehalt impliziert (zweistellige Prädikate): XY bekämpfte die Verbrecher. Die Auflösung eines komplexen Satzes sieht dann etwa so aus: »Obwohl die mutigen DX DZ in seinem Kampf gegen die korrupten EF unterstützten, vertrauten sie DZ doch nicht rückhaltlos.«
1. Die DX sind mutig.
2. Die DX unterstützen DZ.

*Die Inhaltsanalyse*

3. Die DX vertrauen nicht vollständig DZ.
4. EF ist korrupt.
5. DZ führt einen Kampf gegen EF.

Die transformierten Sätze bestehen grammatikalisch aus Subjekt, Prädikat und Komplement.

3. Nun wird für jedes OE, dessen Bewertung ermittelt werden soll, ein gesondertes Codeblatt hergestellt, auf dem alle transformierten Sätze eingetragen werden, in denen der Ausdruck für das betreffende OE vorkommt. Danach wird für jeden Satz die darin enthaltene Bewertung des als Subjekt auftretenden OE quantitativ ermittelt. Dazu müssen die Prädikate und Komplemente in den Sätzen nach *Richtung* und *Intensität* ihrer Wertgeladenheit gekennzeichnet werden. Dies wird durch Zuordnung von Werten zwischen + 3 und — 3 geleistet. Die quantitative Kennzeichnung der Prädikate hängt von der Stärke ihrer assoziativen bzw. dissoziativen syntaktischen Funktion ab. »DX unterstützte DZ« enthält ein Prädikat mit assoziativer, verbindender Funktion und erhält eine positive (+) Kennzeichnung, »DZ bekämpft EF« enthält ein Prädikat mit dissoziativer, trennender Funktion und wird negativ (—) gekennzeichnet. Für die Gewichtung gibt es keine formalen Regeln, sondern man verläßt sich auf die Einschätzung der Coder.

| OE | Prädikat | Wert | Komplement | Wert | Produkt der Bewertung |
|---|---|---|---|---|---|
| DF | erleidet | +3 | schwere Wahlniederlage | —2 | —6 |
| DF | ist | +3 | innerlich zerstritten | —3 | —9 |
| DF | besitzt | +2 | Anteil an neuem Wirtschaftsaufschwung | +2 | +4 |
| DF | verliert | —3 | Vertrauen | +3 | —9 |
| Anzahl der Sätze: 4 | | | | 0 | —20 |

Abb. 1   Codeblatt für Bewertungsanalyse

Abb. 1 gibt einen möglichen Ausschnitt aus einem Codeblatt wieder. Die Richtung und die Intensität der in jedem Satz enthaltenen Bewertung wird als Produkt der Werte von Prädikat und Komplement aufgefaßt. Um die in einem Text erscheinende durchschnittliche Bewertung eines bestimmten OE zu kennzeichnen, wird *schließlich* ein Index gebildet, dessen Wert zwischen + 3 und — 3 liegt [14]. An Hand dieses Index lassen sich verschiedene Texte vergleichen.

[14] Es gibt zwei gebräuchliche Formen dieses Index: 1. Entweder bildet man die Summe der Produkte der Bewertung aus den einzelnen Sätzen, teilt diese durch die Anzahl der auftretenden Sätze und multipliziert das Ergebnis mit $\frac{1}{3}$:

$$\frac{1}{3} \cdot \left( \frac{\Sigma (W_{pr} \cdot W_{kom})}{N} \right)$$

oder aber 2. man gewichtet zusätzlich im Gesamt die Werte der Prädikate dadurch, daß man die Summe sämtlicher Produkte einfach durch die Summe aller *absoluten Werte* der Prädikate dividiert:

$$\frac{\Sigma (W_{pr} \cdot W_{kom})}{\Sigma (W_{pr})}$$

Eine Weiterentwicklung der Bewertungsanalyse ist die Image-Analyse. Mit derselben Technik wie bei der Bewertungsanalyse werden hier zwei weitere semantische Dimensionen untersucht, und zwar die (bereits im Zusammenhang mit dem Polaritätsprofil, S. 50 ff. erwähnten) Dimensionen »Stärke–Schwäche« und »Aktivität–Passivität«. Damit werden Einstellungen zu bestimmten Objekten dreidimensional gekennzeichnet. Der wesentliche Unterschied zur Technik des Polaritätsprofils besteht darin, daß bei der Image-Analyse von vorliegendem Material ausgegangen wird, statt Versuchspersonen Einstellungsobjekte auf diesen Dimensionen klassifizieren zu lassen. Die in den standardisierten Aussagesätzen enthaltenen Prädikate und Komplemente werden dann dreifach verschlüsselt: einmal nach Richtung und Intensität der Bewertung, einmal nach der für das OE implizierten Stärke oder Schwäche, und einmal nach der implizierten Aktivität oder Passivität.

b) *Die Kontingenzanalyse.* Mit der Kontingenzanalyse [15] sollen bestimmte Assoziationsstrukturen zwischen verschiedenen Begriffen ermittelt werden. Dabei interessieren vor allem spontan erzeugte Texte, bei denen die fraglichen Assoziationen sich nicht bereits zwangsläufig aus einem Argumentationsziel ableiten, d. h. vom Produzenten etwa für Propagandazwecke absichtlich benutzt werden. Da bestimmte Worte in einem Text mit gewisser Häufigkeit rein zufällig zusammen auftreten können, kommt es darauf an, die mit einer über der Zufallswahrscheinlichkeit liegenden Häufigkeit zusammen auftretenden sprachlichen Zeichen zu ermitteln.

Bei der Anwendung des Verfahrens müssen folgende Schritte durchgeführt werden:
1. Zunächst müssen die Einheiten des Textmaterials festgelegt werden. Wo das Textmaterial nicht selbst gleichsam in natürliche Einheiten zerfällt wie bei Tageszeitungen in einzelne Artikel, bei Romanen in Kapitel usw., muß es in mehr oder weniger künstliche Einheiten zerlegt werden.

2. Entsprechend der Fragestellung werden die inhaltsanalytischen Kategorien festgelegt. So könnte man etwa die Beziehungen zwischen den Ausdrücken Wohlstand, Fortschritt, soziale Sicherheit, Gewerkschaft, Streik, Krise und soziale Unsicherheit untersuchen. Ihre semantischen Äquivalente würden ebenfalls in die betreffenden Kategorien eingeordnet. Je spezifischer die einzelnen Kategorien sind (im Extremfall: ganz bestimmte Worte), um so umfangreicher muß das Material sein, weil sich sonst kaum signifikante Kontingenzen ergeben.

3. Es wird eine Datenmatrix hergestellt, in der das Auftreten oder Nichtauftreten der relevanten sprachlichen Einheiten für jede Texteinheit gesondert festgehalten wird (siehe Abb. 2). Sind die einzelnen Texteinheiten sehr groß, dann kann für jede von ihnen ermittelt werden, ob ein bestimmtes Zeichen *überdurchschnittlich* häufig darin auftritt, was dann in der Matrix durch ein » + « verzeichnet wird.

4. Anschließend wird für jede inhaltsanalytische Kategorie die *relative Häufigkeit* ihres Auftretens im Gesamt der Texteinheiten berechnet. In Abb. 2 ist die relative

---

[15] *Ch. E. Osgood:* The Representational Model, a.a.O., S. 61 ff.

*Die Inhaltsanalyse*

| Einheiten | Inhaltsanalytische Kategorien | | | | | |
|---|---|---|---|---|---|---|
| | A | B | C | D | E... | N |
| 1 | + | − | + | + | + | + |
| 2 | − | + | − | − | − | + |
| 3 | + | − | + | + | − | + |
| 4 | + | − | − | + | + | − |
| 5 | + | − | + | + | − | − |
| . | | | | | | |
| n | + | + | − | − | − | + |
| Relative Häufigkeit: | 70 | 20 | 30 | 30 | 10 | 30 |

Abb. 2  Datenmatrix für Kontingenzanalyse

Häufigkeit für A 70 %, für B 20 % usw. Hieraus lassen sich die *Erwartungswerte* für das Auftreten einer Kombination von zwei bestimmten Kategorien errechnen, indem man das Produkt ihrer relativen Häufigkeiten bildet: $p_{AB} = p_A \times p_B$. Der Erwartungswert für das gleichzeitige Auftreten von A und B in Abb. 2 wäre $p_{AB} = .70 \times .20 = .14$. Die Erwartungswerte werden nun in die Kontingenztabelle (Abb. 3) eingetragen, und zwar in die Felder oberhalb der Diagonalen. Alle tatsächlich gefundenen relativen Häufigkeiten des gemeinsamen Auftretens zweier Kategorien, die aus der Datenmatrix (Abb. 2) zu ermitteln sind, werden in die Felder unterhalb der Diagonalen eingetragen.

| | Inhaltsanalytische Kategorien | | | | | |
|---|---|---|---|---|---|---|
| | A | B | C | D | E... | N |
| A | − | .14 | .21 | .21 | .07 | .21 |
| B | .21 | − | .06 | .06 | .02 | .06 |
| C | .31 | .12 | − | .09 | .03 | .09 |
| D | .06 | .04 | .12 | − | .03 | .09 |
| E | .12 | .31 | .42 | .12 | − | .03 |
| . | | | | | | |
| N | .07 | .10 | .18 | .20 | .15 | − |

Abb. 3  Kontingenztabelle

5. Die relativen Häufigkeiten jeder Kombination von zwei inhaltsanalytischen Kategorien werden nun mit den entsprechenden Erwartungswerten verglichen. Sind die relativen Häufigkeiten für eine Kombination *signifikant größer* oder *kleiner* als die zuvor errechneten Erwartungswerte, dann läßt sich dieser Tatbestand als Indikator für eine im Text zum Ausdruck kommende cognitive Assoziationsstruktur interpretieren. Unterscheiden sich die relativen Häufigkeiten *nicht signifikant* von den Erwartungswerten, dann läßt sich das als ein Hinweis darauf deuten, daß zwischen den seman-

tischen Gehalten der inhaltsanalytischen Kategorien *kein* durch die Assoziationsstruktur bedingter Zusammenhang besteht.
Die Signifikanz des Unterschieds zwischen Erwartungswert und relativer Häufigkeit läßt sich durch die Berücksichtigung der Standardabweichung des Erwartungswerts einschätzen. Diese Abweichung wird nach folgender Formel errechnet:

$$\sigma_p = \sqrt{\frac{p \cdot (1-p)}{N}}$$

Im Beispiel würde sie für den Erwartungswert von AC lauten:

$$\sqrt{\frac{.21 \cdot .79}{20}} = .073.$$

Um diesen Wert kann der Erwartungswert zufällig schwanken. Ist er *kleiner* als die für diese Kombination gefundene relative Häufigkeit, die .31 beträgt, dann kann man schließen, daß der assoziative Zusammenhang zwischen den inhaltsanalytischen Kategorien C und A nicht zufällig ist, sondern durch die cognitive Assoziationsstruktur des Sprechers oder Schreibers verursacht wurde.
Da die Kontingenzanalyse die syntaktischen Zusammenhänge, in denen sprachliche Einheiten aufeinander bezogen sind, völlig unberücksichtigt läßt, kann aus dem Zusammenauftreten zweier sprachlicher Einheiten nicht ohne weiteres auf die *Art* der semantischen Beziehungen zwischen ihnen geschlossen werden. Wenn z. B. in einer bestimmten Tageszeitung der Satz: »Freiheit und Kommunismus schließen einander aus« ebenso häufig auftritt wie in einer anderen der Satz: »Der Kommunismus ist die Voraussetzung der Freiheit«, dann bildet der eine semantisch die Negation des anderen, während für beide Tageszeitungen die Kontingenzanalyse den gleichen, vom Zufall unterschiedenen Zusammenhang zwischen »Freiheit« und »Kommunismus« ausweist.

*Aufgaben:*

*1. Wie würden Sie das Universum des relevanten Textmaterials (Quellen, Perioden) festlegen, wenn Sie mittels der Bewertungsanalyse die Hypothese prüfen wollten, daß in Zeiten einer drohenden oder akuten ökonomischen Krise die Einstellung von Gewerkschaften und Unternehmern zueinander negativer sind als in Zeiten der Hochkonjunktur?*
*2. Bereiten Sie einen Zeitungsartikel zu einem aktuellen Thema für eine Bewertungsanalyse vor, indem Sie die Ausdrücke für Objekte der Einstellung neutralisieren und die Sätze in einfache Aussagesätze zerlegen. Stellen Sie ein Codeblatt für das zentrale OE auf und führen Sie die Bewertung durch.*
*3. Führen Sie unter Berücksichtigung aller im 2. Abschnitt dieses Kapitels erörterten Schritte eine Inhaltsanalyse von Heiratsanzeigen durch, um festzustellen, mit welcher Häufigkeit bestimmte Eigenschaften a) männlicher und b) weiblicher Ehepartner gesucht werden und welche Eigenschaften a) Männer und b) Frauen, die einen Ehepartner suchen, als vermutlich attraktiv in den Vordergrund stellen.*

*Ausgewählte Literatur*

*Berelson, B.:* Content Analysis, in: *G. Lindzey* (Hrsg.): Handbook of Social Psychology, Bd. I, New York (1959) 1967.
*Lasswell, H. D., N. Leites:* Language of Politics. Studies in Quantitative Semantics, Cambridge, Mass., 1965.
*Lasswell, H. D., D. Lerner, I. de Sola Pool:* Comparative Study of Symbols. An Introduction, Stanford, Cal., 1952.
*de Sola Pool, I.,* (Hrsg.): Trends in Content Analysis, Urbana 1959.
*Stone, Ph. J., D. C. Dunphy* et al.: The General Inquirer, Cambridge, Mass., 1966.

*Kapitel 9*
# Experimentelle Verfahren

*1. Das Experiment als Methode der Kausalanalyse*

Das Experiment läßt sich insofern als die vornehmste aller Forschungsmethoden bezeichnen, als nur dieses Verfahren Kausalbeziehungen festzustellen erlaubt. Ohne hier in eine Diskussion über den Kausalitätsbegriff einzutreten, sei dabei die folgende eher pragmatische Definition zugrunde gelegt: Zwei (oder mehr) Variablen sind kausal verbunden, wenn sie in einem empirisch nicht umkehrbaren, asymmetrischen Zusammenhang stehen. X erzeugt Y (X → Y), aber nicht umgekehrt. X ist hierbei die unabhängige, Y die abhängige Variable [1]. Entwickelt sich z. B. in einer Gruppe eine Wettbewerbssituation (X), dann nimmt die durchschnittliche gegenseitige Freundlichkeit der Gruppenmitglieder (Y) ab. Die Freundlichkeit kann zwar – aus anderen Gründen – auch zuerst abnehmen, aber das allein erzeugt noch keine Wettbewerbssituation. Die Durchführung von Experimenten setzt voraus, daß die deskriptive Forschungsphase bereits abgeschlossen ist bzw. entsprechende vorwissenschaftliche Kenntnisse über den Gegenstand vorhanden sind. Die relevanten Einheiten und Variablen müssen identifiziert sein, und es müssen zumindest Vermutungen über Zusammenhänge vorhanden sein. Häufig ist auch empirisch bereits eine Korrelation (empirische Regelmäßigkeit) festgestellt worden, und es kommt jetzt darauf an, experimentell zu prüfen, ob es sich um eine Kausalbeziehung handelt und wie sie genau beschaffen ist. Insofern gehört das Experiment in eine relativ späte Phase des gesamten Forschungsprozesses.

Um eine Kausalbeziehung festzustellen, muß der Forscher die unabhängige Variable manipulieren, etwa indem er sie in die untersuchte Situation einführt und beobachtet, ob eine bestimmte Wirkung auftritt. Gleichzeitig muß durch Kontrolle der übrigen in der Situation wirkenden Faktoren sichergestellt sein, daß die beobachtete Wirkung tatsächlich von der manipulierten unabhängigen Variablen erzeugt wurde. Diese beiden wesentlichen Kriterien des Experiments – Faktorenkontrolle und Manipulation der unabhängigen Variablen – lassen sich in der Sozialforschung häufig nicht erfüllen. Die Schwierigkeiten, die sich damit der Anwendung experimenteller Verfahren entgegenstellen, sich lange Zeit ein Argument für jene gewesen, die der Sozialwissenschaft den Charakter einer exakten Wissenschaft absprechen wollten. Quasi-experimentelle Forschungsanordnungen, bei denen der Forscher die unabhängige Variable nicht direkt

---
[1] Zur Problematik des Kausalitätsprinzips siehe *H. A. Simon:* Models of Man, New York 1957, S. 10 ff., und *E. Nagel:* The Structure of Science, London 1961, S. 316 ff.

manipuliert und die Faktoren lediglich symbolisch kontrolliert, sind im strengen Sinne kein Ersatz für echte Experimente, da sie nur (mehr oder weniger substantiierte) Vermutungen, aber keine sicheren Aussagen über das Vorliegen von Kausalbeziehungen erlauben. Dagegen ist es für den Charakter des Experiments nicht entscheidend, ob es im Laboratorium oder in einer natürlichen Situation durchgeführt wird, wenn auch im zweiten Fall die Kriterien des Experiments aus praktischen Gründen meistens schwerer zu erfüllen sind.

Das Experiment ist eine Forschungsanordnung und keine Technik der Datenermittlung. Zu seiner Durchführung bedarf es jedoch solcher Techniken, also etwa der Beobachtung oder Befragung der Versuchspersonen, um festzustellen, welche Veränderungen der Versuchsreiz bewirkt. Umgekehrt können die verschiedenen Techniken der Datenermittlung entweder in experimenteller oder nicht-experimenteller Forschungsanordnung verwendet werden.

## 2. Die experimentelle Forschungsanordnung

Die Kernfrage der experimentellen Forschungsanordnung lautet: Wie soll die vermutlich unabhängige Variable manipuliert werden, damit sie sich als solche erweisen kann? Und wie muß sich daraufhin die vermutlich abhängige Variable verhalten, damit sie als solche erkannt werden kann? Eine Antwort hierauf wurde erstmals von John Stuart Mill[2] gegeben.

a) *Die Millschen Regeln der Kausalanalyse.* A, B, C, X und Y seien bestimmte »zweiwertige« Variable, d. h. sie können entweder gegenwärtig oder abwesend sein. Der letztere Fall soll durch das Negationszeichen »$\sim$« symbolisiert werden. So bedeutet z. B. $\sim x$, daß x nicht gegenwärtig ist. Mill hat nun folgende zwei Methoden der Kausalanalyse entwickelt:

1. Die Methode der Übereinstimmung:

$$X, A, B, C \to Y \qquad (1)$$
$$X, \sim A, \sim B, \sim C \to Y \qquad (2)$$

Wenn die vier Variablen X, A, B und C gegenwärtig sind, dann ist auch Y – dessen Ursache festgestellt werden soll – gegenwärtig (Satz 1). Welche dieser vier Variablen ist jedoch der eigentliche Kausalfaktor von Y? Ist X allein gegenwärtig, A, B und C dagegen abwesend, dann ist Y gegenwärtig (Satz 2). Aus diesen beiden Sätzen folgt, daß X die Ursache von Y ist.

2. Die Differenzmethode:

$$X, A, B, C \to Y \qquad (1)$$
$$\sim X, A, B, C \to \sim Y \qquad (2)$$

[2] *J. St. Mill:* A System of Logic, 1862.

Wenn die vier Variablen X, A, B, C gegenwärtig sind, dann ist auch Y gegenwärtig (Satz 1). Wenn X nicht vorhanden ist, A, B und C jedoch gegenwärtig, dann tritt Y nicht auf (Satz 2). Daraus folgt, daß X die Ursache von Y ist.

Die beiden Methoden lassen sich selbstverständlich kombinieren. Die Anordnung ist dann folgende

$$X, A, B, C \rightarrow Y \qquad (1)$$

$$X, \sim A, \sim B, \sim C \rightarrow Y \qquad (2)$$

$$\sim X, A, B, C \rightarrow \sim Y \qquad (3)$$

Aus diesen drei Sätzen soll folgen, daß X – wie gelegentlich gesagt wird – eine notwendige und hinreichende Ursache für Y ist, d. h. X *muß* vorhanden sein, damit Y auftritt, und es kann Y *allein* erzeugen.

An den Millschen Regeln der Kausalanalyse wurde vielfach Kritik geübt [3]. Hier soll nur auf die zwei wichtigsten Einwände hingewiesen werden. Die Millschen Regeln gelten erstens lediglich für zweiwertige (gegenwärtig oder nicht gegenwärtig) Variabblen, Sehr häufig hat man es jedoch mit Merkmalen zu tun, bei denen die *Ausprägung* und nicht Vorhandensein oder Abwesenheit interessiert. Viele relevante Variablen (z. B. »Geschlecht«) sind zudem immer vorhanden.

Der zweite Einwand gegen Mills Regeln ist sehr viel gravierender. Der (vermeintliche) Kausalfaktor X existiert in einer bestimmten »Umgebung« (die Faktoren A, B und C). Durch die jeweilige Anordnung (Übereinstimmung oder Differenz-Anordnung) soll dann ausgeschlossen werden, daß es eine (oder mehrere) Variablen aus der »Umgebung« sind, die Y bewirken. Die gesamte Umgebung von X ist aber nicht zu erfassen, Zahl und Art der sie ausmachenden und eventuell auf Y einwirkenden Faktoren ist nicht bekannt. Es kann also geschehen, daß ein unbekannter Faktor D Y bestimmt. Die Situation könnte bei der Übereinstimmungsmethode folgende sein:

$$X, A, B, C \;\; \textcircled{D} \longrightarrow Y \qquad (1)$$

$$X, \sim A, \sim B, \sim C \;\; \textcircled{D} \longrightarrow Y \qquad (2)$$

Der Kreis um D soll symbolisieren, daß D unbekannt ist. Bei der Differenzmethode kann folgendes geschehen

$$X, A, B, C \;\; \textcircled{D} \longrightarrow Y \qquad (1)$$

$$\sim X, A, B, C \;\; \textcircled{\sim D} \longrightarrow \sim Y \qquad (2)$$

Es kann also nicht ausgeschlossen werden – wenn es auch nicht gerade sehr wahrscheinlich ist –, daß D zufällig jeweils mit X gegenwärtig bzw. abwesend ist.

Vor allem dieser zweite Einwand hat in der Sozialwissenschaft, in der multifaktorielle Zusammenhänge vorherrschen und in der ein relativ geringes Wissen über den For-

---

[3] Siehe hierzu die kurze Zusammenstellung bei *R. L. Ackoff:* Scientific Method, New York 1962, S. 312 f.

schungsgegenstand besteht, zu einer Abkehr von den Millschen Regeln der Kausalanalyse geführt. Lediglich in den Naturwissenschaften, wo man bei vielen Untersuchungen die »Umgebung« eines (vermutlichen) Kausalfaktors relativ gut kennt, sind die Millschen Regeln noch anerkannt. Physikalische Experimente folgen deswegen in der Regel den Millschen Prinzipien.

b) *Das moderne stochastische Experiment.* Das den Millschen Regeln folgende Experiment wurde häufig das »deterministische Experiment« genannt, weil ihm ein deterministisches Weltbild zugrunde liegt. Vor allem durch die Arbeiten des Statistikers R. A. Fischer [4] in den dreißiger Jahren wurde das moderne stochastische Experiment entwickelt, das die beiden oben beschriebenen Mängel des deterministischen Experiments nicht aufweist. Es soll im folgenden dargestellt werden, wobei wir von dem Fall ausgehen, daß der (vermutliche) Kausalfaktor X zweiwertig (gegenwärtig, abwesend) und die abhängige Variable quantitativer Natur ist. Die Versuchspersonen seien Studenten einer bestimmten Universität, und es soll experimentell festgestellt werden, ob das Anschauen eines bestimmten Films (X) ein Bestimmungsgrund für die Intensität von Vorurteilen (Y) ist. Die Anordnung ist dabei folgende:

$$G_1: \quad X \to Y_1$$
$$G_2: \quad \sim X \to Y_2$$

$G_1$ und $G_2$ seien zwei Gruppen von Studenten, die nach einem noch darzustellenden Verfahren aus der Gesamtstudentenschaft der Universität »gezogen« wurden. In $G_1$ wird der experimentelle Stimulus X eingeführt: dieser Gruppe wird ein Film vorgeführt, in dem die Entwicklung des Staates Israel auf sehr positive Weise dargestellt wird. Anschließend wird mit Hilfe einer Skala die Intensität des Vorurteils gegenüber Juden quantitativ gemessen und ein bestimmter Vorurteilswert $Y_1$ festgestellt. Der zweiten Studentengruppe $G_2$ wird kein Film vorgeführt ($\sim X$). Bei ihr wird lediglich die Vorurteilsintensität gemessen, wobei ein bestimmter Wert $Y_2$ ermittelt wird. Wenn $Y_1$ signifikant von $Y_2$ abweicht, dann ist der Sozialforscher zu der Aussage berechtigt, daß dies die Wirkung des von ihm eingeführten Stimulus X ist.

An diesem sehr einfachen Beispiel können nun die Prinzipien des modernen Experiments entwickelt werden.

1. Die Gleichheit der beiden Gruppen. Damit $Y_1$ und $Y_2$ überhaupt sinnvoll miteinander verglichen werden können, müssen die beiden Gruppen $G_1$ und $G_2$ gleich sein, und zwar gleich in allen Variablen, die (neben X) Einfluß auf die Vorurteilsintensität Y haben könnten. Dies nennt man die *Kontrolle* der unbekannten Kausalfaktoren. Sie sind *kontrolliert*, wenn Gewißheit besteht, daß ihr Einwirken auf Y in beiden Gruppen gleich ist. Zwei Methoden der Gleichsetzung von Gruppen werden üblicherweise verwendet: das »Randomisieren« und das »matching«.

a) Das zufällige Auswählen (engl.: randomization). Hier werden beide Gruppen als Zufallsstichprobe aus derselben Grundgesamtheit (der Studentenschaft der Universität)

[4] *R. A. Fischer:* The Design of Experiments, London 1935.

gezogen. Der mathematisch-statistischen Wahrscheinlichkeitstheorie zufolge sind diese Stichproben (innerhalb angebbarer Fehlergrenzen) in allen ihren Merkmalen (Durchschnittswerten, Häufigkeitsverteilungen) gleich. Damit sind die unbekannten Kausalfaktoren »kontrolliert«. Bei der Millschen Methode der Übereinstimmung wird dagegen nichts unternommen, um sicherzustellen, daß die beiden Gruppen neben X und den kontrollierten Variablen A, B und C auch in weiteren unbekannten – Y beeinflussenden – Variablen gleich sind.

Wenn die dem Experiment zu unterwerfende Gesamtheit so klein ist, daß es sich nicht mehr rentiert, aus ihr zwei Stichproben zu ziehen, dann wird man diese Gesamtheit nach dem Prinzip der paarweisen Gleichsetzung in zwei Gruppen aufteilen (siehe hierzu Text b). Es gelten dann wieder die Gesetze der Wahrscheinlichkeitstheorie, und es darf angenommen werden, daß die beiden Gruppen, sofern sie nicht allzu klein sind, in ihren Merkmalen gleich sind.

b) Das paarweise Gleichsetzen (engl.: matching). Wenn eine kleine Gesamtheit einem Experiment unterworfen werden soll, dann kann die Gleichheit der zwei zu erstellenden Gruppen verbessert werden, indem man die Methode des »matching« anwendet. Wird vermutet, daß Geschlecht und Alter der Studenten neben dem Faktor X für die Vorurteilsintensität mitbestimmend sind, dann kann man etwa untergliedern wie in Tabelle 1.

|  | unter 20 Jahren | 20–25 Jahre | über 25 Jahre |
|---|---|---|---|
| männlich | 20 | 40 | 20 |
| weiblich | 15 | 30 | 18 |

Abb. 1   Untergruppen zur Kontrolle durch »matching«

Jede der sechs Untergruppen wird dann nach dem Zufallsprinzip halbiert. Die eine Hälfte wird in die Gruppe $G_1$ und die andere Hälfte in die Gruppe $G_2$ eingebracht [5]. Auf diese Weise erreicht man, daß jedes Mitglied der einen Gruppe einen »Zwilling« (in den ausgewählten mitbestimmenden Kausalfaktoren) in der anderen Gruppe besitzt. Deswegen spricht man hier von paarweiser Gleichsetzung. Durch die zufällige Halbierung der Untergruppen wird dafür gesorgt, daß in allen anderen nicht erfaßten Kausalfaktoren die beiden Hälften im statistischen Sinne gleich sind. Die Untergruppen dürfen dann jedoch nicht zu klein sein. Selbstverständlich ist es möglich, mehr als zwei Faktoren in dieser Weise gleichzusetzen. Werden dabei allerdings die Untergruppen zu klein, so führt ihre zufällige Halbierung zu einer stark verzerrten »Gleichheit«. Das »matching« kann auch auf eine aus einer großen Gesamtheit gezogene Stichprobe angewandt werden.

[5] Bei ungeraden Zahlen wird die eine Hälfte um eine Person größer werden als die andere. Der so entstehende Fehler ist vernachlässigbar, wenn die Besetzung der Zelle groß genug ist. Natürlich kann man auch zufällig eine Person herausnehmen, so daß die Zelle eine gerade Zahl aufweist.

*Experimentelle Verfahren*  173

Gelegentlich wird eine dritte Methode der Gleichsetzung der beiden Gruppen genannt: das Gleichsetzen der Parameter relevanter Variablenverteilungen [6]. Die Versuchspersonen werden hinsichtlich der vermutlich mitbestimmenden Kausalfaktoren so auf die beiden Gruppen verteilt, daß die Durchschnittswerte und eventuell auch die Streuungen gleich sind. Wird etwa vermutet, daß Alter ein mitbestimmender Faktor ist, dann werden die Individuen so auf die beiden Gruppen aufgeteilt, daß deren Altersdurchschnitt und eventuell auch die Streuung [7] des Alters in beiden Gruppen gleich ist. Bei dieser Methode handelt es sich um eine Primitivform des »matching«. Die anderen unbekannten Kausalfaktoren werden hierbei im Unterschied zum »matching« nicht kontrolliert, da das Zufallsprinzip bei der Zuweisung der Individuen zur Gruppe $G_1$ oder $G_2$ nicht angewendet wird.

2. Der experimentelle Stimulus. In die Gruppe $G_1$ wird vom Experimentator der experimentelle Stimulus eingeführt (im Beispiel: der Film gezeigt). Die Gruppe $G_2$ wird keiner Manipulation unterzogen. $G_1$ ist die *experimentelle Gruppe*, $G_2$ die *Kontrollgruppe*. Wichtig ist, daß der experimentelle Stimulus vom Sozialforscher eingeführt wird und von diesem manipuliert werden kann. Das ist dann der Fall, wenn er beliebig entscheiden kann, ob er den experimentellen Stimulus in $G_1$ oder $G_2$ einführen soll. Nur wenn diese Möglichkeit gegeben ist, liegt ein Experiment im strengen Sinne vor; nur dann besteht Gewißheit, daß die Veränderung in Y (der abhängigen Variablen) auch wirklich von X (dem eingeführten Stimulus) verursacht wurde.

3. Die Variation in der abhängigen Variablen. Nachdem der experimentelle Stimulus eingeführt wurde, werden die Y-Werte (im Beispiel: die Vorurteilsintensität) in $G_1$ und $G_2$ gemessen und verglichen. Sind diese Werte ungleich, dann fragt sich immer noch, ob sie sich auch *signifikant* unterscheiden. Beim stochastischen Experiment ist es nämlich möglich, daß die Y-Werte sich *zufällig* unterscheiden, da $G_1$ und $G_2$ einander als Stichproben nur annähernd, d. h. innerhalb bestimmter Fehlergrenzen »gleich« sind. Die Signifikanz des Unterschiedes der Y-Werte muß durch einen Test erwiesen werden. Im hier benutzten Beispiel würde man gewöhnlich einen t-Test durchführen, der jedoch nicht dargestellt werden soll [8]. Daneben ist für diesen Fall auch die Varianzanalyse recht gut geeignet; sie wird weiter unten erörtert.

4. Die Interpretation der Ergebnisse. Erweist sich, daß der Unterschied zwischen $Y_1$ und $Y_2$ mit einem bestimmten Signifikanzgrad, etwa mit 95 %iger Sicherheit (siehe hierzu S. 195) »echt« ist, dann ist damit ein Kausalzusammenhang festgestellt. Man kann dann interpretieren: Mit 95 %iger Sicherheit gilt für alle Personen der Klasse i (= Gesamtheit, auf die verallgemeinert werden kann), daß die Variable X die Variable Y mitbestimmt (oder: daß X eine Ursache von Y ist). Im konkreten Fall wird man dabei möglichst präzisieren, *wie* der Zusammenhang beschaffen ist: ob Y mit X zunimmt oder sinkt, sich proportional oder exponential verändert usw. Wieweit derartige

---

[6] Siehe etwa bei *E. Greenwood:* Das Experiment in der Soziologie, in: *R. König:* Beobachtung und Experiment in der Sozialforschung, Köln 1950.
[7] Siehe die Einwände gegen dieses Verfahren in Kap. 3, S. 72.
[8] Der t-Test wird in Statistik-Lehrbüchern beschrieben, siehe etwa *H. M. Blalock:* Social Statistics, New York 1960, S. 170 ff.

Aussagen möglich sind, hängt von der Art der Variablen ab. Festzuhalten ist, daß durch das Experiment lediglich nachgewiesen wurde, daß Y *unter anderem* von X bewirkt wird, nicht jedoch allein von X. Auch andere Faktoren mögen Y bewirken. Zum Beispiel kann die Vorurteilsintensität in der Kontrollgruppe als Resultat dieser »anderen Faktoren« angesehen werden; sie sind neben X auch in der experimentellen Gruppe wirksam. Diese Faktoren können jedoch durch die Gleichsetzung von $G_1$ und $G_2$ nicht isoliert werden. Um möglichst alle relevanten Kausalfaktoren für Y zu entdecken, müßten viele Experimente veranstaltet werden, bei denen jeweils ein anderer vermutlicher Kausalfaktor als experimenteller Stimulus manipuliert wird, während die jeweils übrigen Faktoren, auch die in vorhergehenden Experimenten als Kausalfaktoren entdeckten, durch Gleichsetzung von $G_1$ und $G_2$ kontrolliert werden. Die mit diesem Vorgehen verbundene Arbeit kann reduziert werden, wenn man Experimente mit mehreren Kausalfaktoren gleichzeitig durchführt.

Die Ergebnisse eines Experiments lassen sich *ceteris paribus* verallgemeinern, d. h. sie gelten unter gleichen Bedingungen. Mit Sicherheit liegen diese gleichen Bedingungen jedoch nur in jener Gesamtheit vor, für die die beiden Vergleichsgruppen als Stichproben repräsentativ sind (Personen der Klasse i). In jeder anderen Gesamtheit können die relevanten Randbedingungen, unter denen allein der festgestellte Zusammenhang gilt, anders sein. Auf Grund eines Merkmals, das bei den Studenten fehlte, kann z. B. in einer anderen sozialen Gruppe das Ansehen desselben Films die Vorurteilsintensität steigern statt abschwächen (oder unberührt lassen). Nur wenn alle Randbedingungen und ihre Auswirkungen bekannt wären, könnte man ohne Rücksicht auf die Repräsentativität der Versuchsgruppen eine allgemeine Schlußfolgerung ziehen, doch ist das gerade bei sozialen Zusammenhängen so gut wie nie der Fall.

### 3. Andere experimentelle Versuchsanordnungen

Das zuvor ausführlich beschriebene Experiment war dadurch gekennzeichnet, daß nur *ein* lediglich *zweiwertiger* (zwei Ausprägungen: gegenwärtig–abwesend) Kausalfaktor eingeführt und die abhängige Variable nur zu *einem* Zeitpunkt gemessen wurde. Jetzt sollen kurz die experimentellen Versuchsanordnungen erörtert werden, die sich bei einer Veränderung dieser Bedingungen ergeben.

a) *Experimente mit mehr als zweiwertigen Kausalfaktoren.* Der Kausalfaktor sei wieder das Zeigen eines Films, doch ist X diesmal als dreiwertige ordinale Variable konzipiert: $X_{wenig}$ ist ein Film mit wenig positiven Informationen über die Minorität, auf die sich das Vorurteil richtet, $X_{mittel}$ und $X_{viel}$ sind Filme mit mittelmäßig bzw. viel positiven Informationen. (Bei dem Kausalfaktor kann es sich natürlich auch um eine mehrwertige nominale – Familienstand – oder rational-diskrete Variable – Alter – handeln.) Das Experiment wäre dann wie folgt aufgebaut:

$$G_1: \quad X_{wenig} \rightarrow Y_1$$
$$G_2: \quad X_{mittel} \rightarrow Y_2$$
$$G_3: \quad X_{viel} \rightarrow Y_3$$

*Experimentelle Verfahren*

Bei diesem Experiment gibt es keine bestimmte Kontrollgruppe mehr. Jede einzelne der drei Gruppen ist einmal experimentelle Gruppe (die beiden anderen sind dann ihre Kontrollgruppen) und einmal Kontrollgruppe (für jeweils eine der beiden anderen, die dann die experimentelle Gruppe ist). Die drei Gruppen müssen wieder gleich sein. Ein Signifikanztest wird dann erweisen, ob die Unterschiede zwischen $Y_1$, $Y_2$ und $Y_3$ »echt« sind.

b) *Experimente mit zwei und mehr Kausalfaktoren.* Will man die Wirkung mehrerer Kausalfaktoren auf dieselbe abhängige Variable erforschen, ohne für jeden Faktor ein neues Experiment zu veranstalten, dann kann man sie gleichzeitig einführen. Die Höchstzahl der gleichzeitig einführbaren Kausalfaktoren dürfte aus praktischen und rechnerischen Gründen bei etwa vier liegen. Hier soll ein Beispiel für zwei Kausalfaktoren vorgeführt werden.

Der erste Kausalfaktor X sei wieder das Vorführen eines Filmes. X sei (wie in obiger Anordnung) dreiwertig: $X_{wenig}$, $X_{mittel}$, $X_{viel}$. Der zweite Kausalfaktor sei »über die Minorität (auf die sich die Vorurteile richten) diskutieren«. Dieser Faktor soll durch w symbolisiert werden. Er sei zweiwertig: w und $\sim$ w (»diskutieren« und »nicht diskutieren«). Das Experiment hat dann folgende Gestalt:

$G_1$: $X_{wenig}$, w $\to Y_1$  $G_2$: $X_{wenig}$, $\sim$ w $\to Y_2$

$G_3$: $X_{mittel}$, w $\to Y_3$  $G_4$: $X_{mittel}$, $\sim$ w $\to Y_4$

$G_5$: $X_{viel}$, w $\to Y_5$  $G_6$: $X_{viel}$, $\sim$ w $\to Y_6$

Es müssen also sechs gleiche Gruppen [9] zusammengestellt werden (entweder durch Randomisieren oder durch »matching«), in die dann die Kausalfaktoren in den sechs möglichen Kombinationen eingeführt werden.

c) *Experimente mit Zeitvariablen.* Bisher wurden Experimente beschrieben, bei denen die zeitliche Dimension höchstens insofern eine Rolle spielte, als erst der Versuchsreiz eingeführt und dann die abhängige Variable gemessen wurde. Im folgenden wird ein Experiment dargestellt, in dem die abhängige Variable zu zwei Zeitpunkten gemessen wird (before-after-Anordnung). Der Einfachheit halber wird ein zweiwertiger Kausalfaktor benutzt.

|  | $t_0$ | $t_{+1}$ | $t_{+2}$ |
|---|---|---|---|
| $G_1$: | $Y_1$ | X | $Y_1$ |
| $G_2$: | $Y_2$ | $\sim$ X | $Y_2$ |

---

[9] Die praktischen Schwierigkeiten, die beim Zusammenstellen von sechs Gruppen auftreten, können natürlich beträchtlich sein. Hier kann die Methode des »lateinischen Quadrats« angewandt werden, um die praktisch-empirische Arbeit zu reduzieren. Auf diese Methode kann hier nur hingewiesen werden. Siehe dazu *R. L. Ackoff:* Scientific Method, New York 1962, S. 322 f., und *W. G. Cochran, G. M. Cox:* Experimental Design, New York 1957, Kap. 4.

Im Zeitpunkt $t_0$ wird die Vorurteilsintensität der beiden Gruppen $G_1$ und $G_2$ gemessen. Im nachfolgenden Zeitpunkt $t_{+1}$ wird dann in $G_1$ ein Film vorgeführt (in $G_2$ nicht). Im darauf folgenden Zeitpunkt $t_{+2}$ wird in beiden Gruppen wieder die Vorurteilsintensität gemessen. Dieses Experiment hat einen beachtenswerten Vorteil gegenüber dem bisher dargestellten statischen Experiment: Die Gleichheit der beiden Gruppen $G_1$ und $G_2$ hinsichtlich des Anfangswertes von Y kann überprüft werden. $(Y_1)_{t_0}$ und $(Y_2)_{t_0}$ dürfen nicht signifikant voneinander abweichen.

Wenn nun in $G_1$ der experimentelle Stimulus eingeführt wurde und tatsächlich auf Y einwirkt, dann wird $(Y_1)_{t_{+2}}$ anders sein (es soll angenommen werden: kleiner) als $(Y_1)_{t_0}$. Die Differenz $D_1 = (Y_1)_{t_0} - (Y_1)_{t_{+2}}$, so wird vermutet, geht auf das Wirken von X zurück. Diese Vermutung kann getestet werden. In der Kontrollgruppe $G_2$ muß nicht notwendigerweise $(Y_2)_{t_0} = (Y_2)_{t_{+2}}$ sein. Es mag sein, daß die Individuen beider Gruppen bestimmten »Reifungsprozessen« unterliegen (zeitbedingten Veränderungen, deren Ursache außerhalb des Experiments liegt) oder daß sie zur Zeit des Experiments bestimmten Einflüssen aus ihrer Umgebung ausgesetzt sind. Es kann also möglicherweise auch für die zweite Gruppe $G_2$ eine Differenz $D_2 = (Y_2)_{t_0} - (Y_2)_{t_{+2}}$ festgestellt werden. Mit Hilfe eines Signifikanztests muß dann ermittelt werden, ob $D_1$ und $D_2$ signifikant verschieden sind. Ist das der Fall, so kann dieser Unterschied auf das Wirken von X zurückgeführt werden.

Das Charakteristikum dieser experimentellen Anordnung besteht darin, daß das kausale Wirken eines Faktors im ablaufenden natürlichen Wandel ermittelt wird. Die Zahl der Messungen nach Einführung des Versuchsreizes kann auch vermehrt werden, etwa um zu sehen, wie seine Wirkung sich im zeitlichen Abstand verändert. Dieses dynamische Experiment weist einen von der Panelanalyse her bekannten (siehe Kapitel 7, S. 149) Nachteil auf. Die Versuchspersonen werden zweimal in einem relativ kurzen Zeitabstand und mit demselben Forschungsinstrument untersucht. Dadurch kann das zur Zeit $t_{+2}$ gemessene Ergebnis beeinflußt werden. Ob das tatsächlich geschehen ist, läßt sich allerdings durch die folgende experimentelle Anordnung prüfen:

|      | $t_0$ | $t_{+1}$ | $t_{+2}$ |
|------|-------|----------|----------|
| $G_1$: | $Y_1$ | X | $Y_1$ |
| $G_2$: | $Y_2$ | $\sim$ X | $Y_2$ |
| $G_3$: |       | X | $Y_3$ |
| $G_4$: |       | $\sim$ X | $Y_4$ |

Es werden also noch zwei Vergleichsgruppen hinzugefügt, bei denen keine erste Messung stattfand. Diese beiden Vergleichsgruppen entsprechen dem einfachen statischen Experiment, das ausführlich beschrieben wurde. Durch den Vergleich der ersten mit der dritten und der zweiten mit der vierten Gruppe zum Zeitpunkt $t_{+2}$ kann festgestellt werden, ob die erste Messung ($t_0$) einen Einfluß ausgeübt hat. Ist das der Fall, dann werden die jeweiligen Y-Werte verschieden groß sein. Das Ausmaß

*Experimentelle Verfahren* 177

des Einflusses kann quantitativ ermittelt werden, indem man die vier Y-Werte zu $t_{+2}$ einer Varianzanalyse (siehe unten) unterzieht [10].

*Aufgaben:*

*1. Welche Vor- und Nachteile weist folgende experimentelle Anordnung auf? Vergleichen Sie sie mit dem eben beschriebenen »Experiment mit Zeitvariable«. (Siehe hierzu auch F. N. Kerlinger: Foundations of Behavioral Research, S. 311.)*

|        | $t_0$ | $t_{+1}$ | $t_{+2}$ |
|--------|-------|----------|----------|
| $G_1$: | –     | $X$      | $Y_1$    |
| $G_2$: | $Y_2$ | –        | –        |

*2. In einem Kleingruppenexperiment soll geklärt werden, ob das Erscheinen eines gruppenexogenen Feindes die Solidarität (quantitative Variable) in der Gruppe stärkt. Da die gruppeninterne Struktur (Kooperations- oder Wettbewerbsstruktur) die Solidarität vermutlich stark beeinflußt, soll dieser Faktor dadurch kontrolliert werden, daß er als zweite unabhängige Variable in das Experiment eingeführt wird.*

*a) Bestimmen Sie die notwendige experimentelle Anordnung.*

*b) Aus welcher Gesamtheit würden Sie unter Berücksichtigung praktischer Gesichtspunkte ihre Vergleichsgruppen wählen, und welche Faktoren würden Sie durch »matching« kontrollieren, wenn ein Randomisieren nicht möglich ist?*

*c) Welche konkreten Maßnahmen müssen getroffen werden, um in die Gruppen die beiden Variablen mit ihren jeweiligen Ausprägungen einzuführen (zur Manipulation der Gruppenstruktur siehe eine kurze Darstellung des Experiments von M. Deutsch in G. C. Homans, Social Behavior: Its Elementary Forms, London 1961, S. 132; dt. Erstausgabe: Elementarformen sozialen Verhaltens, Köln und Opladen 1968, S. 132).*

## 4. Statistische Verfahren zur Auswertung experimenteller Ergebnisse

a) *Meßniveau der Variablen.* Wir haben uns bisher auf Beispiele beschränkt, bei denen die unabhängige Variable ihrem Meßniveau nach (siehe Kap. 2) entweder nominal ($X$, $\sim X$) oder ordinal ($X_{wenig}$, $X_{mittel}$, $X_{viel}$) und die abhängige Variable $Y$ quantitativ war. Die Auswertung des Experiments, d. h. im wesentlichen die Überprüfung der Signifikanz der bei den Vergleichsgruppen gefundenen Unterschiede, ist weitgehend durch die jeweilige Kombination der Meßniveaus der unabhängigen und

---

[10] Weitere experimentelle Anordnungen sind bei Kerlinger zu finden, der eine gute Zusammenfassung der Arbeiten gibt, die von Campbell und Solomon auf diesem Gebiet geleistet wurden. Siehe *F. N. Kerlinger:* Foundations of Behavioral Research, New York 1964, Kap. 16 und 17.

abhängigen Variablen bestimmt. In Tabelle 2 haben wir einige ausgewählte Auswertungsmethoden für die verschiedenen möglichen Kombinationen zusammengestellt.

|  |  |  | unabhängige Variable X |  |  |
|---|---|---|---|---|---|
|  |  |  | zweiwertig | mehr als zweiwertig | Interv./ |
|  |  |  |  | nomin. \| ordin. | Ratio |
| abhängige Variable Y | zweiwertig |  | $\chi^2$ – Test |  |  |
|  | mehr als zweiwertig | nominal |  |  |  |
|  |  | ordinal | ordinale Varianzanalyse |  |  |
|  | Interv./Ratio |  | Varianzanalyse |  | Regressionsanalyse |

Abb. 2   Meßniveau und Auswertungsverfahren

Der $\chi^2$-Test (Chi$^2$-Test), der bei den aus der Tabelle ersichtlichen Kombinationen von Meßniveaus angewandt wird, wird im nächsten Kapitel (S. 195) erläutert. Da bisher noch kein Beispiel mit einer zweiwertigen oder mehrwertig nominalen abhängigen Variable erörtert wurde, sei kurz auf eine in diesem Fall auftretende Besonderheit hingewiesen. Wir nehmen den einfachen Fall an, daß beide Variablen zweiwertig (gegenwärtig, abwesend) sind. X und $\sim$ X seien »Film« bzw. »keinen Film vorführen«, Y und $\sim$ Y seien »Vorurteil« bzw. »kein Vorurteil hegen«. Die Anordnung stellt sich wie folgt dar:

$$G_1: \quad X \to H(Y, \sim Y)$$
$$G_2: \quad \sim X \to H(Y, \sim Y)$$

Nach Einführung des experimentellen Stimulus in $G_1$ wird gezählt, wie viele der Versuchspersonen in jeder Gruppe »Y« und wie viele »$\sim$ Y« sind, d. h. ein Vorurteil hegen bzw. kein Vorurteil hegen. Es wird also kein Durchschnittswert von Y, sondern eine bestimmte Häufigkeitsverteilung festgestellt. Die Frage ist dann, ob die beiden Häufigkeitsverteilungen $H(Y, \sim Y)$ signifikant verschieden sind. Das läßt sich durch den $\chi^2$-Test beantworten.

Für die Kombination »X quantitativ« und »Y zweiwertig oder nominal oder ordinal« gibt es keinen Signifikanztest. Y muß in diesem Falle in seinem Meßniveau auf das Niveau der Ordinal-Skala (z. B. viel, mittel, wenig) »herabgestuft« werden.

Wenn die unabhängige Variable nicht-quantitativ, die abhängige Variable ordinaler Natur ist, dann kann eine »ordinale Varianzanalyse«, und zwar der Kruskal-Wallis-

*Experimentelle Verfahren*

Test oder der Friedman-Test angewendet werden[11]. Es gibt für diese Kombination von Meßniveaus leider keinen Test für Experimente, bei denen zwei oder mehrere unabhängige Variablen gleichzeitig eingeführt wurden.
Ist die unabhängige Variable zweiwertig oder nominal oder ordinal, die abhängige Variable jedoch quantitativ (d. h. der in den vorigen Abschnitten erläuterte Fall), dann bietet sich die Varianzanalyse als Auswertungsmethode an. Oben (S. 173) wurde in diesem Zusammenhang außerdem der t-Test genannt. Die Varianzanalyse zeigt sich dem t-Test jedoch überlegen, wenn zwei oder mehr unabhängige Variablen gleichzeitig eingeführt wurden. Für diesen wichtigen Fall stellen wir die Varianzanalyse anschließend dar.
Sind schließlich abhängige und unabhängige Variable quantitativ (mit einer Intervall- oder Ratioskala gemessen), dann kann eine Regressionsanalyse durchgeführt werden. Sie wird im nächsten Kapitel (S. 219 ff.) erläutert.

b) *Die Varianzanalyse*. Für den Fall, daß die Wirkung zweier (nicht-quantitativer) Kausalfaktoren auf eine quantitative abhängige Variable gleichzeitig untersucht werden soll, benutzen wir das oben (S. 175) bereits verwandte Beispiel. Der Einfachheit halber sei angenommen, daß jede der sechs Vergleichsgruppen nur aus fünf Individuen besteht[12]. Tabelle 3 stellt hypothetische Ergebnisse für dieses Experiment dar. Jede Zelle der Tabelle enthält die fünf Y-Werte der Mitglieder einer Gruppe. Gleichzeitig wurde in die Zellen der jeweilige Gruppendurchschnitt M eingesetzt. In die Randzellen wurden weiterhin gleichzeitig der für den Rechengang notwendige Gesamtdurchschnitt $M_g$ aller 30 individuellen Y-Werte und die Kolonnendurchschnitte ($M_{x_{wenig}} \ldots M_{x_{viel}}$) und Reihendurchschnitte ($M_W$ und $M_{\sim W}$) eingetragen. Ein Kolonnendurchschnitt ist der durchschnittliche Y-Wert aller Individuen, die einer Ausprägung des Faktors X ausgesetzt waren (entsprechend lautet die Definition eines Reihendurchschnitts).
Folgende Fragen sind nun zu beantworten: Differieren diese Y-Werte systematisch, also nicht zufällig voneinander? Welcher Faktor ist für diese Differenzen kausal verantwortlich – X oder w, oder beide zusammen? In welchem Maße bestimmt der oder bestimmen die isolierten Kausalfaktoren den abhängigen Faktor Y?
Diese Fragen kann die Varianzanalyse beantworten. Sie soll hier nur kurz und rein rechenhaft ohne ihre mathematisch-statistischen Grundlagen vorgeführt werden[13]. Auch sollen Rechenvereinfachungen, wie sie dem Praktiker der Varianzanalyse geläufig sind, nicht vorgeführt werden, da sie das Verständnis der Prinzipien der Varianzanalyse erschweren würden.

---

[11] Siehe hierzu *S. Siegel:* Nonparametric Statistics for the Behavioral Sciences, New York 1956, S. 166 f. und S. 184 f.
[12] Die folgenden Ausführungen gelten also für den weniger komplizierten Fall der Varianzanalyse *gleich großer* Gruppen.
[13] Ausführliche Darstellungen sind in Statistik-Lehrbüchern für Fortgeschrittene zu finden. Siehe etwa *P. Neurath:* Statistik für Sozialwissenschaftler, Stuttgart 1966, S. 257–290 und 314–328, und *J. G. Peatman:* Introduction to Applied Statistics, New York 1963, Kap. 11.

|   | $X_{wenig}$ | $X_{mittel}$ | $X_{viel}$ |   |
|---|---|---|---|---|
| w | 6 | 2 | 1 | |
|   | 8 | 4 | 2 | |
|   | 4 | 6 | 3 | |
|   | 5 | 6 | 3 | |
|   | 7 | 2 | 1 | |
|   | M = 6 | M = 4 | M = 2 | $M_w = 4$ |
| ∼ w | 10 | 10 | 1 | |
|   | 8 | 4 | 7 | |
|   | 6 | 4 | 4 | |
|   | 10 | 5 | 3 | |
|   | 6 | 7 | 5 | |
|   | M = 8 | M = 6 | M = 4 | $M_{\sim w} = 6$ |
|   | $M_{x_{wenig}} = 7$ | $M_{x_{mittel}} = 5$ | $M_{x_{viel}} = 3$ | $M_g = 5$ |

Abb. 3  Grundtabelle für eine Varianzanalyse

Zuerst muß die Gesamtsumme aller quadrierten Abweichungen vom Gesamtdurchschnitt $M_g$ errechnet werden. Diese Gesamtsumme soll dem üblichen Sprachgebrauch folgend »Gesamtvarianz« genannt werden (Symbol $\Sigma V$)[14]. Die Gesamtvarianz $\Sigma V$ wird dadurch errechnet, daß die Abweichung jedes einzelnen der 30 individuellen Y-Werte vom Gesamtdurchschnitt $M_g = 5$ quadriert wird und diese Abweichungsquadrate dann summiert werden. Formel: $\Sigma V = \Sigma (Y_1 - M_g)^2$. So berechnet ergibt sich eine Gesamtvarianz von $\Sigma V = 202$.

Diese Gesamtvarianz wird durch die verschiedenen Kausalfaktoren, die auf Y einwirken, erzeugt. Das Ziel der Varianzanalyse besteht nun darin, die Variation in Y anteilsmäßig auf ihre Quellen, d. h. auf die sie verursachenden Kausalfaktoren, zurückzuführen. Genauer gesagt: mit der Varianzanalyse versucht man zu bestimmen, welcher Teil der Gesamtvarianz von 202 auf das Wirken des Kausalfaktors X, welcher auf das Wirken des Kausalfaktors w, welcher auf das kombinierte Wirken von X und w und welcher Teil auf die interne Heterogenität der einzelnen Gruppen zurückzuführen ist. Entsprechend wird nun gesprochen von 1. einer durch X verursachten Varianz (Symbol: $V_X$), 2. einer durch w verursachten Varianz (Symbol: $V_w$), 3. einer durch die Interaktion von X und w verursachten Varianz (Symbol: $V_{Xw}$) und 4. einer Fehlervarianz (Symbol: $V_e$). Es gilt die (hier nicht zu beweisende) Grundgleichung der Varianzanalyse:

$$\Sigma V = V_x + V_w + V_{xw} + V_e$$

Die beiden Begriffe der Interaktionsvarianz ($V_{Xw}$) und der Fehlervarianz ($V_e$) bedürfen noch der Erläuterung. Von der Interaktion zweier Faktoren wird gesprochen, wenn diese durch ihre Kombination eine Wirkung in Y erzeugen. Es könnte bei-

---

[14] Diese Bezeichnung ist nicht exakt, weil sich die Gesamtvarianz – im strengen Sinne – erst nach der Division dieser Gesamtsumme durch die Zahl der Freiheitsgrade ergibt.

spielsweise sein, daß das Ansehen des Filmes (X) allein oder das Diskutieren (w) allein nur eine geringe Auswirkung auf die Vorurteilsintensität (Y) besitzt. Wird jedoch im Anschluß an einen Film diskutiert, dann wird die Vorurteilsintensität in einem solch starken Maße beeinflußt, daß die Änderung in ihr nicht aus der Addition der Einzeleffekte von X und w erklärbar ist. Zu diesen Einzeleffekten kam eine Wirkung, die aus der Kombination (Interaktion) von X und w entstand.
Die Mitglieder einer Gruppe besitzen nicht alle den gleichen Y-Wert. Sie variieren in einem bestimmten Maße um ihren gemeinsamen Gruppendurchschnitt M. In der Sprache der Varianzanalyse: Jede Gruppe besitzt eine gruppeninterne Varianz (englisch: within-group variance). Für diese Varianz besitzt man keine Erklärung (sie kann teilweise oder ganz auf unbekannte Kausalfaktoren zurückzuführen sein). Man spricht deswegen auch von der unerklärten oder *Fehlervarianz*. Diese gruppeninterne Varianz bzw. Fehlervarianz soll nun berechnet werden. Das geschieht für die einzelne Gruppe dadurch, daß die Abweichungen der fünf individuellen Y-Werte vom gemeinsamen Gruppendurchschnitt quadriert und dann summiert werden. Formel: $V_e$ für eine Gruppe $= \Sigma (Y_1 - M)^2$. Für die erste Gruppe wird so ein Wert von 10 errechnet. In dieser Weise wird mit allen 6 Gruppen verfahren. Die gefundenen 6 Werte werden dann addiert. Sie bilden $V_e$. Dabei ergibt sich $V_e = 92$. Die durch X verursachte Varianz ($V_x$) entspricht der Streuung der drei Kolonnendurchschnitte um den Gesamtdurchschnitt. Es müssen also die quadrierten Abweichungen der Kolonnendurchschnitte $M_{x_{wenig}}$, $M_{x_{mittel}}$, $M_{x_{viel}}$ vom Gesamtdurchschnitt $M_g$ errechnet und summiert werden. Allgemeine Formel:

$$V_x = \Sigma n_x \cdot (M_{x_{w, m, v}} - M_g)^2.$$

In Zahlen: $V_x = 10 \cdot (7-5)^2 + 10 \cdot (5-5)^2 + 10 \cdot (3-5)^2 = 80$. Jede quadrierte Abweichung ist mit $n_x = 10$ multipliziert, weil jeder Kolonnendurchschnitt aus 10 Y-Werten errechnet wurde.
Entsprechend wird bei der Berechnung der »durch w verursachten Varianz $V_w$« verfahren. Formel: $V_w = \Sigma n_w \cdot (M_{w, \sim w} - M_g)^2$. In Zahlen: $V_w = 15 \cdot (4-5)^2$; $+ 15 \cdot (6-5)^2 = 30$. Jede quadrierte Abweichung wurde hier mit $n_w = 15$ multipliziert, weil in jeder Reihe (= 3 Zellen) 15 Y-Werte enthalten sind. Damit sind alle Varianzanteile berechnet bis auf die Interaktionsvarianz. Diese ergibt sich gemäß obiger Grundgleichung residual: $V_{xw} = \Sigma V - (V_e + V_x + V_w)$. In Zahlen: $V_{xw} = 202 - (92 + 80 + 30) = 0$. Im hier vorgeführten Beispiel gibt es also keine Interaktion von x und w.
Die Gesamtvarianz ist damit auf ihre Quellen zurückgeführt. Jetzt müssen noch zwei Aufgaben gelöst werden: Es muß überprüft werden, ob das Wirken von X und w, d. h. das Hervorrufen von Variation in Y, zufällig oder signifikant ist – und wenn letzteres der Fall ist, wie stark das Wirken von X und w ist.
Um die Frage nach der Signifikanz zu beantworten, müssen zuvor die Freiheitsgrade für die beteiligten Varianzquellen ermittelt werden[15]. Die Zahl der Freiheitsgrade

---

[15] Zum Begriff des Freiheitsgrades siehe *P. Neurath*: Statistik für Sozialwissenschaftler, S. 77.

der Gesamtvarianz (Symbol: $\Sigma$ df) ist für das hier beschriebene Beispiel: Zahl der Individuen minus 1, also $30 - 1 = 29$. Die Zahl der Freiheitsgrade für X (Symbol: $df_x$) und w($df_w$) ist jeweils bestimmt durch die Zahl der Ausprägungen dieser Faktoren minus 1. Für X ist das $3 - 1 = 2$ und für w $2 - 1 = 1$. Die Freiheitsgrade der Interaktionsvarianz (Symbol: $df_{xw}$) ergeben sich aus der Multiplikation von $df_x \cdot df_w$. Also $df_{xw} = 2 \cdot 1 = 2$. Die Freiheitsgrade der Fehlervarianz ($df_e$) ergeben sich residual: $df_e = \Sigma\, df - (df_x + df_w + df_{xw}) = 24$.

| | 1 | 2 | 3 | 4 | 5 | 6 |
|---|---|---|---|---|---|---|
| | Summe der quadrierten Abweichungen (Varianz) | Zahl der Freiheitsgrade | Varianz je Freiheitsgrad | F | Signifikanzniveau des Wirkungszusammenhangs | Stärke des Wirkens |
| 1. Varianz durch X verursacht | 80 | 2 | $\bar{V}_x = 40$ | $\frac{40}{3{,}7} \approx 10{,}8$ | 99,9 % | $R_{xy} \approx 0{,}50$ |
| 2. Varianz durch w verursacht | 30 | 1 | $\bar{V}_w = 30$ | $\frac{30}{3{,}7} \approx 8{,}1$ | 99,0 % | $R_{wy} \approx 0{,}32$ |
| 3. Interaktionsvarianz | – | 2 | $\bar{V}_{xw} = -$ | | | |
| 4. Fehlervarianz | 92 | 24 | $\bar{V}_e \approx 3{,}7$ | | | |
| 5. Gesamtvarianz | 202 | 29 | | | | |

Abb. 4  Tabelle zur Varianzanalyse

Nach der Berechnung der Freiheitsgrade kann die »Varianz je Freiheitsgrad« (siehe Tabelle 4, dritte Spalte) errechnet werden (Symbol: V). Danach kann der eigentliche Signifikanztest, der F-Test, durchgeführt werden. Er besteht darin, die durch den jeweiligen Faktor (X bzw. w) »erklärte« Varianz je Freiheitsgrad mit der »unerklärten« Fehlervarianz je Freiheitsgrad zu vergleichen, indem erstere durch letztere dividiert wird. Für X wird ein F-Wert von 10,8 errechnet, für w einer von 8,1. Aus einer F-Tabelle, wie sie in verschiedenen Statistik-Lehrbüchern enthalten ist [16], kann entnommen werden, daß (bei einem Verhältnis der Freiheitsgrade von X zu demjenigen der Fehlervarianz von 2 : 24) die Varianz je Freiheitsgrad mindestens 9,34 sein muß, damit das Wirken des Faktors mit 99,9 %iger Sicherheit echt und nicht zufällig ist. Da wir einen Wert von 10,8 errechnet haben, kann mit 99,9 %iger Sicherheit behauptet werden, daß X ein Kausalfaktor für Y ist (siehe Spalte 5 in Tabelle 2). Für w ergibt sich nach Inspektion der F-Tabelle eine kleinere, nämlich 99,0 %ige Sicherheit.
Wie stark wirken nun die beiden Faktoren auf Y? Da X für eine Varianz von 80 von insgesamt 202 verantwortlich ist, w jedoch nur für 30 von 202, ist X eindeutig der

[16] Siehe etwa P. Neurath: Statistik für Sozialwissenschaftler, Stuttgart 1966, S. 478/479.

*Experimentelle Verfahren*

stärkere Faktor. Diese Zahlenrelation täuscht jedoch einen Grad an Überlegenheit des Wirkens von X vor, der faktisch nicht besteht, weil im Grunde genommen die Varianzen je Freiheitsgrad verglichen werden müssen.
Um die Stärke des Wirkens zahlenmäßig exakter ausdrücken zu können, wurden verschiedene Koeffizienten entwickelt. Hier soll nur der von Fisher entwickelte Interklassen-Korrelationskoeffizient R vorgetragen werden [17], der sich in der Regel zwischen 0 (= kein Zusammenhang) und +1 (vollständiger Zusammenhang) bewegt.

$$R_{xy} = \frac{\overline{V}_x - \overline{V}_e}{\overline{V}_x + (n_x - 1)\overline{V}_e} = \frac{40 - 3{,}7}{40 + (10 - 1) \cdot 3{,}7} \approx 0{,}50$$

$$R_{wy} = \frac{\overline{V}_w - \overline{V}_e}{\overline{V}_w + (n_w - 1)\overline{V}_e} = \frac{30 - 3{,}7}{30 + (15 - 1) \cdot 3{,}7} \approx 0{,}32$$

Zeichenerklärung:

$R_{xy}, R_{wy}$ = Korrelation des *einen* unabhängigen Faktors (also X bzw. w) mit dem abhängigen Faktor

$\overline{V}_x, \overline{V}_w, \overline{V}_e$ = Varianzen je Freiheitsgrad (siehe Tabelle 4, Spalte 3)

$n_x, n_w$ = Zahl der Individuen in einer Kolonne bzw. einer Reihe, d. h. Zahl der Individuen, die einer Ausprägung von X bzw. w unterworfen waren.

Abschließend muß auf die besonderen Anwendungsbedingungen der Varianzanalyse hingewiesen werden: 1. Die Gesamtheit, aus der die Vergleichsgruppen als Stichproben gezogen wurden, muß normal verteilt sein. 2. Die Vergleichsgruppen wurden als unabhängige Zufallsstichproben gezogen und 3. die internen Gruppenvarianzen müssen im statistischen Sinne (d. h. innerhalb zufälliger Schwankungen) gleich sein. Zur Überprüfung, ob die 1. und 3. Bedingung einigermaßen befriedigend erfüllt sind, stehen statistische Tests zur Verfügung, die hier nicht dargestellt werden sollen [18].
Das hier durchgerechnete Beispiel stellt eine sehr einfache Version der Varianzanalyse dar [19]. Die Varianzanalyse läßt sich auch für verschieden große Gruppen durchführen, und die unabhängigen Variablen können stärker unterteilt sein. Vor allem aber erlaubt die Varianzanalyse auch die Einführung von mehr als zwei Kausalfaktoren gleichzeitig. Würde im obigen Beispiel ein dritter zweiwertiger Kausalfaktor eingeführt, dann ergäben sich zwölf statt sechs Vergleichsgruppen (und entsprechend Zellen). Wirkt die dritte unabhängige Variable tatsächlich auf Y ein, dann wird dadurch die unerklärte Fehlervarianz verringert. Damit kann das Einwirken von X und w auf Y mit noch größerer Sicherheit und deren Wirkungsstärke (etwa ausgedrückt durch R) mit noch größerer Genauigkeit angegeben werden. Verallgemeinernd kann man sagen, daß es das Prinzip der experimentellen Forschung ist,

---

[17] Siehe hierzu *H. M. Blalock:* Social Statistics, New York 1960, S. 268/269.
[18] Siehe *J. G. Peatman:* Introduction to Applied Statistics, New York 1963, S. 12, 255, 329 f.
[19] Die weiteren Möglichkeiten der Varianzanalyse sind für den Anfänger gut verständlich dargestellt bei *F. N. Kerlinger:* Foundations of Behavioral Research, New York 1964, Kap. 11, 12 und 13, und bei *A. L. Edwards:* Experimental Design in Psychological Research, New York 1950, Kap. 9 ff.

durch Einführung immer neuer Variablen die unerklärte Fehlervarianz der abhängigen Variablen ständig zu verkleinern. Ist die Fehlervarianz gleich Null (was faktisch kaum zu erreichen ist), dann ist die Wirkung vollständig auf ihre Ursachen zurückgeführt. Im übrigen sei betont, daß es für die Durchführung der Varianzanalyse gleichgültig ist, ob die Daten experimentell oder anders (z. B. durch Befragung [20]) ermittelt wurden. Allerdings lassen sich die Ergebnisse im zweiten Fall nicht im Sinne eines Kausalzusammenhanges interpretieren.

*Aufgabe:*

*Erfinden Sie Ergebnisse für das in Aufgabe 2 auf S. 177 beschriebene Experiment, die ein Wirken beider Kausalfaktoren bestätigen, stellen Sie die Ergebnisse tabellarisch dar und führen Sie eine Varianzanalyse durch (einschließlich der Berechnung des Intraklassen-Korrelationskoeffizienten). Achten Sie dabei auf das erforderliche Meßniveau der Variablen!*

## 5. Laboratoriumsexperiment, Feldexperiment und Simulation

Die Notwendigkeit, den experimentellen Stimulus zu manipulieren und alle anderen Faktoren zu kontrollieren, spricht für die Durchführung von Experimenten in der Laboratoriumssituation. Dabei ist vor allem zu bedenken, daß es für die Kontrolle im Experiment keineswegs ausreicht, die Gleichheit der verschiedenen Gruppen hinsichtlich aller nicht experimentell variierten individuellen Merkmale der Versuchspersonen zu gewährleisten. Auch alle relevanten Situationsfaktoren müssen kontrolliert werden, d. h. für die Vergleichsgruppen gleich sein. Auch dies läßt sich, wenn überhaupt, im Laboratorium leichter erreichen als in natürlichen Situationen.

Andererseits sind die im Laboratorium darstellbaren sozialen Zusammenhänge ihrer Art nach überaus begrenzt. Als Untersuchungseinheiten kommen nur Individuen und kleine ad hoc-Gruppen in Frage, als abhängige Variablen eine begrenzte Zahl individueller Verhaltensweisen (z. B. Leistung, Konformität, Meinungswandel) oder bestimmte Gruppenmerkmale (Kohäsion, Gruppenleistung usw.). Es ist daher verständlich, daß der größte Teil sozialwissenschaftlicher Laboratoriumsexperimente (die ihrerseits den Hauptteil aller sozialwissenschaftlichen Experimente darstellen) ins Gebiet der Sozialpsychologie und der Kleingruppenforschung [21] fällt. Auch hier wird noch

---

[20] Siehe hierzu ein illustratives Beispiel bei *P. Neurath:* Statistik für Sozialwissenschaftler, a.a.O., S. 314 f.
[21] Eine Vielzahl von Experimenten der Kleingruppenforschung sind zusammengefaßt in: *D. Cartwright, A. Zander:* Group Dynamics, Evanston, Ill., 1953. Auch in *P. R. Hofstätter:* Gruppendynamik, Hamburg 1957, werden viele Experimente kurz referiert. Neueste Kleingruppenexperimente werden fortlaufend in verschiedenen Zeitschriften vorgetragen, u. a. in »Sociometry« und »Journal of Personality and Social-Psychology« (ehemals »Journal of Abnormal and Social Psychology«). Eine geschlossene theoretische Deutung vieler Kleingruppenexperimente gibt *G. C. Homans* in »Social Behavior. Its Elementary Forms«, London 1961; deutsche Erstausgabe »Elementarformen sozialen Verhaltens«, Köln und Opladen 1968.

häufig eingewandt, daß die Künstlichkeit der Laboratoriumssituation, vor allem das Wissen der Versuchspersonen, daß sie an einem Experiment teilnehmen, und die oft mehr »stellvertretende« als »echte« Natur der Versuchsreize, zu »künstlichen« Ergebnissen führe. Das stimmt allerdings nur begrenzt: die ermittelten Kausalzusammenhänge sind durchaus gültig für die betreffenden Situationen, nur ist ihre Verallgemeinerung auf natürliche Situationen unter Umständen fragwürdig. Will man z. B. die Wirkung von Belohnung (rewards) auf die Häufigkeit eines bestimmten Verhaltens ermitteln, dann ist zu bedenken, daß das Lob des Experimentators oder der Gewinn von Pluspunkten, Spielmarken oder geringfügigen Geldbeträgen für die Versuchspersonen eine ganz andere (vermutlich geringere) Bedeutung besitzen als das Lob eines wirklichen Vorgesetzten, eine gute Examensnote oder eine Gehaltssteigerung. Hier entsteht beim Laboratoriumsexperiment ein besonderes Gültigkeitsproblem, das mit der Operationalisierung der Variablen zusammenhängt.

Feldexperimente, d. h. Experimente in natürlichen Situationen, haben dieses besondere Problem nicht und sind auch in ihrer Themenstellung weniger begrenzt. Doch erlauben sie dem Forscher nur relativ selten, den experimentellen Stimulus selber zu manipulieren, d. h. einzuführen. Gelegentlich ist das in Experimenten möglich, die in bestimmten Organisationen, vor allem in Betrieben durchgeführt wurden, indem etwa zu experimentellen Zwecken der Führungsstil, die Form der Arbeitsgruppe, die Belohnungen oder Arbeitsbedingungen verändert wurden. Kann der Forscher den Stimulus nicht selber manipulieren, dann muß er Situationen aufsuchen, in denen er im natürlichen Geschehensverlauf auftritt (»natürliches« Experiment). Das ist im Bereiche der Organisationsforschung verschiedentlich möglich, wo die betreffenden Veränderungen von der Organisationsleitung (z. B. Betriebsleitung) vorgenommen werden. Ähnlich ließe sich die Veränderung der sozio-ökonomischen Lage einer bestimmten Bevölkerungsgruppe (z. B. Rentner) durch ein neues Gesetz (Sozial- und Altersfürsorge) als natürliches Experiment begreifen. Ob der Stimulus beim Feldxeperiment jedoch vom Forscher selber manipuliert wurde oder nicht, es fehlt fast immer eine Kontrollgruppe, die in allen außer der experimentellen Variablen der Versuchsgruppe gleicht. Damit fällt ein konstitutives Element des Experimentes fort, was die Möglichkeit der sicheren Schlußfolgerung hinsichtlich eines vorliegenden Kausalzusammenhanges beeinträchtigt.

Um bestimmte Vorteile des Laboratoriums- und des Feldexperimentes zu vereinen, werden gelegentlich Simulationsexperimente veranstaltet. Sie werden unter Laboratoriumsbedingungen durchgeführt, wobei jedoch die Versuchspersonen der Meinung sind, in einer natürlichen Situation zu handeln. Ein gutes Beispiel bietet ein Experiment von Evan und Zelditch [22], in dem eine fiktive Forschungsorganisation simuliert wurde, um einige Hypothesen über die Auswirkung verschiedener Autoritätsformen zu prüfen. In einem weiteren Sinne sind alle Laboratoriumsexperimente simuliert, in denen nicht

---

[22] W. M. Evan and M. Zelditch, Jr.: A Laboratory Experiment on Bureaucratic Authority, Am. Soc. Rev., Bd. 26, 1961, S. 883–893. Zu Laboratoriums-, vor allem Simulationsexperimenten mit Organisationen siehe M. Zelditch und T. K. Hopkins: Laboratory Experiments with Organizations, in: A. Etzioni: Complex Organizations. A Sociological Reader, New York 1961, S. 464–478.

direkt erforschbare natürliche Situationen abgebildet oder künstlich erzeugt werden, wobei die Versuchspersonen zwar wissen, daß sie an einem Experiment teilnehmen, aber ihre Aufmerksamkeit absichtlich von dem eigentlichen experimentellen Zusammenhang abgelenkt wird. Ein solcher Fall liegt etwa vor, wenn den Versuchspersonen Leistungsaufgaben gestellt werden, eigentlich aber ihre Reaktion auf das Verhalten des Experimentators – ermutigend, neutral oder entmutigend – untersucht wird. Auch hier wird versucht, die Künstlichkeit der Situation für den interessierenden Zusammenhang abzuschwächen.

### 6. Ex-post-facto und Quasi-Experiment

Beim natürlichen Experiment (Feldexperiment, bei dem der experimentelle Stimulus nicht vom Forscher selbst manipuliert wird) fehlt zwar in der Regel eine Kontrollgruppe, aber es ist unter Umständen möglich, zwei Messungen bei der »Versuchsgruppe« – vor und nach Einwirkung des experimentellen Stimulus – vorzunehmen. Bei dem sogenannten ex-post-facto-Experiment fällt diese Möglichkeit fort. Hier mißt der Forscher die abhängige Variable nur einmal, und zwar *nachdem* der experimentelle Stimulus bereits wirksam geworden, d. h. im natürlichen Ablauf des Geschehens aufgetreten ist. Damit es sich hier überhaupt noch um eine Annäherungsform ans Experiment handelt, müssen dabei wenigstens zwei Gruppen miteinander verglichen werden, in denen die unabhängige Variable in verschiedener Ausprägung wirksam wurde bzw. entweder auftrat oder abwesend blieb. (Andernfalls spricht man von einer post-factum-Erklärung, d. h. der hypothetischen und nachträglichen Interpretation einer Beobachtung oder deskriptiven Feststellung.)

Auch beim ex-post-facto-Experiment fehlt gewöhnlich die Möglichkeit, den vermutlichen Kausalfaktor zu manipulieren. Die unabhängige Variable »Schulform«, deren Wirkung auf die Leistung von Schülern einen interessiert, kann der Forscher z. B. nicht manipulieren, d. h. nach dem Zufallsprinzip in verschiedene Vergleichsgruppen von Schülern einführen. Er könnte ein natürliches Experiment veranstalten, indem er etwa mittels eines Tests die Leistung der Schüler vor Schuleintritt und dann wieder nach zwei Jahren des Besuchs unterschiedlicher Schulen (etwa Konfessions- oder Gemeinschaftsschule, private oder öffentliche Schule) mißt. Die Schwierigkeit, ein Meßinstrument zu entwickeln, das bei 6- und 8jährigen vergleichbare Daten ergibt, Zeitgründe oder andere Motive können ihn jedoch in diesem Falle auch ein ex-post-facto-Experiment wählen lassen. Der Forscher könnte also die durchschnittliche Leistung einer Zufallsstichprobe von 100 8jährigen Schülern der Schulform A mit derjenigen einer gleich großen Stichprobe von Schülern der Schulform B vergleichen. Hier besteht jedoch keinerlei Gewähr dafür, daß lediglich der Zufall entschieden hat, welche Schüler die Schulform A und welche die Schulform B besuchen. Die beiden Schülergruppen können sich bereits vor Schuleintritt in einem bestimmten Merkmal (etwa Bildungsgrad der Eltern) unterschieden haben, das mitbestimmt hat, welche Schule sie besuchen und/oder einen von der Schulform unabhängigen Einfluß auf die Leistung ausübt. Die beiden Schülergruppen sind also überhaupt keine experimentellen Vergleichsgruppen, weshalb man hier auch von einem bloßen Quasi-Experiment spricht. Das Quasi-Experiment läßt keinen sicheren Schluß darüber zu, ob die Schulform tatsächlich die festgestellten Leistungsunterschiede bewirkt hat.

Die beim Quasi-Experiment fehlende Faktorenkontrolle vor Wirksamwerden der unabhängigen Variablen läßt sich in begrenztem Umfang durch eine nachträgliche symbolische Faktorenkontrolle ausgleichen. Um z. B. die Wirkung des elterlichen Bildungsgrades auszuschalten, der in einer der beiden Schülergruppen höher sein mag als in der anderen, kann man dieses Merkmal konstant halten, d. h. man vergleicht Gruppen des *gleichen* elterlichen Bildungsgrades, aber verschiedener Schulform. Tabelle 5 stellt diesen Vergleich dar; die Zahlenwerte, die die Leistung der sechs Gruppen ausdrücken sollen, spiegeln den Einfluß von Schulform und elterlichem Bildungsgrad wider.

|  | Elterlicher Bildungsgrad | | |
|---|---|---|---|
|  | hoch | mittel | niedrig |
| Schulform A | 15 | 10 | 5 |
| Schulform B | 20 | 15 | 10 |

Abb. 5  Symbolische Faktorenkontrolle im Quasi-Experiment

Auf gleiche Weise lassen sich weitere Faktoren symbolisch kontrollieren (in begrenzter Zahl gleichzeitig, sonst nacheinander). Aus jedem derart kontrollierten Merkmal wird dabei eine zusätzliche unabhängige Variable. Zwar lassen sich auf diese Weise im Nachhinein keine echten Vergleichsgruppen herstellen, der grundsätzliche Mangel des Quasi-Experiments bleibt also bestehen. Die Ergebnisse lassen sich jedoch z. B. mittels Varianz- oder Regressionsanalyse recht differenziert auswerten, und durch theoretische Interpretation läßt sich die vermutliche Kausalitätsrichtung der festgestellten Zusammenhänge wenigstens plausibel machen.

Quasi-experimentelle Anordnungen findet man besonders in der Umfrageforschung[23]. Bei wohl jeder Befragung werden verschiedene Merkmale der Untersuchungseinheiten miteinander korreliert, um Zusammenhänge festzustellen. Ist dabei von vornherein beabsichtigt, ganz bestimmte Zusammenhänge (etwa den in Tabelle 5 dargestellten Zusammenhang) zu untersuchen, dann wird man keine einfache Zufallsstichprobe ziehen, sondern eine disproportional geschichtete oder eine Quota-Auswahl treffen, damit die miteinander zu vergleichenden Teilgruppen möglichst gleich groß sind. Die von vornherein zur Prüfung eines bestimmten Zusammenhanges quasi-experimentell angelegte Befragung unterscheidet sich demnach nur durch die Art der Stichprobe von der lediglich nachträglich im quasi-experimentellen Sinne ausgewerteten (in ihrer Fragestellung

---

[23] In wenigen Fällen lassen sich auch echte Umfrageexperimente veranstalten. Dabei wird der experimentelle Stimulus mit dem Fragebogen in die Situation eingeführt, etwa indem dem Befragten im Zusammenhang mit einer bestimmten Frage eine Information entweder gegeben oder nicht gegeben, eine suggestive oder neutrale Frage vorgetragen wird usw. Die sich in dem experimentellen Stimulus unterscheidenden Fragebogenversionen werden dann zwei (oder mehr) repräsentativen Stichproben vorgelegt, die als experimentelle Vergleichsgruppen fungieren.

meist weniger spezifischen) Befragung. Bei vielen sozialwissenschaftlichen Fragestellungen bringt die quasi-experimentelle Anordnung das erreichbare Optimum an Informationen.

*Aufgaben:*

*1. Wie würden Sie a) in einem Feldexperiment, b) in einem Simulationsexperiment die Hypothese überprüfen, daß ein Rollenwechsel einen Einstellungswechsel (im Sinne der Anpassung an die rollenspezifischen Einstellungserwartungen) bewirkt?*
*2. Es wird vermutet, daß insbesondere drei Faktoren den Grad der Konsumorientierung (abhängige Variable, quantitativ) bestimmen: Beruf (selbständig – nicht selbständig), Wohnort (Stadt – Land) und Religiosität (religiös – nicht religiös). Entwickeln Sie eine quasi-experimentelle Befragung, um diese Hypothese zu überprüfen (Stichprobe, Operationalisierung der Variablen durch Fragen). Stellen Sie die Tabelle für die Auswertung auf und erfinden Sie Ergebnisse, die die Hypothese bestätigen. Führen Sie eine Varianzanalyse durch und berechnen Sie den Intraklassen-Korrelationskoeffizienten.*

*Ausgewählte Literatur*

*Cochran, W. G., G. M. Cox:* Experimental Designs, New York 1957 (sehr umfangreicher und sehr anspruchsvoller Text).
*Edwards, A. L.:* Experimental Design in Psychological Research, New York 1950 (einführender, aber mathematisch relativ anspruchsvoller Text).
*Kerlinger, F. N.:* Foundations of Behavioral Research, New York 1964 – besonders Kap. 16 und 17 (einführender, gut verständlicher Text).
*Mittenecker, E.:* Planung und statistische Auswertung von Experimenten, Wien 1964 (einführender Text).

*Kapitel 10*
# Die Aufbereitung und Analyse der Daten

## 1. Die Aufbereitung der Daten

Sind die Daten für die Beantwortung einer bestimmten Forschungsfrage gesammelt worden, dann müssen sie anschließend formal und technisch aufbereitet werden, ehe man sie einer differenzierten Analyse mittels statistischer Verfahren unterwerfen kann, was wiederum die Voraussetzung für die Interpretation und Schlußfolgerung aus den Ergebnissen ist.

Die Rohdaten liegen z. B. in Form von ausgefüllten Fragebogen, Beobachtungsblättern oder inhaltsanalytischen Auswertungsblättern vor, die sich auf die einzelnen Untersuchungseinheiten beziehen. Um eine quantitative Analyse durchführen zu können, müssen diese Rohdaten ausgezählt und in Tabellenform zusammengefaßt werden. Wurden die Rohdaten in nichtstandardisierter Form erhoben, z. B. mittels Intensivinterview, offenen Fragen oder wenig systematischer teilnehmender Beobachtung, dann muß zunächst ein Kategorienschema zur Klassifikation der Antworten, Beobachtungen usw. entwickelt werden (siehe hierzu vor allem Kap. 2, S. 33 ff., und Kap. 8, S. 154 ff.). Sollen die Untersuchungseinheiten hinsichtlich bestimmter Merkmale durch einen Index oder eine Skala charakterisiert werden, dann müssen die sich darauf beziehenden Daten zu dem beabsichtigten komplexen Maß zusammengefaßt werden, ehe die Auszählung beginnen kann.

Im einfachsten Fall (mit dem man sich selten begnügt) besteht das Auszählen im Übertragen der Rohdaten auf eine Strichliste, die dieselben Kategorien aufweist wie das benutzte Instrument (Fragebogen, Beobachtungsschema usw.), und im Feststellen der Häufigkeit, mit der die einzelnen Kategorien besetzt sind. Zur Analyse von Merkmals*zusammenhängen* ist es jedoch nötig, die Untersuchungseinheiten nach mehreren Merkmalen gleichzeitig zu klassifizieren. Diese Klassifikation von Hand vorzunehmen, ist bei einer größeren Zahl von Untersuchungseinheiten mühselig und zeitraubend. Daher wird heute meistens maschinell ausgezählt. Für das einfache Auszählen (ein- und mehrdimensionale Klassifikation der Untersuchungseinheiten) benutzt man gewöhnlich eine Fachzählsortiermaschine oder Statistikmaschine. Mit Hilfe elektronischer Datenverarbeitungsanlagen lassen sich gleichzeitig analytische Maße berechnen; auf diese technische Möglichkeit soll hier nicht weiter eingegangen werden.

Für die maschinelle Auszählung müssen die Rohdaten auf einen Datenträger, gewöhnlich eine Lochkarte, übertragen werden (siehe Abb. 1). Dazu müssen die Daten zunächst nach einem Codeplan verschlüsselt werden (Kodieren, Verkoden). Bei der Auswertung einer Befragung weist z. B. der Codeplan jeder Antwortkategorie für jede Frage eine bestimmte Zahl in einer bestimmten Spalte zu. Abb. 2 zeigt einen Ausschnitt aus einem solchen Codeplan.

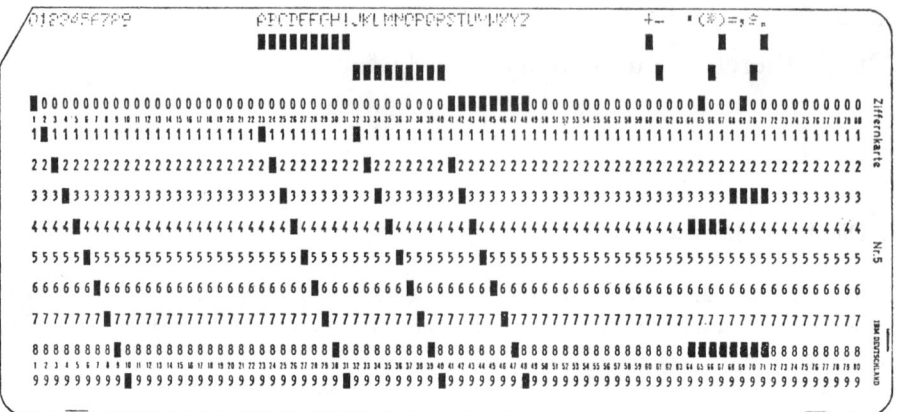

Abb. 1   Lochkarte

| Spalte | Loch | |
|---|---|---|
| 9 | | *(Frage 9) Wohnort* |
| | 1 | Großstadt |
| | 2 | Randgemeinde/Vorort |
| | 3 | Kleine Stadt |
| | 4 | Auf dem Land |
| | | *(Frage 10) Leben Eltern noch* |
| | 5 | Ja, beide |
| | 6 | Nein, Vater tot |
| | 7 | Nein, Mutter tot |
| | 8 | Nein, beide tot |
| 10 | | *(Frage 11) Geschwister* |
| | 1 | Ja, hat Geschwister |
| | 2 | Nein, keine |

Abb. 2   Ausschnitt aus einem Codeplan [1a]

Der Kodierer geht nun den Fragebogen an Hand des Codeplans durch und notiert bei jeder Antwort das betreffende Codesymbol. Diese Angaben werden anschließend für jeden Fragebogen auf ein Codeblatt übertragen, das soviel numerierte Felder enthält, wie Spalten auf der Lochkarte sind (bzw. soviel, wie für die Auswertung benutzt werden). Dem abgebildeten Ausschnitt eines Codeplans entsprechend (Abb. 2) würde z. B. ein »Ja, beide« auf Frage 10 durch eine 5 in Feld 9 des Codeblatts festgehalten. Die Angaben des Codeblatts werden schließlich auf die Lochkarte übertragen (eingelocht). Der geschilderte Arbeitsgang kann abgekürzt werden, wenn den Antworten bereits auf

[1a] Bei einer Auswertung mit Computern – im Gegensatz zu einer Auswertung mit Sortiermaschinen – sind Mehrfachlochungen (d. h. mehr als eine Information pro Spalte; hier: in der Spalte 9 werden pro Individuum zwei Lochungen erwartet: eine für »Wohnort« und eine für »Eltern leben?«) schwer zu handhaben. Wird eine Computerauswertung geplant, empfiehlt es sich, Mehrfachlochungen im Codeplan zu vermeiden.

*Die Aufbereitung und Analyse der Daten*

dem Fragebogen Codesymbole zugeordnet sind (siehe S. 113 f.). Es entfällt somit das nachherige Verschlüsseln. Entspricht die Reihenfolge der Fragen auf dem Fragebogen der Reihenfolge der Lochkartenspalten, können die Daten auch direkt vom Fragebogen auf die Lochkarte übertragen werden.

Fehler beim Verschlüsseln, Übertragen und Lochen beeinträchtigen die Zuverlässigkeit der Ergebnisse; dasselbe gilt natürlich für Zählfehler, die auch beim maschinellen Auszählen vorkommen können. Die Häufigkeit solcher Fehler wird geprüft, indem man den Prozeß für einen Teil der Daten wiederholt und die Codeblätter bzw. Lochkarten vergleicht. Während beim Übertragen, Lochen und Zählen Flüchtigkeit die hauptsächliche Fehlerquelle ist, kann eine relativ hohe Fehlerquote beim Verschlüsseln die Folge nicht genügend präziser Kodierungsanweisungen, vor allem eine ungenaue Definition und Abgrenzung der einzelnen Kategorien sein. Derart begründete Fehler lassen sich nachträglich durch Präzisierung der Kodierungsanweisungen und Neukodierung einzelner Fragen reduzieren.

In der Grundauszählung werden zunächst die einfachen Häufigkeitsverteilungen für alle in die Untersuchung einbezogenen Dimensionen ermittelt. Für die mehrdimensionale Klassifikation der Daten müssen den Fragestellungen der Untersuchung entsprechend Auszählanweisungen entwickelt werden. Sie geben an, welche Variablen miteinander in Beziehung zu setzen sind. Die Auszählungsergebnisse werden in zuvor aufgestellte Leertabellen eingetragen, sofern die Maschine die Zählergebnisse nicht selber ausdruckt. Die verbale Interpretation einer Tabelle wird erleichtert, wenn die absoluten Zahlen in Prozentzahlen umgerechnet werden. Prozentuiert wird in Richtung auf die Variable, die als unabhängige betrachtet werden soll (etwa weil sie als vermutlicher Kausalfaktor in Frage kommt). Wird die unabhängige Variable im Tabellenkopf eingetragen (oben), dann müssen sich die Prozentzahlen auf die Summen in den unteren Randzellen beziehen, d. h. sich nach unten zu 100 % addieren. Wird die unabhängige Variable an der Stirnseite eingetragen (links), dann müssen sich die Prozentzahlen nach rechts zu 100 % addieren [1].

Im folgenden sollen einige Verfahren der Auswertung von fertig aufbereiteten (verschlüsselten, ausgezählten und tabellierten) Daten beschrieben werden. Dabei wird das in den vorangehenden Kapiteln wiederholt erörterte Gültigkeitsproblem außer acht gelassen, obwohl es letztlich das zentrale Problem zumal für die Interpretation der Ergebnisse empirischer Untersuchungen bleibt. Je zweifelhafter die Gültigkeit der Daten, um so weniger sinnvoll ist die Anwendung differenzierter Auswertungsverfahren. Das Meßniveau der Daten bestimmt die Art ihrer Auswertung. Wurden die Daten auf dem nominalen oder ordinalen Niveau gemessen, was wohl der häufigste Fall ist, dann verwendet man die im nächsten Abschnitt behandelte *Tabellenanalyse*. Die Tabellenanalyse kann natürlich auch auf Daten angewandt werden, die auf dem Niveau kardinaler oder rationaler Zahlen (Intervall- oder Ratioskala) gemessen wurden, doch geht dabei etwas an Information verloren. Diesen Informationsverlust vermeidet man bei Anwendung der *Regressionsanalyse*, die ausschließlich bei kardinal oder rational ge-

---

[1] Gute Beispiele für richtiges und falsches Prozentuieren gibt *H. Zeisel:* Say it with Figures, New York 1957, Kap. 1 und 2.

messenen Dimensionen benutzt werden kann; sie wird ebenfalls in diesem Kapitel kurz behandelt. Zusammenhänge zwischen nichtquantitativen (nominalen oder ordinalen) und quantitativen Daten untersucht man entweder mittels Tabellenanalyse oder, wenn die quantitativ gemessene die abhängige Variable ist, mit dem Verfahren der *Varianzanalyse*, die in Kap. 9 beschrieben wurde.

## 2. Tabellenanalyse

Die einfachste Form der Tabelle ist die eindimensionale Häufigkeitsverteilung, die rein deskriptive Informationen liefert. Wurden die Daten an Hand einer Zufallsstichprobe gewonnen, so läßt sich 1. das Vertrauensintervall ermitteln und 2. die Signifikanz des Ergebnisses überprüfen (siehe hierzu Kap. 3). Damit wird lediglich festgestellt, wieweit die Häufigkeitsverteilung in der Stichprobe die »wahre« Verteilung der Merkmalsausprägungen in der Gesamtheit wiedergibt. Um dagegen *Zusammenhänge* zwischen Variablen festzustellen, müssen zwei- oder mehrdimensionale Tabellen aufgestellt und analysiert werden.

a) *Kausalzusammenhänge.* Wie im vorigen Kapitel ausgeführt wurde, erlauben strenggenommen lediglich experimentell gewonnene Daten Rückschlüsse auf Kausalzusammenhänge. In allen anderen Fällen läßt sich bei einem empirisch ermittelten Zusammenhang zwischen zwei oder mehr Variablen lediglich auf Grund theoretischer Annahmen begründen, welche von ihnen die abhängige und welche die unabhängige Variable ist.

Ohne auf die mit dem Kausalitätsbegriff berührte wissenschaftstheoretische Problematik einzugehen [2], wollen wir unter einem Kausalzusammenhang hier (wie bereits im vorigen Kapitel, siehe S. 168) einen asymmetrischen Wirkungszusammenhang verstehen.

Drei wichtige Formen von Kausalzusammenhängen sollen unterschieden werden:

1. der monokausale Zusammenhang: X bestimmt Y. Graphisch: X → Y
2. der multikausale Zusammenhang: X und Y bestimmen Z. Graphisch:

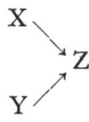

3. die Kausalkette: X bewirkt Y und Y bewirkt Z. Graphisch: X → Y → Z. Die Variable Y wird bei dieser Konstellation »intervenierende Variable« genannt.

Ein monokausaler Zusammenhang kann mit Hilfe einer *zwei*dimensionalen Tabelle entdeckt werden. Ein multikausaler Zusammenhang mit zwei unabhängigen Variablen

---

[2] Eine Darstellung der verschiedenen Konzeptionen von Kausalität ist zu finden bei *E. Nagel:* The Structure of Science, London 1961, Kap. 10.

*Die Aufbereitung und Analyse der Daten*

und auch eine dreigliedrige Kausalkette können durch eine *drei*dimensionale Tabelle aufgedeckt werden. Wie das geschieht, wird später detailliert dargestellt.
Ein Kausalzusammenhang ist *deterministischer* Art, wenn folgende Konstellation festgestellt werden kann: (1) Die Variable X bewirkt Y: Graphisch: X → Y. (2) Wenn die Variable X nicht gegenwärtig ist, dann ist auch Y nicht existent: Graphisch: $\sim$X→$\sim$Y ($\sim$ = Negationszeichen). Ist (1) und (2) gegeben, dann ist X die deterministische Ursache für Y.
Wird die Variable Z von zwei unabhängigen Variablen, X und Y, gemeinsam bewirkt, dann muß folgende Konstellation festzustellen sein: (1) X und Y → Z, (2) $\sim$ X aber Y → $\sim$ Z, (3) X aber $\sim$Y → $\sim$ Z [3]. Zum Beispiel: Bei hohem Anspruchsniveau Mißerfolg zu haben, erzeugt Unzufriedenheit. Kurz: Mißerfolg (= X) und Anspruch (= Y) erzeugen Unzufriedenheit (= Z). Fehlt eine der beiden unabhängigen Variablen, der Mißerfolg oder das hohe Anspruchsniveau, dann wird keine Unzufriedenheit entstehen.
Wenn nun der Sozialforscher die zweite unabhängige Variable – im Beispiel: den Anspruch – nicht kennt und nur den Zusammenhang zwischen X, dem Mißerfolg, und Z, der Unzufriedenheit, betrachtet, dann wird er etwa feststellen, daß bei einer bestimmten Anzahl von Befragten, die Mißerfolge hatten, 70 % unzufrieden sind, 30 % jedoch zufrieden. Mißerfolg erzeugt also nur mit einer Wahrscheinlichkeit von 70 % (p = 0,7) Unzufriedenheit. Das ist ein *stochastischer Kausalzusammenhang*. Im Beispiel ist die Wahrscheinlichkeit des Auftretens von Unzufriedenheit bestimmt von der Wahrscheinlichkeit, mit der Mißerfolg mit hohem Anspruch gekoppelt ist. Von den Befragten, die Mißerfolg hatten, besaßen – für den Sozialforscher nicht erkennbar – 70 % ein hohes Anspruchsniveau, 30 % ein geringes.
Ein Zusammenhang zwischen zwei oder mehr Variablen stellt sich dem Sozialforscher als ein stochastischer dar, wenn er nicht *alle* wirkenden unabhängigen Variablen in seine Untersuchung mit einbezieht. Hat er einen stochastischen Zusammenhang gefunden, dann wird er überlegen, welche zusätzlichen Kausalfaktoren er übersehen hat und sie in den Faktorenzusammenhang einführen. Hat er die richtigen Kausalfaktoren gefunden, dann kann er die Wirkung Z mit größerer Wahrscheinlichkeit (größeres p) als bisher prognostizieren. Das Ziel, eine 100%ige Wahrscheinlichkeit zu erreichen, d. h. einen deterministischen Zusammenhang aufzudecken, wird zwar nur in Ausnahmefällen erreicht, doch sind Annäherungen möglich.
Hinter diesem Vorgehen steht der Glaube, daß die Welt determiniert ist, auch wenn es uns nicht gelingt, diese Determinierung vollständig aufzuweisen. Dieser Auffassung des stochastischen Zusammenhanges steht eine andere gegenüber, wonach ein stochastischer Kausalzusammenhang nicht die Folge der Unfähigkeit ist, weitere Wirkfaktoren zu entdecken, sondern in der Natur des Gegenstandes begründet ist. Danach wären stochastische nicht in deterministische Kausalzusammenhänge zu überführen. Auf diese Auseinandersetzung, die vor allem in der Physik geführt wurde, kann hier nur hingewiesen werden [4].

---

[3] Siehe hierzu die Darstellung bei *R. L. Ackoff:* Scientific Method, New York 1962, S. 16 ff.
[4] Ausführliche Erörterungen zu diesem Thema finden sich bei *E. Nagel:* The Structure of Science, a.a.O., Kap. 10.

b) *Die Entdeckung monokausaler Zusammenhänge in zweidimensionalen Tabellen.* In einer Untersuchung von Angestellten sei entdeckt worden, daß 60 % von ihnen starke und 40 % schwache Gefühle sozialer Ohnmacht (Ausgeliefertsein an die Entscheidungen anderer Menschen) besitzen. Wir vermuten, daß die Ohnmachtsgefühle der Angestellten in ihrer Intensität durch ihre berufliche Karriere bestimmt werden, und zwar dergestalt, daß Angestellte, die schon lange Zeit keinen beruflichen Aufstieg erfahren haben, starke und diejenigen, die erst in jüngster Zeit beruflich aufgestiegen sind, geringe Gefühle der Ohnmacht besitzen. Diese Hypothese läßt sich in einer zweidimensionalen Tabelle überprüfen (Abb. 3). Die Tabelle ist in folgender Weise zu lesen: 400 Angestellte, die starke Ohnmachtsgefühle haben, sind schon lange nicht mehr beruflich aufgestiegen; 200 Angestellte, die ... usw. Die Frage lautet nun: Vermag diese Tabelle die oben formulierte Hypothese zu bestätigen?

|  | Gefühl der Ohnmacht | | |
|---|---|---|---|
|  | stark | schwach |  |
| schon lange Zeit nicht mehr beruflich aufgestiegen | a<br>400 | b<br>100 | $R_1$<br>500 |
| in letzter Zeit beruflich aufgestiegen | c<br>200 | d<br>300 | $R_2$<br>500 |
|  | $S_1$<br>600 | $S_2$<br>400 | N<br>1.000 |

Abb. 3  Zweidimensionale Tabelle

Mit Hilfe dreier Methoden kann diese Frage beantwortet werden:

1. Mit der Feststellung, ob in der Tabelle eine »Überkreuzung« gegeben ist oder nicht.

2. Mit einem statistischen Signifikanztest.

3. Mit der Berechnung eines Korrelationskoeffizienten.

Die erste Methode ist »optisch«, die beiden letzten rechnerisch.

*Überkreuzung:* In einer Vierfeldertabelle besteht eine Überkreuzung, wenn die größeren Werte der ersten und der zweiten Spalte und wenn die kleineren Werte der ersten und der zweiten Spalte »über Kreuz« zueinander liegen. In Tabelle 3 ist diese Überkreuzung durch zwei Pfeile angedeutet. Sie kann inhaltlich in folgender Weise interpretiert werden: Die Mehrzahl derer, die starke Ohnmachtsgefühle haben, sind schon

*Die Aufbereitung und Analyse der Daten*

lange nicht mehr beruflich aufgestiegen. Und die Mehrzahl derer, die schwache Ohnmachtsgefühle haben, sind in letzter Zeit beruflich aufgestiegen. Damit weist diese Überkreuzung auf einen Zusammenhang hin, der, wenn die entsprechende Theorie vorhanden ist, als Kausalzusammenhang gedeutet werden kann.

Die »Überkreuzung« ist ein sehr bequemes, aber unvollkommenes Mittel, um Kausalzusammenhänge zu entdecken. Die optische Anschaulichkeit kann verlorengehen, sobald eine Dimension in mehr als zwei Ausprägungen aufgespalten ist [5], und wenn die Zahlenwerte der Tabelle nur geringfügig differieren.

*Der Signifikanztest:* Auf Tabelle 3 kann sehr gut ein Chi-Quadrat-Test angewendet werden. Die Formel für diesen Test lautet

$$\text{Chi-Quadrat} = \frac{(fa - Fa)^2}{Fa} + \frac{(fb - Fb)^2}{Fb} + \ldots + \frac{(fk - Fk)^2}{Fk} \qquad (1)$$

Dabei ist:

$fa, fb \ldots fk$ = Zahlenwert in Zelle a bzw. b ... k

$Fa, Fb \ldots Fk$ = Erwartungswert, d. h. Zahlenwert, der sich in den Zellen a, b ... k ergeben würde, wenn keinerlei Zusammenhang zwischen den beiden tabellierten Dimensionen bestünde.

Der Erwartungswert wird nach folgender Formel errechnet:

$$Fk = \frac{Rk \cdot Sk}{N} \qquad (2)$$

Dabei ist:

$Rk$ = Randsumme der Reihe der k'ten Zelle

$Sk$ = Randsumme der Spalte der k'ten Zelle

$N$ = Gesamtzahl der Fälle, die in die Tabelle eingetragen sind.

Für die Zelle a in Tabelle 3 zum Beispiel ist der Erwartungswert

$$Fa = \frac{R_1 \cdot S_1}{N} = \frac{500 \cdot 600}{1000} = 300$$

Wird für Tabelle 3 der Chi-Quadrat-Test gemäß obigen Formeln (1) und (2) durchgeführt, dann ergibt sich ein Wert von Chi-Quadrat = 166,6. Bevor dieser Wert interpretiert werden kann, müssen die Freiheitsgrade (Symbol: df = degree of freedom) bestimmt werden.

$$df = (\text{Zahl der Reihen} - 1) \cdot (\text{Zahl der Spalten} - 1) \qquad (3)$$

---

[5] Bei einer zweidimensionalen Tabelle, deren beide Dimensionen mehr als zweimal, aber in gleich viele Klassen aufgebrochen sind, kann die Überkreuzung daran erkannt werden, ob in der einen Tabellendiagonalen die großen und in der anderen die kleinen Zahlen stehen – aber nur wenn die beiden Merkmalsdimensionen ordinaler Natur sind.

Für Tabelle 3 ergibt sich demgemäß

$$df = (2-1) \cdot (2-1) = 1$$

Nun kann in einer Chi-Quadrat-Tabelle, wie sie in jedem Statistik-Lehrbuch enthalten ist [6], nachgeschaut werden. Bei einem Freiheitsgrad von df = 1 und einem Chi-Quadrat-Wert von 166,6 liegt das Sicherheitsniveau auf einem Wert von 99,9 % [7]. Die verbale Interpretation dieses Ergebnisses lautet: Es ist mit 99,9 %iger Wahrscheinlichkeit sicher, daß die in Tabelle 3 zusammengebrachten Dimensionen in einem Zusammenhang stehen.
Genauer: die »Nullhypothese«, daß in Tabelle 3 kein Zusammenhang besteht, sondern nur eine zufällige Verteilung der Zahlenwerte herrscht (ausgedrückt durch die Erwartungswerte Fa ... Fd), kann mit 99,9%iger Sicherheit zurückgewiesen werden.
Der Chi-Quadrat-Test hat also eine Kovarianz der beiden Dimensionen nachgewiesen. Ob diese Kovarianz als *Kausal*zusammenhang zu deuten ist, kann der Chi-Quadrat-Test nicht entscheiden. Das vermag nur, wie bereits gesagt wurde, die Theorie, über die der Sozialforscher explizit oder implizit verfügt.
*Der Korrelationskoeffizient:* Als dritte Methode, mit deren Hilfe festgestellt werden kann, ob ein Zusammenhang besteht, wurde die Errechnung eines Korrelationskoeffizienten genannt. Der Korrelationskoeffizient gibt Auskunft über die *Stärke* des Zusammenhangs, der Signifikanztest über die *Sicherheit* des Zusammenhangs. Der Signifikanztest gibt an, wie sicher der Sozialforscher sein kann, daß überhaupt ein Zusammenhang besteht – ohne etwas über die Stärke des Zusammenhangs zu sagen. Der Korrelationskoeffizient gibt an, in welchem Maße die Dimensionen zusammenhängen – ohne darüber Auskunft zu erteilen, als wie stark gesichert dieser Zusammenhang erachtet werden darf [8].
Es gibt eine ganze Reihe verschiedener Korrelationskoeffizienten. Jeder von ihnen darf nur unter ganz spezifischen Bedingungen angewendet werden. Im folgenden soll eine Liste der gebräuchlichsten Korrelationskoeffizienten gegeben werden – ohne daß die (teilweise komplizierten) Formeln für die einzelnen Koeffizienten angeschrieben werden. Diese müssen in einem Statistik-Lehrbuch nachgeschaut werden.

---

[6] Siehe etwa bei *H. M. Blalock:* Social Statistics, New York 1960, S. 452.
[7] In der Chi-Quadrat-Tabelle ist unter df = 1 in der Regel als höchster Wert 10,8 zu finden. Bei diesem Wert besteht ein Sicherheitsniveau von 99,9 %. Da der Chi-Quadrat-Wert für Tabelle 3 166,6 ist, ist in diesem Fall das Sicherheitsniveau *mindestens* 99,9 %. Normale Chi-Quadrat-Tabellen (wie sie in Lehrbüchern abgedruckt werden) gehen jedoch über ein Sicherheitsniveau von 99,9 % nicht hinaus.
[8] Es ist nun allerdings nicht so, daß Korrelationskoeffizient und Signifikanz unabhängig wären. In die Formel verschiedener Korrelationskoeffizienten geht z. B. der Chi-Quadrat-Wert ein (z. B. beim »Contingency Coefficient« C).

*Die Aufbereitung und Analyse der Daten*

| Bezeichnung des Korrelationskoeffizienten | Anwendungsbedingungen | Formel zu finden z. B. bei [9] |
|---|---|---|
| (1) »contingency coefficient« (C)<br>(2) λ (Lambda) | Beide Dimensionen nominal, jede Dimension in beliebig viele Ausprägungen aufgespalten | Peatman, S. 136<br>Zelditch, S. 176 |
| Phi-Koeffizient (φ) | Beide Dimensionen nominal und dichotomisiert, d. h. in 2 Ausprägungen aufgespalten (Vierfeldertafel) | Peatman, S. 135 |
| (1) Spearman's Rang-Korrelationskoeffizient<br>(2) Kendall's τ (tau)<br>(3) Kendall's coefficient of concordance (w)<br>(4) γ (Gamma) | Beide Dimensionen ordinal, jede Dimension in beliebig viele Ausprägungen aufgespalten | Siegel, S. 202f., 213f., 229f.<br><br><br><br>Zelditch, S. 180 |
| Eta correlation | Eine Dimension nominal, in mehr als 2 Ausprägungen aufgespalten; andere Dimension rational, in viele Ausprägungen aufgespalten | Peatman, S. 132 |
| Point biserial correlation | Eine Dimension nominal, dichotomisiert; andere Dimension rational, in viele Ausprägungen aufgebrochen | Peatman, S. 143 |
| Biserial correlation | Eine Dimension rational, dichotomisiert; andere Dimension rational, in viele Ausprägungen aufgespalten | Peatman, S. 126 |
| Triserial correlation | Eine Dimension rational, trichotomisch; andere Dimension rational, in viele Ausprägungen aufgespalten | Peatman, S. 128 |
| Tetrachoric correlation | Beide Dimensionen rational und dichotomisiert (Vierfeldertafel) | Peatman, S. 130 |
| Pearsons's Produkt-Moment-Korrelationskoeffizient | Beide Dimensionen rational und in viele Ausprägungen aufgespalten | Peatman, S. 93 |

Es gibt nicht für alle Kombinationen von Daten verschiedenen Meßniveaus einen besonderen Korrelationskoeffizienten. In diesem Fall muß die »höherwertige« Dimension auf das Niveau der anderen Variablen in dem untersuchten Zusammenhang herabgestuft werden. Die Rangfolge des Herabstufens ist dabei: rational → ordinal → nominal.

[9] *I. G. Peatman:* Introduction to Applied Statistics, New York 1968; *S. Siegel:* Nonparametric Statistics for the Behavioral Sciences, New York 1956; *M. Zelditch,* jr.: Sociological Statistics, New York 1959.

Hat der Forscher sich überzeugt, daß mit bestimmter Sicherheit ein Zusammenhang bestimmter Stärke zwischen den beiden Dimensionen in einer Tabelle besteht, dann kann er ihr Ergebnis verbal formulieren. Zweckmäßigerweise wird dabei nicht mit den absoluten, sondern mit Prozentzahlen gearbeitet. In der Formulierung des Ergebnisses drückt sich außerdem aus, welche der beiden Dimensionen der Forscher für die unabhängige und welche für die abhängige Variable hält. Bei der Interpretation von Tabelle 3 kann also formuliert werden: die Mehrzahl (80 %) der Angestellten, die beruflich lange nicht mehr aufgestiegen sind, besitzen ein starkes Ohnmachtsgefühl, während die Mehrzahl (60 %) derjenigen, die kürzlich einen Aufstieg erlebten, ein schwaches Ohnmachtsgefühl besitzen (bzw. analog mit Bezugnahme auf die anderen beiden Zellen der Tabelle, b und c). Da es sich hier um einen stochastischen Zusammenhang handelt, kann dasselbe Ergebnis auch in der folgenden Form ausgedrückt werden: Für alle Angestellten gilt, wenn sie beruflich schon lange nicht mehr aufgestiegen sind, dann ist mit einer Wahrscheinlichkeit von p = + 0,8 (mit 80%iger Wahrscheinlichkeit) ihr Ohnmachtsgefühl groß und wenn sie erst in letzter Zeit beruflich aufgestiegen sind, dann ist mit einer Wahrscheinlichkeit von p = + 0,6 ihr Ohnmachtsgefühl klein. Die allgemeine Struktur eines stochastischen Kausalzusammenhanges zwischen zwei Variablen läßt sich demnach wie folgt ausdrücken: Für alle Einheiten einer bestimmten Klasse gilt, wenn X in seiner Ausprägung $X_1$ vorliegt, dann wird Y mit einer bestimmten Wahrscheinlichkeit ($p_1$) mit seiner Ausprägung $Y_1$, mit einer bestimmten Wahrscheinlichkeit ($p_2$) mit seiner Ausprägung $Y_2$ (usw. bis $Y_n$) vorliegen, und wenn X in seiner Ausprägung $X_2$ vorliegt, dann wird Y mit einer bestimmten Wahrscheinlichkeit ... (wie oben und so fort bis zu $X_n$) vorliegen.

*Aufgaben:*

*Beantworten Sie die folgenden 6 Fragen für die nachstehenden Tabellen*
1. *Welcher Faktor ist der unabhängige, der abhängige?*
2. *In welcher Richtung muß prozentuiert werden?*
*Setzen Sie »100 %« in die Tabelle ein.*
3. *Ist in der Tabelle eine »Überkreuzung« festzustellen?*
4. *Berechnen Sie die Signifikanz des Zusammenhangs (mit Chi-Quadrat-Test).*
5. *Welcher Korrelationskoeffizient muß zur Berechnung des Maßes des Zusammenhangs verwendet werden?*
6. *Interpretieren Sie den festgestellten Zusammenhang in einem stochastischen Satz.*

1. Tabelle

| | | Ursprüngliche Erziehungsmethode der Eltern | |
|---|---|---|---|
| | | autoritär | liberal |
| *Berufserfolg der Kinder* | gut | 100 | 300 |
| | schlecht | 200 | 200 |

*Die Aufbereitung und Analyse der Daten*

2. Tabelle

| | | *Arbeitszufriedenheit* | | |
|---|---|---|---|---|
| | | *schlecht* | *mittel* | *gut* |
| *Lohn des* | *unter 500* | *100* | *100* | *50* |
| *Arbeiters* | *501–700* | *100* | *150* | *100* |
| *(in DM)* | *701–900* | *50* | *100* | *100* |
| | *über 901* | *10* | *20* | *50* |

c) *Die dreidimensionale Tabelle.* Nicht selten wird der Sozialforscher den Verdacht hegen, daß der in der zweidimensionalen Tabelle gefundene korrelative Zusammenhang keinem monokausalen Zusammenhang entspricht. Es ist möglich, daß für den untersuchten Gegenstand eher das auf Seite 192 beschriebene multikausale Modell oder das Modell der Kausalkette angemessen wäre; d. h.: Es ist möglich, daß zu dem zweifaktoriellen Zusammenhang eine dritte Variable hinzugenommen werden muß, die entweder als zweite unabhängige Variable oder als intervenierende Variable wirkt. Es ist aber auch möglich, daß der in der zweidimensionalen Tabelle gefundene Zusammenhang vorgetäuscht ist, daß es sich bei ihm um eine »Scheinkorrelation« [9a] handelt. In allen Fällen wird es sinnvoll sein, eine dritte Variable in die zweidimensionale Tabelle einzuführen, die dadurch zur dreidimensionalen wird. Diese Variable wird allgemein »Testvariable« genannt. Sie soll »testen«, ob der gefundene, zweifaktorielle Zusammenhang echt, scheinbar oder ungenügend ist (ungenügend, weil in Wirklichkeit eine weitere Variable entweder zusätzlich als unabhängige oder als intervenierende Variable wirkt). Als Testvariablen ließen sich alle in der betreffenden Untersuchung sonst noch gemessenen Dimensionen einführen, eine Arbeit, für deren Bewältigung man bei einer größeren Variablenzahl einen Computer braucht. Viele Variablen werden jedoch von vornherein auf Grund theoretischer Erwägungen für den betreffenden Zusammenhang irrelevant erscheinen, so daß der Forscher sich auf wenige, für relevant erachtete Testvariablen beschränken kann.
Durch Einführung der Testvariablen können fünf verschiedene Variablenkonstellationen entstehen. Diese Variablenkonstellationen sollen hier genannt werden:
1. Scheinkorrelation: Die Testvariable deckt auf, daß die beiden ursprünglichen Variablen nur scheinbar zusammenhängen.
2. Intervention: Die Testvariable schiebt sich als intervenierende Variable zwischen die beiden ursprünglichen Variablen.
3. Multikausalität: Die Testvariable wird zur zweiten unabhängigen Variablen.

---

[9a] Der Terminus »Scheinkorrelation« ist etwas unglücklich, da die beiden Variablen ja nicht nur scheinbar, sondern tatsächlich zusammenhängen. Scheinbar ist nur die durch einen korrelativen Zusammenhang eröffnete Chance einer Kausalinterpretation – denn im Fall der Scheinkorrelation liegt eben kein Kausalzusammenhang zugrunde. Da der Begriff sich jedoch eingebürgert hat, wird er i. f. trotz dieses Einwands benutzt.

4. Bestätigung: Durch Einführung der Testvariablen kann weder eine Scheinkorrelation noch eine Intervention noch Multikausalität nachgewiesen werden. Die eingeführte Testvariable hat dann den ursprünglichen monokausalen Zusammenhang bestätigt. Es mag aber sehr wohl sein, daß eine andere Variable, zu Testzwecken eingeführt, den ursprünglichen monokausalen Zusammenhang als etwa Scheinkorrelation oder als Intervention ... usw. entlarvt. Eine Bestätigung ist also eine sehr relative Sache.

5. Scheinbare Non-Korrelation: In der ursprünglichen zweidimensionalen Tabelle ist kein Zusammenhang zu entdecken. Nach Einführung einer Testvariablen ergibt sich ein multikausaler Zusammenhang.

Diese fünf Variablenkonstellationen sollen nun nacheinander dargestellt werden.

*Die Scheinkorrelation.* Lazarsfeld [10] gibt folgendes illustratives Beispiel für eine Scheinkorrelation: Je größer die Zahl der bei einem Brand anwesenden Feuerwehrwagen, um so größer der Schaden. Natürlich ist das eine Scheinkorrelation. In Wirklichkeit ist es die »Größe des Feuers«, die sowohl die Zahl der herbeieilenden Feuerwehrwagen als auch die Größe des Schadens bestimmt. Die Struktur der Scheinkorrelation wird in Abb. 4 graphisch dargestellt.

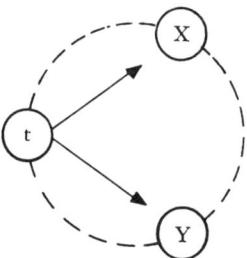

Abb. 4   Scheinkorrelation

*Zeichenerklärung:*

X = ursprüngliche unabhängige Variable, d. h. Variable, die in der ursprünglichen zweidimensionalen Tabelle als unabhängig betrachtet wurde
Y = ursprüngliche abhängige Variable
t = Testvariable
⟶ = Kausalzusammenhang
----- = Korrelation

Der Korrelation zwischen X und Y, die in der ursprünglichen zweidimensionalen Tabelle festgestellt wurde, liegt kein Kausalzusammenhang zugrunde, sondern sie wurde durch das Einwirken von t auf X und auf Y hervorgerufen. Die Scheinkorrelation beruht also auf folgendem Prinzip: Eine Veränderung in t bewirkt Veränderungen so-

---

[10] *Lazarsfeld:* Evidence and Inference in Social Research, in: *D. Lerner:* Evidence and Inference, S. 129.

*Die Aufbereitung und Analyse der Daten* 201

wohl in X als auch in Y. Deswegen kovariieren X und Y, ohne daß ein Kausalzusammenhang zwischen ihnen besteht. Wie eine Scheinkorrelation aufgedeckt werden kann, soll nun an einem Beispiel demonstriert werden.

|  |  | »Mental Health«[11] | | |
|---|---|---|---|---|
|  |  | schlecht | gut |  |
| Einstellung zum Betrieb | negativ | 450 | 400 | 850 |
|  | positiv | 400 | 900 | 1300 |
|  |  | 850 | 1300 | 2150 |

Abb. 5

In Tabelle 5 kann ein Zusammenhang zwischen der »Mental Health« des Arbeiters und seiner Einstellung zum Betrieb schon optisch festgestellt werden. Es existiert eine »Überkreuzung«. Die Überprüfung der Signifikanz des Zusammenhangs ergibt: Chi-Quadrat = 105. Der Zusammenhang ist demgemäß mit 99,9 % gesichert. Wird die Korrelation errechnet (tetrachoric correlation), erhält man $r_t = 0,35$ [12]. Als Testvariable wird nun die Arbeitszufriedenheit eingeführt (Abb. 6), und zwar so, daß jeweils unter ihren beiden Ausprägungen »schlecht« und »gut« die ursprünglichen Variablen (hier: Mental Health und Einstellung zum Betrieb) in ihren beiden Ausprägungen miteinander kombiniert werden. Dadurch wird die Testvariable in jeweils einer (ihrer beiden) Ausprägung(en) konstant gehalten.

|  |  | a) Arbeitszufriedenheit schlecht Mental Health | | b) gut Mental Health | |
|---|---|---|---|---|---|
|  |  | schlecht | gut | schlecht | gut |
| Einstellung zum Betrieb | negativ | 400 | 200 | 50 | 200 |
|  | positiv | 200 | 100 | 200 | 800 |

Abb. 6

Aus dem oben erläuterten Prinzip der Scheinkorrelation folgt, daß in X und Y keine Variation auftreten kann, wenn die sie bedingende Variable t konstant gehalten wird. Dann kann aber auch keine Kovariation von X Y feststellbar sein. Im hier behandelten Beispiel müßten also dementsprechend in den beiden Teiltabellen 6 a) und 6 b) Korre-

---

[11] »Mental Health« kann am besten als »geistig-psychischer Gesundheitszustand« übersetzt werden. Siehe zur Entwicklung einer »Mental Health«-Skala T. S. *Langner*, S. T. *Michael*: Life Stress and Mental Health, The Free Press of Glencoe, London 1963, S. 42 und 43.
[12] Dabei wird angenommen, daß Einstellung und Gesundheit mit einer Ratio-Skala gemessen werden.

lationskoeffizienten von gleich oder nahe Null gefunden werden; das ist auch der Fall. Diese beiden Korrelationskoeffizienten werden »bedingte« Korrelationskoeffizienten genannt.

Das hier verwendete Beispiel ist sehr einfach, doch bleibt die Technik, mit deren Hilfe eine Scheinkorrelation aufgedeckt wird, auch dann dieselbe, wenn die drei Variablen in mehr als zwei Ausprägungen aufgebrochen sind. Ist die Testvariable in mehr als zwei Ausprägungen aufgebrochen, dann entstehen entsprechend mehr Teiltabellen und bedingte Korrelationen, die alle gleich oder nahe Null sein müssen. Wenn wir die Ausprägungen der Testvariable mit $t_1$, $t_2$ ... $t_n$ bezeichnen und die bedingte Korrelation zwischen X und Y unter einer dieser Ausprägungen mit $[XY; t_1]$ usw., dann kann zusammengefaßt werden:

1. Ausgangssituation ist eine zweidimensionale Tabelle für X und Y, für die eine signifikante Korrelation festgestellt wurde.

2. Es wird eine Testvariable t eingeführt.

3. Die Testvariable wird konstant gehalten.

4. Die bedingten Korrelationen müssen gleich oder nahe Null sein:

$$[XY; t_1] \approx 0, [XY; t_2] \approx 0 \ldots [XY; t_n] \approx 0$$

bzw. ein Signifikanztest muß für jede der Teiltabellen die Nullhypothese bestätigen.

Damit ist jedoch noch kein sicheres »Indiz« für das Vorliegen einer Scheinkorrelation gewonnen. Ein entscheidender fünfter Schritt ist hinzuzufügen. Das kann erst im Anschluß an den nächsten Abschnitt geschehen.

*Die Intervention.* Die Struktur der Intervention kann graphisch folgendermaßen dargestellt werden:

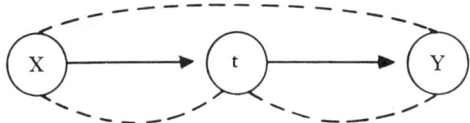

Das Prinzip der Intervention ist folgendes: Eine Änderung in X bewirkt eine Änderung in t, die ihrerseits eine Änderung in Y bewirkt. Deswegen kovariieren X und Y, wodurch sich in der zweidimensionalen Tabelle von X und Y eine signifikante Korrelation ergibt, der jedoch keine unmittelbare Kausalbeziehung zugrunde liegt.

Durch Tabellenanalyse und statistische Analyse kann kein Unterschied zwischen einer Scheinkorrelation und einer Intervention festgestellt werden. Tabellenanalytisch und statistisch stellen sich beide gleich dar. Das ist unschwer zu erkennen, wenn die graphische Abbildung der Struktur der Intervention etwas anders gezeichnet wird als oben:

Die Aufbereitung und Analyse der Daten

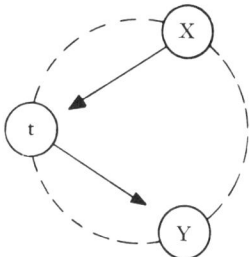

Der einzige Unterschied zur Scheinkorrelation liegt in der Richtung des »Kausal«-Pfeils von X nach t. Die kausale Richtung eines Zusammenhangs läßt sich jedoch nicht durch statistische Analyse, d. h. durch Korrelationen und Berechnungen von Signifikanzen bestimmen. Deshalb stellen sich Interventionen und Scheinkorrelation in der statistischen Analyse gleich dar.
Es soll nun ein Beispiel [13] für eine Intervention gegeben werden. In einer industriesoziologischen Untersuchung wurde festgestellt, daß ein Zusammenhang besteht zwischen dem Familienstand von Arbeiterinnen (= Variable X) und der Häufigkeit ihres Fernbleibens von der Arbeit (= Variable Y), und zwar derart, daß verheiratete Frauen häufiger als ledige der Arbeit fernbleiben (Abb. 7).

|  |  | Familienstand | |  |
|---|---|---|---|---|
|  |  | ledig | verheiratet |  |
| Häufigkeit des Fernbleibens vom Betrieb | wenig | 1000 | 600 | 1600 |
|  | viel | 600 | 1000 | 1600 |
|  |  | 1600 | 1600 | 3200 |

Abb. 7

Nun kann es sein, daß der eigentliche Kausalfaktor für das Fernbleiben vom Betrieb der Umfang der Hausarbeit ist, der bei den meisten (aber nicht allen) verheirateten Frauen größer ist als bei den meisten ledigen. Ein Zusammenhang wäre also wie folgt:

      X            t            Y

Familienstand → Haushaltsarbeit → Fernbleiben vom Betrieb
(ledig/verheiratet)  (wenig/viel)   (wenig/viel)

Wenn es sich so verhält, dann müßten Frauen mit viel Hausarbeit *unabhängig vom Familienstand* dem Betrieb häufiger fernbleiben als Frauen mit wenig Hausarbeit. Der

---

[13] Das Beispiel ist in veränderter Form entnommen aus *H. Zeisel:* Probleme der Aufschlüsselung, in: *R. König* (Hrsg.): Das Interview, Köln 1957, S. 305.

Umfang der Hausarbeit wird also als Testvariable eingeführt und in seinen beiden Ausprägungen »viel« und »wenig« konstant gehalten. In den beiden Teiltabellen der so entstehenden dreidimensionalen Tabelle (Abb. 8) dürfte dann keine Kovarianz von Familienstand und Fernbleiben vom Betrieb mehr auftreten, da zwischen diesen Variablen keine direkte Beziehung besteht. Es ist unschwer zu erkennen, daß die beiden bedingten Korrelationen in Tabelle 8 tatsächlich Null sind.

|  |  | a) Hausarbeit wenig |  | b) Hausarbeit viel |  |
|---|---|---|---|---|---|
|  |  | Familienstand |  | Familienstand |  |
|  |  | ledig | verheiratet | ledig | verheiratet |
| Häufigkeit des Fernbleibens vom Betrieb | wenig | 900 | 300 | 100 | 300 |
|  | viel | 300 | 100 | 300 | 900 |

Abb. 8

Bis hier sind die Schritte der Analyse genau die gleichen wie im Fall der Scheinkorrelation, und auch das »Indiz« der bei oder nahe Null liegenden Werte für die bedingten Korrelationen ist dasselbe. Mit diesem Indiz kann lediglich das Vorliegen eines unmittelbaren monokausalen oder eines multikausalen Zusammenhanges verneint werden, nicht jedoch zwischen Scheinkorrelation und Intervention unterschieden werden. Diese Unterscheidung bleibt der Theorie des Sozialforschers überlassen, da sich ohne ein Experiment und nur durch statistische Analyse die kausale Richtung der Beziehung zwischen X und t nicht feststellen läßt. So muß als fünfter Schritt zu den auf S. 202 genannten hinzugefügt werden:

5. Die Theorie muß entscheiden, ob die kausale Wirkung von X nach t (dann Intervention) oder von t nach X (dann Scheinkorrelation) gerichtet ist.

*Multikausalität.* Das Prinzip des multikausalen Zusammenhangs ist folgendes: die Variable X bewirkt Y – aber nicht allein. Es kommt, als weitere unabhängige Variable, t hinzu. Für die folgende Darstellung soll nun zunächst der einfachste Fall der Multikausalität, bei dem die beiden unabhängigen Variablen X und t additiv auf Y einwirken, angenommen werden. Dieser Zusammenhang kann graphisch in folgender Weise dargestellt werden:

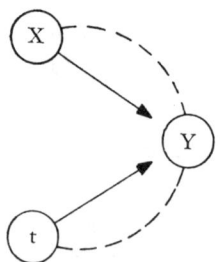

Als Beispiel nehmen wir den Fall, daß in einer zweidimensionalen Tabelle (Abb. 9) ein Zusammenhang zwischen Berufszufriedenheit (X) und allgemeiner Lebenszufriedenheit (Y) festgestellt wurde.

|  |  | Berufszufriedenheit | | |
|---|---|---|---|---|
|  |  | klein | groß |  |
| Allgemeine Lebenszufriedenheit | klein | 280 | 120 | 400 |
|  | groß | 170 | 380 | 550 |
|  |  | 450 | 500 | 950 |

Abb. 9

Für die Tabelle wird ein Chi-Quadrat-Wert von 140 (Sicherheit von 99,9 %) und ein Korrelationskoeffizient von $r_t = 0,58$ (tetrachoric correlation) ermittelt. Es wird angenommen, daß in diesem Zusammenhang die Berufszufriedenheit als unabhängige Variable wirkt. Offenbar hängt die Lebenszufriedenheit jedoch noch von weiteren Faktoren ab. Ein solcher Faktor könnte die Zufriedenheit mit den Primärbeziehungen (Familie, Freundeskreis) sein. Diese Variable wird als Testvariable t eingeführt (Abb. 10). Die Zusammenhänge in beiden Teiltabellen sind hoch signifikant, die bedingten Korrelationskoeffizienten sind $r = 0,87$ (Tabelle 10 a) und $r = 0,39$ (Tabelle 10 b; tetrachoric correlation). Diese Werte weisen auf einen multikausalen Zusammenhang hin, und zwar aus folgenden Gründen.

|  |  | a) | | b) | |
|---|---|---|---|---|---|
|  |  | Zufriedenheit mit Primärbeziehungen | | | |
|  |  | klein | | groß | |
|  |  | Berufszufriedenheit | | Berufszufriedenheit | |
|  |  | klein | groß | klein | groß |
| Allgemeine Lebenszufriedenheit | klein | 130 | 20 | 150 | 100 |
|  | groß | 30 | 120 | 140 | 260 |

Abb. 10

Der Zusammenhang zwischen X und Y wird insofern durch das gleichzeitige Einwirken von t auf Y »gestört«, als eine Veränderung in t auch beim Fehlen einer Veränderung in X zu einer Veränderung in Y führen kann. Dadurch wird die Korrelation zwischen X und Y niedriger, als sie es wäre, wenn man den Faktor t konstant hielte und damit eine durch ihn bedingte Variation in Y ausschlösse. Hält man demnach t konstant, wie in Tabelle 10 geschehen, dann muß dadurch zumindest eine der beiden bedingten Korrelationen von X und Y stärker sein als in der zweidimensionalen Ausgangstabelle. Die für unser Beispiel ermittelten Korrelationskoeffizienten spiegeln genau diesen Fall wider.

Um die relative Wichtigkeit der beiden unabhängigen Variablen für die Bestimmung von Y zu ermitteln, vergleicht man die Korrelationskoeffizienten für die Beziehung zwischen X und Y und zwischen t und Y. (Um den letzteren berechnen zu können, muß die entsprechende zweidimensionale Tabelle durch Zusammenfassen der Daten von Tabelle 10 aufgestellt werden.) Ist der Korrelationskoeffizient für XY höher als der für tY, dann ist X der relativ stärkere Faktor (und umgekehrt).

Wird in die Beziehung XY eine völlig irrelevante Testvariable (vielleicht: Schuhgröße der Befragten) eingeführt, die keinerlei Verbindung mit Y oder X besitzt, so wird keine der bedingten Korrelationen aus der dreidimensionalen Tabelle größer sein als die Korrelation zwischen X und Y. Die Annahme eines multikausalen Zusammenhangs gilt dann für diesen Fall, d. h. diese eine Variable t, widerlegt.

Wir fassen zusammen: Ein multikausaler Zusammenhang darf angenommen werden, wenn folgende Bedingungen erfüllt sind [14] :

1. Die beiden unabhängigen Variablen X und t stehen untereinander in keiner Beziehung: $[Xt] \approx 0$;

2. Zumindest eine der bedingten Korrelationen ist (signifikant) größer als die ursprüngliche Korrelation zwischen X und Y: $[XY; t_i]$ größer $[XY]$.

Wenn die beiden Korrelationen $[XY; t_i]$ und $[XY]$ mit verschiedenen Korrelationsformeln errechnet werden mußten (etwa weil t ein anderes Meßniveau besitzt als X und Y), dann sind sie nicht vergleichbar. In diesem Falle lautet die 2. Bedingung: Von den verschiedenen bedingten Korrelationen $(XY; t_1] \ldots [XY; t_n]$ müssen mindestens zwei signifikant verschiedene Werte besitzen.

Das Modell der Multikausalität fordert, daß die unabhängigen Variablen ihrerseits in keiner Beziehung miteinander stehen, d. h. nicht miteinander korrelieren. Nicht selten besteht jedoch eine solche Korrelation. Der Forscher muß dann entweder klar aussprechen, daß die multikausale Struktur des untersuchten Zusammenhanges nicht gesichert ist, oder er muß versuchen, die Ursache für die Korrelation zwischen X und t zu finden, indem er weitere Variablen einführt.

Im Falle der Multikausalität erzeugen zwei oder mehrere unabhängige Variable durch ihre Kombination eine Wirkung in einer abhängigen Variablen. Die Art der Kombination, in der sie Einfluß auf Y besitzen, kann verschieden sein. Es lassen sich zwei Kombinationsarten unterscheiden.

1. Die eben beispielhaft dargestellte »additive« Kombination: Jede einzelne der unabhängigen Variablen ist alleine in der Lage, Wirkungen auf die abhängige Variable auszuüben.

2. Die »nicht-additive« Kombination: Der einzelne Faktor kann nur eine Wirkung in der abhängigen Variablen erzeugen, wenn er *gemeinsam* mit der (oder den) anderen unabhängigen Variablen auftritt.

---

[14] Erklärung der Symbolik siehe S. 202.

Die »nicht-additive« Kombination begegnet dem Sozialforscher in seinem Datenmaterial in der Regel in zwei Formen, für die im folgenden je ein Beispiel angegeben werden soll.
Bei einer Untersuchung über elterliche Erziehungsmethoden wurden folgende Ergebnisse gefunden.

|  |  | a) Mutter Autoritarismusgrad | | b) Vater Autoritarismusgrad | |
|---|---|---|---|---|---|
|  |  | gering | groß | gering | groß |
| Erziehung durch | körperliche Strafe | 10 | 50 | 50 | 50 |
|  | nicht-körperliche Strafe | 60 | 40 | 30 | 30 |

Abb. 11

Nimmt man alle Eltern zusammen, dann zeigt sich ein mittelstarker Zusammenhang zwischen ihrem Autoritarismusgrad (unabhängige Variable) und der Anwendung körperlicher Strafen (abhängige Variable). Unterscheidet man die Eltern jedoch nach Geschlecht, dann erweist sich, daß dieser Zusammenhang nur für Mütter und nicht für Väter gilt. Die bedingte Korrelation in der Gruppe der Mütter ist stärker als der Zusammenhang zwischen Autoritarismus und Erziehungsmethoden in der Gesamtheit, die bedingte Korrelation in der Gruppe der Väter ist Null.
Die Variable des Autoritarismus vermag also nur dann eine Wirkung auf die Variable der Erziehungsart auszuüben, wenn sie *gemeinsam* mit *einer* Ausprägung der zweiten unabhängigen Variablen (Geschlecht) auftritt.
Ein zweites Beispiel [15] gibt Abb. 12. Amerikanische Colleges wurden zunächst einmal zweidimensional klassifiziert nach a) wieviel politischer Druck (in der McCarthy-Periode) auf sie ausgeübt wurde (unabhängige Variable X) und b) wie stark die Collegeverwaltung den Lehrkörper im Widerstand gegen diesen Druck unterstützte (abhängige Variable Y). Wie man durch entsprechende Zusammenfassung von Abb. 12 sehen kann, besteht zwischen diesen Variablen allein betrachtet nur ein schwacher Zusammenhang. Sobald man jedoch die Colleges danach unterschied, ob sie öffentliche

|  |  | a) Öffentliche Colleges Druck | | b) Privatcolleges Druck | |
|---|---|---|---|---|---|
|  |  | stark | schwach | stark | schwach |
| Verwaltung unterstützt | stark | 5 | 10 | 8 | 6 |
|  | schwach | 11 | 5 | 4 | 10 |

Abb. 12

[15] Das Beispiel stammt aus dem Buch von *P. F. Lazarsfeld* und *W. Thielens*: The Academic Mind, Glencoe, Ill, 1958, S. 185.

oder private Anstalten waren (zweite unabhängige Variable t), zeigte sich ein deutlicher Zusammenhang, der allerdings in den beiden Untergruppen in umgekehrter Richtung verläuft. Hier bestimmt also die jeweilige Ausprägung der Variablen t die Richtung der Veränderung, die X in Y bewirkt.

Zusammenhänge dieser Art sind insofern von besonderem theoretischem Interesse, als sie eine Spezifizierung der Faktoren darstellen, die bei der Formulierung eines zweidimensionalen Zusammenhanges gewöhnlich unter die ceteris paribus Klausel fallen. Das Aufdecken solcher Zusammenhänge bedeutet eine Präzisierung des Geltungsbereichs allgemeiner Aussagen. Die meisten monokausalen Zusammenhänge (und ein guter Teil von scheinbaren Non-Korrelationen, s. unten S. 208) dürften sich, sofern sie sich nicht als Scheinkorrelation oder Intervention enthüllen lassen, als Zusammenhänge dieser Art herausstellen.

*Die Bestätigung.* Eine Testvariable *bestätigt* die Annahme eines monokausalen Zusammenhanges zwischen zwei Variablen, wenn durch ihre Einführung *weder* eine Scheinkorrelation *noch* eine Intervention *noch* ein multikausaler Zusammenhang nachgewiesen werden kann. Allerdings gilt diese Bestätigung nur im Hinblick auf jene bestimmte, zu Testzwecken eingeführte Variable. Eine Bestätigung kann also nie vollständig sein, da es nicht möglich ist, alle Faktoren zu Testzwecken einzuführen. Sie kann befriedigend sein, wenn alle jene Faktoren »erfolglos« eingeführt werden, die der expliziten oder impliziten Theorie des Sozialforschers zufolge möglicherweise einen Einfluß haben könnten.

Eine »Bestätigung« im Hinblick auf *eine* Testvariable kann konstatiert werden, wenn nicht – wie bei der Scheinkorrelation und der Intervention – beide bedingte Korrelationskoeffizienten aus der dreidimensionalen Tabelle gleich oder nahe Null sind. Sind sie ungleich Null, dann darf es nicht geschehen, daß – wie bei der Multikausalität – einer der beiden bedingten Korrelationskoeffizienten größer als die ursprüngliche Korrelation [XY] ist bzw. daß die bedingten Korrelationen untereinander ungleich sind.

Es kann also zusammengefaßt werden: Eine Bestätigung im Hinblick auf eine Testvariable ist gegeben, wenn

1. die bedingten Korrelationen größer sind als Null und

2. keine von ihnen größer ist als die ursprüngliche Korrelation [XY], bzw. alle bedingten Korrelationen gleich groß sind [16].

*Die scheinbare Non-Korrelation.* Nicht selten gelingt es dem Forscher zunächst nicht, einen auf Grund theoretischer Erwägungen vermuteten Zusammenhang in einer zweidimensionalen Tabelle nachzuweisen. Diese Non-Korrelation braucht jedoch keine Falsifizierung seiner Hypothese zu bedeuten, denn sie kann eine scheinbare sein. Der tatsächlich bestehende Zusammenhang kann durch das Einwirken eines anderen Faktors

---

[16] Im Idealfall der Bestätigung sind alle partiellen Korrelationen gleich der ursprünglichen Korrelation: $[XY, t_1] = [XY, t_2] = \cdots = [XY, t_n] = [XY]$. Die partiellen Korrelationen sind also alle größer als Null (obige erste Bedingung) und keine ist größer als die ursprüngliche Korrelation [XY] (obige zweite Bedingung).

*Die Aufbereitung und Analyse der Daten*

so »gestört« sein, daß er in der zweidimensionalen Tabelle nicht in Erscheinung tritt. Wenn man jedoch diesen Faktor konstant hält, indem man ihn als Testvariable einführt, dann wird der Zusammenhang sichtbar (Korrelationen in den Teiltabellen). Ein Beispiel läßt sich aus den Daten von Tabelle 13 konstruieren. Bringt man »allgemeine Lebenszufriedenheit« und »Zufriedenheit mit Primärbeziehungen« in einer zweidimensionalen Tabelle zusammen, ergibt sich eine Korrelation nahe Null. Führt man jedoch die Berufszufriedenheit als dritte Variable ein und hält sie konstant (siehe Abb. 13), dann zeigt sich der gesuchte Zusammenhang in den Teiltabellen. Welche Testvariablen in dem Versuch, eine Non-Korrelation als nur scheinbar zu enthüllen, eingeführt werden, muß theoretischen Erwägungen des Forschers überlassen bleiben.

|  |  | a) Berufszufriedenheit klein | | b) groß | |
|---|---|---|---|---|---|
|  |  | Zufriedenheit mit den Primärbeziehungen | | Zufriedenheit mit den Primärbeziehungen | |
|  |  | klein | groß | klein | groß |
| Allgemeine Lebenszufriedenheit | klein | 130 | 150 | 20 | 100 |
|  | groß | 30 | 140 | 120 | 260 |
|  |  | r = 0,50 | | r = 0,32 | |

Abb. 13

*Aufgaben:*

1. *Berechnen Sie die Korrelationen und bedingten Korrelationen für nachstehende Tabellen* *
2. *Stellen Sie die Struktur des jeweiligen Faktorenzusammenhanges fest*
3. *Interpretieren Sie den gefundenen Zusammenhang in Worten*
4. *Bei multikausalem Zusammenhang: Berechnen Sie die relative Wichtigkeit der unabhängigen Variablen*

1. Tabelle: Es ist der Zusammenhang zwischen Arbeitsunzufriedenheit und Monotonie der Arbeit zu untersuchen:

|  |  | *Monotonie der Arbeit* | |
|---|---|---|---|
|  |  | *groß* | *gering* |
| *Arbeitszufriedenheit* | *klein* | 50 | 20 |
|  | *groß* | 40 | 40 |

* Falls genaue Korrelationsberechnungen nicht durchgeführt werden können, lassen sich die Aufgaben – wenngleich weniger genau – auch durch optische Inspektion der Tabellen lösen.

*Als dritter Faktor wird die subjektiv empfundene Arbeitsplatzsicherheit eingeführt:*

|  |  | Arbeitsplatzsicherheit | | | |
|---|---|---|---|---|---|
|  |  | gering | | groß | |
|  |  | Monotonie | | Monotonie | |
|  |  | groß | gering | groß | gering |
| Arbeits-zufriedenheit | klein | 30 | 10 | 20 | 10 |
|  | groß | 10 | 20 | 30 | 20 |

2. Tabelle: Es ist der Zusammenhang von sportlicher Leistung und soziometrischem Status von Schülern festzustellen:

|  |  | Sportliche Leistung | |
|---|---|---|---|
|  |  | schlecht | gut |
| Soziometrischer Status | niedrig | 40 | 20 |
|  | hoch | 20 | 30 |

Als dritte Variable wird die soziale Herkunft des Schülers eingeführt (Es wurde ein Schichtindex gebildet)

|  |  | a) | | b) | | c) | |
|---|---|---|---|---|---|---|---|
|  |  | | | Schichtenzugehörigkeit | | | |
|  |  | Unterschicht | | Mittelschicht | | Oberschicht | |
|  |  | Sportliche Leistung | | Sportliche Leistung | | Sportliche Leistung | |
|  |  | schlecht | gut | schlecht | gut | schlecht | gut |
| Soziometrischer Status | niedrig | 22 | 12 | 10 | 5 | 8 | 3 |
|  | hoch | 7 | 18 | 5 | 10 | 8 | 2 |

3. Tabelle: Es ist der Zusammenhang zwischen dem Erziehungsziel, das Eltern angeben, und ihrer politischen Einstellung festzustellen:

|  |  | politische Einstellung | |
|---|---|---|---|
|  |  | konser-vativ | fort-schrittlich |
| Erziehungsziel | »das brave Kind« | 32 | 24 |
|  | »das selbständige Kind« | 24 | 75 |

*Als dritte Variable wird der Autoritarismusgrad der Eltern eingeführt*

|  |  | \multicolumn{4}{c}{Autoritarismusgrad} |
| --- | --- | --- | --- | --- | --- |
|  |  | \multicolumn{2}{c}{niedrig politische Einstellung} | \multicolumn{2}{c}{hoch politische Einstellung} |
|  |  | konservativ | fortschrittlich | konservativ | fortschrittlich |
| Erziehungsziel | »das brave Kind« | 2 | 12 | 30 | 12 |
|  | »das selbständige Kind« | 12 | 70 | 12 | 5 |

## 3. Kontextanalyse

Wir haben uns in diesem Kapitel fast durchweg auf Beispiele beschränkt, bei denen es um Zusammenhänge zwischen zwei oder drei Individualmerkmalen ging. Prinzipiell sind die bereits behandelten oder noch zu behandelnden Verfahren der Datenanalyse jedoch genauso auf Zusammenhänge zwischen Gruppenmerkmalen anzuwenden. Neben Hypothesen, bei denen Individuen, und Hypothesen, bei denen Gruppen die Untersuchungseinheiten bilden, gibt es nun auch solche, die gleichsam beide Betrachtungsebenen miteinander verknüpfen, indem sie nach der Auswirkung bestimmter Umwelt-, Situations- oder Kontextmerkmale auf persönliche Attribute wie Einstellungen oder Verhaltensweisen fragen. Die Untersuchung derartiger Zusammenhänge wird als *Kontextanalyse* bezeichnet. Die Kontextmerkmale sind dabei auf Individuen bezogene Gruppenmerkmale; sie kennzeichnen ein Individuum durch seine Zugehörigkeit zu einer Gruppe mit bestimmten Merkmalen (z. B. einen Schüler nach der Schulart, die er besucht, einen Professor nach der Qualität der Hochschule, an der er lehrt). In den Zusammenhängen, die Gegenstand der Kontextanalyse sind, spielen die Kontextmerkmale regelmäßig die Rolle der unabhängigen Variable. (In einem dreidimensionalen Zusammenhang können auch beide unabhängigen Variablen Kontextmerkmale sein.) Die Analyse bleibt also immer auf Individuen als die Untersuchungseinheiten bezogen. Sind in einem zwei- oder dreifaktoriellen Zusammenhang *alle* Merkmale Gruppenmerkmale, dann kann man nicht mehr von Kontextanalyse sprechen. Bei der Kontextanalyse handelt es sich nicht um besondere analytische Verfahren, sondern um eine besondere inhaltliche Anwendung dieser Verfahren. Trotzdem soll die Kontextanalyse wegen ihrer theoretischen Bedeutung hier an einem besonderen Beispiel illustriert werden.

Wir nehmen an, daß man bei der Untersuchung einer Partei Daten gesammelt hat über a) die Größe der Ortsgruppen (örtliche Parteigruppen, Ortsverbände), b) die Teilnahmehäufigkeit der Mitglieder an den Sitzungen der Ortsgruppen und c) die Zufriedenheit der Mitglieder mit der Tätigkeit ihrer Ortsgruppe. Das erste ist ein (globales) Gruppenmerkmal, die anderen beiden sind Individualmerkmale.

Das Gruppenmerkmal kann nun als Kontextmerkmal zunächst mit einem Individualmerkmal in Beziehung gesetzt werden. Es läßt sich etwa fragen, wie sich die Teilnahmehäufigkeit der Mitglieder in verschieden großen Ortsgruppen unterscheidet (Abb. 14)

|  |  | Ortsgruppe groß | klein |
|---|---|---|---|
| Teilnahme | stark | 210 | 220 |
|  | gering | 390 | 180 |
|  | N | 600 | 400 |

Abb. 14

Will man an diesem Punkt die Ebene der Kontextanalyse verlassen und auf die Betrachtungsebene von Gruppen übergehen, dann braucht man lediglich für jede Ortsgruppe aus den Informationen über ihre Mitglieder ein »Aktivitätsmaß« zu bilden, z. B. die durchschnittliche Teilnahmehäufigkeit der Mitglieder oder den Prozentsatz »stark« teilnehmender Mitglieder. Wir haben damit Individualdaten zu einem Gruppenmerkmal aggregiert. Nun lassen sich Aktivität und Größe als zwei Gruppenmerkmale miteinander in Beziehung setzen (Abb. 15). Die Zahlen der Tabelle beziehen sich diesmal nicht auf Individuen, sondern auf die Ortsgruppen. Die Ergebnisse beider Tabellen stimmen überein: die Teilnahme der Mitglieder sinkt mit zunehmender Gruppengröße bzw. größere Gruppen sind durch einen geringeren Grad von Mitgliederaktivität gekennzeichnet. Bei dreifaktoriellen Zusammenhängen brauchen dagegen, wie wir sehen werden, die Ergebnisse von Kontextanalyse und Analyse auf der Gruppenebene nicht übereinzustimmen.

|  |  | Ortsgruppe groß | klein |
|---|---|---|---|
| Quote der Aktiven | hoch | 3 | 8 |
|  | niedrig | 7 | 7 |
|  | N | 10 | 15 |

Abb. 15

Der Leser mag sich an diesem Punkt fragen, ob die eingangs erwähnte Voraussetzung, daß bei der Kontextanalyse die *abhängige* Variable ein Individualmerkmal sein muß, zu Recht besteht. Könnte man z. B. nicht genausogut die Auswirkung des Individualmerkmals »Aktivität« auf das Gruppenmerkmal »Erfolg« (etwa: Sammelergebnis der Ortsgruppen in einer Kampagne) untersuchen? Die Antwort ist, daß man diesen Zusammenhang überhaupt nur untersuchen kann, wenn man das Individualmerkmal Aktivität zu einem Gruppenmerkmal aggregiert (womit es sich nicht mehr um Kontext-

*Die Aufbereitung und Analyse der Daten*

analyse handelt) oder wenn man das Gruppenmerkmal Erfolg zu einem Kontextmerkmal transformiert, wodurch sich die Fragestellung ändern würde (es würde dann nach dem Einfluß der Zugehörigkeit zu einer »erfolgreichen« Ortsgruppe auf die individuelle Aktivität gefragt werden müssen; die umgekehrte Fragestellung – wie sich die eigene Aktivität darauf auswirkt, ob man Mitglied in einer erfolgreichen oder weniger erfolgreichen Gruppe ist, ist nicht sinnvoll).

Betrachten wir nun den interessanteren Fall dreifaktorieller kontextanalytischer Zusammenhänge. Wir nehmen an, die Untersuchung hat eine (nicht allzu hohe) positive Korrelation zwischen Teilnahmehäufigkeit und Zufriedenheit von Mitgliedern ergeben. Es stellt sich die Frage, ob diese Beziehung in Ortsgruppen verschiedener Größe die gleiche ist. Wir führen also das Gruppenmerkmal Größe als Testvariable ein. Abb. 16 zeigt das Ergebnis: es handelt sich um einen von der Gruppengröße bedingten Zusammenhang, indem in kleinen Ortsgruppen die Zufriedenheit mit der Teilnahmehäufigkeit steigt, in großen dagegen sinkt. Die Zahlen der Tabelle beziehen sich auf *Mitglieder*, doch ließen sich auch die Ortsgruppen dreidimensional klassifizieren, wenn man die beiden Individualmerkmale zu Gruppenmerkmalen aggregiert. Dadurch wird allerdings der bedingte Zusammenhang zwischen diesen Merkmalen unerkennbar, da ja die Daten auf der Gruppenebene zu Durchschnittswerten oder in Form von Quoten *zusammengefaßt* werden, wobei sich z. B. aus einer gegebenen Zufriedenen-Quote nicht ablesen läßt, ob die Aktiven oder die Passiven zufriedener sind.

| | | Ortsgruppe | | | |
| | | groß | | klein | |
| | | Teilnahme | | Teilnahme | |
| | | stark | gering | stark | gering |
| Zufriedenheit | groß | 45% | 60% | 80% | 30% |
| | klein | 55% | 40% | 20% | 70% |
| | N | 210 | 390 | 220 | 180 |

Abb. 16

Außer Gruppenmerkmalen können auch relationale Daten als Kontextvariable benutzt werden, was allerdings verhältnismäßig selten geschieht. In Kap. 6 (S. 130) wurde kurz über die Relationsanalyse gesprochen, bei der es zunächst nur um die Merkmalsgleichheit oder -verschiedenheit von Personen geht, die in einer bestimmten Beziehung zueinander stehen. Hier kann man nun weiter fragen, ob und wie eine bestimmt geartete Beziehung (z. B. politische Übereinstimmung mit dem Ehepartner) andere Merkmale bzw. Verhaltensweisen der beteiligten Individuen beeinflußt (z. B. ihr Wahlverhalten). Die – bestimmt geartete – Beziehung fungiert quasi als Umwelt- oder Kontextvariable [17].

[17] Zahlreiche Beispiele für die Kontextanalyse zwei- und dreifaktorieller Zusammenhänge (mit relationalen Daten ebenso wie mit Gruppenmerkmalen als Kontextvariablen) finden sich bei *S. M. Lipset, M. Trow* und *J. Coleman*: Union Democracy, Glencoe, Ill., 1956, sowie bei *P. F. Lazarsfeld* und *W. Thielens*: The Academic Mind, a.a.O.

## 4. Die Überprüfung von mehrfaktoriellen Zusammenhängen

Bei der Analyse von nicht-experimentell gewonnenen Daten kommt es häufig vor, daß der Forscher mit mehr als drei Variablen gleichzeitig arbeiten muß. Diese Notwendigkeit ergibt sich, wenn sich zeigt, daß bei der als abhängig betrachteten Variablen in einem dreifaktoriellen Zusammenhang ein zu großer Prozentsatz *unerklärter Varianz* auftritt (siehe Kap. 9, S. 179). Sofern diese unerklärte Varianz nicht als durch Meßfehler verursacht gelten kann, muß man aus ihrem Auftreten schließen, daß die bisher berücksichtigten unabhängigen Variablen die abhängige Variable nicht vollständig determinieren, sondern daß weitere noch nicht berücksichtigte Variablen systematisch auf sie einwirken. Anders als bei einer experimentellen Forschungsanlage, in der der mögliche Einfluß außerhalb der Analyse bleibender Faktoren durch die Randomisierung bzw. durch Matching kontrolliert wird, ist bei nicht-experimenteller Forschung dieser Einfluß nicht ausgeschaltet, sondern drückt sich als unerklärte Varianz in der abhängigen Variable aus.

Nun ist es überaus schwer, mit Hilfe von Korrelationen und bedingten Korrelationen eine Vorstellung von den tatsächlichen Zusammenhängen zwischen mehr als drei Variablen zu gewinnen. Bei der Analyse dreifaktorieller Zusammenhänge läßt sich eine solche Vorstellung noch gleichsam induktiv gewinnen.

Bei mehr als drei Variablen bietet sich dagegen ein anderes Verfahren an, das von Blalock entwickelt wurde [18]. Dieses Verfahren läßt sich als eine methodische Erweiterung der bereits behandelten Tabellenanalyse verstehen. Der entscheidende Unterschied besteht darin, daß das Modell eines Zusammenhanges nicht mehr quasi induktiv aus den Daten abgeleitet wird, sondern daß man mit *theoretisch* abgeleiteten Modellen möglicher Zusammenhänge zwischen den Variablen beginnt und diese an Hand der aus dem empirischen Material errechneten Korrelationen und partiellen Korrelationen überprüft. Dadurch soll entschieden werden, welches der vorliegenden alternativen Modelle den empirischen Daten am besten entspricht.

Um dieses im folgenden beschriebene Verfahren anwenden zu können, muß eine ganze Reihe von Annahmen über den Charakter der zu überprüfenden Modelle gemacht werden:

1. Mit dem Verfahren können nur »Kausalmodelle« überprüft werden. D. h. die Zusammenhänge zwischen den Variablen müssen einsinnig sein: A → B, aber nicht gleichzeitig B → A. Funktionale Zusammenhänge, bei denen die Wirkung von A auf B und B auf A ohne die Berücksichtigung eines meßbaren Zeitintervalls simultan erfolgt, können nicht überprüft werden.

2. Die Zusammenhänge zwischen den Variablen müssen linear und additiv sein, weil sonst die linearen Korrelationskoeffizienten nicht verwendet werden können. Überall dort, wo nicht lineare Zusammenhänge – sondern etwa parabolische – vorliegen, müssen diese durch Logarithmieren in lineare transformiert werden.

---

[18] *H. M. Blalock:* Causal Inferences in Nonexperimental Research, Chapel Hill 1961.

*Die Aufbereitung und Analyse der Daten*

3. Alle wichtigen Variablen müssen möglichst exakt gemessen worden sein und auch explizit im Modell auftreten.
4. Der verzerrende Einfluß außerhalb des Modells liegender Variabler darf nicht systematisch, sondern nur zufällig sein. D. h. er darf die im Modell auftretenden kausalen Zusammenhänge nicht stören. Variable, bei denen dies der Fall ist, müssen ins Modell aufgenommen werden.
5. Die außerhalb des Modells liegenden Variablen dürfen untereinander nicht korrelieren.
6. Die durch Meßfehler verursachte Varianz für die einzelnen Variablen muß möglichst klein sein.

Um die Angemessenheit alternativer, theoretisch gleich plausibler mehrfaktorieller Modelle in bezug auf das vorliegende empirische Datenmaterial überprüfen zu können, muß 1. eine endliche Anzahl explizit definierter Variablen vorliegen; alle diese Variablen müssen 2. in der relevanten Population gemessen worden sein. 3. Über die kausalen Zusammenhänge zwischen den Variablen müssen ganz bestimmte Annahmen gemacht werden. Ein kausales Modell mit z. B. fünf Faktoren ließe sich dann graphisch etwa in der folgenden Form darstellen:

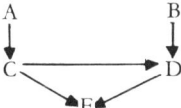

Abb. 17   Graphische Darstellung eines Kausalmodells

Aus einem solchen Modell lassen sich nun theoretische Voraussagen über die Korrelationskoeffizienten und die partiellen Korrelationskoeffizienten ableiten, die empirisch nachweisbar sein müßten, falls ein gegebener Zusammenhang diesem Modell entspricht. Um das Prinzip des Vorgehens anschaulicher zu machen, soll die Gewinnung solcher Voraussagen schematisch an einem vierfaktoriellen Modell dargestellt werden (Abbildung 18).

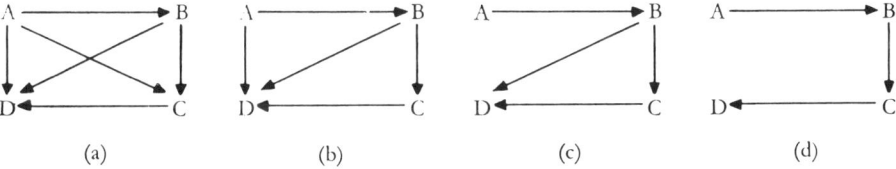

Abb. 18   Verschiedene Formen eines vierfaktoriellen Zusammenhangs

Betrachtet man zunächst Abb. 18 a, dann ist leicht ersichtlich, daß bei Vorliegen eines solchen Zusammenhanges jede Variable (in unbekannter Stärke) mit jeder anderen korreliert, womit keinerlei Hinweis auf Kausalzusammenhänge gewonnen ist. Man kann auch nicht aussagen, daß bestimmte partielle Korrelationen *nicht* bestehen dürfen, da es keinen lediglich mittelbaren Zusammenhang gibt (der entsprechend durch Konstanthalten der intervenierenden Variable verschwinden müßte) [19].

Genau eine solche Voraussage ließe sich jedoch treffen, wenn man den Zusammenhang zwischen A und C eliminiert, d. h. als *nicht* gegeben vermutet (Abb. 18 b). In diesem Fall müßte, wenn der Einfluß von B rechnerisch ausgeschaltet wird, die Korrelation zwischen A und C verschwinden, da ja A nunmehr lediglich über B auf C einwirkt. In einer Formel ausgedrückt:

$$r_{AC \cdot B} = 0 \; [20].$$

Dies würde in einer Experimentieranordnung dem Versuch entsprechen, B konstant zu halten, wobei dann trotz einer Veränderung in A keine Veränderung im Mittelwert der abhängigen Variable C erfolgen dürfte, sofern der angenommene Zusammenhang besteht.

Wenn man weiterhin den Zusammenhang zwischen A und D eliminiert (Abb. 18 c) und folglich ein Modell erhält, in dem A nur noch in einem (doppelten) indirekten Zusammenhang über B zu D steht, dann gewinnt man *zusätzlich* die Voraussage:

$$r_{AD \cdot BC} = 0$$

d. h. bei Konstanthaltung von B und C verschwindet die Korrelation zwischen A und D. Soll dieses Modell mit dem vorliegenden Datenmaterial übereinstimmen, dann müssen also die beiden partiellen Korrelationen $r_{AC \cdot B}$ und $r_{AD \cdot BC} = $ Null werden. Wenn nun noch der Zusammenhang zwischen B und D eliminiert wird (Abb. 18 d), dann entsteht eine einfache Kausalkette, für die die folgenden drei Voraussagen gelten:

$$r_{AC \cdot B} = 0$$
$$r_{AD \cdot BC} = 0$$
$$r_{BD \cdot C} = 0$$

Gleichzeitig werden auch die elementaren partiellen Korrelationen $r_{AD \cdot B} = 0$ und $r_{AD \cdot C} = 0$. Für eine solche einfache Kausalkette gilt allgemein, daß, wenn *eine* intervenierende Variable kontrolliert wird, der Zusammenhang zwischen den durch sie (auch mittelbar) verbundenen Variablen verschwindet. Gleichzeitig gilt aber, daß die Korrelation zwischen der Anfangs- und der Endvariable gleich dem Produkt der einzelnen Korrelation zwischen den intervenierenden Variablen ist:

$$r_{AD} = r_{AB} \cdot r_{BC} \cdot r_{CD}$$

Diese Korrelation ist zugleich immer kleiner als die zwischen jedem Paar unmittelbar verbundener Variablen. Ein bestimmtes Kausalmodell läßt sich demnach nicht nur durch Vorhersagen über *nicht* bestehende (ausgeschlossene) Korrelationen und partielle Korrelationen kennzeichnen, sondern u. U. auch durch Aussagen, wonach eine bestimmte Korrelation gleich dem Produkt aus zwei oder mehr anderen Korrelationen sein muß.

---

[19] Es lassen sich allerdings Voraussagen der Art machen, daß z. B. die Korrelation zwischen A und B genauso groß sein müßte wie die partielle Korrelation dieser beiden Variablen bei gleichzeitigem Konstanthalten von C und D.

[20] Für die Berechnung partieller Korrelation vgl. die einschlägigen statistischen Lehrbücher; z. B. *H. M. Blalock:* Social Statistics, New York 1960, Kap. 19, S. 329 ff.

*Die Aufbereitung und Analyse der Daten*     217

Um zu zeigen, wie diese Methode auch bei komplizierteren Modellen angewendet werden kann, soll sie an einem sechsfaktoriellen Modell illustriert werden, das graphisch in Abb. 19 dargestellt ist.

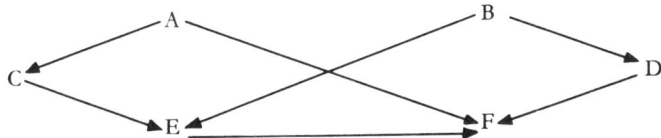

Abb. 19  Sechsfaktorielles Modell

Von den 15 möglichen zweidimensionalen Zusammenhängen weist dieses Modell sieben als hypothetische Kausalzusammenhänge aus. Es kann daher zunächst mit 8 Voraussagen über partielle Korrelationen und Korrelationen, die gleich Null sein müssen, gekennzeichnet werden. Wenn das Modell mit den empirischen Daten übereinstimmen soll, dann müssen folgende Gleichungen zutreffen:

$$r_{AB} = 0 \qquad r_{AD} = 0$$
$$r_{CB} = 0 \qquad r_{CD} = 0$$
$$r_{AE \cdot BCD} = 0 \qquad r_{BF \cdot ACDE} = 0$$
$$r_{DE \cdot ABC} = 0 \qquad r_{CF \cdot ABDE} = 0$$

Außerdem fordert dieses Modell u. a., daß

$$r_{AE \cdot B} = r_{AC} \cdot r_{CE}$$

ist.

Im folgenden soll an einem Beispiel gezeigt werden, wie bei gegebenem Datenmaterial von zwei theoretisch gleich plausiblen vierfaktoriellen Modellen das weniger angemessene ausgeschaltet werden kann.

Für die kausale Erklärung des Schulleistungsniveaus (Z) seien folgende Variablen relevant:

1. der sozio-ökonomische Status des Vaters (W),

2. der Erziehungsstil des Vaters (X),

3. das Gruppenprestige des Sohnes in der Schulkasse (Y).

Auf Grund theoretischer Überlegungen sollen sich zwei Modelle als gleich plausibel anbieten (Abb. 20).

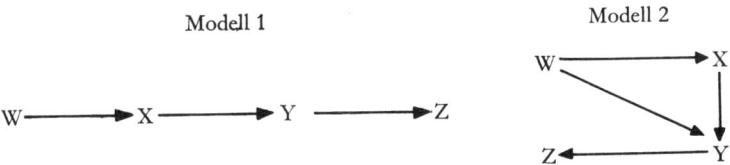

Abb. 20  Zwei Modelle eines Zusammenhangs

Für das Modell 1 lassen sich folgende Voraussagen [21] machen:

$$r_{XZ} = r_{XY} \cdot r_{YZ}$$
$$r_{WY} = r_{WX} \cdot r_{XY}$$
$$r_{WZ} = r_{WX} \cdot r_{XY} \cdot r_{YZ}$$

Für das Modell 2 lassen sich zwei Voraussagen machen, von denen eine unmittelbar nicht aus dem Modell 1 abgeleitet werden kann:

$$r_{XZ} = r_{XY} \cdot r_{YZ}$$
$$r_{WZ} = r_{WY} \cdot r_{YZ}$$

Wir nehmen an, daß aus dem empirischen Datenmaterial die in Abb. 21 angegebenen Korrelationen gewonnen wurden.

|   | W | X | Y | Z |
|---|---|---|---|---|
| W | – | 0,49 | 0,53 | 0,39 |
| X | 0,49 | – | 0,61 | 0,51 |
| Y | 0,53 | 0,61 | – | 0,80 |
| Z | 0,39 | 0,51 | 0,80 | – |

Abb. 21   Korrelationsmatrix

Nun lassen sich die *in der Matrix enthaltenen* Werte für die Korrelationen $r_{XZ}$, $r_{WY}$, $r_{WZ}$ mit denjenigen Werten vergleichen, die sich *nach den Formeln der Voraussagen* hierfür ergeben. Dieser Vergleich wird in Abb. 22 vollzogen. Zwar läßt sich die Signifikanz eines Unterschiedes zwischen Korrelationen in diesem Fall nicht berechnen, doch weist der Vergleich darauf hin, daß das Modell 2 mit den empirischen Daten besser übereinstimmt als Modell 1.

| Voraussagen | tatsächliche Werte | erwartete Werte |
|---|---|---|
|  | Modell 1 |  |
| $r_{XZ} = r_{XY} \cdot r_{YZ}$ | 0,51 | $0,49 = (0,61) \cdot (0,80)$ |
| $r_{WY} = r_{WZ} \cdot r_{XY}$ | 0,53 | $0,30 = (0,49) \cdot (0,61)$ |
| $r_{WZ} = r_{WX} \cdot r_{XY} \cdot r_{YZ}$ | 0,39 | $0,24 = (0,49) \cdot (0,61) \cdot (0,80)$ |
|  | Modell 2 |  |
| $r_{XZ} = r_{XY} \cdot r_{YZ}$ | 0,51 | $0,49 = (0,61) \cdot (0,80)$ |
| $r_{WZ} = r_{WY} \cdot r_{YZ}$ | 0,39 | $0,42 = (0,53) \cdot (0,80)$ |

Abb. 22   Vergleich erwarteter und tatsächlicher Korrelationswerte

Im Modell 1 sind die Korrelationen zwischen dem sozio-ökonomischen Status des Vaters und dem Gruppenstatus des Sohnes in der Klasse ($r_{WY}$) und zwischen dem sozio-ökonomischen Status des Vaters und der Schulleistung des Sohnes ($r_{WZ}$) beide numerisch größer als es theoretisch der Fall sein dürfte.

---

[21] Es hätten auch Voraussagen nicht über die *Stärke* bestimmter Korrelationen, sondern über *ausgeschlossene* Korrelationen gemacht werden können, z. B. $r_{WZ} \cdot y = 0$.

*Die Aufbereitung und Analyse der Daten* 219

Im Modell 2, in dem der sozio-ökonomische Status des Vaters direkt mit dem Gruppenprestige des Sohnes verbunden ist, wird der kausale Zusammenhang zwischen sozio-ökonomischem Status und Schulleistung verkürzt, wodurch die Korrelation zwischen sozio-ökonomischem Status und Schulleistung größer wird, was den tatsächlichen empirischen Daten auch besser entspricht.

Zum Schluß sei noch darauf hingewiesen, daß mit diesem Verfahren nicht etwa das Modell 2 als gültig bestätigt worden wäre. Im Vergleich mit Modell 1 hat es sich lediglich als das angemessenere erwiesen; denn dieselben Voraussagen können unter Umständen auch für ein ganz anderes Kausalmodell gelten, das bloß nicht in Betracht gezogen worden ist. Führen zwei Modelle zu *identischen* Voraussagen, dann muß die Entscheidung, welches das angemessenere ist, entweder auf Grund theoretischer Überlegungen gefällt werden, oder aber es müssen in beide Modelle neue Variablen aufgenommen werden, die dann zu Voraussagen Anlaß geben, mit denen sich die beiden Modelle voneinander unterscheiden lassen.

*5. Die Kontrastgruppenanalyse (tree analysis)*

Bei der Kontrastgruppenanalyse, die von Sonquist und Morgan entwickelt wurde, geht es um die Analyse mehrfaktorieller Zusammenhänge bei nichtexperimentell gewonnenen Daten. Bei diesem Verfahren sucht man zu errechnen, welche Kombinationen von Merkmalsausprägungen der in eine Analyse eingehenden unabhängigen Variablen (Nominal- oder Ordinalskalen) die Stellung einer Untersuchungseinheit auf der abhängigen Merkmalsdimension (Intervall-, Ratioskala oder dichotomisiertes Attribut) am besten vorhersagen bzw. zu erklären vermögen. Zu diesem Zweck wird die Gesamtheit der Untersuchungseinheiten zunächst vollständig in zwei Teilgruppen zerlegt, die durch verschiedene Merkmalsausprägungen einer der (dichotomisierten) *unabhängigen* Variablen charakterisiert sind; diese Teilgruppen werden ihrerseits nach den (dichotomisierten) Ausprägungen einer weiteren unabhängigen Variablen zerlegt usw., bis bestimmte Stoppregeln noch weitere Zerlegungen verbieten. Bei jeder Stufe der Zerlegung wird gefordert, daß

1. jede Teilgruppe in bezug auf die *abhängige* Variable in sich homogener ist als die Ausgangsgruppe
2. die einzelnen Teilgruppen untereinander dagegen *möglichst* heterogen sind.

Die Merkmalskombinationen der Endgruppen lassen sich dann als jene Konstellationen von Bedingungen interpretieren, unter denen eine bestimmte Ausprägung der abhängigen Variable wahrscheinlich wird. So könnte man beispielsweise bei einer Analyse der Durchschnittseinkommen u. a. folgende Endgruppen finden: eine sehr homogene Gruppe (d. h. die individuellen Einkommen weichen nur wenig vom Durchschnittswert der Gruppe ab) mit hohem Durchschnittseinkommen, die durch folgende Ausprägungen der gewählten unabhängigen Variablen charakterisiert sein möge: Universitätsabschluß, männlich, Alter zwischen 35 und 55; eine andere sehr homogene Gruppe mit sehr niedrigem Durchschnittseinkommen dagegen könnte z. B. gekennzeichnet sein durch die Ausprägungen: Volksschulabschluß, weiblich, unter 35 Jahre. Dazwischen mögen einige Gruppen zu finden sein, die eher mittlere Durchschnittseinkommen aufweisen, u. U. auch in sich nicht so homogen sind, etwa eine Gruppe mit den Eigenschaften: Abitur, männlich, unter 35 Jahren. Bei den homogenen Gruppen hat nun die je bestimmte Charakterisierung durch die unabhängigen Variablen einen gewissen Prognose- und (einen aus theoretischen Überlegungen abgeleiteten) Erklärungswert für die Höhe ihres gruppenspezifischen Durchschnittseinkommens.

Die Aufspaltung der Ausgangsgruppe in Untergruppen beruht auf dem Prinzip der Streuungszerlegung. Die Streuung ist ja gerade ein Maß für die Homogenität bzw. Heterogenität einer Gruppe. Sie ist definiert als durchschnittliches Abweichungsquadrat der einzelnen Beobachtungswerte vom Gesamtdurchschnitt ($\bar{x}$) einer Gruppe: Je stärker also einzelne Werte vom Durchschnitt abweichen, desto größer ist die Streuung und desto heterogener die Gruppe.

Allerdings formt man bei der Kontrastgruppenanalyse den Ausdruck für die Streuung um und schreibt statt

$$s^2 = \frac{1}{n} \sum_{i=1}^{n} (x_i - \bar{x})^2$$

um sich den Faktor $\frac{1}{n}$ zu ersparen lieber:

$$n \cdot s^2 = \sum_{i=1}^{n} (x_i - \bar{x})^2.$$

Diesen Ausdruck nennt man Quadratsumme (englisch: total sum of squares, i.f. abgekürzt: QS). Das Prinzip der Streuungszerlegung bzw. hier: der Zerlegung der gesamten QS, besagt nun: Die gesamte QS$(n \cdot s^2)$ aller (n) Einheiten der Ausgangsgruppe läßt sich restlos zerlegen in interne QS und externe QS. Die interne QS ist die Summe der QS der Untergruppen (hier 2, also: $n_1 s_1^2 + n_2 s_2^2$). Die externe QS ist die Summe der (mit der Zahl der Einheiten je Teilgruppe: $n_1, n_2$) gewichteten quadrierten Abweichungen der Teilgruppenmittel ($\bar{x}_1, \bar{x}_2$) von dem Mittel der Ausgangsgruppe ($\bar{x}$), also[22]:

$$n s^2 = n_1 s_1^2 + n_2 s_2^2 + n_1 (\bar{x}_1 - \bar{x})^2 + n_2 (\bar{x}_2 - \bar{x})^2$$

kurz:
$$n s^2 = \underbrace{\sum_{i=1}^{2} n_i s_i^2}_{\text{interne QS}} + \underbrace{n_i \sum_{i=1}^{2} (\bar{x}_i - \bar{x})^2}_{\text{externe QS}}$$

Der erste Ausdruck ($\sum_{i=1}^{2} n_i s_i^2$) ist ein Maß für die innere Homogenität der Teilgruppen, der zweite ($n_i \sum_{i=1}^{2} (\bar{x}_i - \bar{x})^2$) ein Maß für die Heterogenität der Teilgruppen untereinander. Das Verfahren der Kontrastgruppenanalyse läßt sich nun exakter beschreiben: es gilt, unter allen unabhängigen Variablen diejenige zu finden, die eine

---

[22] Die Ableitung für diesen Satz findet sich in allen elementaren Statistiklehrbüchern.

*Die Aufbereitung und Analyse der Daten* 221

solche Aufspaltung der Untergruppen erlaubt, daß die interne QS (englisch: within sum of squares) minimiert bzw. die externe QS (englisch: between sum of squares) maximiert wird. Die externe QS ist ein Maß für die durch die betreffende Zerlegung erklärte Varianz, d. h. Verringerung der ursprünglichen Heterogenität der Ausgangsgruppe; die interne QS dagegen ist ein Maß für die unerklärte Varianz, d. h. die immer noch verbleibende innere Heterogenität der Teilgruppen. Das Prinzip der Maximierung der externen QS wird nun bei jedem Schritt der Analyse angewandt und liefert das Entscheidungskriterium für die sukzessive Auswahl von unabhängigen Variablen zur jeweils nächsten Zerlegung. Welche Variable die jeweils optimale Lösung liefert, kann nur durch Ausprobieren ermittelt werden. Hat eine unabhängige Variable mehr als zwei Ausprägungen, so muß auch (da üblicherweise nur in je zwei Untergruppen geteilt wird) die für eine Dichotomisierung optimale Kombination von Ausprägungen durch Ausprobieren errechnet werden.
Die Methode sei im folgenden kurz an einem Beispiel illustriert. Es soll z. B. untersucht werden, wovon das Durchschnittseinkommen der in der Industrie Beschäftigten abhängt (die abhängige Variable Einkommen ist also mindestens eine Intervallskala). Als mögliche Bestimmungsgründe (unabhängige Variablen) seien Beschäftigtenstatus (Angestellter/Arbeiter – Nominalskala), Geschlecht (Nominalskala) und Leistungsgruppen (1/2/3, Ordinalskala) in Betracht gezogen. Es liege ein Sample von n = 400 vor, wobei sich in den einzelnen Kategorien folgende Werte ergeben mögen[23].

| Beruf | Angestellte | | | | | | Arbeiter | | | | | | |
|---|---|---|---|---|---|---|---|---|---|---|---|---|---|
| Geschlecht | männlich | | | weiblich | | | männlich | | | weiblich | | | |
| Leistungsgruppe | 1 | 2 | 3 | 1 | 2 | 3 | 1 | 2 | 3 | 1 | 2 | 3 | $\sum$ |
| $\bar{x}$ | 14 | 9 | 7 | 10 | 8 | 6 | 9 | 8 | 7 | 7 | 6 | 5 | |
| n | 10 | 10 | 20 | 10 | 10 | 40 | 40 | 40 | 80 | 10 | 50 | 80 | 400 |
| n · $\bar{x}$ | 140 | 90 | 140 | 100 | 80 | 240 | 360 | 320 | 560 | 70 | 300 | 400 | 2800 |

Abb. 23: Durchschnittseinkommen der in der Industrie Beschäftigten
Zeichenerklärung:
$\bar{x}$ = Durchschnittseinkommen in 100,— DM
n = Häufigkeiten

[23] Die Durchschnittseinkommen entsprechen, abgesehen von Auf- und Abrundungen zur Rechenerleichterung, den im Statistischen Jahrbuch 1966, S. 504 und 513, für dieses Jahr angegebenen Durchschnittswerten. Leistungsgruppe 3 und 4 bei Angestellten wurden zusammengefaßt. Die Häufigkeiten und Streuungen sind nach Überlegungen zur Plausibilität und Rechenvereinfachung frei gewählt. Die Zuordnung zu den Leistungsgruppen erfolgt nach dem Qualifikationsgrad der Tätigkeit. Die Leistungsgruppe 1 umfaßt Tätigkeiten, »welche als besonders schwierig oder verantwortungsvoll oder vielgestaltig« anzusehen sind. Leistungsgruppe 2 umfaßt »gleichmäßig wiederkehrende oder weniger schwierige und verantwortungsvolle Arbeiten« und Leistungsgruppe 3 umfaßt »einfache, als Hilfsarbeiten zu bewertende Tätigkeiten«, für die keine fachliche Ausbildung erforderlich ist. Vgl. Das Lohngefüge in der Bundesrepublik, in: Wirtschaft und Statistik 5, 1953, S. 298, Fußn. 5.

Zunächst wird das Gesamtmittel aller Daten errechnet. Es entspricht dem mit n gewichteten Durchschnitt aller Einzeldurchschnitte:

$$\bar{x} = \frac{1}{n} \sum \bar{x}n = \frac{1}{400} \cdot 2800 = 7$$

Als gesamte QS (d. h. Summe der quadrierten Abweichungen des Einkommens jedes einzelnen der 400 Befragten vom Gesamtdurchschnitt 7 · 100 = 700 DM) werde 2740 angenommen. Nun ist zu prüfen, welche der drei unabhängigen Variablen die beste Zerlegung des Gesamtsamples leistet, d. h. die zwei Untergruppen mit der kleinsten internen QS bzw. größten externen QS liefert. Als Prüfkriterium wird die externe QS gewählt, da diese einfacher zu berechnen ist. Als erste Variable sei Geschlecht untersucht. Die Gesamtgruppe wird aufgespalten in zwei Untergruppen: männliche Beschäftigte und weibliche Beschäftigte. Für jede Teilgruppe wird das Mittel errechnet:

$$\bar{x}_m = \frac{1}{n_m} \sum_{i \,\in\, \text{männl.}} x_i = \frac{1610}{200} = 8{,}5\,^{24}$$

$$\bar{x}_w = \frac{1}{n_w} \sum_{i \,\in\, \text{weibl.}} x_i = \frac{1190}{200} = 5{,}95$$

Als externe, d. h. erklärte QS ergibt sich:

$$ns^2_{ext} = (\bar{x}_m - \bar{x})^2 \cdot n_m + (\bar{x}_w - \bar{x}) \cdot n_w$$

$$= (8{,}05 - 7)^2 \cdot 200 + (5{,}95 - 7)^2 \cdot 200 = 441$$

Die Aufspaltung nach Geschlecht ergibt also zwei Teilgruppen, die sich in ihrem Mittel deutlich voneinander unterscheiden. Die Summe der internen QS der neuen Teilgruppen ist um genau 441 (den Betrag der externen QS) kleiner als die des ursprünglichen Gesamtsamples, d. h. $\frac{441}{2740} \cdot 100 \approx 16{,}1\%$ der ursprünglichen QS ist

---

[24] $\frac{1}{n_m} \sum_{i \,\in\, \text{männl.}} x_i$ bedeutet: es werde der Durchschnitt der x-Werte aller i Personen errechnet, für die gilt, daß sie Elemente der Menge männlicher Personen sind, d. h. es wird das Durchschnittseinkommen aller männlichen Personen errechnet. Im vorliegenden Beispiel ist allerdings nicht (wie dies bei einer Primärerhebung der Fall wäre) das individuelle Einkommen jedes einzelnen männlichen Beschäftigten bekannt (das würde eine Kolonne von 200 Zahlen ergeben), sondern es sind nur die Durchschnittswerte von Gruppen angegeben (Arbeiter, Angestellte der drei Leistungsgruppen). Man kann sich aber den Gesamtdurchschnitt leicht ausrechnen als Durchschnitt der mit der Anzahl Personen je Teilgruppen gewichteten Gruppenmittel, also:

$$\frac{1}{200}(140 + 90 + 140 + 360 + 320 + 560) = 1610$$

*Die Aufbereitung und Analyse der Daten*

durch die Aufspaltung nach der unabhängigen Variablen Geschlecht erklärt (die ursprüngliche Heterogenität ist durch die Bildung von zwei in sich homogeneren Teilgruppen um 16,1% reduziert).

Als nächste sei die Variable Beschäftigtenstatus untersucht. Sie zerlegt die Ausgangsgruppe in die zwei Teilgruppen: Angestellte und Arbeiter. Es ergeben sich folgende Werte:

$$\bar{x}_{Ag} = 7,9; \quad \bar{x}_{Ar} = 6,7; \quad ns^2_{ext} = 108$$

Das entspricht einer Erklärung der ursprünglichen QS von 3,9%. Die Variable Geschlecht liefert also eine günstigere Aufteilung. Doch noch ist die Variable Leistungsgruppe zu erproben. Sie hat drei Ausprägungen, so daß zusätzlich die optimale Dichotomisierung bestimmt werden muß. Als Möglichkeiten kommen in Frage:

$$1 \text{ vs. } 2 + 3; \quad 1 + 2 \text{ vs. } 3; \quad 1 + 3 \text{ vs. } 2.$$

Es müssen jedoch nicht alle Kombinationen durchgerechnet werden. Ordnet man die $k$ (hier: 3) Ausprägungen einer Variablen so an, daß die entsprechenden Werte der abhängigen Variable der Größe nach geordnet sind (hier: Durchschnittseinkommen der Leistungsgruppe 1 > Durchschnittseinkommen der Leistungsgruppe 2 > Durchschnittseinkommen der Leistungsgruppe 3), so genügt es, folgende Spaltungen durchzuführen[25]:

$$k_1 \quad \text{vs. } k_2 + k_3 + \cdots + k_n$$
$$k_1 + k_2 \quad \text{vs. } k_3 + k_4 + \cdots + k_n$$
$$\vdots$$
$$k_1 + k_2 + \cdots + k_{n-1} \text{ vs. } k_n$$

Es genügt hier also, die Kombinationen:

$$1 \text{ vs. } 2 + 3; \quad 1 + 2 \text{ vs. } 3$$

zu erproben. Dabei ergeben sich folgende Werte:

$$\bar{x}_{L(1)} = 9,57; \quad \bar{x}_{L(2+3)} = 6,45; \quad ns^2_{ext} = 561; \quad \text{erklärt: } 20,5\%$$

$$\bar{x}_{L(1+2)} = 8,1; \quad \bar{x}_{L(3)} = 6,1; \quad ns^2_{ext} = 404; \quad \text{erklärt: } 14,7\%$$

So zeigt sich, daß die Aufspaltung des Gesamtsamples nach der unabhängigen Variable Leistungsgruppe in die zwei Teilgruppen: Beschäftigte der Leistungsgruppe 1 vs. Beschäftigte der Leistungsgruppen 2 + 3, die für die abhängige Variable Durchschnittseinkommen erklärungskräftigste Zerlegung liefert. Dann wird für

---

[25] Für den Beweis siehe *W. A. Ericson:* »A Note on Partitioning for Maximum Between Sum of Squares«, Appendix C in: *J. A. Sonquist* und *J. N. Morgan:* The Detection of Interaction Effects, Monogr. No. 35, Survey Research Center, Michigan 1964, S. 149–157.

jede der beiden neuen Ausgangsgruppen getrennt überprüft, welche der noch verbleibenden unabhängigen Variablen nunmehr die beste weitere Aufspaltung liefert und so fort. Die Ergebnisse werden in Form eines Baumes dargestellt (vgl. Abb. 26).

Untergruppen werden so lange weiter aufgespalten, bis einer der folgenden Fälle eintritt:

Stoppregeln:

1. Anzahl der Einheiten in einer Teilgruppe wird zu klein (d. h. der mittlere Stichprobenfehler wird zu groß).
2. Die gesamte QS einer Teilgruppe wird zu klein (wenn nur noch eine geringe QS in der Teilgruppe vorhanden ist, d. h. die Gruppe in sich schon relativ homogen ist, so können weitere Spaltungen auch nur noch wenig mehr erklären, d. h. Heterogenität reduzieren).
3. Der Prozentsatz externer QS zur gesamten QS der Ursprungsgruppe wird zu klein (d. h. die Spaltung ist nicht mehr erklärungskräftig).
4. Die Anzahl der Endgruppen wird zu groß und ist daher evtl. theoretisch nicht mehr sinnvoll interpretierbar.

Die genauen Werte, an denen man abbricht, sind Erfahrungswerte: so verlangt man meist, daß durch neue Spaltungen 1–2 % der Ursprungs-QS erklärt werden; n sollte etwa 10–20 nicht unterschreiten, und die gesamte QS einer Teilgruppe sollte mindestens 1–2 % der gesamten QS der Ursprungsgruppe ausmachen.

Ist die abhängige Variable dichotomisch, so vereinfacht sich der Rechengang außerordentlich. Die abhängige Variable sei beispielsweise Gymnasiumsbesuch ja/nein, wobei sich in einem Sample folgende Werte ergeben mögen:

| Abhängige Variable | Unabhängige Variable | | Vater Arbeiter | | |
|---|---|---|---|---|---|
| | | $n_i$ | Ja | Nein | |
| | $x_i$ | | $n_1$ | $n_2$ | $\Sigma$ |
| Gymnasium | Ja | 1 | 100 | 300 | 400 |
| | Nein | 0 | 500 | 100 | 600 |
| $\Sigma$ | | | 600 | 400 | 1000 |

Abb. 24  Gymnasiumsbesuch in Abhängigkeit vom Vaterberuf

*Die Aufbereitung und Analyse der Daten* 225

Ordnet man den beiden Ausprägungen der abhängigen Variable die Werte 1 und 0 zu, dann gilt:
$$\bar{x} = p = \frac{1}{n}(x_1 n_1 + x_2 n_2) = \frac{1}{1000}(1 \cdot 400 + 0 \cdot 600) = 0{,}4$$

$\bar{x}$ gibt also nunmehr den Anteilswert p derer an, die die Ausprägung 1 auf der abhängigen Variable besitzen (hier: das Gymnasium besuchen). Die Streuung errechnet sich für den Fall eines dichotomischen Attributs als: $s^2 = p(1-p) = pq$ (q ist also der Anteilswert derer, die die Ausprägung 0 auf der abhängigen Variablen besitzen, hier: das Gymnasium nicht besuchen). Für die genannten Zahlen ergibt sich also:

```
                n = 1000
                x̄ = p = 400/1000 = 0,4
                s² = pq = 0,4 · 0,6 = 0,24
                ns² = 240
       ┌─────────────────┴─────────────────┐
   Vater Arbeiter                    Vater nicht Arbeiter
   n₁   = 600                        n₂   = 400
   x̄₁   = 0,167                      x̄₂   = 0,75
   s₁²  = 0,139                      s₂²  = 0,188
   n₁s₁² = 83,33                     n₂s₂² = 75
```

Abb. 25 Abschnitt aus einem Baum
Erklärte Quadratsumme: $(\bar{x}_1 - \bar{x})^2 n_1 + (\bar{x}_2 - \bar{x})^2 n_2 = 81{,}67$
oder: $ns^2 - (n_1 s_1^2 + n_2 s_2^2) = 240 - (75 + 83{,}33) = 81{,}67$.

An Hand des ausführlich dargestellten Baumes (Abb. 26) sei abschließend kurz die Art der Interpretation illustriert, die die Kontrastgruppenanalyse erlaubt. Zunächst zeigt sich, daß tatsächlich die Endgruppen in sich relativ homogen sind (jede Endgruppen-QS beträgt nur einen Bruchteil der ursprünglichen QS); dagegen sind sie voneinander deutlich unterschieden (ihre Mittelwerte weichen stark voneinander ab). Insgesamt konnten durch die Aufspaltungen nach den verwandten unabhängigen Variablen 37,2 % der urprünglichen Streuung erklärt werden. Auftretende Asymmetrien (d. h. eine Variable wird nur in einer Hälfte des Baumes benutzt oder in einer Hälfte früher als in der anderen) lassen interpretative Rückschlüsse zu: So erklärt [26] z. B. die Variable Geschlecht Einkommensdifferenzen zwar bei den beiden unteren Leistungsgruppen, nicht jedoch in Leistungsgruppe 1. Das bedeutet: Frauen werden besonders in weniger begünstigten Positionen diskriminiert und in diesen Berufen erklärt Geschlechtszugehörigkeit besser

---

[26] Das Wort »erklärt« ist natürlich nur mit Vorbehalt zu gebrauchen: rechnerisch nachweisen läßt sich für eine unabhängige Variable nur, daß sie Streuung reduziert; ob diese Streuungsreduktion etwas erklärt oder nicht, hängt vom theoretischen Bezugsrahmen ab. Darüber hinaus kann es auch durchaus vorkommen, daß eine aus theoretischen Gründen für relevant erachtete Variable an keiner Stelle des Baumes auftaucht – nicht etwa weil sie keinen Einfluß auf die abhängige Variable hätte, sondern weil ihr Einfluß durch eine Zerlegung nach einer mit ihr stark korrelierenden Variablen schon ausgeschaltet wurde.

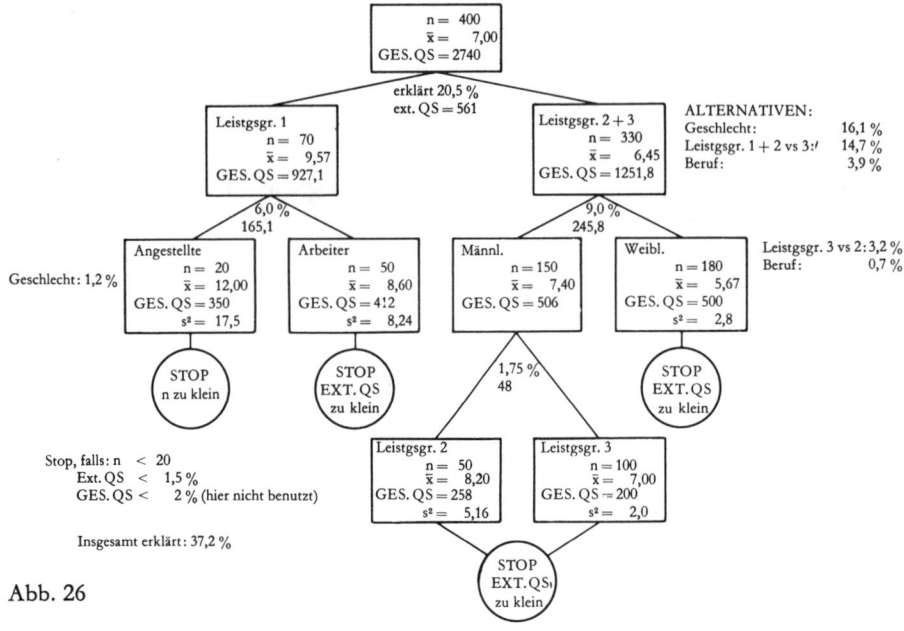

Abb. 26

Zeichenerklärung und Hinweise:
Ges. QS = gesamte Quadratsumme
ext. QS = die bei einer Spaltung errechnete externe Quadratsumme
erklärt ...% = Prozentsatz der durch eine Spaltung erklärten (externen) Quadratsumme von der gesamten Quadratsumme der Ursprungsgruppe, z. B. bei der

1. Spaltung: $\frac{561}{2740} \cdot 100 = 20{,}5\%$

Zur Probe kann nach jeder Spaltung die Richtigkeit der Rechnung überprüft werden, da gilt:

$$\text{Ges.QS} = \overbrace{\text{int. QS}} + \text{ext. QS}$$

z. B. bei der 1. Spaltung: $2740 \approx \overbrace{(927{,}1 + 1251{,}8)} + 561$.

$s^2$ = Streuung. Für die Endgruppen wurden jeweils noch zusätzlich die Streuungen d.h. $\frac{QS}{n}$ errechnet. Als von der Gruppengröße unabhängiges Maß ist $s^2$ ein Indikator für noch verbleibende Heterogenität einer Endgruppe. Ist dieser Wert sehr groß und liefert (bei ausreichendem n) keine der in die Analyse eingegangenen Variablen mehr eine erklärungskräftige Zerlegung, so ist dies für den Forscher ein Hinweis, daß für eine vollständigere »Erklärung« noch zusätzliche Variablen zu suchen wären. (Anregung zur Hypothesenbildung.)

Alternativen: Es wurde angegeben, welche der noch verbleibenden Variablen die zweit-, drittbeste Lösung erbrachte. Es ist nützlich, bei der Interpretation eines Baumes im Auge zu behalten, welche Variable an jedem Punkt die zweitbeste Zerlegung geliefert hat und wie knapp die zweitbeste Lösung der besten und gewählten Zerlegung unterlegen ist. Differiert nämlich die Erklärungskraft der beiden Lösungen nur wenig, so mag der Vorsprung der besten Variable gegenüber der zweitbesten auch bloß »zufällig«, d. h. durch Stichprobenfehler bedingt, sein.

*Die Aufbereitung und Analyse der Daten*

als Leistung die Höhe des Einkommens. Solche Asymmetrien werten Sonquist und Morgan als Indikatoren für Interaktion, d. h. für Wechselwirkungszusammenhänge (hier: Geschlecht erklärt nur unter der Bedingung, daß ...). In der möglichen Aufdeckung solcher Zusammenhänge sehen sie die vorzüglichste Leistung der Methode. Doch bedeutsamer fast scheint die Möglichkeit, mit Hilfe dieses Verfahrens komplexe Zusammenhänge und eine Vielzahl von Informationen auf einige wenige Bedingungskonstellationen für die abhängige Variable zu reduzieren und so u. a. eine sinnvolle Typenbildung anzuleiten. Besonders verteilhaft ist, daß keine Voraussetzungen über die Art des Zusammenhanges zwischen abhängiger und unabhängigen Variablen (z. B. linear, u-förmig etc.) gemacht zu werden brauchen: eine unabhängige Variable kann z. B. in die zwei Kategorien sehr viel + sehr wenig vs. mittel viel dichotomisiert werden, was einen u-förmigen Zusammenhang widerspiegelt. Signifikanztests für diese Methode sind nicht entwickelt; doch das braucht man nicht als Nachteil zu werten. Vielmehr kann das Hinweis darauf sein, daß die Kontrastgruppenanalyse eher als Hilfsmittel für die theoretische Interpretation denn als schlagkräftiger Beweis für die Geltung bestimmter Zusammenhänge anzusehen ist.

*Aufgabe*: Vervollständigen Sie die begonnene Berechnung des Baumes unter der (auch die Abbildung zugrunde liegenden) Annahme folgender Streuungswerte innerhalb der einzelnen Kategorien:

| Beruf | Angestellte | | | | | | Arbeiter | | | | | |
|---|---|---|---|---|---|---|---|---|---|---|---|---|
| Geschlecht | männlich | | | weiblich | | | männlich | | | weiblich | | |
| Leistungsgruppe | 1 | 2 | 3 | 1 | 2 | 3 | 1 | 2 | 3 | 1 | 2 | 3 |
| Streuung $s^2$ | 17 | 5 | 2 | 10 | 4 | 2 | 8 | 5 | 2 | 6 | 4 | 1 |

## 6. Die Analyse von Koordinatensystemen

Mit der Tabellenanalyse kann lediglich festgestellt werden, 1. ob ein signifikanter Zusammenhang zwischen zwei (oder mehreren) Dimensionen besteht (durch einen Signifikanztest) und 2. wie stark dieser Zusammenhang ist (ausgedrückt durch einen Korrelationskoeffizienten).
Sind die in einer Untersuchung gewonnenen Daten jedoch quantitativer Natur (rationale Zahlen), dann können sie auch in einem Koordinatensystem graphisch dargestellt werden. Zusammenhänge zwischen zwei oder mehreren quantitativen Dimensionen können dann nach der Methode der »linearen Regression« exakter bestimmt werden als das mittels Tabellenanalyse der in Gruppen zusammengefaßten Daten möglich wäre. Ein Beispiel soll der Erläuterung dienen.
Auf eine Stichprobe von Arbeitnehmern wurde eine Skala der Berufszufriedenheit und eine Skala der allgemeinen Lebenszufriedenheit angewandt. Beide Skalen sind Ratio-Skalen und variieren zwischen 0 und +9. Berufszufriedenheit und allgemeine Le-

benszufriedenheit nehmen mit steigenden Zahlenwerten zu. Die Ergebnisse dieser Untersuchung können in ein Koordinatensystem eingetragen werden (Abb. 23). *Jeder* Befragte ist durch einen Punkt repräsentiert und damit hinsichtlich der ihn charakterisierenden Berufszufriedenheit *und* Lebenszufriedenheit genau beschrieben. Diese Information geht beim Zusammenfassen von Daten in einer Tabelle verloren.

Nun gilt es, diejenige Kurve zu finden, die diesem Punktsystem am besten angepaßt werden kann (englisch: »curve fitting«). Anders formuliert: Es ist diejenige mathematische Funktion zu finden, die am besten den Zusammenhang zwischen Berufszufriedenheit und allgemeiner Lebenszufriedenheit ausdrückt. In der Statistik wird diese Aufgabe Regression genannt. Die einfachste Form einer solchen Kurve ist die Gerade (lineare Regression). Um diese einfache Form zu erreichen, versucht man manchmal, auch nichtlineare Funktionen in lineare umzuformen. (Das wird normalerweise durch Logarithmieren erreicht.) Die mathematische Technik der Kurvenanpassung kann hier nicht dargestellt werden. Es wird auf die entsprechenden Lehrbücher verwiesen [27].

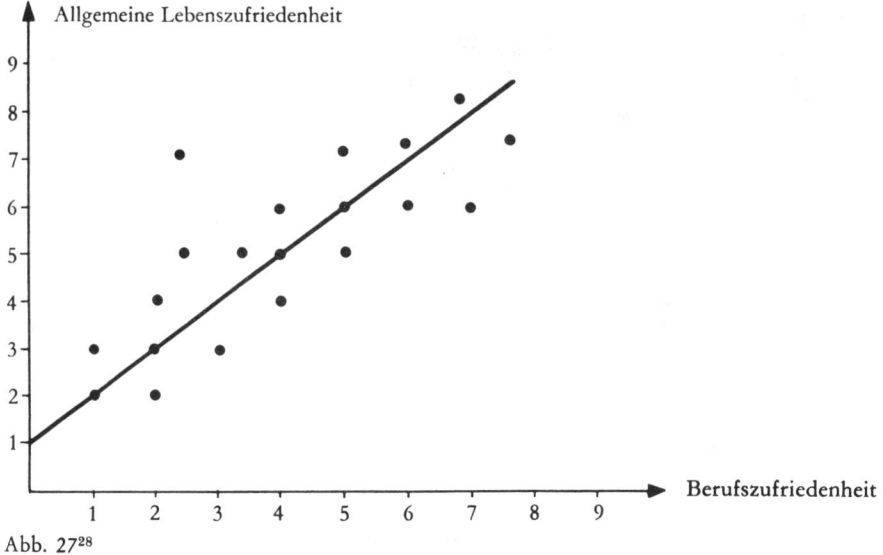

Abb. 27[28]

Der Vorteil bei diesem Verfahren liegt darin, daß eine mathematische Funktion einen Zusammenhang sehr viel präziser beschreibt als ein Korrelationskoeffizient. Auf Grund der mathematischen Gleichung kann eine Prognose geleistet werden, welchen Wert ein

---

[27] Vor allem wird hier empfohlen *D. Lewis:* Quantitative Methods in Psychology, New York 1960, Kap. 1–4; *J. P. Guilford:* Psychometric Methods, New York 1954, Kap. 3; *H. M. Blalock:* Social Statistics, New York 1960, Kap. 17 und 18; *A. Lindner:* Statistische Methoden, Basel 1960, Kap. 6.1.

[28] Da hier ein Kausalzusammenhang zwischen Berufszufriedenheit und allgemeiner Lebenszufriedenheit angenommen wurde, wurde nur eine der beiden möglichen Regressionslinien eingezeichnet.

*Die Aufbereitung und Analyse der Daten*

Befragter auf der einen Merkmalsdimension einnehmen wird, nachdem empirisch ein Wert für die andere Merkmalsdimension ermittelt wurde. Diese Prognose bezieht sich allerdings nur auf ein Werte-Intervall und besitzt außerdem nur ein bestimmtes und unter 100 % liegendes Sicherheitsniveau.

*7. Faktorenanalyse*

Als letztes Verfahren der Datenanalyse sei hier kurz die Faktorenanalyse erwähnt, ohne daß ihre Durchführung im einzelnen beschrieben werden könnte. Mit der Verfügbarkeit von elektronischen Datenverarbeitungsanlagen ist die ohne solche Hilfe praktisch kaum durchführbare Faktorenanalyse zu einem immer häufiger angewandten Verfahren geworden. Das Verfahren beruht dabei auf der folgenden Überlegung. Die in der Sozialforschung empirisch gemessenen Variablen stellen in vielen, wenn nicht den meisten Fällen nicht das interessierende Phänomen selbst, sondern lediglich Indikatoren dar, über deren Gültigkeit als Ausdruck eines entweder nur unvollständig oder nicht unmittelbar erfaßbaren komplexen Merkmals keine vollkommene Sicherheit besteht. So läßt sich häufig nicht mit Sicherheit sagen, ob zwei verschiedene Indikatoren die gleiche oder verschiedene Dimensionen der Untersuchungseinheiten messen. Mit Hilfe der Faktorenanalyse soll deshalb ermittelt werden, auf wieviel unabhängige Dimensionen sich eine größere Anzahl von gemessenen Variablen (d. h. Indikatoren), die miteinander in Zusammenhang stehen, reduzieren läßt. Diese »Faktoren« sind Dimensionen, die in der ursprünglichen Erhebung nicht explizit formuliert und erfaßt wurden. Bei der Durchführung einer Faktorenanalyse werden zunächst sämtliche Korrelationen zwischen den gemessenen Variablen errechnet und in eine Korrelationsmatrix eingetragen. Die in die Matrix eingehenden Koeffizienten sind nach der Pearsonschen Produkt-Moment-Korrelationsformel berechnet (siehe S. 197). Das heißt, daß die Ausgangsdaten bestimmte Voraussetzungen erfüllen müssen, z. B. sie müssen mindestens mit einer Intervallskala ermittelt worden sein. Nun stellt sich die Frage, ob die errechneten Korrelationen zwischen jeweils zwei gemessenen Variablen als monokausale Zusammenhänge interpretierbar sind oder ob sie nicht vielmehr auf die Wirkung eines in der Untersuchung selbst nicht erfaßten Faktors bzw. mehrerer solcher Faktoren zurückzuführen sind. Diese Frage versucht die Faktorenanalyse zu beantworten. Genauer gesagt, versucht man festzustellen: 1. wieweit sich die in der Korrelationsmatrix aufgewiesenen zweifaktoriellen Zusammenhänge zwischen n Variablen ohne Informationsverlust und ohne Verfälschung des Sachverhalts mittels einer kleineren Zahl $r$ von unter Umständen in der Untersuchung selbst nicht direkt erfaßten Variablen (Faktoren) darstellen lassen; 2. ob man diese $r$ Variablen theoretisch als die wesentlichen Dimensionen im Untersuchungsfeld interpretieren kann, während die n ursprünglich erfaßten Variablen als (gewichtete) Kombinationen oder Resultanten dieser $r$ Faktoren erscheinen; 3. ob diese Dimensionen oder Faktoren voneinander unabhängig sind.
Das Verfahren, das Antwort auf diese Fragen bringt, ist mathematisch recht kompliziert; es sei auf die kurzgefaßte Darstellung von Hofstätter und die dort angegebene

Literatur verwiesen [29]. Angewandt wurde die Faktorenanalyse bisher vor allem in de Einstellungsforschung, doch erwähnt Hofstätter auch einige andere Anwendungen. Ii Kap. 2 wurde bei der Behandlung des Polaritätsprofils auf eine von Osgood durch geführte Faktorenanalyse hingewiesen (S. 51). Ein weiteres Anwendungsgebiet findei sich in der ebenfalls in Kap. 2 erwähnten Arbeit von Hickson und anderen über Merkmale bürokratischer Organisationen (S. 63).

*Ausgewählte Literatur*

*Blalock, H. M.:* Causal Inferences in Nonexperimental Research, Chapel Hill 1964.
*Ders.:* Theory Building and the Statistical Concept of Random Measurement, in: American Sociological Review (30) 1965, S. 374–380.
*Boudon, R.:* A New Look at Correlational Analysis, in: *H. M. Blalock, A. Blalock* (ed.): Methodology in Social Research, New York 1968.
*Herkner, W. H.:* Die Methode von Sonquist und Morgan, Institut für höhere Studien und wissenschaftliche Forschung, Wien 1969 (sehr gut verständliche Einführung und Hinweise für die Programmadaption).
*Hyman, H. H.:* Survey Design and Analysis, Glencoe, Ill., 1966.
*Kerlinger, F. N.:* Foundations of Behavioral Research, New York 1964 (vor allem Kapitel 35).
*Lazarsfeld, P. F.:* Evidence and Inference in Social Research, in: *D. Lerner* (Hrsg.): Evidence and Inference, Glencoe 1962.
*Särlvik, B.:* Socioeconomic Determinants of Voting Behavior in the Swedish Electorate, in: Comparative Political Studies, vol. II, No. 1, April 1969 (Anwendungsbeispiel).
*Sonquist, J. A.,* u. *Morgan, J. N.:* The Detection of Interaction Effects, Monogr. No. 35, Survey Research Center, Michigan 1964 (Darstellung, Programmierungshinweise und viele plastische Beispiele).
*Zeisel, H.:* Say it with Figures, New York 1957.
*Zelditch, M.* jr.: A Basic Course in Sociological Statistics, New York 1959 (vor allem Kap. 8).

---

[29] *P. R. Hofstätter:* Faktorenanalyse, in: *R. König* (Hrsg.): Handbuch der empirischen Sozialforschung, Bd. I, Stuttgart 1962, S. 385 ff. Zur Durchführung der Faktorenanalyse mit Hilfe von Computern siehe *B. Fruchter, E. Jennings:* Factor Analysis, in: *H. Borko* (Hrsg.): Computer Applications in the Behavioral Sciences, New York 1962, Kap. 11.

# Aufgabenlösungen

Im folgenden werden die Lösungen jener Aufgaben aufgeführt, für die es *eine eindeutige rechnerische* Lösung gibt. Wo es sich mehr um Denkaufgaben bzw. auf mehrere verschiedene Weisen »richtig« lösbare Untersuchungsaufgaben handelt, würde die Vorgabe und Begründung irgendeiner befriedigenden Lösung nicht nur unangemessen viel Platz fordern, sondern oft auch den Sinn der Aufgabenstellung verfehlen.

*S. 50*

C = 3;  D = 2;  A = 1;  B = 0

*S. 77f.*

Als Beispiel sei für die Zelle »Einkommen 501–700/Berufszufriedenheit gering« das Vertrauensintervall für eine Wahrscheinlichkeit von 99,5% berechnet.

$$p = \frac{300}{3000} = 0,1 \qquad q = 1 - 0,1 = 0,9$$

$$\hat{\sigma}_p = \sqrt{\frac{0,1 \cdot 0,9}{3000}} = \frac{0,3}{54,77} \approx 0,0054$$

Der »wahre« Anteilswert = $p \pm 2 \cdot 0,0054 = 0,1 \pm 0,011$; d. h. er liegt zwischen 0,11 und 0,99.

*S. 132*

1) Als Beispiel wird das Teilsoziogramm der Wahlen gezeichnet

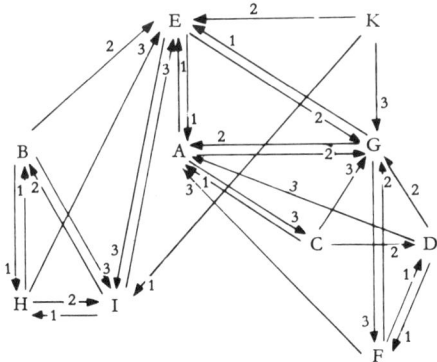

3) Konfigurationen
   a) Paare: BH, IH, IE, AE, AG, GE, GF, DF
   b) Dreieck: AEG, BHI
   c) Der Vergessene: K, C
   Ein Star ist nicht vorhanden (A, E und G empfangen ungefähr gleich viele Wahlen).
   Die beiden Dreiecke können als Cliquen betrachtet werden. Sie geben allerdings relativ viele Wahlen an andere Mitglieder.

4) Die Soziomatrix soll nur für die Wahlen und Ablehnungen entwickelt werden.

|   |   | \multicolumn{10}{c}{Der Gewählte} |
|---|---|---|---|---|---|---|---|---|---|---|

| | | A | B | C | D | E | F | G | H | I | K |
|---|---|---|---|---|---|---|---|---|---|---|---|
| Der Wählende | A |  | −1 | +1 |  | +3 |  | +2 |  |  |  |
| | B | −1 |  |  |  | +2 |  |  | +3 | +1 |  |
| | C | +3 |  |  | +2 | −1 |  | +1 |  | −1 |  |
| | D | +1 |  |  |  |  | +3 | +2 |  |  |  |
| | E | +3 |  |  |  |  |  | +2 |  | +1 |  |
| | F | +1 |  |  | +3 |  |  | +2 |  | −1 |  |
| | G | +2 |  |  |  | +3 | +1 |  |  |  |  |
| | H |  | +3 |  |  | +1 |  |  |  | +2 | −1 |
| | I |  | +2 | −1 |  | +1 |  | +3 |  |  |  |
| | K |  |  |  |  | +2 |  | +1 |  | +3 |  |
| erhaltene Wahlen | | 5 | 2 | 1 | 2 | 6 | 2 | 6 | 2 | 4 | 0 | 30 |
| erhaltene gewichtete Wahlen | | 10 | 5 | +1 | 5 | 12 | 4 | 10 | 6 | 7 | 0 | 60 |

Für die 1. Wahl werden 3 Punkte, für die 2. 2 Punkte und für die 3. 1 Punkt eingetragen. Die Ablehnungen werden gleichermaßen mit −1 eingetragen.

Grundgrößen (Beispiele)

1) Die gegebenen Wahlen waren vom Untersuchungsleiter auf 3 fixiert. Es ist also nicht sinnvoll, sie in der Matrix auszuzählen.

2) A erhält 5 Wahlen
   B erhält 2 Wahlen
   .   .
   .   .
   .   .

3) A erhält 1 Ablehnung
   .
   .
   .

*Aufgabenlösungen*

4) Gewichtete Wahlen
   A erhält 10 Wahlpunkt
   B erhält 5 Wahlpunkt
   .
   .
   .

5) Soziometrischer Status von A

   ungewichtet: $\dfrac{5}{10-1} = 0{,}55$

   gewichtet: $\dfrac{10}{60} = 0{,}17$

   von B

   ungewichtet: $\dfrac{2}{10-9} = 0{,}22$

   gewichtet: $\dfrac{5}{60} = 0{,}08$

   Beim ungewichteten Index wird nicht berücksichtigt, daß jeder Befragte 3 Wahlen besaß. Der gewichtete Index ist hier vorzuziehen.

6) Gruppenkohäsion:

   $\dfrac{8}{\frac{3 \cdot 10}{2}} = 0{,}53$

   Diese Zahl wird erst sinnvoll interpretierbar, wenn sie mit dem entsprechenden Indexwert anderer Gruppen verglichen wird.

*S. 139/1*
Abb. 3      (a) t = 0,1      (b) t = 0,25
               T = 0,2        T = 0,31

*S. 139/2*
max. Wechsel: 46
t = 0,739
T = 0,959

*S. 140/3*
Abb. 4b

| 0  | 0 | 0  | 5  | 5  | 10 |
|----|---|----|----|----|----|
| 10 | 0 | 10 | 5  | 75 | 80 |
| 10 | 0 | 10 | 10 | 80 | 90 |

           t = 0,5
           (Für die aufgelöste Tabelle Abb. 4a ergibt sich t = 0,5.)

**S. 140/4**
Abb. 4     (a) Assoziationsindex = 0,833
               (b) Assoziationsindex = 1,081

**S. 141/1**
Konstant:       72

Wechsler:       28 $\begin{cases} +12 \\ \phantom{+}\\ -16 \end{cases}$ 1 Schritt: 22
                          2 Schritt:  6
                          3 Schritt:  0

Labilste Positionen:  ++ und —— (100% Wechsel)
                       ++ am stärksten → —
                       —— am stärksten → +

Assoziationsindex:    1,48

**S. 143**

| 1 \ 2 | + | — | |
|---|---|---|---|
| + | 31 | 14 | 45 |
| — | 62 | 13 | 75 |
|   | 93 | 27 | 120 |

| 2 \ 3 | + | — | |
|---|---|---|---|
| + | 28 | 65 | 93 |
| — | 12 | 15 | 27 |
|   | 40 | 80 | 120 |

| I \ II | konst. | II/III gewechselt | |
|---|---|---|---|
| konst. | 17 | 27 | 44 |
| gewechselt | 26 | 50 | 76 |
|   | 43 | 77 | 120 |

p + + — = 0,709
p — + — = 0,693
p + — — = 0,5
p — — — = 0,615

**S. 198f.**
Tabelle 1:
1. Unabhängiger Faktor ist »ursprüngliche Erziehungsmethode der Eltern«. Abhängiger Faktor ist »Berufserfolg der Kinder«.
2. »100%« muß in den unteren Randzellen stehen.
3. Ja.
4. Erwartungswerte:

$$F_1 = \frac{400 \cdot 300}{800} = 150$$

$$F_2 = \frac{500 \cdot 400}{800} = 250$$

$$F_3 = \frac{300 \cdot 400}{800} = 150$$

$$F_4 = \frac{500 \cdot 400}{800} = 250$$

*Aufgabenlösungen* 235

$$\text{Chi-Quadrat} = \frac{(100-150)^2}{150} + \frac{(300-250)^2}{250}$$

$$+ \frac{(200-150)^2}{150} + \frac{(200-250)^2}{250}$$

$$= 53{,}2$$

Freiheitsgrade: df $= 1$
In der Chi-Quadrat-Tabelle ist bei df $= 1$ und einem Signifikanzniveau von 99,9% ein Wert von 10,8 zu finden.
Ergebnis: Der in der Tabelle enthaltene Zusammenhang ist hoch signifikant.

Tabelle 2:
1. Unabhängiger Faktor (vermutlich): Lohn.
   Abhängiger Faktor (vermutlich): Arbeitszufriedenheit.
2. »100%« muß dann in den Randzellen links stehen.
3. »Optisch« nicht zu erkennen.
4. Chi-Quadrat: 70,4
   Freiheitsgrad: 6
   Tabellenwert bei 99,9% Signifikanzniveau: 22,5
   Ergebnis: Zusammenhang hoch signifikant.

*S. 209 ff.*

1) Tetrachorische Korrelation für zweidimensionale Tabelle $r_t = 0{,}35$
   partielle tetrachorische Korrelation $r_t = 0{,}61$ und $r_t = 0{,}1$ (nicht mehr signifikant)
2) Zusammenhang: Multikausalität
   Monotonie der Arbeit ↘
   Arbeitsplatzsicherheit ↗ Arbeitszufriedenheit
3) Die Monotonie der Arbeit beeinflußt (in negativer Richtung) die Arbeitszufriedenheit jedoch nur dann, wenn die Arbeitsplatzsicherheit gering ist.
4) Es muß zuvor die direkte Korrelation zwischen Arbeitsplatzsicherheit und Arbeitszufriedenheit errechnet werden. Aus der dreidimensionalen Tabelle kann folgende zweidimensionale gewonnen werden:

| Arbeitszufriedenheit | Arbeitsplatzsicherheit | |
| --- | --- | --- |
|  | gering | groß |
| klein | 40 | 30 |
| groß | 30 | 50 |

$r_t = 0{,}30$
Die direkte Korrelation zwischen Monotonie der Arbeit und Arbeitszufriedenheit beträgt $r_t = 0{,}35$ (siehe oben).
Ergebnis: Die beiden unabhängigen Faktoren sind ungefähr gleich stark wirksam. Bei dieser Berechnungsart wird allerdings der oben unter 2) festgestellte Effekt, daß die Monotonie nur wirksam ist, wenn die Arbeitsplatzsicherheit gering ist, verwischt.

## Tabelle 2

1) Gamma-Korrelationskoeffizient
   für zweidimensionale Tabelle 0,5
   für die 3 Teiltabellen 0,65; 0,60; —0,20
2) Zusammenhang: Multikausalität
   sportliche Leistung ↘
   Schichtzugehörigkeit ↗ soziometrischer Status
3) Die sportliche Leistung ist bei Schülern der Unter- und Mittelschicht positiv bestimmend für den soziometrischen Status. Bei den Oberschicht-Schülern besteht ein schwacher negativer Zusammenhang zwischen sportlicher Leistung und soziometrischem Status.
4) Aus der dreidimensionalen Tabelle kann folgende zweidimensionale zusammengestellt werden:

| Soziometrischer Status | Schichtzugehörigkeit | | |
|---|---|---|---|
| | Unterschicht | Mittelschicht | Oberschicht |
| niedrig | 34 | 15 | 11 |
| hoch | 25 | 15 | 10 |

Der direkte Zusammenhang zwischen Schichtzugehörigkeit und soziometrischem Status ist Gamma = 0,10 – also wesentlich kleiner als der zwischen sportlicher Leistung und soziometrischem Status (Gamma = 0,5).

## Tabelle 3

1) Phi-Korrelationskoeffizient
   für zweidimensionale Tabelle 0,33
   für Teiltabellen 0,1 und 0,1
2) Vermutlicher Zusammenhang: Scheinkorrelation

   Autoritarismusgrad
   ↙           ↘
   politische      Erziehungsziel
   Einstellung

3) Die politische Einstellung erweist sich als nicht signifikante Bestimmungsvariable, nachdem »Autoritarismusgrad« als Testvariable eingeführt wurde. Es kann vermutet werden, daß »Autoritarismus« sowohl die politische Einstellung wie das Erziehungsziel bestimmt.

# Sachregister

Antworthemmung 110, 114
Auswahlfehler 69

Bedeutungsäquivalenz 107
Befragter 116
Befragung (s. Interview) 104
  Antworthemmung bei – 110, 114
  mündliche – 104
  schriftliche – 104
  –swelle 141 ff.
  Verbalisierungsvermögen bei – 109
Begriffe
  allgemeine – 13
  außerlogische – 11
  Bedeutungsumfang von – 21
  Funktion von – 10
  historische – 13
  Individual– 13
  quantitative – 13
  qualitative – 13
Beobachter
  Stellung des – 98 ff.
Beobachtung
  –skategorien 93
  –sschema 93
  systematische – 90 ff., 95
  teilnehmende/nichtteilnehmende – 90, 98 ff.
  –sverfahren 87 ff.
  Voraussetzung der – 87 ff.
Bewertungsanalyse 162 ff.

Ceteris-paribus-Klausel 30
Chi-Quadrat-Test 195
Cliquen-Index, soziometrischer 130
Cornell-Technik 61

Daten 33 ff., 214 ff.
  –matrix 35
Definition
  von Begriffen 14 ff.
  Nominal– 15 ff.
  operationelle – 18 ff.
  Real– 15 ff.
Distanz, semantische 53

Eigenschaftsdimensionen 33
Eindimensionalität 56
Expansion, bei soziometrischen Tests 129

Experiment 168 ff.
  ex-post-facto – 186 f.
  Feld– 185
  – mit 2 und mehr Kausalfaktoren 175
  Kontrolle im – 171
  Laboratoriums– 184 ff.
  matching im – 172
  quasi– 186 f.
  Randomisieren im – 171
  stochastisches – 171
  – mit mehr als 2 zweiwertigen Faktoren 174
  – mit Zeitvariablen 175

Faktorenanalyse 228 f.
Frage
  Fakt– 103
  Meinungs– 103
  monotone – 58
  Wahl– bei soziometrischen Tests 123
Fragebogen
  –länge 111
  Ausstrahlungseffekt bei – 112
Frageformulierung
  suggestive – 107
  stereotype – 107
Fragentrichter 112
Fragetaktik 115
Forschung
  deskriptive – 28 f.
  verifizierende – 28 f.
Forschungsfragen 26 ff.
Forschungsprozeß, Stufen des 25 f.

Gruppenkohäsion, soziometrischer Index für 129
Gruppendiskussion 104
Gruppeninterview 104
Gültigkeit 20, 22 f.
  construct validity 66
  expert validity 66
  known groups 66
  predictive validity 66
Gültigkeit bei
  Befragung 114, 120
  Beobachtung 97
  Indikatoren 40
  Inhaltsanalyse 152, 161
  Interview 114, 120
  Panelverfahren 148

Handeln, soziales 87 ff.
Homogenität
– einer Gruppe 79, 219 f.
– einer Skala 65
Hypothese 30

Indexbildung 44 ff., 160
Indikatoren 20
  definitorische – 40 ff.
  korrelative – 40 ff.
  schlußfolgernde – 40 ff.
Individualsoziogramm 125
Inhaltsanalyse 151 ff.
Inklusionsschluß 74
Integration, soziometrischer Index für 129
Interaktion
  – in Soziometrie 122
  – in Varianzanalyse 180 f.
  – in Kontrastgruppenanalyse 225 ff.
Intervallskala 39
Intervention 202
Interview
  Intensiv– 104
  –situation, Normierung der 115
  standardisiertes – 104
  ungelenktes – 104
Interviewer 115, 118
Image 50

Kategorienschema, inhaltsanalytisches 157 ff.
Kausal–
  –analyse, Millsche Regeln der 169
  –modelle 214 ff.
Kausalität 168, 192
  Multi– 204
Klassifizierbarkeit 36, 157
Kommunikation 151
**Kontingenzanalyse** 164 ff.
Kontrastgruppenanalyse 219 ff.
Kontrolle im Experiment 171
Korrelationskoeffizient 196 f.

Matching 172
Mehrzweckerhebung 80
Merkmal(e)
  –sausprägung 12, 35
  –sdimension 12, 34
  globale – 12
  Gruppen– 11
  Individual– 11
  Kontext– 12
  relationale – 12
  zusammenhängende Veränderung zweier – 145
Meßniveau 38 ff.
  – der Variable im Experiment 177
Millsche Regeln der Kausalität 169
Multikausalität 204

Nettoveränderung 135 ff.
Nominalskala 38

Non-Korrelation, scheinbare 208
Normalverteilung 73

Ordinalskala 38 f., 48
Operationalisierung 18 ff., 106
Operationalismus 22

Paarvergleich 48 ff.
Paneluntersuchung 134 ff.
Polaritätsprofil 50 ff.

Quadratsumme 220
Quotaverfahren 82

Randomisieren im Experiment 171
random sample 70
Ratioskala 39
Regression 227
Repräsentationsschluß 74
Reproduzierbarkeitskoeffizient 63

Scheinkorrelation 200
Signifikanz
  –niveau 74
  –test 195
Situation, soziale 87 ff., 94, 114, 116, 117
Skala 47 ff.
  Guttmann 58 ff.
  Intervall– 39
  Likert– 55 ff.
  Nominal– 38
  Ordinal– 38 f., 48
  Ratio– 39
  Thurstone– 54 f.
Soziogramm 124
  Individual– 125
  Schießscheiben– 125
Soziomatrix 126
Soziometrie 122 ff.
Sprache 151 ff.
  Verstehen von – 151 ff.
Standardabweichung 72, 75
Status, soziometrischer 128
Stichprobe 68 ff.
  einfache Zufalls– 69 ff.
  geschichtete – 78 ff.
  –ngröße 75 f.
  Klumpen– 81 ff.
  Mehrstufen– 81 ff.
  Theorie der – 72 ff.
Streuung 72, 74, 220
  –szerlegung 220

Tabelle, Auswertung von 137 ff.
  Auswertung von zweidimensionaler – 194
  Auswertung von dreidimensionaler – 199 ff.
  Vierfelder– 135
Testvariable 199
Theorie 23 f.
  –bildung 23 f.

*Sachregister*

Trace line 59
Tree analysis 219
Trendanalyse 134
t-Test 57

Untersuchungseinheit 34, 156

Variable 34f.
  abhängige – 30
  qualifizierende – 144f.
  Test– 199
  unabhängige – 30, 105
Varianzanalyse 179ff.
Verbalisierungsvermögen von Befragten 109
Vergleichbarkeit, Prinzip der 35f., 157
Vertrauensintervall 72, 76
Verweigerer 77
Vielfeldertabelle 135
  Auswertung von – 137ff.

Vollständigkeit, Prinzip der 36, 157

Wechselfelder 135, 140
Wechselindex t 138
Wechselindex T 138

Zusammenhänge
  mehrfaktorielle – 214, 219
  monokausale – 194
Zuverlässigkeit 22f.
  alternative Formen von Skalen 65
  split-half 65
  test-retest 65
  Probleme der – bei
    Befragung 114, 120
    Beobachtung 97
    Inhaltsanalyse 152, 161
    Panelverfahren 148

# Soziologie:
# Lehrbücher und Handbücher

Peter Blau (Hrsg.)
**Theorien sozialer Strukturen**
Ansätze und Probleme
1978. 256 Seiten.
Folieneinband

Ralf Dahrendorf
**Homo Sociologicus**
Ein Versuch zur Geschichte, Bedeutung und Kritik der Kategorie der sozialen Rolle.
(Studienbücher zur Sozialwissenschaft, Bd. 20)
15. Auflage 1977. 120 Seiten.
Folieneinband

Georg Assmann u.a. (Hrsg.)
**Wörterbuch der marxistisch-leninistischen Soziologie**
2. überarbeitete Auflage 1978. 758 Seiten. Folieneinband

Gabor Kiss
**Einführung in die soziologischen Theorien I + II**
Vergleichende Analyse soziologischer Hauptrichtungen
Band I: (Studienbücher zur Sozialwissenschaft, Bd. 13)
3., verbesserte Auflage 1977. 304 Seiten. Folieneinband
Band II: (Studienbücher zur Sozialwissenschaft, Bd. 27)
3. Auflage 1977. 360 Seiten. Folieneinband

Niklas Luhmann
**Soziologische Aufklärung I + II**
Band I: Aufsätze zur Theorie sozialer Systeme
4. Auflage 1974. 268 Seiten. Folieneinband
Band II: Aufsätze zur Theorie der Gesellschaft
1975. 224 Seiten. Folieneinband

Niklas Luhmann
**Politische Planung**
Aufsätze zur Soziologie von Politik und Verwaltung
2. Auflage 1975. 256 Seiten. Folieneinband

George Caspar Homans
**Elementarformen sozialen Verhaltens**
Aus dem Amerikanischen von Dieter Prokop
2. Auflage 1972. 352 Seiten. Gebunden

George Caspar Homans
**Theorie der sozialen Gruppe**
Aus dem Amerikanischen von Rolf Gruner
7. Auflage 1978. 452 Seiten. Folieneinband

Werner Fuchs/Rolf Klima/Rüdiger Lautmann/Otthein Rammstedt/Hanns Wienold (Hrsg.)
**Lexikon zur Soziologie**
2., verb. und erw. Auflage 1978. 890 Seiten.
Folieneinband

Friedrich Fürstenberg
**Die Sozialstruktur der Bundesrepublik**
Ein soziologischer Überblick.
(Studienbücher zur Sozialwissenschaft, Bd. 24)
6. neu bearb. Aufl. 1978. 179 Seiten. Folieneinband

Hans Haferkamp
**Soziologie als Handlungstheorie**
P. L. Berger/T. Luckmann, G. C. Homans, N. Luhmann, G. H. Mead, T. Parsons, A. Schütze, M. Weber in vergleichender Analyse und Kritik (Studienbücher zur Sozialwissenschaft, Bd. 2)
3. Auflage 1976. 148 Seiten. Folieneinband

 **Westdeutscher Verlag**